# Jugendrecht

## Ein Lehrbuch zur Einführung

Von

**Dr. Arthur Wegner**
o. ö. Professor an der Universität Breslau

Berlin und Leipzig 1929
**Walter de Gruyter & Co.**
vormals G. J. Göschen'sche Verlagshandlung — J. Guttentag, Verlagsbuchhandlung — Georg Reimer — Karl J. Trübner — Veit & Comp.

Druck von C. Schulze & Co., G. m. b. H., Gräfenhainichen.

Meiner Mutter zu eigen

## Uebersicht.

## 2. Teil.

### Die öffentliche Jugendhilfe und der Jugendschutz im öffentlichen Leben.

3. Teil.

**Der staatliche Erziehungszwang.**

# Einleitung.

## Die Aufgabe.

Das Jugendrecht ist etwas Neues und erst Werdendes. Aber was heute davon vorhanden ist, unterscheidet sich bereits deutlich von den Neubildungen einer stürmischen Übergangszeit, von den Eintagsneuheiten, die Verlegenheitsrechte und flüchtige Notbauten sind. Der Bau des Jugendrechtes, den wir beginnen, wird, wenn wir heute Jungen alt sind, vielleicht bis zu den Fundamenten gediehen sein, auf denen das neue Geschlecht fortbilden kann. Es ist eine stolze Hoffnnng: daß unser müdes Abendland, noch mitten aus altem europäischen Staat und Recht, als eine Angelegenheit wahren Gemeinsinns und vaterländischer Verantwortlichkeit ein Gebilde fügen wird, das die vieles fortspülende Woge neuen Erdteilschicksals überdauern und in andere Zeit ragen kann.

Wohl hat es immer und überall, wo Gemeindrang war, der den Staat nicht als Versicherungsanstalt gegen Mord und Diebstahl will, s·ndern als Mittel zur Fortentwicklung des Volkes, Schutz und Pflege der Jugend gegeben. Wohl kann es, seit und solange Christentum da ist, keine Geringschätzung des Kindes mehr geben. Aber wir müssen uns immer wieder daran erinnern, daß die strenge Form und das Wesen unseres Rechtes aus einer Zeit der Geringschätzung starker Staatsgewalt und der Begeisterung für die Freiheit des Einzelnen stammen. Die Kämpfer für Bürgerfreiheit, die seit der französischen Revolution von 1789 Sieg über Sieg errangen, hatten wenig Sinn für das Recht des Staates auf starke und gesunde Jugend (von einigen noch zu erwähnenden Utopien der Revolutionsjahre selbst sehen wir hie.bei vorläufig ab). Wohl haben die späteren „Liberalen" erkannt, daß auch ihr Staat sich nicht bloß durch mißtrauisches und ängstliches Aufbauen von Paragraphenwällen rings um die Freiheit des Staatsbürgers zu Leben und Wirklichkeit bringen ließ. „Staat ist Macht": diesen Satz haben schon die Männer von 1789 (also nicht etwa erst die „Nationalliberalen“ seit Treitschke) für die äußere Politik genau so leidenschaftlich betätigt, wie sie ihn für die innere Politik bekämpft haben. Diese Zeit, die für die Freiheit des Staates nach außen und für die Freiheit des Staatsbürgers im Innern stritt, schuf kein Jugendrecht, sondern ein Elternrecht. Der Kampf ging für die Befreiung der Eltern von kirchlicher und obrigkeitlicher Bevormundung. Was es bisher an Schulwesen gab, war kirchliche Jugendpflege. Jetzt forderte man das Recht der Eltern, über Religion oder sonstiges Bekenntnis der Kinder nach Ermessen ihres freien Gewissens selber zu befinden.

Keine Rechtseinräumung kann ohne Schranken der Pflicht geschehen. Man gab den Eltern die Freiheit, ihre Kinder kirchlich oder unkirchlich zu erziehen[1]). Man kämpfte gegen die letzten Reste

---

[1]) Man wird das als Rechtsgrundsatz für die ganze Zeit nach der Aufklärung behaupten müssen, obgleich es klipp und klar erst vor wenigen Jahren vom Gesetzgeber deklariert wurde: im Reichsgesetz über die religiöse Kindererziehung vom 15. Juli 1921. Seit dem Augsburger Religionsfrieden von 1555 und dem Westfälischen Frieden von 1648 begann die Erkenntnis zu dämmern, daß die religiöse Erziehung nur ein Teil des allgemeinen elterlichen Erziehungsrechtes ist. Aber dieser Gedanke wurde immer wieder verdeckt und verdunkelt durch den Anspruch der Staatsreligionen auf Beteiligung am Unterrichtswesen. Dieser Anspruch konnte, richtig verstanden, stets nur ein öffentlich-rechtlicher sein, nur die äußere Regelung des Schulwesens betreffen, nie aber in den engen Bereich der Familie eindringen wollen, wo die Eltern frei sind, die weltanschaulichen Werte den Kindern zu geben, die ihnen die höchsten scheinen. Und doch hat noch sogar das Bürgerliche Gesetzbuch diesen kirchlichen Ansprüchen auf religiöse Kindererziehung zu Liebe darauf verzichtet, ausdrücklich zu erklären, daß auch diese Erziehung nur eine Seite der den Eltern zustehenden Sorge für die Person des Kindes ist. Der durch das Reichsgesetz über die religiöse Kindererziehung vom 15. Juli 1921 aufgehobene Art. 134 EG. bestimmte: „Unberührt bleiben die landesgesetzlichen Vorschriften über die religiöse Erziehung der Kinder.“ Die Landesrechte aber zeigten größte Zersplitterung (vgl. Engelmann, Das Reichsgesetz über die religiöse Kindererziehung vom 15. Juli 1921, München, Berlin, Leipzig 1922, S. 9—21). Die meisten Regelungen tragen der Tatsache nicht Rechnung, daß viele Eltern kein religiöses Bekenntnis mehr haben und daher die meist vorgesehene Nachfolge in die Religion des Vaters ein Anachronismus ist. Darauf weist auch Kahl in seiner Reichstagsrede zur Begründung des Gesetzes über die religiöse Kindererziehung hin. Erst dieses Reichsgesetz vom 15. Juli 1921 bekennt sich deutlich zu dem Grundsatz, daß die religiöse Kindererziehung Elternrecht ist, so lange das Kind noch keinen eigenen Willen haben kann, und daß die Freiheit des religiösen Bekenntnisses Kindesrecht ist, sobald es diesen eigenen religiösen Willen haben kann: § 1: „Über die religiöse Erziehung eines Kindes bestimmt die freie Einigung der Eltern, soweit ihnen das Recht und die Pflicht zusteht, für die Person des Kindes zu sorgen. Die Einigung ist jederzeit widerruflich und wird durch den Tod eines Ehegatten

kirchlicher Aufsicht bei der Kindererziehung, gegen Religionsunterricht und geistliche Aufsicht über die Schulen. Man sah darin Gewissenszwang und wollte Gewissensfreiheit. Aber das aufgeklärte Zeitalter, das überall so heftig für Freiheit focht, hat auch gerade um seiner selben Ideale willen manch neuen recht fühlbaren Zwang gebracht: Gewissensfreiheit, aber Wissenszwang. Es war nunmehr Sache der Eltern, ob sie ihr Kind in der Ehrfurcht vor der allerheiligsten Jungfrau, der Mutter des göttlichen Heilandes, aufzogen oder ihm von dem Märtyrer und sansculotte-Jesus erzählten oder die Bücher von Strauß und Renan der Erziehung zugrunde legten. War der Vater ein Gelehrter, so stand es ihm frei, mit dem heranwachsenden Sohne entweder Thomas von Aquin oder Ludwig Feuerbach zu lesen: Elternrecht. Aber der ostpreußische Bauer durfte fortan nicht mehr den Glauben betätigen, daß seine Jungen am Pflug, bei den Pferden und auf dem Felde, das in so geheimnisvoller Beziehung zu Himmel und Jahreszeiten steht, alles Nötige grad so lernen können wie seine Mädchen in Küche, Kuhstall und Garten: auch der liberale Staat kennt Elternpflicht. Nicht mehr die Pflicht, dafür zu sorgen, daß aus dem Kind ein frommes Glied der Kirche werde, sondern die Pflicht, dem Kinde das Wissen vom A B C und davon zu verschaffen, daß sich die Erde um die Sonne bewege und nicht etwa umgekehrt. So sieht auch diese scheinbar nur für den Einzelmenschen und seine Freiheit kämpfende Zeit etwas Gemeinsames, das über den Einzelnen

---

gelöst. § 2 Abs. 1: Besteht eine solche Einigung nicht oder nicht mehr, so gelten auch über die religiöse Erziehung die Vorschriften des Bürgerlichen Gesetzbuches über das Recht und die Pflicht, für die Person des Kindes zu sorgen. § 5: Nach der Vollendung des 14 Lebensjahres steht dem Kinde die Entscheidung darüber zu, zu welchem religiösen Bekenntnis es sich halten will. Hat das Kind das zwölfte Lebensjahr vollendet, so kann es nicht gegen seinen Willen in einem anderen Bekenntnis als bisher erzogen werden. § 6: Die vorstehenden Bestimmungen finden auf die Erziehung der Kinder in einer nicht bekenntnismäßigen Weltanschauung entsprechende Anwendung."

Die öffentlich-rechtliche Seite der religiösen Kindererziehung ist erst andeutungsweise in der Reichsverfassung (Art. 149) geregelt. Jede genauere Regelung wird stets von der Erkenntnis ausgehen müssen, daß die Schule ein Instrument ist, das der Staat den Eltern für die Ausübung ihres Erziehungsrechtes anbietet und also die Freiheit der Eltern, das Bekenntnis oder Nichtbekenntnis zu bestimmen, zu respektieren hat.

Aus der Literatur vgl. außer Engelmann a. a. O. noch: Güttler, Die religiöse Kindererziehung im Deutschen Reiche, 1907. Perels, Leipz. Z. 1921, S. 637, 665ff.; v. d. Pfordten, Ges. über usw., 1921. Bes. Kipp, Die religiöse Kindererziehung nach Reichsrecht, Festgabe für Kahl, 1923 und Lehrbuch (6. Bearbeitung, 1928) § 132 mit weiteren Nachweisen.

steht. Für den alten Gott schufen die Menschen den Kirchenzwang, für den neuen den Schulzwang[1]). Wie konnte sinnbildlicher das Zeitalter der Vernunft seinen Gott ehren?

Die rechtliche Regelung des Schulwesens erscheint so als die Wurzel des Jugendrechtes. Und doch ist sie noch nicht Jugendrecht im heutigen Sinne. Die Schule, auch die Volksschule, ist nach ihrer bis heute sich durchsetzenden Hauptabsicht nicht zielbewußte Erziehung zur Volksgemeinschaft. Die Erziehung des Volkes von oben her, das obrigkeitliche Heranziehen gehorsamer Gesinnung und Heranbilden gemeinnütziger Fähigkeiten mochte Luther vorschweben, als er für Volksschulwesen in seinem Sinne warb[2]), lag auch wohl noch dem Schulzwange des preußischen Allgemeinen Landrechts zugrunde. Aber es ist dies nicht das dem Vernunftzeitalter Eigentümliche. Das forderte den Schulzwang nicht im Namen des Staates und der Gemeinschaft, sondern im

---

[1]) In Preußen zuerst verkündet durch das Edikt vom 28. September 1717, also ganz im Anfange der Aufklärungszeit, noch unter der Herrschaft des sogenannten „aufgeklärten Despotismus" (Friedrich Wilhelm I.), aber doch durchaus unter dem individualistischen Einfluß des Pietismus. Die Schulen mußten damals erst gebaut werden; und es waren kümmerliche Anfänge. Kümmerlich waren die Zustände auch noch, als das Preußische Allgemeine Landrecht von 1794 im Teil II Titel 12 den Schulzwang regelte. Kriegsinvaliden oder sonstwie gar nicht vorgebildete „Lehrer" vermochten die Landschulen insbesondere nicht über das Niveau von Drillanstalten hinauszubringen. Einige Besserung brachten die Bestrebungen von Zedlitz (Unterrichtsminister Friedrichs d. Gr.) und des Freiherrn von Rochow. Daseinswürdige Gestalt aber gewann das preußische Schulwesen erst durch die Wilhelm von Humboldt anvertraute Neuregelung, also durch einen Mann, der zunächst extrem staatsverneinend die individualistische Theorie des Liberalismus begründet, dann allerdings als praktischer Politiker sich zur Bejahung größerer staatlicher Wirkungssphären bequemt hatte, im Innern jedenfalls stets der humane Denker der Aufklärung geblieben ist. (Über Humboldts Verhältnis zum Staat unterrichtet besonders eingehend jetzt: Kaehler, Wilhelm von Humboldt und der Staat, 1927: vgl. bes. S. 124ff., 236, 211ff.) Auf der Höhe Humboldtscher Gedanken hat sich das preußische Schulwesen leider nicht gehalten. Ehrlicher Pietismus wechselte ab mit kirchlicher Enge oder mit reaktionärem Wesen, dem die Kirche nur Vorwand war. Und der freisinnig-sozialistische Verdacht, daß Religion als Erziehungsgrundlage so sehr betont werde, nicht weil man die Hohen und Niederen gemeinsame Demut, sondern weil man Untertanengeducktheit anerziehen wollte, ist nicht ganz von der Hand zu weisen. Immerhin scheint mir der vorläufige Geschichtsschreiber dieses Verdachtes, Heinrich Schulz, reichlich einseitig und gestrig-kämpferisch eingestellt (vgl. Der Leidensweg des Reichsschulgesetzes, Berlin 1926; Die Schulreform und die Sozialdemokratie, 1919).

[2]) Sendschreiben von 1524 „An die Bürgermeister und Ratsherren aller Städte Deutschlands, daß sie christliche Schulen aufrichten und halten sollen".

Namen der Vernunft und der Freiheit. Zu seinem eigenen Fortkommen wollte man den Zögling fähig machen. Er sollte zur Schule gehen, damit er lerne, sich in einer Welt mit Zeitungen, Kontobüchern, Geburtsurkunden, Sterbescheinen und polizeilichen Anmeldungsformularen zurechtzufinden. Indem man ihm das beibrachte, zeigte man ihm zugleich die ersten Schritte auf dem beschwerlichen Wege zu jenen großen Einsichten und Wahrheiten des Galilei und Newton. Gutes Zeichen für die Zeit, wenn möglichst viele recht weit auf diesem Weg zur Wissenschaft, zum höchsten Menschtum vorangingen; höchstes Glück des Volkes, wenn einer neue Gipfel fand, ganz gleich, ob ihn die neue Einsicht nun zum Rebellen, zum Feind der bestehenden Ordnung machte.

So mochte ein Priester der Vernunft die Schule sehen. Die Mächte der Gemeinschaft, Kirche und Staat, haben sie niemals ganz so werden lassen. Wohl ist die Schule in der Hauptsache noch heute ein Instrument, das der Staat den Eltern anbietet, damit sie ihre Kinder zweckmäßig erziehen können. In einem Staate, der nur reiche Bürger hat, täte ein Gesetz, das die Haltung genügend vorgebildeter Hauslehrer und Gouvernanten befiehlt, denselben Dienst[1]).

Natürlich wäre es unsinnig zu glauben, man könne mit dem Schlaglicht dieses einen einseitig formulierten Gedankens allein sich diese ganze Zeit von Comenius (1592–1670), Locke (1652–1704), Rousseau (1712–1778), Basedow (1725–1790), Pestalozzi (1746–1827) und Herbart (1776–1841) klarmachen. Das Gegenteil dieses eben ausgeführten Gedankens, das Streben nach strenger, „spartanischer" Gemeinschaftserziehung scheint von jeher mit gewissen utopisch sozialistischen Plänen verknüpft zu sein – man lese dazu etwa Platons Staat und des Thomas Campanella Civitas Solis (1623). So überrascht es denn nicht, diesen kommunistischen Erziehungsgedanken im Frankreich der Revolutionsjahre von 1789–1794 bei Lepelletier, St. Just und Robespierre wiederzufinden. Auch diese Utopien sind ohne nachhaltige Wirkung geblieben. Die geschichtliche Form, die nach der Revolution geprägt wird, sieht immer anders aus als das im Fieberkrampf Ersehnte.

---

[1]) Für das Deutsche Reich ist das Privatschulwesen erheblich zurückgedrängt worden seit dem Gesetze, betreffend die Grundschulen und Aufhebung der Vorschulen vom 28. April 1920. Auch hierin ist eine Abkehr von den liberalen Schulgedanken zu sehen.

Wichtiger ist, daß Rousseau, dessen „Emile" ja das Vorbild für die Schulpolitiker von 1789 war, das Ideal hatte, durch Erzieher, die nicht die Eltern sein sollten, ein neues Geschlecht heranzubilden, eine neue natürlichere Gemeinschaft. Hat er damit nicht das gleiche Ziel verfolgt wie unsere modernen Sozialpädagogen[1])?

Gewiß: bei allen Erziehern dieser liberalen und individualistischen Zeit läßt sich nachweisen, daß ihr Bestreben, vernünftige und wahrhaft humane Menschen zu bilden, letzten Endes doch auch wieder der Allgemeinheit dienen wollte. Bei Comenius und Basedow wird dies ausdrücklich betont. Aber auch sonst liegt der „Bildung zum Menschentum" überall der Gedanke unter, daß der Staat sich besser befinde, wenn seine Bürger aufgeklärt sind, als wenn sie dumpf dahinleben. Manche frühen Bestrebungen der Zeit gehen geradezu darauf aus, die allgemeine Verwahrlosung der unteren Volksklassen zu bekämpfen: so in Deutschland die Hamburger Armenschule und die Anstalten des Pietisten H. A. Francke. Waren dies nicht „soziale" Einrichtungen und wieso kann man da dennoch von purem Individualismus reden?

Weil dieses Streben nach Erziehung nicht von dem Standpunkt der Nation, des Staates her an die Aufgabe herantritt, sondern von dem des Einzelnen, dessen Menschenrecht die Bildung zu vollem Menschentum ist. Es ist nicht die Fürsorge der Obrigkeit für ihre Untertanen, sondern die Pflicht des Staates, dem Einzelnen Freiheit und Möglichkeit zu seiner vollen Entfaltung einzuräumen, damit er später als stolzer Bürger für den Staat sorgen — oder, wenn besseres Wissen und Gewissen ihn dazu drängen, einen neuen bauen kann. Die mehreren Richtungen der Zeit unterscheiden sich nur darin, daß sie Verschiedenes unter dem „wahren Menschentum" verstehen. Weltlich gerichtete Geister kehren zu antikem Lebensgefühl zurück und wollen: Wissen, Können, Kraft der Seele und des Leibes. Fromme Gemüter, die wir heute unter dem

---

[1]) Hat er nicht gar dem zwangsmäßigen Einordnen der Jugend, wie es heute in Rußland und Italien geschieht, vorgegriffen? Vgl. Spranger, Kultur und Erziehung, 1928, S. 38: „Teils blieb er (Rousseau) an unzulänglichen hergebrachten Denkformen haften, teils endete er in Widersprüchen, die aufzulösen ein gänzlich fruchtloses und überhaupt irriges Unternehmen wäre. Bald stellt er den Menschen einsam auf sich selbst, bald kettet er ihn mit seinem ganzen Sein an die Gemeinschaft des Staates: sein Liberalismus streift überall bedenklich an ein Zwangssystem heran ... Das alles sind fassungslose Antinomien und Rousseau ist nicht der Mann, der, wie die deutschen Humanitätsphilosophen, mit wirklicher Produktivität neue, lebensfähige Daseinsformen zu schaffen wußte."

Namen „Pietisten" begreifen, sehen als ihr höchstes Ziel die Bildung der Seele. So wie alles Geistige in dieser Zeit gehört Religion der Welt im Menschen, gerade so wie sie gleich allem anderen zur Zeit kirchlicher Pracht Gemeinsache gewesen war.

Gewiß lassen sich auch Wurzeln ausgraben, die bis über unsere Oberfläche hinaus Lebenskraft getrieben haben: Pestalozzi[1]) hat — wie Paul Natorp erwies — alles Wesentliche der heutigen Sozialpädagogik vorgebildet. Aber der Ausgangspunkt war auch für ihn: die Erziehung als ein Menschenrecht.

Daß den Eltern die Pflicht auferlegt ward, ihren Kindern dieses Menschenrecht zu wahren und sie in die Schule statt zum Kartoffellesen zu schicken, geht uns gewiß bei dem Versuch, das Jugendrecht zu studieren, nahe genug an. Diese Pflicht gehört zu dem großen Gebiet des **Kindesrechtes**, das den ersten Teil der Materie bildet, die hier darzustellen ist. Das geltende Recht stellt hier römischen Individualismus grundsätzlich wieder her, aber vermeidet überwundene Schrankenlosigkeit der elterlichen Gewalt: sie kann durch Mißbrauch ganz oder teilweise verloren gehen. Was Mißbrauch ist, wird natürlich von der Kultur des Vernunftzeitalters bestimmt, also von weltlicher, nicht von kirchlicher Auffassung. Wenn dieser Mißbrauch vorliegt, muß der Staat das Kind gegen die eigenen Eltern schützen. Auf diesen Rechtssatz, der im Bürgerlichen Gesetzbuch § 1666 steht, kann Fürsorge-, also Zwangserziehung gerade so gegründet werden wie das staatliche Recht, ein Kind gegen den Willen der Eltern impfen, operieren oder sonstwie ärztlich behandeln zu lassen[2]). Dem gleichen Zwecke: den noch unmündigen, aber doch schon rechtsfähigen (§ 1 BGB.) Staatsbürger zu schützen, dienen die Bestimmungen, die seine Ansprüche

---

[1]) Das Buch Lienhard und Gertrud hat auch heute noch, in seiner breiten, warmen Schlichtheit, für nicht ganz verbildete Gebildete erziehliche Kraft. — Aus dem gelehrten Schrifttum: Natorp, Volkskultur und Persönlichkeitskultur, 1911. Sozialpädagogik, 4. Aufl., 1920. Spranger, Kultur und Erziehung, 1928, S. 98—125.

[2]) Der § 1666 BGB. ist, praktisch, wohl immer mehr über das ausgedehnt worden, was der Gesetzgeber beabsichtigt haben mag. Zwar wird von vielen Autoren auch heute noch für die Verwirkung der elterlichen Gewalt ein Verschulden gefordert (vgl. Warneyer [1927] Anm. 3 S. 818); auch RGRätekommentar Anm. 2, woselbst aber viele Beispiele aus der Rechtsprechung angeführt werden, die ergeben, daß die Praxis von dem Gedanken ausgeht, den Stammler schon in der Lehre von dem richtigen Recht (1902, jetzt 2. Aufl. 1926 S. 238) dahin faßte: „Hiernach liegt ein Mißbrauchen der elterlichen Gewalt überall vor, wo der Vater die ihm eigenartig zugefallene Vormund-

gegen den unehelichen Erzeuger, den Vormund und den Lehrherrn regeln (das Lehrlingswesen allerdings ragt aus dem Privatrecht heraus; die Aufsicht hierüber ist öffentliche Jugendhilfe — s. den 2. Teil dieses Buches).

Das Kindesrecht gehört wohl zu unserer Aufgabe, das Jugendrecht darzustellen. Doch ist es nicht Jugendrecht im eigentlich modernen Sinne. Es ist eine Vorstufe. Nicht das Neue, Werdende selber, das unser zeitgeschichtliches Interesse erregt. Das Kinderrecht ist die privatrechtliche Seite unserer Aufgabe, ein Recht sub specie individui, das heißt: ein Recht um des Menschen willen, ein Recht des Unmündigen. Das Neue und Reizvolle aber ist, daß das Jugendrecht immer mehr öffentliches Recht wird, das heißt: ein Recht um der Gemeinschaft willen, ein Recht des Staates auf die Jugend.

Niemals, auch nicht in der Hochflut liberaler Kultur, haben die den Staat Regierenden sich dieses Recht ganz nehmen lassen. Die staatliche oder staatlich beaufsichtigte Schule hat doch nicht bloß das eine Vernunftideal gehabt, den Schülern die Waffe des Wissens in die Hand zu geben als eine Macht, die sie nun nach freiem Ermessen für oder gegen den bestehenden Staat gebrauchen mochten. Um 1800 herum waren nicht nur die Gedanken Wilhelm von Humboldts lebendig, der den Staat möglichst in Wirkung und Macht beschränken und den humanen Menschen erhöhen wollte. Aus der preußischen Notzeit von 1806 stieg das Sehnen Fichtes nach „Nationalerziehung", nach enger, bluthafter Verbundenheit mit Volk und Staat.

Das Ideal dieser Erziehung entschwand, als nach 1813 die nationale Einigung nicht, sondern nur neuer Hader kam. Eine Zeit, in der Vaterlandsliebe der Freiheitskämpfer und Sehnen nach Kaiser und Reich von Wien und Karlsbad aus geächtet wurden, mußte auf der Schule als einer unpolitischen Institution bestehen. Und diese Forderung blieb auch, als mit dem neuen Deutschen Reich endlich die Einheit des deutschen Staates kam, die den meisten, die eine „großdeutsche" Lösung mit Einschluß Österreichs ersehnt hatten, doch wieder nicht genügte. Es geschah allerdings häufig genug das Gegenteil des starken Verlangens nach un-

---

schaft schlecht versieht." Also der Maßstab des Objektiv-Richtigen wird von Gemeinschafts wegen angelegt (vgl. auch Opet-von Blume, Das Familienrecht, erläutert, 1906, Kommentar I zu § 1666). Der Streit über den Sinn dieser für den Jugendhelfer wichtigsten Gesetzesstelle enthüllt alle Vorzüge und Gefahren des neuen staatlichen Rechtes auf gesunde und starke Jugend.

politischer Schule: „staatsgefährliche Lehren" wurden geächtet wie früher das Ketzertum. Und die gehässigen Treiber der Gassen haben darum nicht nur auf die Kirche, sondern auch auf die Schule das Schimpfwort von der „Verdummungsanstalt" geprägt. Ein Schlagwort, das in einem Zeitalter der Vernunft großer Wirkung gewiß ist — und das, leider, nicht ohne einen Schatten von Wahrheit war.

Soweit die Gesinnungserziehung politisches Beeinflussen im Sinne der herrschenden Parteien ist, steht ihre Rechtswidrigkeit, ihre Unvereinbarkeit mit dem Schulzweck außer Frage. Noch immer ist die Schule ihrem Wesen nach Gehilfin der Eltern in der Erziehung ihrer Kinder. Eine herrschende politische Auffassung, der sich die Eltern beugen müßten, gibt es in einem parlamentarisch regierten Lande nicht, sondern nur miteinander um die Herrschaft ringende Meinungen. Aber gibt es nicht doch gewisse Grundlagen des Denkens und Fühlens auch in Dingen des staatlichen Gemeinwesens, die so allgemein sind, daß das Rechtsbewußtsein sie als Ziel der Erziehung zuläßt? Gewiß: in nicht gänzlich zerrissener Zeit sind solche Gemeinsamkeiten da. Aber es ist ein kleines Gebiet. Und ihrer geschichtlich gewordenen Bestimmung gemäß muß die Schule vorsichtig sein, die schwer zu ziehende Grenze zwischen politischer Beeinflussung und „Staatsbürgerkunde" sorgsam zu wahren. Sie ist doch in erster Linie eine Einrichtung um des Wissens und um des einzelnen Menschen willen. Mittelbar kommt sie allerdings dadurch, daß sie dem einzelnen die Fähigkeit zu besserem Fortkommen gibt, auch der Allgemeinheit zugute: das hat schon der Schuster John Pounds in Portsmouth erkannt, als er 1814 seine ragged schools für Lumpenkinder gründete, um so die Kriminalität der Jugendlichen zu bekämpfen. — Wir wünschen allerdings der Schule von morgen, daß sie aus den Tiefen unseres gesundenden Volkstums die Morgenfrische, die wirklichen Erzieherkräfte schöpfe.

Die Schule von heute ist kein Hauptorgan des neu entstehenden Jugendrechtes. Dieses hat sich vielmehr eine ganz neue, durchaus eigentümliche Behörde geschaffen:

## Das Jugendamt.

In der Zeit wachsender Jugendnot, vor allem im Weltkriege unter dem Einfluß von Pionieren der Jugendpflege (Felisch, Blaum, Klumker, Siegmund-Schultze, Othmar Spann) in größeren Städten gegründet, soll es jetzt der Hauptträger aller Arbeit sein. So will es das Reichsgesetz für Jugendwohlfahrt vom 9. Juli 1922, mit dem die Kodifikation des gesamten Jugendrechtes begonnen wurde.

Wenn wir uns aber das Wesen des neuen Rechtes klarmachen wollen, müssen wir zunächst erkennen, daß der Schein der Gesetzesworte trügt.

„Jedes deutsche Kind hat ein Recht auf Erziehung zur leiblichen, seelischen und gesellschaftlichen Tüchtigkeit", so beginnt das Reichsjugendwohlfahrtsgesetz (§ 1, vgl. Reichsverfassung Art. 119, 120, 121, 122). Es handelt sich jedoch gar nicht darum, ein subjektives Recht des Kindes, ein Kinderschutzrecht im alten Sinne zu schaffen. Niemand legt das neue Gesetz so aus, daß etwa ein klagbarer Anspruch des Kindes auf Fürsorgeerziehung, Verhängung von Schutzaufsicht oder ähnliches hiernach möglich sei. Wie das Kind geschützt werden soll gegen die eigenen Eltern, gegen Vormünder und Lehrherrn, wie es im täglichen Rechtsverkehr mit erwachsenen Leuten behandelt werden muß: das alles sind Probleme des Kinderschutzrechtes, von dem der größte Teil alte Materie des Familienrechtes (Bürgerliches Gesetzbuch IV) ist. Und: „Das Recht und die Pflicht der Eltern zur Erziehung werden durch dieses Gesetz nicht berührt": RJWG. § 1. Aber (so ist der Gedanke des neuen Gesetzes fortzuführen) dieses bisherige Elternrecht, so schön und human es sein mag, reicht nicht aus. Da sind einmal die oft gänzlich verlassenen unehelichen Kinder. Nach Art. 121 RV. haben sie dasselbe Recht wie die anderen, den gleichen Anspruch auf Erziehung und Förderung, sie, denen in besonderem Maße die Gefahr der Verwahrlosung droht. Doch auch das ist noch nicht das letzte Ziel des neuen Gesetzes: die Verwahrlosung allseitig zu bekämpfen. Das wäre kein neues Ziel. Wie der individualistische Zug des Vernunftzeitalters Elternfreiheit, Gewissensfreiheit in der Erziehung verlangte, so forderte die gleich lebendige humane Tendenz Linderung alles menschlichen Elends; auch das aus Achtung vor dem Kosmos der menschlichen Persönlichkeit. Das neue Jugendrecht trägt Züge ganz anderen Strebens.

Was ist Verwahrlosung? In den ungeschriebenen Motiven des neuen Jugendrechtes lese ich die Antwort: Verwahrlosung ist nicht die Summe der Elendszustände, denen der Menschenfreund begegnet, nicht die schlechte Wohnung eines Vierzehnjährigen, dessen Schwester Straßenmädchen geworden ist, nicht die degenerierende Unterernährung eines Schulkindes, nicht das

Vagabundentum eines Burschen, der nichts Ordentliches gelernt hat. All diese äußeren Erscheinungen sind nur Symptome einer Krankheit, die weiter unten an den Wurzeln frißt, an den Wurzeln des ganzen Volkes. Denn Verwahrlosung ist (in der Sprache des verdienten Jugendrichters Walther Hoffmann) das Nichtmehrgetragensein vom gesunden Lebensrhythmus des Volkes. Und eine Ursache davon ist stets irgendein Versagen der Volksgemeinschaft. Und darum ist Verwahrlosung eine Angelegenheit allgemeiner Verantwortung.

Bisher hat man durch Strafen oder Wohltaten die schlimmsten Folgen abzuschneiden versucht. Die neue Jugendpflege unterscheidet sich wie alle Sozialpolitik von dilettantischer Wohltäterei dadurch, daß nicht erst gewartet wird, bis etwas passiert. Die Organe der Jugendpflege haben darüber zu wachen, daß alle Kinder von Geburt an[1]) in den Lebensrhythmus gesunden Volks hinein erzogen werden. Das ist natürlich nur möglich vom Standpunkt einer Weltanschauung, die glaubt, daß der Mensch mit Wissen und Wollen teilhaben kann an den Gewöhnungen unseres Zusammenlebens und nicht etwa bloß wie ein Wassertropfen ist, der ohne eigenen Sinn von der Naturgewalt seines Stromes vorwärtsgerissen wird.

Allerdings: auch wer glaubt, daß die Stärke des Gemeinschaftsgeistes, der die Glieder eines Volkes zu nützlicher Anteilnahme zusammenhält, durch das Menschenwerk staatlicher Erziehung und sozialer Arbeit beeinflußt werden kann, soll bei der Auswahl der Mittel zeigen, daß er aus den Jahrhunderten und dem Scheitern ihrer hochsinnigen Utopien gelernt hat.

Mit Predigen ist nichts getan. Und auch die Pläne der Grundschule, die eine Zeitlang wenigstens einmal alle Klassen und Stände des Volkes zusammenbringen soll, gehören nicht in die erste Linie unserer Betrachtungen — so wichtig dieses Problem ist und so sehr sich an ihm in letzter Zeit gezeigt hat, welche starken Kräfte die Entwicklung von der Vielfältigkeit individuellen Lebens zur Einheit und Gebundenheit der Gemeinschaft treiben wollen. Die Arbeit der Jugendpflege, für die das neue Jugendrecht die staatliche Grundlage schaffen soll, beschäftigt sich zunächst mit noch elementareren Voraussetzungen, als die Verstandesschule ist. Wenn

[1]) Über die Kleinkindererziehung s. die Schriften von P. Häberlin (Basel): bes. Wege und Irrwege der Erziehung, Grundzüge einer allgemeinen Erziehungslehre, 1920.

wir die Aufzählung der Aufgaben lesen, die dem Jugendamte zukommen (RJWG. §§ 3/4), sehen wir allerdings, daß es sich da, ähnlich wie bei dem bisherigen Kampf gegen Verwahrlosung, zunächst um etwas Negatives handelt, um das Abwehren schädlicher Einflüsse. Einmal hat das Jugendamt gewissermaßen die Stellung eines Garanten des Kindesrechtes, Überwachung also des Eltern- und Vormundschaftsrechtes. Dann die Aufsicht über das Pflegekinderwesen. Aber diese einzelnen Schutzmaßnahmen stehen alle unter dem einen großen Gesichtspunkte der öffentlichen Erziehung im Sinne ihrer elementarsten Funktion, des einen Zieles, die Jugend hineinzugewöhnen in das Gleichmaß gesunden Volkes. Und so lautet eigentlich § 1 RJWG. dem Sinne nach so: Der Staat hat ein Recht darauf, daß jedes Kind zur gesellschaftlichen Tüchtigkeit erzogen wird. Der Zweifler muß fragen: was heißt das — gesellschaftliche Tüchtigkeit? Soll das etwa bedeuten: gedankenlose Kirchengläubigkeit oder Untertanengeducktheit? Haben da die Männer des Vernunftzeitalters, das du überwunden wähnst, nicht viel mehr Recht gehabt, wenn sie als den einzigen Menschenwert den ansahen, daß ein Charakter sich nach den ihm innewohnenden Gesetzen zu seinem Lebensrhythmus entwickle? So wie es seit dem Zerfall des mittelalterlichen Weltreichs geschichtliche Pflicht der Staaten war, sich unbehindert von Papst und Kaiser und ungebunden von Natur- und Völkerrecht allein nach dem Gesetze ihrer Lebensnotwendigkeit zu richten — eine Pflicht, die der italienische Renaissancemensch Macchiavelli in grellen Farben malte und Bodinus, der ihn scheinbar bekämpfte, in die juristische Formel des Souveränitätsdogmas brachte?

Solche Frage des Zweiflers zeigt, wie unendlich schwer es ist, etwas Positives zu tun bei der öffentlichen Erziehung der Jugend zu gesellschaftlicher Tüchtigkeit. Diese Schwierigkeit erklärt, weshalb sich das Reichsjugendwohlfahrtsgesetz auf das scheinbar bloß Negative beschränkt. Denn nichts von dem, was wir an Gedankeninhalten unseres staatlichen Zusammenlebens geschaffen haben, könnte ohne starken Widerspruch eines großen Volksteiles der Jugend als gemeinsames Gut und Lebensgrundlage angeboten werden. Weder bestimmt gefärbter Patriotismus, noch lehrhafte Friedensliebe, noch Religion irgendwelcher Art. Nur die allereinfachsten Voraussetzungen des Lebens überhaupt glauben wir als Ziel der Jugendpflege anstreben zu können: Gesundheit des Körpers und der Seele. Das wird den jungen Leuten die Fähigkeit zum Gemeinschaftsleben geben, die Fähigkeit, später selber einmal in rechter Weise an dem oft verwahrlosten Streit ihrer Eltern über die richtige staatliche Gemeinschaft teilzunehmen.

Die Erkenntnis, daß körperliche Gesundheit und Frische wichtige Voraussetzungen für gesunde Jugendentwicklung sind, ist etwas Gemeinsames; asketische Lebensideale und das Überschätzen rein intellektueller Überkultur sind damit zurückgedrängt. Natürlich werden sich, wenn die Jugendämter an Turn- und Sportbestrebungen und Hygienemaßnahmen gehen werden, sämtliche medizinische und unmedizinische „Richtungen" der Gesundheitspflege um die Herrschaft streiten. Das ist unvermeidlich — auch, daß gelegentlich einmal die falsche Richtung eingeschlagen und allgemeiner Schaden statt Nutzen angerichtet wird.

Daß die Gesundheit der Seele von der des Körpers abhängt (oder umgekehrt?!), ist auch gemeinsame Erkenntnis. Und so wird denn bei allem, was das Jugendamt tut, von der Anordnung einer einzelnen Erziehungsmaßnahme bis zur staatlichen Zwangserziehung, Gesundheitspflege mit Seelsorge verbunden werden müssen. Hier scheint allerdings alles aufzuhören, was sich an Allgemeinanerkanntem über die Bildung der Seele sagen läßt. Und es möchte die Frage verzweifelt scheinen. Wenn ich aber an einen der mir bekannten Leiter von Erziehungsheimen denke, etwa an einen vorzüglichen schlichten Mann, der mit zwanzig oder dreißig Jungen irgendwo im märkischen Walde wohnt und abwartend beobachtet, wie sich das Kind zu seinem Blumenbeet und seinen Tieren stellt — dann dünkt mich die Sache doch wesentlich weniger hoffnungslos. Man hat eben doch eine Vorstellung davon, besonders wenn man sich nicht einbildet, etwas Genaueres zu wissen. Die Leute, denen wir die seelische Gesundheit der Jugend anvertrauen wollen, werden weder Psychoanalytiker noch deren heftige literarische Gegner sein. Es werden Menschen sein, die aus anspruchsvollen und ehrlicheren Büchern fleißig einiges gelernt haben, das sie bescheiden und gewissenhaft im Leben erproben.

Ja, auch im Erziehungsheim, wo der Zögling, der elternlose besonders, scheinbar völlig Objekt der Staatserziehung ist, muß die bescheidene Beschränkung in den Zielen und Wegen sein, die, wie ein rascher Blick auf die Entwicklung lehrte, in unserer geistigen Lage Pflicht jeder Jugendpflege ist.

Große Erfolge, die wir den Erziehungsanstalten wünschen, dürfen sie nicht in den Wahn verlocken, der die revolutionären Erzieherpläne eines Platon und Campanella zu Utopien werden ließ: daß irgendein noch so vernunftmäßig konstruierter Apparat die Erziehung ersetzen kann, die allein das unregulierbare Leben gibt.

Zu diesem Leben gehört zuerst und vor allem das natürliche Verhältnis des Kindes zu seinen Verwandten. Wo wir das Neue schaffen, wollen wir doch ängstlich gewissenhaft die berechtigte Grenze wahren, die uns das Alte setzt: „Gegen den Willen des Erziehungsberechtigten ist ein Eingreifen nur zulässig, wenn ein Gesetz es erlaubt": Abs. 2 Satz 2 § 1 RJWG. Und (so müssen wir fortfahren) wo das Gesetz es gestattet, muß die Notwendigkeit der Ersatzerziehung lieber zu viel als zu wenig geprüft werden. Vielleicht ist die verzärtelnde Großmutter, die das Leben dem unehelichen Kinde statt einer Mutter ließ, doch noch besser als eine überfüllte Fürsorgeanstalt. Und mancher „schlechte" Vater hat sich (nicht nur in der vom Amtsrichter Theodor Storm aus dem Leben geschöpften Novelle „Der Doppelgänger") der Seele seines Kindes tiefer und schöner eingeprägt als der beste Erzieher. Wir wollen zu den viel zu vielen Fachleuten, die so viel Elementar-Menschliches an sich gerissen, dem Volke verborgen und verzettelt haben, nicht noch den pädagogischen Geheimkünstler fügen, der uns das letzte bißchen Seele wegrationalisiert.

Und wie die Freiheit der Eltern auch nach dem neuen Jugendrecht geachtet und gewahrt werden muß, so auch die Freiheit des jungen Menschen selber. Es wird nie eine gute Erziehung geben, die dem Schüler mehr bedeuten will, als ein wenig Hilfe zu sich selber. Und doch kann und soll gerade diese Erziehung in ihrer Bescheidenheit nicht resigniert, sondern voll von dem Glauben an das sein, was über dem „Selber" steht; zielvoll wird sie sein, und nicht verkrampft. Der Erzieher mag so zum Zögling stehen wie ein gutmütiger alter Soldat zum eben eintretenden Rekruten, der doch in kurzer Zeit auch schon in die Schlacht muß: er soll den zukünftigen Kameraden in ihm sehen. Wenn die paar Handgriffe vorgemacht sind, die jeder bald heraus hat, sehen Lehrer und Schüler doch, daß im Leben, wo sie nun beide stehen, keiner so recht Bescheid weiß. Keine „pädagogische Liebe" (so überlegen sich ihr blindes Taumeln geben möchte) „lehrt" das Erlebnis, das immer wieder ein anderes ist. Alles Ringen um die rechte Arbeit, um das befriedigende Werk findet uns stets von neuem als Unmündige. Erziehung ist in diesem Sinne (aber nur in diesem) ein unmöglicher Beruf, weil sie das Handwerk Gottes ist. Und wenn wir im Letzten und Entscheidenden der Jugend das Recht auf sich selbst, das Recht auf die eigenen Wege und Irrtümer lassen wollen, so nehmen wir nichts von dem zurück, was über das richtige Recht des Staates auf gesunde und starke Jugend gesagt wurde. Denn daß Gott frei ist, dessen Recht darüber steht, muß nicht erst bewiesen werden.

Das neue Jugendrecht ist in grundsätzlicher Weise zusammenfassend erst wenig gewürdigt worden; dagegen gibt es eine Fülle von Schriften, auch solchen, die auf das Ganze gehen, über Schulwesen und Schulrecht. Die wichtigsten von ihnen müssen hier erwähnt werden, weil sie wesentlich dazu beigetragen haben, das Verhältnis von Staat und Jugend zu klären:

Von Neuestem an die erste Stelle setze ich, weil gut für Rückblick und Überblick:

Eduard Spranger, Die wissenschaftlichen Grundlagen der Schulverfassungslehre und Schulpolitik. Abhandlungen der preußischen Akademie der Wissenschaften, Jg. 1927, phil.-hist. Klasse Nr. 3. Berlin 1928 (Sp. bemüht sich wesentlich auch um die rechtliche Seite — s. etwa 9—13 über Lorenz von Stein, Verwaltungslehre, 5. Bd., den nach seinem Dafürhalten umfassendsten Versuch, das Problem der Schulpolitik und Schulverwaltung in Angriff zu nehmen). Vgl. ferner von Spranger: Kultur und Erziehung, 4. Aufl. 1928 S. 147ff. (die drei Motive der Schulreform); der deutsche Klassizismus und das Bildungsleben der Gegenwart, 2. Aufl. 1928.

Ellen Key, Das Jahrhundert des Kindes, deutsch 1902; Ludwig Gurlitt, Der Deutsche und sein Vaterland, 1902; der Deutsche und seine Schule, 8. Aufl. 1912 sind Beispiele von schroffem Individualismus. In einem gewissen Gegensatz zu ihnen steht Wyneken, der teilweise wieder zu Hegel zurückfindet, also zum Objektiven und zur Gemeinschaft, aber dem beinahe schrankenlosen Individualismus doch irgendwie verwandt bleibt: Schule und Jugendkultur, Jena 1913; der Gedankenkreis der freien Schulgemeinde, Leipzig 1913; Eros, Lauenberg 1921.

Herausgewachsen aus individualistischen Anfängen ist auch die experimentell-psychologische Richtung in der Pädagogik (Meumann, Lay, William Stern — vgl. bes. des letzteren Psychologie der frühen Kindheit, 4. Aufl. 1927 und Probleme der Schülerauslese; Anfänge der Reifezeit im Verlag Quelle & Meyer, Leipzig); Bürger, Die experimentelle Pädagogik in ihrer Entwicklung zur neudeutschen Pädagogik, 1918. — Der Weg dieser Richtung scheint indessen zu einer seelenunterdrückenden, äußerlichen, psychotechnischen Zwangseinordnung der Menschen zu führen, bei der ihre intellektuellen und mechanischen Kräfte ausgenützt werden, während im übrigen Gemüt und Körper für beliebige Genußsucht frei bleiben.

Individualistisch war auch der Weg der Jugendbewegung trotz aller Sehnsucht nach Gemeinschaft. Es wurde aber der Gedanke der Gruppe gebildet, an Stelle der scheinbar seelisch bedeutungslos gewordenen Zusammenschlüsse von Staat und Kirche. Dem Gruppengefühle mangelt oft Dauer und Kraft, weil es einerseits von der einzelmenschlich erfühlten Kleinheit individualistischer Art ausgeht, andererseits das zu weite und vage Ziel der Menschheitsgemeinde hat. Von Schriften über Jugendbewegung vgl.: Otto Stählin, Die deutsche Jugendbewegung, 1922. Charlotte Lütgens, Die deutsche Jugendbewegung, 1925. August Messer, Geschichte der freideutschen Jugendbewegung, 1922.

Friedrich Wilhelm Förster, Jugendseele, Jugendbewegung, Jugendziel, 1923. S. a. Gerhard Steuk, Das Erziehungsideal in der Jugendfürsorge, Berlin u. Leipzig, de Gruyter, 1928.

In starker Weise wird die Erziehung vom Sozialismus betont (auf die politisch-ethischen Zusammenhänge weist Smend hin: Verfassung und Verfassungsrecht, 1928, S. 60). Die sozialistischen Schriftsteller — besonders der älteren Generation — sind beeinflußt von liberalen und durchaus individualistischen Denkern, daher manches Widerspruchsvolle: Otto Rühle, Das proletarische Kind, München, 1911; 2. Aufl. 1922; Die Seele des proletarischen Kindes, 1925. Heinrich Schulz, Die Mutter als Erzieherin, 8. Aufl. 1923. — Die Schulreform der Sozialdemokratie, 1919; — der Leidensweg des Reichsschulgesetzes, 1926.

Allgemein unterrichtende Werke und Abhandlungen:

August Messer, Die Pädagogik der Gegenwart, 1926.

Peter Petersen, Die neueuropäische Erziehungsbewegung, 1926.

Rudolf Lehmann, Das doppelte Ziel der Erziehung, 1925.

Georg Grunwald, Die Pädagogik des 20. Jahrhunderts, 1927.

Aus dem älteren Schrifttum: K. v. Raumer, Geschichte der Pädagogik vom Wiederaufblühen klassischer Studien bis auf unsere Zeit, 1898. Theobald Ziegler, Geschichte der Pädagogik, 1909.

Über Schulrecht: Günther Holstein, „Elternrecht, Reichsverfassung und Schulverwaltungssystem" in: Archiv für öffentl. Recht. N. F. Bd. 12, 1927, S. 187—254.

Von ersten zusammenfassenden Versuchen, deren es, wie oben erwähnt, wenige gibt, zähle ich auf:

Felisch, Ein deutsches Jugendgesetz, 1917.

Blaum, Die Jugendwohlfahrt, 1921.

Caritas, Das Reichsgesetz für Jugendwohlfahrt u. d. Caritas. 3. Aufl. 1925 (Herausgeber J. Beeking). — Daselbst auch eine Zusammenstellung der wichtigsten Literatur.

Walter Friedländer, Grundzüge des Jugendrechts (Entschiedene Schulreform, Heft 27).

Richard Weyl, Das deutsche Jugendrecht, 1927 (mit fast vollständiger Mitteilung der Gesetzestexte).

Laut, Deutsches Jugendrecht, 1927.

Ferner: Rehm, Das Kind in der Gesellschaft, 1925. (Weit und tief ausholend).

Faßbender-Martin, Jugendrecht, Jugendschutz und Jugendwohlfahrt in der deutschen Gesetzgebung, 1925.

— Deutsches Archiv für Jugendwohlfahrt: Jugendwohlfahrt und Lehrerschaft, 1926.

Beste Sammlung der öffentlich-rechtlichen Gesetzesbestimmungen: Walther Heß, Kinder- und Jugendrecht, 1928.

Vgl. a. von Heß die erläuterte Handausgabe, München 1926 — bes. wichtig für Bayern.

Behrend, Jugendwohlfahrtsrecht i. HdR.

Nohl, Die Jugendwohlfahrt 1927.

Alice Salomon, Leitfaden für Wohlfahrtspflege, 3. Aufl. 1928.

1. Teil.

# Das Kindesrecht.

1. Kapitel.

# Die eigene Rechtssphäre des Jugendlichen.

## Einleitung.

### a) Die (beschränkte und unbeschränkte) Handlungsfähigkeit.

Voll handlungsfähig wird der Mensch erst mit der Volljährigkeit, also nach vollendetem 21. Lebensjahr. Diese zeitliche Grenze ist allerdings keine unabänderbare: von der Vollendung des 18. Lebensjahres ab ist möglich die Volljährigkeitserklärung. Wann und unter welchen Voraussetzungen sie erfolgen kann, bestimmen die §§ 3–5 BGB. Über die Zuständigkeit und Formen vgl. FGG.[1]) §§ 56 ff. Das Amtsgericht ist verpflichtet[2]), die Volljährigkeitserklärung auf Antrag des Inhabers der elterlichen Gewalt auszusprechen, wenn gemäß § 5 feststeht, daß sie das Beste des Minderjährigen befördert und dieser seine Einwilligung erklärt. Ist die Volljährigkeitserklärung erfolgt, obwohl es an dem Erfordernisse des § 5 fehlte, so ist sie dennoch rechtskräftig, voll gültig[3]).

Es muß aber hervorgehoben werden, daß die Volljährigkeitserklärung nicht für alle Beziehungen wirksam wird. Besonders in wichtigen familienrechtlichen Entscheidungen kommt es nicht auf die formelle Volljährigkeit, die durch die Erklärung erlangt wird, sondern auf die tatsächliche Vollendung des 21. Lebensjahres an. Das ist der Fall bei:

§ 1305 Erfordernis der väterlichen (mütterlichen) Einwilligung zum Eheschluß.

§ 1726 Erfordernis der mütterlichen Einwilligung für die Ehelichkeitserklärung durch den unehelichen Vater;

§ 1747 Erfordernis der elterlichen Einwilligung, wenn ein eheliches Kind sich von einem anderen an Kindes Statt annehmen lassen will.

Wenn in einem Rechtsgeschäft (besonders in einem Testament) eine Rechtswirkung an den Eintritt der Volljährigkeit geknüpft

---

[1]) Gesetz über die Angelegenheiten der freiwilligen Gerichtsbarkeit vom 17. Mai 1898.

[2]) Trotz des Wörtchens „kann" in § 3.

[3]) Vgl. Planck, Oertmann, Staudinger, v. Tuhr zu § 5; a. M. Hölder zu § 4 RG. Kommentar zu § 3, Josef, Kommentar zum FGG. § 32 IV. S. a. Keidel, FGG. 3. Aufl. (1926) § 32 N. 2; Rausnitz, FGG. (1900), § 32 Anm. 3.

ist, so ist es Auslegungsfrage, ob die Volljährigkeitserklärung genügt oder Vollendung des 21. Lebensjahres erforderlich ist. Beispiele: A hat seinem unehelichen Abkömmling B eine Rente „bis zur Volljährigkeit" ausgesetzt. Hier ist anzunehmen, daß sie dem B bis zum 21. Geburtstag gezahlt werden muß. A hat dem B ein Vermögen versprochen, mit dem er „bei Volljährigkeit" ein Geschäft anfangen soll. Hier können die Umstände so liegen, daß es durchaus gerechtfertigt ist, dem B die Geldsumme schon nach der Volljährigkeitserklärung, also (frühestens) drei Jahre vor der Vollendung des 21. Lebensjahres auszuhändigen.

#### b) Die beschränkte Handlungsfähigkeit des Minderjährigen.

Mit dem vollendeten 21. Lebensjahr beginnt die volle Handlungsfähigkeit des Menschen; soll das Hereinwachsen in die objektiven Werte der Gemeinschaft, die „Jugendlichkeit" vollendet und Erwachsenheit da sein. Aber auf wichtigsten Gebieten räumt der Gesetzgeber bereits dem Unerwachsenen eine Sphäre eigenen Handelns und Verantwortens ein. Die Art, wie er es tut, ist nicht frei von Sonderbarkeit.

Geldgeschäfte abschließen, Schulden machen kann, ohne Genehmigung seines gesetzlichen Vertreters, erst der Einundzwanzigjährige. Schwere Verantwortung in Gewissensdingen, in Sachen des Glaubens und der Sünde, in der Religion und im Strafrecht darf mit voller Rechtskraft schon der Vierzehnjährige auf sich nehmen. Liegt darin, wenigstens soweit es sich um Bestrafung Jugendlicher handelt, nicht doch eine seltsame und beschämende Abwägung von Geld und Gewissen?

## Die Teilmündigkeiten.

Wir unterscheiden vor der bürgerlichen Vollreife verschiedene Arten der Mündigkeit:

### I. Die Religionsmündigkeit.

„Nach der Vollendung des 14. Lebensjahres hat das Kind die Entscheidung darüber, zu welchem religiösen Bekenntnis es sich halten will." So bestimmt § 5 des Gesetzes über die religiöse Kindererziehung vom 15. Juli 1921[1]).

---

[1]) Über Geschichte und Wesen dieses Gesetzes s. oben S. 2.

Man sollte diese Bestimmung als alles andere denn Unglauben und Unehrerbietigkeit gegen die Religion, die innigste Bindung des Menschengeschlechts, begreifen. Freisinn, der sie erkämpfte, war manchmal glatt vernünftelndes Losgebundensein. Aber dennoch kann tiefere Scheu in dem Errungenen liegen als in dem gewaltsamen Festhaltewillen religiösen Feuereifers. Wir wollen die Seele in ihren Glauben wachsen lassen — und wähnen nicht, daß unser ängstliches Schnüren und Pressen für Gottes Gärtnerarbeit nötig sei[1]).

Daher die Vorschrift des Gesetzes, daß sogar der Zwölfjährige schon befragt werden muß, wenn die Erziehungsberechtigten ihn in einem anderen Bekenntnis als bisher erziehen wollen (§ 5 Satz 2): gegen seinen Willen darf er nicht von einer Glaubenslehre in die andere gebracht werden. Geraten die Eltern in Streit über die religiöse Erziehung und verweigert der eine Teil seine Zustimmung zu den vom bisherigen Kurs abweichenden Maßnahmen des anderen, so wird auch dieser Streit nicht über den Kopf des Kindes hinweg ausgetragen. Hier ist die niedrigste Grenze für eigenes Handeln des Kindes vor dem Recht (wenn man von der Siebenjahrsgrenze der „beschränkten Geschäftsfähigkeit und privatrechtlichen Deliktsfähigkeit" vorläufig absieht): „Das Kind ist zu hören, wenn es das 10. Jahr vollendet hat" (§ 2 Abs. 3 vgl. a. § 3 Abs. 2).

Dem Kinde schon wird hier mit Recht ein eigener Lebensraum gegeben: weil bereits in ihm etwas keimt, das über Wissen und Vernunft der Erwachsenen ist und das darum nicht sie zu behüten vermögen[2]).

---

[1]) So ist die Rechtslage. Der Erzieher aber muß danach ringen, die ihm Anvertrauten, auch und gerade heute noch, an Leben und Sinn — an Gott zu binden. Spranger, Kultur und Erziehung, 1928, S. 33: „Eine solche Erziehung wird wieder religiös sein, auch wenn sie ganz unkirchlich sein sollte."

[2]) Spranger, Psychologie des Jugendalters, 7. Aufl., 1926, S. 289: „Seit den Tagen Rousseaus ist der Zweifel nicht wieder ausgestorben, ob das Kind überhaupt schon einen Sinn für Religion habe, oder ob diese Seite des geistigen Lebens erst mit den Pubertätsjahren erwache. Es darf aber als sicher angenommen werden, daß religiöses Leben in das Kind nicht nur hineingelegt wird, sondern daß es auch aus spontanen Trieben hervorwächst." — In diesem Betrachte liegt doch wohl viel Wahrheit in dem Schlagwort vom Jahrhundert des Kindes, das Ellen Key gefunden hat, und dessen großer und aus Erlebnis tiefer Dichter Rainer Maria Rilke geworden ist. Es war ein Schlagwort, das dann leider zu bald ins Grelle und Gefährliche gewendet wurde,

## II. Die Strafmündigkeit.

Das ist ein bitter umstrittenes Gebiet. Strafmündig wurde in Deutschland[1]) nach dem früheren Wortlaut des Reichsstrafgesetzbuchs § 55 der Zwölfjährige. Am 16. Februar 1923 sind an die Stelle dieser Bestimmung die §§ 2 und 3 JGG. getreten. Hier beginnt die Strafmündigkeit erst mit der Vollendung des 14. Lebensjahres; außerdem wird für den Jugendlichen, der noch nicht das 18. Lebensjahr vollendet hat, nicht nur (wie im Strafrecht bis 16. Februar 1923) „Verstandesreife" sondern auch „Charakterreife" gefordert, wie man vorläufig, schlagwortartig, wohl andeuten darf. Der Rechtszustand ist also folgender:

Wir haben eine unbedingte Strafmündigkeit vom vollendeten 18. Lebensjahre ab.

Bedingt strafmündig ist aber auch schon der Vierzehnjährige. Die außer dieser Altersgrenze zu erfüllende Bedingung ist in § 3 JGG. so beschrieben: „Ein Jugendlicher, der eine mit Strafe bedrohte Handlung begeht, ist nicht strafbar, wenn er zur Zeit der Tat nach seiner geistigen oder sittlichen Entwicklung unfähig war, das Ungesetzliche der Tat einzusehen oder seinen Willen dieser Einsicht gemäß zu bestimmen."

Indem man außer dem intellektuellen Moment der Einsicht, außer dieser Verstandesreife, die Fähigkeit, der Einsicht gemäß zu handeln, die Willens- oder Charakterreife fordert, will man Äußerlichkeit des Schuldurteiles über Jugendliche (Abfragen des 7. Gebots, wie ich es noch im Moabiter Gerichtsdienst erlebte) vermeiden. Das Gesetz weist den Richter an, die „persönliche Gesamtseelenverfassung" (Herbert Francke, Kommentar § 3, im Anschluß an Spranger)[2]) zu berücksichtigen.

---

[1]) Binding, Die Normen, II. Bd. 1. Hälfte (2. Auflage, 1914) § 72, S. 217ff., spricht von einem Prozeß-Privileg der Jugendlichen; legt aber in der Hauptsache bereits die Beziehung von Strafunmündigkeit und Zurechnungsfähigkeit klar. Über die hiermit verbundenen Streitfragen s. unten das letzte Kapitel (Jugendstrafrecht).

[2]) Psychologie des Jugendalters, 7. Aufl. 1926, S. 207: der § 3 scheine vorauszusetzen: „es gebe in der Seele zwei scharf voneinander abgegrenzte, womöglich gar quantitativ bestimmbare Kräfte: die Einsicht und den Willen; normalerweise habe die richtige Einsicht die Kraft, den Willen (gleichsam eine intellektuell-neutrale bloße Richtungskraft) zu bestimmen. Hier fehlt wieder ganz der Strukturgedanke. Weder die Einsicht ist ein für sich bestehendes noch die Willenskraft; sondern jeder von uns — also auch der Jugendliche — hat für bestimmte Totallagen des Lebens ein gewisses Maß von Intelligenz und einen gewissen Grad von Schwäche oder Stärke der Handlungsenergie. Mit

Aber wie darf man überhaupt von so etwas wie von Willens- oder Charakterreife bei dem Vierzehnjährigen sprechen? Allerfrühestens beginnt hier – nach einmütiger Ansicht – die Reifezeit. Die erste Geschlechtsreife allerdings ist, in einem grob körperlichen Sinne, schon früher da. Aber erst mit ihrem Eintritt, nun, da der Mensch in seiner ersten körperlichen Fertigkeit vor dem Leben steht, beginnt die (zumeist leidenschaftlich aufwühlende) Auseinandersetzung mit den objektiven Werten der Gemeinschaft, Religion, Kirche und Staat. Für dieses Hineinwachsen in die Volksgemeinschaft haben wir (unglücklicherweise) zwei verschiedene zeitliche Grenzen: die Volljährigkeit mit 21 Jahren und die aktive Wahlmündigkeit mit 20 Jahren. Vor diesen Terminen kann noch nicht von voller Verantwortlichkeit, sondern nur von einer Erziehung zu dieser hin gesprochen werden. Indessen lädt das geltende Recht die volle Verantwortung schon unbedingt dem Achtzehnjährigen auf. Ich sehe kein Bedenken, die Herrschaft eines Sonder-Erziehungsstrafrechtes für Jugendliche bis zum vollendeten 21. Lebensjahr auszudehnen[1]). Man mag zugeben, daß die bloße Hauszucht und ihr vormundschaftsrichterlicher Ersatz, die Fürsorgeerziehung, nicht ausreichen, wo der Mensch aus der Familie

dem Lebensgebiet, ja selbst mit der momentanen Veränderung der persönlichen Gesamtseelenverfassung schwankt diese eigentümliche strukturelle Verwebung von Einsicht und Motivationskraft. Niemand hat eine Willensenergie von überall konstanter Größe; sondern er hat einen starken Willen nur für gewisse Lebensstrukturen, in die er sich durch stete Übung hineinentwickelt hat oder für die er systematisch erzogen worden ist. Auch die Intelligenz ist nichts Absolutes, sondern sie steht immer in bestimmten Totalstrukturen des Lebens drin. Ändern sich die Strukturen, z. B. durch starke persönliche Erschütterungen oder etwa durch Umbildung aller gesellschaftlichen Verhältnisse, so verschieben sich auch die Leistungen der sogenannten Intelligenz und des sogenannten Willens, je jünger der Mensch ist . . . um so mehr ist er solchen Erschütterungen ausgesetzt . . . Aus alledem folgt: die Fähigkeit, unsern Willen unserer Einsicht gemäß zu bestimmen, ist nur solange ganz normal, als wir uns in normalen, d. h. fest eingeübten Lebensstrukturen befinden." — In diesem Zusammenhange sei auch nochmals auf das Gutachten von Dürings in der 15. Sitzung des Reichstagsausschusses über das neue Strafgesetzbuch hingewiesen: „Es gibt nämlich auch einen sozial bedingten Schwachsinn. — Sie gelten als sozial mündig, es sind aber Kinder, bei denen von sozialer Mündigkeit gar keine Rede sein kann." (Ausschußbericht S. 7.)

[1]) Damit trete ich für eine Forderung ein, die seit langem schon der Berliner Jugendrichter Herbert Francke vertritt. Vgl. zuletzt: Zeitschrift für Kinderforschung, 34. Bd., 1928, S. 351—360; ferner in der 15. Sitzung des 32. Reichstagsausschusses, wo er als Sachverständiger vernommen wurde. Blumenthal, Zentralblatt 19. Jahrg. S. 321.

heraus in den Staat wachsen soll. Es ist die Zeit der Jugendbünde und des Buhlens aller Mächte der Gemeinschaft um die Seele der Jugend. Aber es ist ein eigene Formen verlangendes Alter, diese Jugendlichkeit. Erziehungsanstalten (mit ihren fast unbannbaren Gefahren) werden wohl unvermeidlich sein. Auch daß sie als Verlust der Freiheit empfunden werden. Aber die aufdringlich unpädagogische Atmosphäre der Mauern und Türme muß verschwinden. Das erst zaghaft angedeutete und unvollkommene Vorbild Englands[1]) muß weiterwirken: muß das Gefängnis im Gittersinne verschwinden machen und es durch freie Erziehungsheime, wie es die Industrial und Reformatory Schools sind, ersetzen. — Dazu sind wir auf dem Wege: nur noch über wenige Jugendliche wird das Gefängnisurteil von zeitgemäß arbeitenden Gerichten ausgesprochen und an noch wenigeren wird es vollstreckt[2]). Aber es ist nötig, den begonnenen Weg entschlossen weiterzuschreiten[3]). Wir haben den Jugendlichen an Verantwortung vor dem Gemeinwesen zu gewöhnen; können sie jedoch nur in anderer, erzieherähnlicherer Form öffentlich von ihm heischen als von Erwachsenen, in der Form eines geläuterten Jugendstrafrechts, ohne lärmende Öffentlichkeit und Prozeßtheater, so wie es im Jugendgerichtsgesetz von 1923 begonnen ist. Volkserzieherisch muß Hand in Hand

---

[1]) **Children Act.** 1908. Dazu besonders: Struve, Die strafrechtliche Behandlung der Jugend in England, Berlin 1914. Cecil Leeson, **The Probation System**, London 1914. Vgl. auch **Children, Young Persons etc. Bill** und meinen Bericht dazu in ZStW. Bd. 46 S. 279ff. Daselbst auch Bemerkungen zu der bitteren Kritik an den eben doch erst begonnenen „Vorbildern", die Isaac G. Briggs, Reformatory Reform, 1924 gibt. Besonders wichtig sind aber die Berichte des englischen **Home Office (Reports on the work of the Children's Branch)**. S. dazu meinen Aufsatz „Strafrechtliches aus England" ZStW. Bd. 46 S. 423—428.

[2]) Vgl. letzthin die Zahlen, die der Berliner Jugendrichter Francke in seinem Gutachten vor dem 32. Ausschuß des Reichstages von 1927 (13. Oktober, 15. Sitzung S. 11) brachte. Daneben besteht die traurige Tatsache, daß z. B. in Breslau Freiheitsstrafe ersatzweise für nicht beizutreibende Geldstrafe vollstreckt wird. (Vgl. Kleist, Jugend am Gesetz, 1928 und mein Vorwort dazu). Vgl. dazu den von Radbruch angeregten, von mir in der Debatte begründeten Antrag an die Tagung der deutschen Landesgruppe der Int. Krim. Vereinigung in Karlsruhe, 1927.

[3]) Diese Pflicht besteht auch für den, der, wie der Jesuitenpater Noppel (Neugestaltung oder Abschaffung des Jugendstrafrechts, in Stimmen der Zeit, 1920) und der ihn im 32. Ausschuß des Reichstages von 1927 (17. Sitzung S. 5) zitierende Zentrumsabgeordnete **Dr.** Schetter, die Dinge vom christlichen Standpunkt aus zu betrachten versucht (wie übrigens auch der Verfasser dieses Buches).

damit gehen ein Entwöhnen der Öffentlichkeit, der Menge von dem krankhaften Interesse am Verbrechertume, das in seiner schalen Gewöhnlichkeit und seelischen Groblinigkeit so viel Interesse keineswegs verdient. Eine Aufklärung hierüber wäre eine wesentliche Hilfe für unser Strafrecht.

Dieses Jugendstrafrecht hätte zu reichen von der Geschlechtsreife bis zur geistigen, zur Gemeinschaftsreife. Das geltende Recht (und auch die letzten Entwürfe eines neuen Allgemeinen deutschen Strafgesetzbuchs von 1925 und 1927) sagen: d. i. vom vollendeten 14. bis zum vollendeten 18. Lebensjahr. Wir glauben vorschlagen zu müssen: vom 16. bis zum 21. Lebensjahr. Denn Mannheit und (besonders deutlich) Weibheit sind in ihrer körperlichen Kennbarkeit in allzuvielen Fällen noch nicht vor Vollendung des 16. Lebensjahres eingetreten.

An einer anderen Stelle zeigt der Strafgesetzgeber eine viel deutlichere Einsicht in die zeitlichen Abschnitte der Jugendentwicklung: § 65 RStGB. gibt erst dem Achtzehnjährigen das Recht, unabhängig vom gesetzlichen Vertreter im Strafprozesse einen Antrag auf Bestrafung zu stellen, wenn er an der Ehre, Gesundheit u. a. verletzt worden ist. § 57 RStPO. verbietet dem Richter, Personen, die noch nicht das 16. Lebensjahr vollendet haben, den Eid abzunehmen. Nach richtiger (vom Reichsgericht leider nicht anerkannter) Auslegung[1]) bedeutet diese Eidesunmündigkeit Strafunmündigkeit, eine unwiderlegbare Vermutung der Schuldunfähigkeit.

## IIa. Die Schadensersatzpflicht von Kindern und Jugendlichen nach dem Bürgerlichen Gesetzbuch.

Hier gilt die unterste Grenze, die wir (seit dem römischen Rechte) kennen. § 828 bestimmt: „Wer nicht das 7. Lebensjahr vollendet hat, ist für einen Schaden, den er einem anderen zufügt, nicht verantwortlich. Abs. 2: Wer das 7., aber nicht das 18. Lebensjahr vollendet hat, ist für einen Schaden, den er einem anderen zufügt, nicht verantwortlich, wenn er bei Begehung der schädigenden

---

[1]) Binding, Lehrb. bes. Teil II, 146; Stooß in Darstellung des deutschen und ausländischen Strafrechts. Bes. Teil III S. 291; Frank, Strafgesetzbuch Vorbem. IV z. 9. Abschnitt; Ebermayer, Leipziger Komm. 3 zu § 153. A. M. RGSt. 36, 278; Olshausen Anm. 3 zu § 153.

Handlung nicht die zur Erkenntnis der Verantwortlichkeit erforderliche Einsicht hat. Das gleiche gilt von einem Taubstummen."

Die Notwendigkeit des Schadensausgleiches ist leicht einzusehen. Praktisch kommt es (wo überhaupt etwas Praktisches herauskommt) auf eine Schadensersatzpflicht der Eltern hinaus. Für das zukünftige Recht scheint mir am einleuchtendsten eine Regelung, die hauptsächlich auf Nachlässigkeit in der elterlichen Aufsicht und — wo diese nicht nachweisbar — auf die Billigkeit abstellt (ähnlich wie in § 829). Daneben kann aber sehr wohl auf einen Anspruch gegen den Jugendlichen selbst erkannt werden, wenn das dazu beiträgt, sein Gefühl für Verantwortlichkeit zu stärken, insofern ist gegen § 828 Abs. 2 gar nichts einzuwenden. Nur ist daneben der jetzige § 829 unzulänglich[1]).

## III. Die beschränkte Geschäftsfähigkeit.

**Vorbemerkung: Die Altersgrenzen. Volljährigkeitserklärung.**

Geschäftsunfähig ist (neben dem Geisteskranken) nur das Kind unter sieben Jahren. Mit der Vollendung des 7. Lebensjahres wird es beschränkt geschäftsfähig. Die Beschränkung liegt entweder in der Art des Geschäftes oder in dem Erfordernis der Genehmigung durch den gesetzlichen Vertreter.

Unbeschränkt geschäftsfähig wird der Mensch erst mit Vollendung des 21. Lebensjahres. Diese zeitliche Grenze ist aber abänderbar. Von der Vollendung des 18. Lebensjahres an kann ein Minderjähriger für volljährig erklärt werden (S. oben).

### A. Beschränkte Geschäftsfähigkeit.

Begriff: Beschränkt geschäftsfähig sein heißt, zur Wirksamkeit seiner Rechtsgeschäfte der Zustimmung des gesetzlichen Vertreters bedürfen.

Ausnahmen: Das gilt für familienrechtliche Handlungen bis auf die Ausnahmen der §§ 1336, 1337[3], 1358[3], 1595[1], 1598[3], 1729[3], 1748[2], 1755).

Es gilt für wirtschaftliche Handlungen bis auf die eine grundsätzliche Ausnahme des § 107. Hiernach bedarf der Minderjährige zu den Willenserklärungen der Einwilligung seines gesetzlichen Vertreters nicht, durch die er lediglich einen rechtlichen Vorteil erlangt.

---

[1]) Vgl. Gierke, Schuldrecht (D. Privatrecht III) 1917. S. 909, 911/12.

Rechtlicher Vorteil heißt es im Gegensatz zu wirtschaftlichem Vorteil. Ein Kaufvertrag z. B. kann für den Minderjährigen noch so günstig sein, er bedarf doch stets der Zustimmung des gesetzlichen Vertreters, weil ja der Jugendliche nicht bloß Rechte erwirbt, sondern auch Pflichten (Kaufpreiszahlung und Abnahme der Ware) auf sich nimmt[1]). Verpflichten aber kann er sich nicht ohne Einwilligung (d. i. die vorherige Zustimmung) seines gesetzlichen Vertreters; das ohne diese Einwilligung vorgenommene Rechtsgeschäft ist schwebend unwirksam und wird erst gültig durch die Genehmigung (d. i. die nachträgliche Zustimmung).

Zustimmungsbedürftig sind nicht bloß Geld- oder überhaupt Rechtsgeschäfte. Operationen, ärztliche Behandlungen bedürfen in gleichem Maße und mit mindestens ebenso gutem Grunde der Einwilligung des gesetzlichen Vertreters.

Die Zustimmung des gesetzlichen Vertreters ist entweder Einwilligung, d. h. vorher erteilte Zustimmung, oder Genehmigung, d. h. nachträgliche Zustimmung. Beide Formen der Zustimmung sind immer formlos gültig, auch wenn das zustimmungsbedürftige Geschäft selber unter strengem Formzwange steht: denn die Zustimmung ist nicht Bestandteil des Geschäftes, sondern Bedingung seiner Wirksamkeit (§ 182 Abs. 2).

Die Wirkung der fehlenden Zustimmung, insbesondere der fehlenden Genehmigung, ist verschieden, je nachdem, ob es sich handelt um

1. Verträge (z. B. Kauf, Tausch),
2. Einseitige Rechtsgeschäfte (z. B. Kündigung).

Die letzteren (einseitige Rechtsgeschäfte) sind einfach unwirksam. Die Verträge dagegen sind nicht etwas einfach Unwirksames, sondern „in der Schwebe", bis die Genehmigung entweder erteilt oder versagt wird. Sie sind bedingt wirksam: Bedingung ist die Genehmigung. Wer mit einem Minderjährigen ein solches Geschäft geschlossen hat, ist berechtigt, den Vertreter zur Erklärung über die Genehmigung aufzufordern. „Die Genehmigung kann

---

[1]) Mit von Tuhr, der allgemeine Teil des deutschen bürgerlichen Rechts II, 1, 1914, S. 339 n. 29b ist zu betonen, daß auch solche Verträge der Einwilligung des gesetzlichen Vertreters bedürfen, durch welche ein Minderjähriger seinen Unterhalt sichert. „Ein noch so großer tatsächlicher Vorteil genügt nicht." Es muß sich handeln um gänzlich verpflichtungsfreie Geschäfte wie Schenkung ohne Auflage, Annahme eines unbelasteten Vermächtnisses, Anfechtung, der kein Anspruch auf den Vertrauensschaden (§ 122) folgt. Weitere, teilweise weniger problematische Beispiele bei v. Tuhr S. 340.

nur bis zum Ablaufe von zwei Wochen nach dem Empfange der Aufforderung erklärt werden; wird sie nicht erklärt, so gilt sie als verweigert" (§ 108 Abs. 2). Bis zur Genehmigung kann der, der mit dem Minderjährigen das Geschäft geschlossen hat, widerrufen. Aber nur dann, wenn er die Minderjährigkeit nicht gekannt hat oder wenn der Minderjährige die Einwilligung (d. h. die vorherige Zustimmung) des gesetzlichen Vertreters behauptet hatte und dies wahrheitswidrig und der wahre Sachverhalt dem Widerrufenden unbekannt war (§ 109). Im übrigen bleibt der Vertragsgegner an das unvollendete, schwebende Geschäft gebunden.

## B. Bereiche voller Handlungsfähigigkeit des Beschränktgeschäftsfähigen.

### 1. Die Taschengeldfreiheit.

Sie liegt dem § 110 zugrunde. Mittel, die dem Minderjährigen zu freier Verfügung überlassen sind, kann er in der Weise verwenden, daß er Kauf-, Tausch- usw. Verträge abschließt und sie sogleich mit diesen Mitteln erfüllt. § 110: „Ein von dem Minderjährigen ohne Zustimmung des gesetzlichen Vertreters geschlossener Vertrag gilt als von Anfang an wirksam, wenn der Minderjährige die vertragsmäßige Leistung mit Mitteln bewirkt, die ihm zu diesem Zwecke oder zu freier Verfügung von dem Vertreter oder mit dessen Zustimmung von einem Dritten überlassen worden sind." Das gilt nicht bloß für die kleinen Anschaffungen aus dem Taschengeld, sondern auch für den Monatswechsel des Studenten, das Reisegeld des Minderjährigen u. dgl.

Strittig sind folgende Fälle: kommt ein von Anfang an voll wirksamer Vertrag zustande, wenn ein Minderjähriger ein Dienst- oder Arbeitsverhältnis (z. B. als Schauspieler bei einer kleinen Schmiere) eingeht — ohne Genehmigung des Vertreters —, aber bei sofortiger Erfüllung mit der eigenen Arbeitskraft? Ist diese eigene Arbeitskraft (analog) so zu behandeln, wie die Mittel, die dem Jugendlichen zu freier Verfügung überlassen worden sind[1])? Mir scheint, daß man diese Analogie annehmen muß, soweit es sich darum handelt, die durch Erfüllung erworbenen Ansprüche des

[1]) Für die analoge Anwendung von § 110: Enneccerus § 143 II 3b; Hölder, Staudinger, Plank-Flad zu § 110; Biermann § 61 Anm. 17. Oertmann, „Der neue Weg", Organ der Genossenschaft Bühnenangehöriger (1910) S. 637ff., 749ff. Riezler, Venire contra factum proprium (1912) S. 134f. a. M. Marwitz, Bühnenengagementsvertrag S. 20ff.

Minderjährigen (Dienstlohn, Krankenversicherung) sicherzustellen: seine natürliche Handlungsfähigkeit hat ihm hier eine eigene Rechtssphäre geschaffen. Das gilt aber nur für das schon Erfüllte, den bereits erworbenen Anspruch. Natürlich kann der Vater dem Dienstverhältnis, sobald er von ihm Kenntnis erhält, ein Ende machen, auch wenn das Kind von den drei Monaten bei der „Schmiere" schon zwei Monate und drei Wochen abgedient hat und jetzt gerade, in den letzten Tagen, die wichtigsten und einträglichsten Vorstellungen bevorstehen[1]).

Vgl. folgenden von dem Vorsitzenden des juristischen Prüfungsamtes Breslau gebildeten Fall: Der siebzehnjährige Schlossergeselle **S** war mit Genehmigung seines Vaters **V** bei einem Schlossermeister in Dienst getreten. Kurz danach nahm er gegen den Willen seines Vaters bei dem Kaufmann **K** eine Stelle als Kraftwagenführer gegen einen Monatslohn von 100 RM. an. Er blieb bei **K**, trotzdem **V** auch diesem gegenüber alsbald Widerspruch erhob. Nachdem er drei Monate bei **K** geblieben war, entließ dieser ihn fristlos. Den Lohn für den letzten Monat zahlte **K** nicht, mit der Begründung, **S** habe sich bei ihm nicht rechtswirksam verdingen können. — Es würde hier schwer halten, einen Anspruch des Vaters auf die 100 RM. zu beweisen. Wohl ist die elterliche Gewalt, ein „sonstiges (absolutes) Recht" im Sinne von § 823 BGB., verletzt; aber ein Vermögensschaden ist dem Vater höchstens mittelbar hieraus entstanden. Den **K** ohne Verpflichtung ausgehen zu lassen, wäre unbillig.

Denn nach den §§ 112 und 113 BGB. kann der Minderjährige nur mit Ermächtigung durch den gesetzlichen Vertreter ins Erwerbsleben eintreten.

### 2. Die Freiheit im eigenen Erwerbsgeschäft.

§ 112 behandelt den Fall, in dem der Vater oder Vormund in umfassendster Weise eine eigene wirtschaftliche Rechtssphäre des Jugendlichen begründen will: die **Ermächtigung zum selbständigen Betriebe eines Erwerbsgeschäftes.** Diese Einrichtung einer eigenen Handwerksstube, eines eigenen Verkaufsladens, eines kaufmännischen Betriebes usw. ist derart bedeutsam und folgenreich, daß hier (auch wenn der Vater noch lebt) die Genehmigung des Vormundschaftsgerichts gesetzlich vorgesehen ist.

Die Ermächtigung hat eine weitreichende Wirkung; sie ist fast als teilweiser Verzicht auf die elterliche Gewalt anzusehen. Denn für den Umkreis seiner Geschäfte wird der Minderjährige jetzt

---

[1]) Auf Körperteile, etwa das Haar einer Tochter, findet der § 110 niemals irgendwelche analoge Anwendung.

im vollen Umfange selbständig. Für das Erwerbsgeschäft, zu dem er ermächtigt worden ist, wird er unbeschränkt geschäftsfähig. Davon sind nur solche Rechtsgeschäfte ausgenommen, zu denen auch der gesetzliche Vertreter die Genehmigung des Vormundschaftsgerichts brauchen würde (z. B. §§ 1821 ff.).

Das hat zur Folge:

Der Minderjährige ist in seinen Entschließungen und Rechtsgeschäften in den ihm eingeräumten Wirkungskreise vom Vater oder Vormund unabhängig. Dieser kann nicht die Vornahme und Wirksamkeit von Geschäften hindern, die ihm nicht gefallen[1]). Will er den Minderjährigen beschränken, so muß er die Ermächtigung zum Betriebe des Erwerbsgeschäftes im ganzen wieder zurücknehmen. Aber das kann er nur mit Genehmigung des Vormundschaftsgerichts tun (§ 112 Abs. 2).

Mit der Geschäftsfähigkeit erlangt der Minderjährige die **Prozeßfähigkeit** nach § 52 ZPO. und ebenso die Fähigkeit in der Freiwilligen Gerichtsbarkeit Anträge zu stellen[2]).

## 3. Die Arbeitsfreiheit.

Der Minderjährige wird für alle Rechtsgeschäfte, die ein Arbeitsverhältnis mit sich bringt, unbeschränkt geschäftsfähig, wenn ihm erst einmal von dem gesetzlichen Vertreter gestattet worden ist, in Dienst oder Arbeit zu treten. Er kann dann alten Dienst aufgeben, neuen derselben Art annehmen (vgl. § 113 Abs. 4), den Lohn höher oder niedriger vereinbaren usw. Der Vater darf in die Einzelheiten wieder nicht hineinreden. Aber es sind wichtige Unterschiede von § 112 zu beachten: der Vertreter kann die Ermächtigung einschränken und er kann sie, **ohne daß er hierzu die Genehmigung des Vormundschaftsgerichtes bedarf**, zurücknehmen. Das Vormundschaftsgericht wirkt überhaupt weniger mit: auch die Ermächtigung selber kann hier ohne seine Genehmigung erteilt werden.

Besondere Aufgaben erwachsen dem Vormungschaftsgerichte allerdings, wenn der gesetzliche Vertreter ein Vormund ist. Hier kann die Ermächtigung, in Dienst oder Arbeit zu treten, wenn sie vom Vormund verweigert wird, vom Vormundschaftsgericht ersetzt werden. Das soll erfolgen, wenn die Ermächtigung zu dem

---

[1]) KGBl. 16 S. 74. Gewerbegerichtsentscheidungen 7 S. 93. Planck, § 112[1], Enneccerus § 142 III 3c.

[2]) KGJ. 37 A 39.

Arbeitsverhältnisse (die „im Zweifel" wieder als eine Ermächtigung zur Eingehung von Verhältnissen derselben Art gilt) im Interesse des Mündels liegt.

*

Mit (beschränkter) Geschäftsfähigkeit nicht zu verwechseln sind die selbständigen Befugnisse, die ein Jugendlicher in manchen Fällen vor Gericht hat. Von der Strafantragsbefugnis war oben schon die Rede. Ein sehr wichtiges Recht des über 14 Jahre alten Minderjährigen ist in dem Gesetz über die Angelegenheiten der freiwilligen Gerichtsbarkeit vom 17. Mai 1898 verbürgt im § 59: „Ein unter elterlicher Gewalt stehendes Kind oder ein unter Vormundschaft stehender Mündel kann in allen seine Person betreffenden Angelegenheiten ohne Mitwirkung seines gesetzlichen Vertreters das Beschwerderecht ausüben. Das gleiche gilt in Angelegenheiten, in denen der Mündel vor einer Entscheidung des Vormundschaftsgerichtes gehört werden soll." Diese Befugnisse haben mit Geschäftsfähigkeit nichts zu tun, weil der Abschluß von Verträgen, etwa mit dem gewählten Rechtsberater, nicht darunter fällt.

## IV. Der Jugendliche im Schulrecht[1]).

Nach § 1 RJWG. hat jedes deutsche Kind einen Anspruch auf Erziehung und also, so wird man folgern müssen, auch auf die Schule. So ist diese nicht nur Pflicht, sondern Recht. Wenn man auch, nicht zu Unrecht, bei der Auslegung des § 1 betont, es bestehe kein klagbarer Anspruch, in eine Fürsorgeerziehungsanstalt, in eine Schule aufgenommen zu werden, so darf man dieses Grundrecht doch nicht als bloße Deklamation begreifen wollen. Das Jugendamt ist der öffentliche Anwalt der Jugend. Und wenn deren Recht durch Lässigkeit oder falsches Handeln der Verwaltungsbehörde vereitelt wird, so kann der Jugendliche oder sein gesetzlicher Vertreter beim Jugendamt den Antrag stellen, gegen solche Vereitelung Klage zu erheben: durch Vorstellungen bei der Schulbehörde, Antrag beim Vormundschaftsgerichte (den der über 14 Jahre alte Jugendliche nach § 59 FGG. auch selber stellen kann) oder sonst geeignete und nach Lage des Falles in Betracht kommende Mittel.

---

[1]) Vgl. die von mir angeregte Breslauer Diss. von Buchmann, Die eigene Rechtssphäre des Jugendlichen im öffentlichen Recht. 1928.

Die Schule scheint, in ihrem täglichen Betrieb, für den Jugendlichen lediglich Pflicht, Unterordnung, nicht Recht zu sein. Ausdrücklich ausgeschlossen wird vom Reichsgericht[1]) ein Recht auf Schulstreik: weder den Kindern noch deren Eltern steht es zu.

Aber gesunde Gedanken der Selbstverwaltung haben Eingang ins Schulrecht gefunden.

Als einen wichtigen Grundsatz der Jugenderziehung haben Schriftsteller und unmittelbar Wirkende die Selbstregierung der Schüler im Schulleben erkannt. Bei seiner Gründung von kleinen Vereinen der proletarischen Jugend in Berlin-Ost ging Siegmund-Schulze von diesem Gedanken aus. Mit dem Blick mehr auf bürgerliche Kreise wirkte Friedrich Wilhelm Förster. Systematisch für die Schule, die „Arbeitsschule", hat Kerschensteiner den Grundsatz ausgebaut. Alle drei benutzten Erfahrungen in England, der Schweiz und Amerika.

Kurz nach der Revolution hat das preußische Kultusministerium Freiheit und Selbstverwaltung in der Schule proklamiert (Erlaß vom 27. November 1918). Nur vereinzelt aber entstanden lebenskräftige Schulgemeinden und Schülerräte. Indessen sind segensreich die Versuche freier Zusammenarbeit von Lehrern, Eltern und Schülern gefördert worden und wohl im Wachsen. – Bei all dem wird man beachten müssen, daß die Schule nun einmal die Aufgabe hat, die objektiven Kulturwerte zu überliefern. Alles, was geeignet ist, freudige Freiwilligkeit des Empfangens zu fördern, muß begrüßt werden. Auch darf der Lehrer nicht bloß überliefern, sondern muß die Lehre täglich neu erkämpfen. Aber um das Muß und den Zwang des Erlernens, um die Schmerzen des Einwachsens in das Gut der Väter werden wir nicht herumkommen. Auch (und gerade) wer ein Reformator werden soll, muß erst ein Gläubiger gewesen sein.

Die staatliche Neuordnung hat den Schülern eine größere Vereinigungsfreihet gegeben, als sie vorher besaßen (Erlasse vom 27. November 1919, 4. Juli 1922, 23. Dezember 1922). Es war aber zugleich nötig, politischem Mißbrauch und früher Volkszerklüftung Einhalt zu gebieten (vgl. Erlaß vom 29. August 1925 für Preußen).

---

[1]) Vgl. a. RGZ. 118, S. 1 ff.

## 2. Kapitel.

# Das Recht des Kindes gegen die Eltern.

(Kindesrecht und elterliche Gewalt.)

### Vorbemerkung.

Erst spät ist, was anfänglich nur vor Gott und Gewissen verantwortbare Herrschaft war, Rechtsverhältnis geworden. Naturrecht und Aufklärungszeit haben das heutige Gebilde geschaffen. Seit dem Naturrecht (Grotius II 5 § 1; Christian Wolff §§ 870, 888) ist der Begriff der elterlichen, d. h. Vater und Mutter gemeinsamen Gewalt geläufig. Dem römischen Rechte gemäß kannte man davor nur die väterliche Gewalt, patria potestas.

Sie war in Rom ein reines Herrschaftsrecht, zunächst fast ohne Schranken der Pflicht. Auch nach Errichtung dieser Schranken (der Vater darf seinen Sohn nicht dreimal in die Sklaverei verkaufen, er hat gewisse Sondergüter zu achten, so das peculium castrense usw.) bleibt ihr Kern eigennützig. Das deutsche Recht hat den Pflichtgedanken zwar von Anfang an stark betont. Aber auch nach ihm war lange für uns Heutige Unbegreifliches gestattet. Eigennütziges hat sich (vielleicht unter dem Einfluß römischer Kultur) bis heute erhalten: das Nutzungsrecht des Vaters am Kindesvermögen, das vom deutschen Recht (BGB. § 1649ff.) im Gegensatz zum englischen Recht gewahrt wird (so wie in Frankreich, Österreich, Schweiz).

Der deutsche Pflichtgedanke zeigt sich vor allem in der Unverzichtbarkeit der elterlichen Gewalt. Auf die römische patria potestas konnte einseitig verzichtet werden (emancipatio). Das ist nach unserem Rechte (schon die deutschrechtliche Munt ist in diesen Gegensatz zur patria potestas zu stellen) ausgeschlossen. Die heutige elterliche Gewalt ist Pflichtstellung, und zwar nicht nur (individualrechtlich) dem Kinde, sondern (sozialrechtlich) dem Gemeinwesen gegenüber (Reichel, Recht 1914 S. 355). Der sozialrechtliche Gedanke kommt in Art. 120 RV. zum Ausdruck: „Die Erziehung des Nachwuchses zur leiblichen, seelischen und gesellschaftlichen Tüchtigkeit ist oberste Pflicht und natürliches Recht der Eltern, über deren Betätigung die staatliche Gemeinschaft wacht"[1]).

[1]) Johann Heinrich Kirchhof, Juristische Abhandlung von dem, was die Rechte bei Erziehung der Kinder erfordern, 1771. Günther Holstein, Elternrecht, Reichsverfassung und Schulverwaltungssystem, Arch. öffentl. Recht, 1927, S. 187ff.

Daß sich die Gewalt über das Kind aus einem eigentumsähnlichen Rechte allmählich in die Pflicht zur Erziehung und Fürsorge verwandelt hat, geht Hand in Hand mit einer anderen Versittlichung: mit dem zunehmenden Beteiligtwerden der Mutter, mit dem Werden einer elterlichen, d. h. einer Mann und Frau gemeinsamen Gewalt[1]).

Nicht in allen ursprünglichen Rechten war die Mutter von der elterlichen Gewalt ausgeschlossen. Wir finden im Gegenteil bei manchen Völkern in der Frühzeit das Mutterrecht, die ausschließliche Gewalt der Mutter[2]). Aber der Gedanke der Gleichberechtigung von Vater und Mutter findet sich erst auf der Höhe christlicher Kultur. Ganz ist er auch heute nicht verwirklicht, wenn man ihn (wohl etwas oberflächlich) allzu wörtlich auffaßt: ein Familienhaupt, eine Stelle des letzten Entscheids muß es geben. Rom hatte ein streng patriarchalisches Recht: die Frau stand, wie eine Schwester ihrer Kinder, unter der Gewalt des Ehemannes (manus). Der hatte den letzten Entscheid. Demgegenüber hat das Naturrecht seit dem 16. Jahrhundert den Satz von der Gleichberechtigung der Geschlechter aufgestellt und damit die väterliche Gewalt zur elterlichen gemacht. Der Gedanke der Gleichberechtigung wird aber von den Naturrechtslehrern bereits dahin eingeschränkt, daß bei Meinungsverschiedenheiten zwischen Vater und Mutter der Vater entscheidet. In der Art des Naturrechts wird das damit gerechtfertigt, daß der Ehevertrag die freiwillige Unterwerfung der Frau unter die Gewalt des Mannes sei (man vergleiche dazu etwa Hobbes' Gedanken über den Staatsvertrag). Die neue Zeit gibt indessen dem Vater gegenüber der Mutter kein unbedingtes Recht des letzten Entscheids: über den Eltern wölbt sich die Obervormundschaft des Staates.

Ein letztes Ergebnis naturrechtlicher und aufklärerischer Entwicklung ist unser Bürgerliches Gesetzbuch von 1900 (§§ 1626ff.): Grundsätzliche Gleichberechtigung der Eltern und bei Meinungsverschiedenheiten Entscheidungsrecht des Vaters (§ 1634). Außerdem ist, inhaltlich, die Gewalt der Mutter nur eine beschränkte: während der Vater die Sorge für die Person **und** für das Vermögen des Kindes hat, steht der Mutter nur die Sorge für die Person zu.

---

[1]) Robert **Bartsch**, Die Rechtsstellung der Frau als Gattin und Mutter, 1903. August **Bebel**, Die Frau und der Sozialismus, 25. Aufl. 1895. Hans **Fehr**, Die Rechtsstellung d. Frau und der Kinder in den Weistümern, 1912. Klara **Eck**, Die elterliche Gewalt im BGB., Arch. f. bürg. Recht, Bd. 41, S. 1ff., 1915. Marianne **Weber**, Ehefrau und Mutter, 1907.

[2]) Grundlegend die Forschungen von **Bachofen**, Das Mutterrecht, 1861 2. Aufl. 1897.

Dieses Recht hat sie neben dem Vater. Es geht bei Meinungsverschiedenheiten nicht einfach verloren, wenn der Vater sein Entscheidungsrecht aus § 1634 geltend macht und so eine Maßnahme durchsetzt, die dem Willen der Mutter zuwider ist. Das deutsche Eherecht unterwirft die Frau nur insoweit der Entscheidung des Mannes, als sich diese nicht als ein Mißbrauch seines Rechtes darstellt (§ 1354). Einer muß bei Meinungsverschiedenheiten den Ausschlag geben können; und das soll nicht die Frau, sondern der Mann sein. Unnatürlich wäre der Gedanke, daß bei allen Meinungsverschiedenheiten das Vormundschaftsgericht in die Ehe hineinreden müßte, um einen obrigkeitlichen Ausgleich der Interessen zu schaffen. Darum läßt das Gesetz den Mann Richter in seiner eigenen Ehe sein. Aber als solcher darf er nicht nach Willkür, sondern muß nach pflichtmäßigem Ermessen entscheiden. Tut er das nicht, so hat die Frau gegen ihn den Rechtsweg vor dem ordentlichen Gericht. Stellt sich die Entscheidung zugleich als eine Verletzung seiner Pflichten gegen das Kind dar, so kann eine die Kindesschädigung hindernde Verfügung vom Vormundschaftsgericht erlangt werden[1]).

## I. Das Rechtsverhältnis von Vater und Kind.

### A. Personenfürsorge.

#### 1. Sorge für die Person.

Den Inhalt umschreibt § 1631. Die Person des Kindes ist in weitem Umfange auch heute noch der Gewalt des Vaters unterworfen. Schon in rein körperlichem Sinne: der Vater bestimmt den Aufenthaltsort; und er kann mit Zwangsmitteln die Zurückführung betreiben, wenn ihm ein Dritter – und sei es selbst die Mutter – das Kind vorenthält. Er hat in diesem Falle – wie der Eigentümer einer Sache – einen Herausgabeanspruch (§ 1632) gegen den gleichsam Unrechtmäßig-Besitzenden. Ebenso kann der Vater auf Unterlassung von Störungen seiner elterlichen Gewalt klagen[2]).

Der Vater kann vom Staate verlangen, daß ihm das fortgelaufene Kind wieder zugeführt wird. Die Zuführung geschah früher, barbarischerweise, durch die Polizei oder den Gerichtsvollzieher. Heute ist ausführendes Organ nach § 43 RJWG. das Jugend-

[1]) RGZ. 55[421]; 69[96].

[2]) So Eltzbacher, Unterlassungsklage 19, 193 dagegen: Jacobsohn, Unterlassungsklage S. 13.

amt[1]). Und das ist, auch hier, ein nicht genug zu preisender Fortschritt. Denn der Schutzmann, der früher den Jungen beim Kragen nahm und dem Vater zurückbrachte, stand oft vor bitterer und gräßlicher Jugendnot, der er, an grobes Zupacken im Dienste gegen Verbrecher und Grobiane gewöhnt, hilflos gegenüberstand.

Ein Beispiel aus der früheren Polizeipraxis ist das Jugenderlebnis eines durch drei Jahrzehnte weltberühmten und heiß umstrittenen Publizisten. Der war seinem Vater davongelaufen, weil er nicht vom Gymnasium in die Kaufmannslehre wollte. Er flüchtete zur Mutter, die den Vater verlassen hatte, weil sie sein aus Don Juan-Wesen und Irrsinn gemischtes Leben nicht mehr ertragen konnte. Der Vater machte seinen Herausgabeanspruch gegen die Mutter geltend; gewann den hierauf gerichteten Zivilprozeß und ließ seinen heftig widerstrebenden, noch nicht fünfzehnjährigen Sohn zurückholen. Der konnte sich nun gar nicht mehr mit dem Vater verstehen. Er lief also abermals weg. Nun aber nicht mehr zur Mutter, bei der er ja doch gefunden worden wäre, — sondern zu einer umherziehenden Schauspielertruppe.

Ein Mitglied des Jugendamtes hätte die Not gesehen und sich nicht so blind als Vollstreckungsorgan eines irrsinnig herrischen Vaterwillens gebrauchen lassen.

Sind denn Mutter und Kind machtlos gegen den Herausgabeanspruch des Vaters, dessen Erfüllung das Kind oft schwer gefährdet? Nicht ganz (so weiß der Fürsorgebeamte), denn:

Wenn das Kind fortgelaufen oder von einem Dritten fortgenommen worden ist, weil es beim Vater nicht gut versorgt, sondern gefährdet war, so kann das Vormundschaftsgericht gemäß § 1666 BGB. dem Vater die Sorge für die Person des Kindes entziehen und etwa der Mutter, zu der das Kind geflüchtet ist, übertragen.

2. Verwirkung der elterlichen Gewalt.

Auch hierfür ist zu beachten, daß Voraussetzung des vormundschaftsrichterlichen Einschreitens nach § 1666 nicht schuldhafte Pflichtverletzung, sondern lediglich objektiv unrichtiges und gefährliches Verhalten des Vaters ist[2]). Der Vater, der das

[1]) Kipp § 79 II Anm. 5 will von der Möglichkeit des § 43 RJWG. anscheinend nur zaghaften Gebrauch machen und die alte Polizei- und Gerichtsvollzieherpraxis bestehen lassen (vgl. Familienrecht [1928], § 79 II Anm. 5; IV Anm. 13).

[2]) Das BGB. zählt in § 1666 drei Fälle auf, in denen die elterliche Gewalt verwirkt wird. Mißbrauch der Sorge für die Person des Kindes, Vernach-

Beste will, aber durch die Trennung des Kindes von der Mutter objektiv aufs schwerste die geistige, sittliche und körperliche Entwicklung gefährdet, ist im Unrecht.

Diese segensreiche Einschränkung der väterlichen Gewalt vermag sich manchmal jedoch nicht genügend auszuwirken, weil formale, prozessuale Schwierigkeiten im Wege stehen. Der Herausgabeanspruch des Vaters wird im ordentlichen Zivilprozesse, also in der streitigen Gerichtsbarkeit verfolgt. Die Entscheidung über Maßnahmen auf Grund von § 1666 gehört zur Zuständigkeit des Vormundschaftsgerichts, also in die freiwillige Gerichtsbarkeit. Danach würde der Prozeßrichter die Einwendung, daß der Herausgabeanspruch des Vaters ein Mißbrauch seines Rechtes sei, als nicht zur Sache und seiner Zuständigkeit gehörig abweisen und ihr erklären, daß hierüber der Vormundschaftsrichter zu entscheiden habe. — Das wäre indessen kein vorbildlicher Gang des Verfahrens. Das prozessual korrekte Verhalten ist: der Prozeßrichter (in dem Herausgabeprozeß) gibt (wenn das Kind schädigender Mißbrauch zu befürchten ist) dem Beklagten auf, eine Verfügung gemäß § 1666 vom Vormundschaftsrichter zu erwirken und setzt bis zur Entscheidung hierüber sein eigenes Verfahren aus.

Ist die Mutter Beklagte, so wird er zudem oftmals selber in der Lage sein, Mutter und Kind gegen einen schädlichen Herausgabeanspruch zu schützen. Es kann vor allem von der Mutter in ihrer Eigenschaft als Ehefrau eingewendet werden, daß sich das Verlangen ihres Mannes als Mißbrauch seines Entscheidungsrechts aus § 1354 darstellt und daß sie demgemäß nicht verpflichtet ist, seiner Entscheidung Folge zu leisten (§ 1354 Abs. 2). Diese Einrede kann sie sehr wohl im Prozeß vorbringen. (Vgl. ferner: BGB. §§ 226, 1635, 1636; ZPO. § 627)[1]).

Die Sorge für die Person des Kindes ist körperliche Fürsorge und Erziehung.

---

lässigung, ehrloses oder unsittliches Verhalten. Eine gemeinsame Voraussetzung über den drei Fällen ist die Gefährdung des geistigen oder leiblichen Wohls. — Wenn Schiedermair (Reichsgesetz für Jugendwohlfahrt, 1926 S. 145) behauptet: die Gefährdung muß auf ein schuldhaftes Verhalten des Elternteils zurückgehen, so entspricht das nicht der neueren Rechtsprechung die zum Mißbrauch im Sinne der § 1666 jedes Abweichen vom Objektiv-Richtigen genügen läßt. Vgl. KG. Jur. Rdsch., Rechtspr. 1927 Nr. 371. oben S. 5—6. Für Verschuldensprinzip dagegen auch: Rheinstein, Staat und elterliche Erziehungsgewalt, Zentralbl. (15. Jg. 1924) S. 207f.

[1]) Kipp § 79: Sächs. Archiv f. Rechtspfl. 1911 S. 62. KGJ. 29 Art. 29. Celle OLGE 41, 49.

In der körperlichen Fürsorge soweit sie Gesundheitspflege ist, besteht eine Aufsicht des Staates, die durch das Schularztwesen und anderes immer mehr und an einigen Stellen auch praktisch segensreich ausgebaut worden ist[1]). Auch die Säuglingsfürsorge ist nicht bloß Hilfe, sondern Kontrolle[2]). Es entspricht dem Geiste des „wissenschaftlichen Zeitalters", daß der Mensch weitgehend von der geistlichen Bevormundung des Klerikers befreit worden ist und dafür mehr dem leiblichen Zugriffsrechte des Arztes unterstellt wird. Dabei muß aber bemerkt werden, daß es sich hier um Konventionelles und nicht um wirkliche Rechtsgebilde und Rechtseinräumungen handelt. Die Regelung im einzelnen liegt, besonders in der Schulgesundheitspflege, ganz bei den Gemeinden. Konflikte mit Elternfreiheit und Rechtsgefühl hat es bei diesen im ganzen so segensreichen Einrichtungen in letzter Zeit manchmal gegeben. Eltern von heranwachsenden Mädchen haben der Untersuchung ihrer Kinder durch den Schularzt widerstrebt und die Schulärztin gefordert. Sicherlich mit Recht. Jedenfalls bietet kein Gesetz zu Zwang gegen Mädchen und Eltern eine Handhabe.

Die Eltern haben an sich das Recht, für die Heilbehandlung ihrer Kinder die Personen und Maßnahmen zu wählen, die sie für geeignet halten. Aber dieses Recht findet seine Schranke am BGB. § 1666: d. h. bei objektiv falscher Ausübung[3]) kann der Vormundschaftsrichter (auf Antrag des Jugendamtes) die elterliche Gewalt beschränken oder ausschalten, durch staatliche Anordnungen ergänzen oder ersetzen. Dazu wird Anlaß sein, wenn die Eltern offenbar einem Kurpfuscher, Zauberkünstler und dergleichen in die Hände gefallen sind. Hierbei muß allerdings bemerkt werden, daß der Begriff „Kurpfuscher" etwas außerordentlich Heißumstrittenes ist[4]).

---

[1]) Handbuch der deutschen Schulhygiene (Selter), Leipzig und Dresden. v. Drigalski, Schulgesundheitspflege, ihre Organisation und Durchführung. Leipzig, Hirzel. — Derselbe: Die Gesundheitsfürsorge für die schulpflichtige Jugend in „Jugendwohlfahrt und Lehrerschaft", herausgegeben vom Deutschen Archiv für Jugendwohlfahrt, Berlin, Herbig, 1926. Zeitschrift für Schulgesundheitspflege und soziale Hygiene, Leipzig, Voß.

[2]) Dr. Erna Corte, Die Wohlfahrt des Kleinkindes i. Jugendwohlfahrt und Lehrerschaft (herausgegeben vom Deutschen Archiv für Jugendwohlfahrt). Berlin 1926.

[3]) S. oben S. 5—6, 36 u. KG. i. Entschdg. i. Angelegenheiten der freiwilligen Gerichtsbarkeit, herausgegeben vom Reichsjustizamt (RJA.) 14, 91 ff.

[4]) Zu der rechtlichen Würdigung vgl. L. Ebermayer, Die notwendige Bekämpfung der Kurpfuscherei, Leipzig 1927. S. dagegen auch (zu Recht) Peters in ZStW. 1927, S. 570: „Zuzugeben sind schwere Schädigungen einzelner durch Kurpfuscher; ob man aber soweit gehen soll, wie Ebermayer

Gewiß muß es auch in gesundheitlichen Dingen eine „herrschende Meinung“ geben, die Betrug und Unsorgfältigkeit als Verbrechen und fahrlässiges Gefährden brandmarkt; nur darf diese Meinung nicht zu starr sein, damit Raum für neue Einsicht bleibt; und vor allem darf sie nicht aus dem Bestreben gebildet werden, Rechte und Wirtschaftsstellung eines Standes zu bewahren.

### 3. Gesetzliche Beschränkungen der Sorge für die Person.

Zu manchen sehr tief in das persönliche Leben des Kindes eingreifenden Rechtshandlungen bedarf der Vater der Genehmigung des Vormundschaftsgerichts.

Fälle dieser Art sind:

1. Die Anfechtung der Ehe des Kindes.

Beispiel: die siebzehnjährige Agathe hat einen Mann geheiratet, der sie arglistig über Stand, Gesundheit, Vermögen und derartig wesentliche Eigenschaften getäuscht hat. Eine solche Ehe kann nach § 1334 BGB. angefochten, d. h. mit rückwirkender Kraft vernichtet werden. Die Anfechtung ist etwas anderes und — wegen ihrer rückwirkenden Kraft — Weiterreichendes als die Scheidung (vgl. BGB. §§ 1330ff. einerseits und §§ 1564ff. andererseits). Der gesetzliche Vertreter kann die Ehe des minderjährigen Kindes nur anfechten, wenn das Kind geschäftsunfähig ist[1]).

Die Minderjährigkeit von 7 bis 21 Jahren bewirkt aber (s. Anmerkung) nicht Geschäftsunfähigkeit, sondern nur beschränkte Geschäftsfähigkeit. Und der Beschränkt-Geschäftsfähige ist nur allein zur Anfechtung seiner Ehe befugt; er bedarf außerdem zu dieser Anfechtung nicht einmal der Zustimmung des gesetzlichen Vertreters: „Die Anfechtung der Ehe kann nicht durch einen Vertreter erfolgen. Ist der anfechtungsberechtigte Ehegatte in der

---

vorschlägt, erscheint mir recht zweifelhaft, haben doch anerkanntermaßen nicht selten nicht approbierte Personen beste Heilerfolge erzielt und selbst der wissenschaftlichen Medizin wichtige Anregungen gebracht. M. E. wird es ausreichend sein, anstatt allgemein die gewerbsmäßige Heilbehandlung durch nichtapprobierte Personen zu verbieten, jede durch ihre Tätigkeit schuldhafterweise verursachte gesundheitliche Schädigung einer Person unter verschärfte Strafe zu stellen.“

[1]) § 104: Geschäftsunfähig ist: 1. wer nicht das siebente Lebensjahr vollendet hat; 2. wer sich in einem die freie Willensbestimmung ausschließenden Zustande krankhafter Störung der Geistestätigkeit befindet, sofern nicht der Zustand seiner Natur nach ein vorübergehender ist. 3. wer wegen Geisteskrankheit entmündigt ist.

Geschäftsfähigkeit beschränkt, so bedarf er nicht der Zustimmung seines gesetzlichen Vertreters." § 1336 BGB.

Also: nur für das geschäftsunfähige, nicht für das beschränkt geschäftsfähige Kind kann der Vater oder der Vormund die Ehe anfechten. Diese Anfechtungshandlung fällt aber unter die Beschränkungen der Sorge für die Person des Kindes: der Vertreter kann sie nicht selbständig vornehmen, sondern er bedarf der Genehmigung des Vormundschaftsgerichtes. Vgl. § 1336 BGB., § 612 ZPO.

Eine Ausnahme vom § 1336 ist im zweiten Satz des zweiten Absatzes gemacht: einen Fall gibt es, in dem der gesetzliche Vertreter auch für das beschränkt geschäftsfähige Kind die Ehe anfechten kann und das sogar, ohne daß hier eine Genehmigung des Vormundschaftsgerichtes nötig ist. Das ist der Fall des § 1331: Eheschluß des Beschränkt-Geschäftsfähigen ohne Einwilligung oder (nachfolgende) Genehmigung des gesetzlichen Vertreters (§§ 1331, 1336, 1337). Beispiel: Agathe, siebzehnjährig, heiratet ohne den Vater zu fragen. Dieser versagt die Genehmigung und ficht die Ehe an. Er kann hier auf jeden Fall anfechten, anders als ein Vormund, dessen Genehmigung durch das Vormundschaftsgericht ersetzt werden kann (und soll), „wenn die Aufrechterhaltung der Ehe im Interesse des Ehegatten liegt". § 1337 Abs. 1.

2. Die Scheidungsklage für das geschäftsunfähige Kind.

Auch für sie braucht der Vater die Genehmigung des Vormundschaftsgerichts (ZPO. § 612 Abs. 2).

3. Der Vertrag über die Annahme an Kindes Statt.

Nur über das noch nicht vierzehn Jahre alte Kind darf der gesetzliche Vertreter mit einem Dritten den Vertrag über Annahme an Kindes Statt schließen. Und auch hier braucht der Inhaber der elterlichen Gewalt, der das Kind weggeben, wegadoptieren lassen will, die Genehmigung des Vormundschaftsgerichts: § 1750 Abs. 1. Außerdem besteht für den Annahmevertrag Formzwang. Er „muß bei gleichzeitiger Anwesenheit beider Teile vor Gericht oder vor einem Notar geschlossen werden".

Das über vierzehn Jahre alte Kind braucht, wenn es sich adoptieren lassen will, natürlich die Zustimmung seines gesetzlichen Vertreters. Aber diese genügt nicht: es muß hinzutreten die Genehmigung des Vormundschaftsgerichts: § 1751 Abs. 2.

4. Der Antrag auf Entlassung aus der Staatsangehörigkeit.

Das ist dann eine bedenkliche und durch das Vormundschaftsgericht zu genehmigende Sache, wenn der Vater nicht auch zugleich für sich selbst die Entlassung beantragt. Vgl. Reichs-Staatsangehörigkeitsgesetz § 19 Abs. 1.

5. Der Antrag auf Todeserklärung.

Er kann nach § 962 ZPO. nicht ohne Genehmigung des Vormundschaftsgerichtes gestellt werden.

Außer diesen fünf besonderen Fällen von Einschränkung der väterlichen Gewalt in der Sorge für die Person des Kindes, gibt es allgemeine Einschränkungen. Sie sind (für Personen- und Vermögensfürsorge) in den §§ 1628, 1630, 1795, 1796 umschrieben. Der gemeinsame Grundgedanke ist hier: daß das Kindesinteresse nicht immer beim Vater am besten aufgehoben ist. Nämlich besonders dann nicht, wenn sich die persönlichen Interessen des Vaters im Gegensatz zu den Interessen des Kindes befinden.

## B. Vermögensfürsorge.

### 1. Die Sorge für das Vermögen (Allgemeines).

In der Sorge für das Vermögen, diesem zweiten Teile der elterlichen, praktisch in erster Linie väterlichen Gewalt (den ersten Teil haben wir eben in der Sorge für die Person gesehen) lebt noch vieles von der alten patria potestas: sie ist ein frei gestaltetes, für Eigennutz Spielraum lassendes Recht. Nicht nur Pflicht zur Verwaltung, sondern auch, regelmäßig, Recht zur Nutznießung des Kindesvermögens. Sie gehen nicht immer in bezug auf alle Gegenstände des Vermögens Hand in Hand, müssen aber doch, wenn das Wesen der elterlichen Sorge für das Vermögen klar hervortreten soll, zusammen betrachtet werden[1]).

Aber nicht nur das aus der engen Lebensgemeinschaft der Familie erklärbare Nutznießungsrecht muß als Merkmal hervorgehoben werden, sondern auch eine gewisse Verantwortungsfreiheit, die der Vater bei der Verwaltung des Kindesvermögens genießt. Während sonst jeder Verwalter für die Sorgfalt eines ordentlichen Durchschnittsmenschen haftet, hat der Vater „nur für diejenige Sorgfalt einzustehen, welche er in eigenen Angelegenheiten anzuwenden pflegt" (§ 1664). Hier wird die sogenannte diligentia quam suis (die Sorgfalt, wie man sie auf die eigenen Angelegenheiten verwendet) der verkehrsüblichen Sorgfalt gegenübergestellt. Die Beschränkung der väterlichen (wie ja auch der ehemännlichen)

---

[1]) Die gewöhnlich geübte getrennte Betrachtung (vgl. Kipp § 80) legt ein Mißverständnis des deutschen Rechtes nahe, dem in unten S. 42 N. 1 angemerkter Weise, die Arbeit von Olga Bindschedler verfallen ist.

Sorgfalt auf das manchmal recht niedrige Maß der Sorgfalt in eigenen Angelegenheiten läßt das Kind, das Vermögen besitzt, dem liederlichen Vater gegenüber ziemlich schutzlos – mit weniger Grund als die Ehefrau schutzlos bleibt, die ja schließlich bei Einbringung ihres Gutes in die Ehe hätte wissen können, daß sie keinen Bankier, sondern einen Schlampier heiratet. Für zukünftiges Recht bleibt zu erwägen, ob man nicht jedem Familienvater gegenüber die starke und heilsame Strenge walten lassen soll, die in dem schönen römischen Worte vom bonus pater familias lebt: Gerade die Sorgfalt des Familienvaters soll eine vorbildliche sein, vorbildlich für die Sorgfalt des Durchschnittsmenschen, nicht hinter ihr zurückstehend.

Aus der vorstehenden Kennzeichnung der väterlichen Vermögenssorge ergibt sich, daß es eine ganz andere ist als die Sorge des Vormunds für das Mündelvermögen. Die zahlreichen Kontroll- und Vorsichtsmaßnahmen, mit der das Gesetz die vormundschaftliche Vermögensverwaltung umgibt, sind in einem späteren Kapitel (S. 93) darzustellen, ebenso wie die obervormundschaftliche Tätigkeit des Staates durch den Vormundschaftsrichter. Auf solche ständige und immerfort fühlbare Kontrolle glaubte der Gesetzgeber den Eltern gegenüber verzichten zu können, weil deren natürliche Liebe die bessere und gesündere Gewähr ist[1]).

### 2. Die eigene Vermögenssphäre des Kindes.

Das Verwaltungsrecht des Vaters erstreckt sich grundsätzlich auf das gesamte Kindesvermögen. Aber es gibt auch eine eigene Vermögenssphäre des Kindes, die dem Zugriff des Vaters entzogen ist. Solche vermögensrechtlichen Ausnahmen von der väterlichen Gewalt sind im Gesetz besonders aufgezählt.

1. Es können Erblasser und Schenker bestimmen, daß dem Kinde zugewendetes Vermögen der Vermögensverwaltung des Vaters entzogen sein soll.

§ 1638: „Das Recht und die Pflicht, für das Vermögen des Kindes zu sorgen (Vermögensverwaltung), erstreckt sich nicht auf das Ver-

---

[1]) Olga Bindschedler, Die elterlichen Vermögensrechte in rechtsvergleichender Darstellung, Zürich 1914, betont den großen Unterschied von elterlicher und vormundschaftlicher Vermögensverwaltung als eine Eigenheit des schweizerischen Rechtes und nennt das deutsche Recht im Hinblick auf §§ 1642, 1643 BGB. „stark vormundschaftlich geregelt". Das ist m. E. eine Ungenauigkeit und Übertreibung. Auch in Frankreich ist der Unterschied deutlicher als Bindschedler angibt: Novelle zu Art. 389 Code Civil v. 6. April 1910.

mögen, welches das Kind von Todes wegen erwirbt, oder welches ihm unter Lebenden von einem Dritten unentgeltlich zugewendet wird, wenn der Erblasser durch letztwillige Verfügung, der Dritte bei der Zuwendung bestimmt hat, daß der Erwerb der Verwaltung des Vaters entzogen sein soll.

Was das Kind auf Grund eines zu einem solchen Vermögen gehörenden Rechtes oder als Ersatz für die Zerstörung, Beschädigung oder Entziehung eines zu dem Vermögen gehörenden Gegenstandes oder durch ein Rechtsgeschäft erwirbt, das sich auf das Vermögen bezieht, ist gleifalls der Verwaltung des Vaters entzogen."

Der Ausschluß der väterlichen Verwaltung ist nicht gleichbedeutend mit dem Ausschluß der väterlichen Nutznießung. Auch diese kann, zusammen mit der Verwaltung oder allein, vom Erblasser oder Schenker ausgeschlossen werden: § 1651².

2. Von der Nutznießung des Vaters auf jeden Fall befreit ist alles, „was das Kind durch seine Arbeit oder durch den ihm nach § 112 gestatteten selbständigen Betrieb eines Erwerbsgeschäftes erwirbt" (§ 1651¹) (S. oben S. 29).

Dieser Arbeitsverdienst ist zunächst nur der Nutznießung, nicht der Verwaltung des Vaters entzogen. Aber da dem arbeitenden Kinde eine eigene Rechtssphäre eingeräumt ist, in dem Sinne, wie wir es oben entwickelt haben (S. 29, 30), ein Umkreis unbeschränkter Geschäftsfähigkeit des Jugendlichen, ist das väterliche Verwaltungsrecht hier ein entsprechend beschränktes[1]):

**Beispiel:**

Ein Vater gestattet seinem Sohne, tagsüber in der Fabrik einer benachbarten Stadt zu arbeiten; hier muß dem Sohne Verwaltungs-, Verfügungsfreiheit eingeräumt werden für den Teil des Arbeitslohnes, der üblicherweise für Essen in der Stadt, Fahrgeld u. ä. verbraucht wird.

3. Ebenfalls freies, d. h. der väterlichen Nutznießung entzogenes Vermögen des Kindes ist alles, was es ausschließlich zum persönlichen Gebrauche benötigt, insbesondere Kleider, Schmucksachen und Arbeitsgeräte (§ 1650). Das ist vielleicht der wichtigste Kreis von nur dem Kinde gehörigen und nur von ihm zu nutzenden Sachen: weil es ja sonstiges eigenes Vermögen nur ausnahmsweise besitzt.

4. Allgemein erstreckt sich die elterliche Gewalt („das Recht und die Pflicht, für die Person und das Vermögen des Kindes zu sorgen") nicht auf die Angelegenheiten, für die ein Pfleger bestellt ist (§ 1628). Ein Pfleger wird nach § 1909 BGB. für Angelegenheiten bestellt

---

[1]) KGJ. 37 Art. 39ff.; Schefold, Ziv.A. 94, 305ff.

„an deren Besorgung der Gewalthaber oder der Vormund verhindert ist". Die Verhinderung kann aus tatsächlichen Gründen bestehen (Krankheit, dauernde oder sehr lange Abwesenheit) oder durch gesetzliche Beschränkung der elterlichen Gewalt gegeben sein. Einen solchen gesetzlichen Ausschluß der elterlichen Gewalt, den wir bereits kennen gelernt haben, erwähnt § 1909 „insbesondere" den Fall, daß ein Erblasser oder Schenker dem Kinde etwas zugewendet hat mit der Bestimmung, daß das Zugewendete nicht der Vermögensverwaltung des Vaters unterstehen soll.

Insofern gibt uns § 1628 keine Beschränkung der väterlichen Gewalt in bezug auf das Vermögen an, die wir nicht schon kannten: Denn der Pfleger wird nur bestellt, wenn ein Bedürfnis besteht (bei dessen Vorhandensein Eltern oder Vormund die Pflicht haben, dem Vormundschaftsgericht unverzüglich Anzeige zu machen § 1909 Abs. 2); und ein Bedürfnis besteht nur, wo die elterliche Gewalt tatsächlich oder rechtlich ausgeschaltet ist. Praktisch wird in unserem Zusammenhange die Bestimmung nur, wenn der Pfleger grundlos bestellt worden ist oder der Grund seiner Bestellung fortgefallen ist. Dann gilt trotzdem die Beschränkung der elterlichen Gewalt, wie sie von den §§ 1628—1629 umschrieben ist, weiter — solange, bis die Beschwerde, zu der der Vater hier gemäß § 20 FGG. berechtigt ist, die Beseitigung des Pflegers erwirkt hat[1]).

### 3. Die Rechtsstellung des Vaters als Verwalter des Kindesvermögens.

Der Vater ist im Rechtsverkehr der gesetzliche Vertreter des Kindes. Auch in der Vermögensverwaltung ist das Grundlegende: das Recht und die Pflicht des Vaters zur Vertretung des Kindes in Vermögensangelegenheiten. Diese Vertretung ist weiter und freier als die unmittelbare Stellvertretung (vgl. OLGE. 11. S. 298ff., Lehmann, Familienrecht § 32 II 1).

Der Vater kann bei der Vermögensverwaltung für das Kind in eigenem wie im Namen des Kindes handeln. Aber er handelt stets für das Kind. In einem wichtigen Falle ist sein Handeln auch mit denselben Folgen verbunden wie die unmittelbare Stellvertretung. § 1646 Abs. 1 bestimmt: „Erwirbt der Vater mit Mitteln des Kindes bewegliche Sachen, so geht mit dem Erwerbe das Eigentum auf das Kind über, es sei denn, daß der Vater nicht

[1]) Kipp „§ 80 I 3".

für Rechnung des Kindes erwerben will. Dies gilt insbesondere auch von Inhaberpapieren und von Orderpapieren, die mit Blankoindossament versehen sind."

Also: wenn der Vater aus dem Bargeldvermögen seines Kindes zwei Inhaberaktien kauft, so verwandelt sich das Eigentum an dem Gelde in Eigentum an den mit dem Gelde erworbenen Wertpapieren (sogenannte dingliche Surrogation).

### 4. Beschränkung und Ausschluß des väterlichen Vertretungsrechtes.

Auch dem Vater bringt das Gesetz kein unbeschränktes Vertrauen entgegen, insbesondere traut es ihm nicht zu, daß er bei einem Widerstreite der eigenen Interessen mit denen des Kindes unbedingt über der Sache stehen werde. Für seine Vertretungsmacht gelten einmal die Beschränkungen, die das Bürgerliche Gesetzbuch für die Vertretung überhaupt vorsieht. In dieser Hinsicht bestimmt § 181:

„Ein Vertreter kann (soweit nicht ein anderes ihm gestattet ist)[1], im Namen des Vertretenen mit sich im eigenen Namen oder als Vertreter eines Dritten ein Rechtsgeschäft nicht vornehmen, es sei denn, daß das Rechtsgeschäft ausschließlich in der Erfüllung einer Verbindlichkeit besteht."

Also: der Vater kann, beispielsweise, nicht ein Schmuckstück, das dem Kinde gehört, an sich selber verkaufen oder an einen Prinzipal, dessen Vertreter (oder Prokurist) er ist. Aber aus der Erbschaft des Kindes kann er an sich selber diejenige Schuld begleichen, die der Erblasser ihm gegenüber hatte und für die das Kind als Erbe haftet.

Im Falle des Interessenwiderstreites gelten für den Vater ferner die Beschränkungen, die das Gesetz, dem Vormund gegenüber, in § 1795, festsetzt (s. darüber unten Kapitel V). — Der Interessengegensatz kann auch nach § 1796 die Entziehung der väterlichen Gewalt über das Vermögen zur Folge haben.

### 5. Verfügungsfreiheit und Verfügungsbeschränkung des Vaters.

Zum Verwaltungsrecht gehört die Verfügungsbefugnis des Vaters. Verfügen bedeutet die gegenwärtige Änderung eines

---

[1]) Gestattung (des Kindes) kommt hier naturgemäß nicht in Frage.

Vermögensrechtes herbeiführen[1]). Verfügungen sind in erster Linie alle Veräußerungsgeschäfte (das Übertragen von Eigentum, Forderungen usw.). Wie schon aus dem oben beim Vertretungsrecht Gesagten hervorgeht, braucht der Vater die Verfügung nicht im Namen des Kindes vorzunehmen, er kann sie auch im eigenen Namen treffen.

Bei manchen Verfügungen von weitreichender Bedeutung und einigen anderen wichtigen Rechtsgeschäften kann der Vater nicht frei handeln, sondern bedarf der Genehmigung des Vormundschaftsgerichtes.

Die Fälle, in denen der Vater in dieser Weise beschränkt ist, sind allerdings weniger zahlreich als bei der Vormundschaft. Von den vormundschaftsrechtlichen Bestimmungen wendet § 1643 BGB. auf den Vater an:

§ 1821 Abs. 1. Danach bedarf der Vater ebenso wie der Vormund der Genehmigung des Vormundschaftsgerichtes

„1. zur Verfügung über ein Grundstück oder über ein Recht an einem Grundstück;

2. zur Verfügung über eine Forderung, die auf Übertragung des Eigentums an einem Grundstück oder auf Begründung oder Übertragung eines Rechtes an einem Grundstück oder auf Befreiung eines Grundstücks von einem solchen Rechte gerichtet ist;

3. zur Eingehung der Verpflichtung zu einer der in Nr. 1, 2 bezeichneten Verfügungen."

In dieser Weise ist dem Kinde seine unbewegliche Habe ganz besonders gegen jede ungünstige oder gar leichtfertige Verminderung geschützt. Aber nicht alle Rechte an Grund und Boden sind so unbeweglicher Natur wie das Eigentum und die Grunddienstbarkeit: Hypotheken, Grundschulden und Rentenschulden sind zwar dingliche Rechte, Rechte an einem Grundstück – aber sie sind loser mit ihm verbunden, weil sie dem schnell wechselnden Geschäftsverkehr übergeben sind und dort eine ähnliche Rolle spielen wie Aktie, Kux und andere Wertpapiere, in denen nichts Dingliches (Grund und Boden), sondern bloß eine Forderung (auf eine Summe Geldes) verkörpert ist. Verfügungen über Hypotheken, Grundschulden und Rentenschulden sind häufig einfache, von Tag zu Tag notwendig werdende Akte der ordnungsmäßigen Vermögensverwaltung; deshalb bedarf der Vater zur Vornahme solcher Rechtsgeschäfte nach

[1]) Sohm-Mitteis-Wenger, Institutionen, 17. Aufl. 1920 S. 210. Raape, Das gesetzliche Veräußerungsverbot, 128 Anm. (Interesse): RGZ. 75, 357 ff.

§ 1821 Abs. 2 nicht der Genehmigung des Vormundschaftsgerichtes. — Nicht nur die Verfügung über Grundstücke ist geeignet, die ganze vermögensrechtliche Existenzgrundlage des Kindes zu verschieben. § 1822 zählt eine Reihe anderer wichtiger Rechtsgeschäfte auf, die der Genehmigung des Vormundschaftsgerichtes bedürfen, für den Vormund sind es dreizehn, für den Vater (nach § 1643 Abs. 1) nur sieben:

Er bedarf nach dem Wortlaut des Gesetzes der Genehmigung:

1. Zu einem Rechtsgeschäfte, durch das das Kind zu einer Verfügung über sein Vermögen im Ganzen oder über eine ihm angefallene Erbschaft oder über seinen künftigen gesetzlichen Erbteil oder seinen künftigen Pflichtteil verpflichtet wird, sowie zu einer Verfügung über den Anteil des Mündels an einer Erbschaft; desgleichen für die Ausschlagung einer Erbschaft oder eines Vermächtnisses sowie für den Verzicht auf einen Pflichtteil, gemäß § 1643 Abs. 2;

2. zu einem Vertrage, der auf den entgeltlichen Erwerb oder die Veräußerung eines Erwerbsgeschäftes gerichtet ist, sowie zu einem Gesellschaftsvertrage, der zum Betrieb eines Erwerbsgeschäftes eingegangen wird; hierzu s. auch § 112, der für jede Ermächtigung zum Betriebe eines Erwerbsgeschäftes

3. zu einem Miet- oder Pachtvertrag oder einem anderen Vertrage, durch den das Kind zu wiederkehrenden Leistungen verpflichtet wird, wenn das Vertragsverhältnis länger als ein Jahr nach der Vollendung des 21. Lebensjahres des Kindes fortdauern soll;

4. zur Aufnahme von Geld auf den Kredit des Kindes;

5. zur Ausstellung einer Schuldverschreibung auf den Inhaber oder zur Eingehung einer Verbindlichkeit aus einem Wechsel oder einem anderen Papiere, das durch Indossament übertragen werden kann;

6. zur Übernahme einer fremden Verbindlichkeit, insbesondere zur Eingehung einer Bürgschaft;

7. zur Erteilung einer Prokura.

Das Gesetz trifft in § 1644 Vorsorge, daß die erwähnten Verfügungsbeschränkungen nicht vom Vater umgangen werden.

„Der Vater kann Gegenstände, zu deren Veraußerung die Genehmigung des Vormundschaftsgerichtes erforderlich ist, dem Kinde nicht ohne diese Genehmigung zur Erfüllung eines von dem Kinde geschlossenen Vertrages oder zu freier Verfügung überlassen." Hiermit soll mißbräuchlichem Ausnutzen des § 110 vorgebeugt werden.

Nach § 1645 soll der Vater nicht, etwa wenn er selbst mit seinem bisherigen Geschäft in Konkurs geraten ist, nun ein neues Erwerbsgeschäft im Namen des Kindes anfangen. Aber diese Vorschrift unterscheidet sich, dem Grad der Strenge nach, wesentlich von den bisher erörterten: sie ist eine „Soll"vorschrift, eine Ordnungsregel, d. h. das gegen ihr Verbot vorgenommene Rechtsgeschäft des Vaters ist nicht unwirksam, sondern verpflichtet den Vater lediglich zum Ersatze des dem Kinde entstandenen Schadens (gemäß dem milden Haftungsmaßstab des § 1664) und berechtigt unter Umständen das Vormundschaftsgericht zum Einschreiten gemäß § 1667.

6. Im übrigen (§§ 1643, 1644) ist die Genehmigung durch das Vormundschaftsgericht Bedingung für das Zustandekommen des Geschäftes (Genehmigungszwang).

Unter Genehmigung wird von den Bestimmungen über die elterliche Gewalt und das Vormundschaftsrecht etwas anderes verstanden als in §§ 182ff. § 182 spricht von privaten Willenserklärungen; die Genehmigung durch das Vormundschaftsgericht hingegen ist eine Staatsakt. Die Bedeutung des Wortes Genehmigung im Vormundschaftsrecht ist nicht dieselbe wie im Allgemeinen Teil: Genehmigung im Sinne der §§ 182ff. bedeutet die nachträglich erklärte Zustimmung (die vorher erteilte wird Einwilligung genannt). Unter Genehmigung durch das Vormundschaftsgericht versteht das Gesetz sowohl vorherige als auch nachherige Zustimmung.

Schließt also ein Vater ohne vorherige Zustimmung des Vormundschaftsgerichtes einen genehmigungsbedürftigen Vertrag ab, so ist seine Wirksamkeit durch die nachfolgende Genehmigung bedingt und bleibt bis zu deren Erteilung in der Schwebe. Wir haben diesen Schwebezustand, diese bloß bedingte Wirksamkeit von Rechtsgeschäften schon im ersten Kapitel — bei der beschränkten Geschäftsfähigkeit der Minderjährigen — kennen gelernt. Für das Recht der elterlichen Gewalt und der Vormundschaft vgl. §§ 1829, 1830.

7. Über die Pflichten des Vaters bei der Vermögensverwaltung

ist bereits grundsätzlich gesagt worden, daß sie gemäß § 1664 nicht gerade nach der Sorgfalt eines Bankiers bemessen sind, sondern daß der Vater nur für die Sorgfalt zu haften hat, die er in eigenen

Angelegenheiten anzuwenden pflegt. Da zu Haftung und einem Streit darum wohl kaum von ordentlichen Vätern Anlaß gegeben wird, dürfte es sich in den kritischen Fallen um liederliche Väter handeln, die sich dann mit ihrer allumfassenden Liederlichkeit — auch in den eigenen Angelegenheiten — herausreden können.

Ebenfalls mehrfach hervorgehoben wurde, daß der Vater bei seiner Verwaltung nicht unter der gleichen strengen und ständigen Kontrolle durch das Vormundschaftsgericht steht wie der Vormund. Er braucht nicht periodisch Rechnung zu legen (§ 1681), bei Lebzeiten der Mutter und bestehender Ehe nicht einmal ein Vermögensverzeichnis anzulegen[1]), keine Sicherheit zu leisten, keine besondere Verwahrungsart zu beobachten. Aber das alles braucht er nur deshalb und solange nicht, weil man von ihm vermutet, daß er aus eigenstem Triebe auch ohne Kontrolle seine Pflichten erfüllt. Verletzt er seine Pflichten, so treten gemäß § 1667 alle Kontrollrechte in Kraft, die das Vormundschaftsgericht dem Vormund gegenüber hat, ja alle Befugnisse zu allen für den Vermögensschutz notwendigen Maßnahmen überhaupt.

In einer Hauptpflicht der Vermögensverwaltung darf nicht, wie anderswo, das Ermessen des Vaters walten, sondern es gilt dieselbe Ordnungsvorschrift wie für den Vormund: §§ 1807 und 1808. D. h. der Vater muß das Vermögen des Kindes nutzbringend und mündelsicher anlegen. Bekanntlich hat die formale Auffassung der mündelsicheren Anlagen von Geld in der Inflationszeit dazu geführt, daß Vormünder und Väter unter Ausschlagen besserer Möglichkeiten gezwungen waren, das schnell entwertende Geld in Sparkassen einzuzahlen (statt etwa Aktien oder fremde Währung zu kaufen). Der unsinnig formalen Auffassung der Mündelsicherheit wollte § 1642 Abs. 2 vorbeugen: „Das Vormundschaftsgericht kann dem Vater aus besonderen Gründen eine andere Anlegung gestatten." Weil diese Bestimmung nicht weitherzig genug angewandt wurde, sah sich der Gesetzgeber veranlaßt, durch Gesetz vom 23. Juni 1923 dem § 1642 II folgenden Satz hinzuzufügen: „Die Erlaubnis soll nur verweigert werden, wenn die beabsichtigte Art der Anlegung nach Lage des Falles den Grundsätzen einer wirtschaftlichen Vermögensverwaltung zuwiderlaufen würde."

Die Vermögensverwaltung ist ein Teil der elterlichen Gewalt, also Pflicht und nicht lediglich Recht. Sie erlischt demgemäß nur aus gesetzlichen Gründen und nicht etwa, wenn der Vater es

[1]) Über die Inventarpflicht beim Tode der Mutter s. § 1640.

will, wenn er auf sie verzichtet u. a. Die Hauptendigungsgründe sind: Volljährigkeit des Kindes, Tod des Vaters oder dessen Todeserklärung, Verwirkung der elterlichen Gewalt durch ein an dem Kinde verübtes Verbrechen (näheres: § 1680 I), schuldhafte Verletzung der Unterhaltspflicht. Die elterliche Gewalt erlischt nicht, sondern ruht nur bei Geschäftsunfähigkeit, Geschäftsbeschränktheit des Vaters usw. Darüber siehe §§ 1666 Abs. 2, 1676, 1677, 1679, 1680. Das Jugendamt ist nach Maßgabe des § 43 RJWG. zuhören (z. B. bei Verletzung der Unterhaltspflicht und Unterhaltsgefährdung) § 1666 Abs. 2.

Mit der Vermögensverwaltung ist verbunden das Recht zur Vermögensnutzung (wogegen als Ausgleich die Unterhaltspflicht steht). Die Nutznießung ist ein Elternrecht mit einigen jugendrechtlichen Grenzen. Wir sehen darum von der Darstellung der einzelnen hierhergehörenden Bestimmungen (§§ 1649ff.) ab. Erwähnt worden ist schon das freie Vermögen des Kindes, das der Nutznießung nicht unterliegt. Verwaltungsfreies und nutznießungsfreies Vermögen sind verschiedene Dinge, die der Vergleich von § 1638 mit §§ 1650, 1651 ergibt (vgl. oben S. 42ff.).

## C. Der Unterhaltsanspruch des Kindes.

Die Pflichten der Eltern bei der Vermögensverwaltung sind vom Gesetz sorgfältig umschrieben. Aber mit Recht ist darauf hingewiesen worden, daß diese Regelung wenig wirtschaftliche Bedeutung hat, schon weil die meisten Kinder kein eigenes Vermögen besitzen[1]). Jedenfalls ist die Elternpflicht keine so geschäftlich bedeutsame und abgemessene wie die Pflicht des Vormundes.

Von grundlegender Bedeutung ist dagegen die Unterhaltspflicht der Eltern. Verwandte in gerader Linie (Großeltern, Eltern und Kind) sind verpflichtet, einander Unterhalt zu gewähren. Die Elternpflicht geht aber weiter als andere Verwandtenpflicht: die Eltern müssen alle verfügbaren Mittel mit ihren Kindern teilen (1603 Abs. 2).

Söhne und Enkel gegen ihre Eltern und Großeltern, Großeltern gegen ihre Enkel haben eine geringere Unterhaltspflicht: sie brauchen nur das zu geben, was ihnen nach der Bestreitung des eigenen standesgemäßen Lebensunterhaltes übrigbleibt.

Die Elternpflicht geht über das Alter der Jugendlichkeit, juristisch: der Minderjährigkeit, hinaus. Nur: in der Minderjährigkeit ist sie

[1]) Friedländer, Grundzüge des Jugendrechts (Entschiedene Schulreform Heft 17), 1924, S. 20.

im Leben selbstverständlich und eigentlich immer unbeschränkt, während sie wegen des eigenen Einkommens beim erwachsenen Kinde wegzufallen pflegt. Ja, die Eltern haben dem Kinde gegenüber ein Recht darauf, daß mit dessen wachsender Erwerbsfähigkeit ihre Sorgenlast vermindert wird. § 1602 (schon beim minderjährigen Kinde!). Nur praktisch ist die Unterhaltspflicht dem Kinde gegenüber meist unbeschränkt. Gesetzlich ist der Grundsatz, daß unterhaltsberechtigt nur ist, wer außerstande ist, sich selbst zu erhalten, für die Minderjährigen nicht beseitigt, sondern nur sinngemäß gewandelt: „Ein minderjähriges unverheiratetes Kind kann von seinen Eltern, auch wenn es Vermögen hat, die Gewährung seines Unterhalts insoweit verlangen, als die Einkünfte seines Vermögens und der Ertrag seiner Arbeit zum Unterhalte nicht ausreichen.“ Vom Kinde wird also ausnahmsweise nur verlangt, daß es die Zinsen für sich verbraucht, während der andere Verwandte auch das Kapital angreifen und aufzehren muß, ehe er unterhaltsberechtigt wird.

Vater und Mutter haften zu gleichen Teilen für den Unterhalt des Kindes, jedoch der Vater vor der Mutter. Diese haftet aber ausnahmsweise vor dem Vater, wenn sie die Nutznießung am Kindesvermögen hat.

Der Unterhaltsanspruch umfaßt den gesamten Lebensbedarf und zwar nach den Lebensverhältnissen der Eltern. So hat unter Umständen der Sohn dem Vater gegenüber einen Anspruch auf Gewährung der Mittel zum Universitätsstudium § 1610 Abs. 2 (RG. Leipz. Z 1921, 306; OLG. E **21**, 246; **40**, 79).

Bei den Kindesansprüchen nur erwähnt sollen werden: Der Anspruch der Tochter auf die Aussteuer gemäß § 1620 und die Ausstattung des Kindes gemäß § 1624, die aber kein Anspruch ist.

## II. Das Recht des Kindes aus geschiedener Ehe.

Für den Jugendpfleger ist die Sorge für Kinder aus geschiedenen Ehen eine besondere Aufgabe. Der Hamburger Jugendamtsdirektor Hertz hat manchen wertvollen Beitrag zur Lösung geliefert. (Vgl. Zentralbl. 19. Jg. S. 98f.). S. auch: Marie Munk: Schutz der Kinder aus geschiedenen und zerrütteten Ehen, Zentralbl. 19. Jg. S. 181. Behrend, Die rechtliche Stellung der Kinder aus geschiedenen Ehen (und die Reform der Ehescheidung). Zentralbl. **XIX** (1927) S. 92—93. — Mattern, Zentralbl. **XIX** S. 48. Dazu Kipp § 83, n. 28. Für den Fall des bloßen Getrenntlebens s. a. Crome, Erziehung und Verkehr mit Kindern bei tatsächlichem Getrenntleben, Recht 1909, 44.

Die Reformfragen sind schwierig und nur zu lösen, wenn wir sorgsam das Erfahrungsmaterial sammeln, das wir über Kinder aus geschiedenen und zerrütteten Ehen bei den Jugendämtern und sonstwo zu lagern haben. (Von Hertz angeregt jetzt: Hanna Kühn, die Stieffamilie, 1928).

Die Regelung des geltenden Rechtes findet sich in den §§ 1635 bis 1637.

Eltern- und Kindschaftsverhältnis können durch Scheidung oder Auflösung der Ehe nicht zerstört werden. Aber die Erziehung des Kindes, die „Sorge für die Person" kann nun naturgemäß nicht mehr gemeinschaftlich vollbracht werden. Wer soll sie haben?

Das Bürgerliche Gesetzbuch läßt die Schuldfrage entscheidend sein: der schuldlose Teil behält das Recht der Personenfürsorge, der schuldige Teil verliert es. Man hat es bedenklich gefunden, daß das Verschulden der Eltern und nicht das Wohl der Kinder entscheidend ist. Nun hängt aber das Verschulden doch auch irgendwie mit dem sittlichen Vermögen, mit Familiengefühl und Verantwortlichkeit zusammen! — Das Recht zur Vertretung des Kindes und zur Nutznießung des Kindesvermögens verbleibt dem Vater, auch wenn er der alleinschuldige Teil ist[1]). Mit Recht hat man hier von einer „geradezu frauenfeindlichen Lösung, die dem Manne das Recht gibt, sich andauernd in das Verhältnis der Frau auch zu den ihr zugesprochenen Kindern hineinzumischen"[2]) gesprochen.

Sind beide Ehegatten für schuldig erklärt, so steht die Personenfürsorge für Töchter stets der Mutter zu, für Söhne dann, wenn sie noch nicht sechs Jahre alt sind; Söhne über sechs Jahre werden dem Vater zugesprochen.

Das ist aber nur der Grundsatz. „Das Vormundschaftsgericht kann eine abweichende Anordnung treffen, wenn eine solche aus besonderen Gründen im Interesse des Kindes geboten ist; es kann die Anordnung aufheben, wenn sie nicht mehr erforderlich ist." (§ 1635). Das Jugendamt ist vorher zu hören. RJWG. § 43.

Auch der Ehegatte, dem nach dem Scheidungsurteil die Sorge für die Person des Kindes nicht mehr zusteht, „behält die Befugnis, mit dem Kinde persönlich zu verkehren" (§ 1636). Dieses Recht ist unverlierbar[3]). Aber seine Ausübung kann vom Vormundschaftsgericht näher geregelt werden (§ 1636 Satz 2). Der wegen Geisteskrankheit Geschiedene verliert die Sorge für die Person des Kindes im vollen Umfange (§§ 1569, 1685, 1698). Nur soweit das Interesse

---

[1]) Anders Schweizer Ziv. GB. Art. 292, 274 III, 156.

[2]) Lehmann, Familienrecht § 26 Va (S. 174).

[3]) KGJ. 41, S. 11ff.

des Kindes es erfordert, muß der sorgeberechtigte geschiedene Ehegatte oder der Vormund dafür sorgen, daß der Geisteskranke vom Verkehr mit dem Kinde nicht ausgeschlossen wird (§ 1666, KGJ. 52, 191).

Die Unterhaltspflicht wird durch die Scheidung noch weniger berührt als die elterliche Gewalt. Nur soll nach der Scheidung natürlich auch die Mutter weitersorgen und nicht praktisch entbürdet werden (vgl. §§ 1585, 1606 II).

Aus der höchstrichterlichen Rechtsprechung: JFG. Bd. 5, S. 56, 60, 64, 66, 74, 78.

### III. Die elterliche Gewalt der Mutter

ist bereits in der geschichtlichen Vorbemerkung als die neben der väterlichen stehende, dem väterlichen Entscheidungsrecht grundsätzlich unterworfene gekennzeichnet worden[1]). Für sie gelten einige Besonderheiten, deren Kritik in eine Darstellung des Rechtes der Frau gehört. Die Mutter erwirbt die elterliche Gewalt (auch das während der Ehe ihr nicht zustehende Recht zur Vertretung des Kindes), 1. wenn der Vater gestorben oder für tot erklärt ist, 2. wenn der Vater die elterliche Gewalt verwirkt hat (§ 1680 nicht § 1666) und die Ehe aufgelöst ist (§ 1684), aber in gewissen Fällen (§ 1687) muß ihr ein Beistand bestellt werden. Vor allem ist zu bemerken, daß die elterliche Gewalt der Mutter endet, wenn sie eine neue Ehe eingeht: § 1697. Sie behält das Sorgerecht. Es muß jedoch ein Vormund bestellt werden, der ihr auch in der Sorge für die Person des Kindes als Beistand zur Seite steht.

---

## 3. Kapitel.

# Das Recht des unehelichen Kindes.

### Vorbemerkung.

Im ursprünglichen germanischen Recht stehen die unehelichen Kinder in weitem Umfange den ehelichen rechtlich gleich; sie sind oft rangverschieden, aber nicht eigentlich minderen Rechtes, Kinder von Sklavinnen sogar können erben. Erst die vom Christentum

---

[1]) Über wichtige Fragen der mütterlichen Nebengewalt zu Lebzeiten des Vaters s. oben S. 36 und OLGE 6, S. 58; JW. 1893 S. 168[42]; JMBl. 1889 S. 195; Plank, Anm. 4 zu § 1632; Anm. 2 zu 1634; KGJ 29 A. 29. Sächs. Arch. f. Rpfl. 1911 S. 62.

gebotene Einehe brachte es mit sich, daß den unehelich Geborenen ein Makel anhaftete. Die römische Kirche knüpft an das Recht Justinians an und verschärft die dort sich findende Ungleichheit von Ehelichen und Unehelichen. Von nun an ist bis in die neuere Zeit das uneheliche Kind auch im öffentlichen Recht ein Staatsgenosse minderen Rechtes. Natürlich hat die Kirche in ausgleichender Milde daran gedacht, nicht bloß die Heiligkeit der Ehe zu schützen, sondern auch das gerade durch diesen Schutz noch verschlimmerte Los der Unehelichen zu bessern. So übernahm sie früh schon die Ehelichmachung durch nachfolgende Ehe des Erzeugers mit der unehelichen Mutter aus dem römischen Recht (legitimatio per subsequens matrimonium). Und wo die Ehe nicht zustande kam oder kommen konnte, sollte die Ehelichkeitserklärung möglich sein.

Im Mittelalter brachte die Notwendigkeit, die Einehe durchzusetzen und zu schützen, es mit sich, daß man nicht nur die unehelichen Kinder und Mütter im allgemeinen schlechter als die ehelichen stellte, sondern darüber hinaus noch die Unterscheidung von gewöhnlichen Unehelichen und Kindern aus verworfenen Ehen (z. B. im Ehebruch gezeugte) traf. (Ullrich Zasius 1520, Freiburger Stadtrecht.) In der Regelung des Unterhaltsanspruches tritt früh schon der Gedanke auf, daß die unehelichen Kinder von liederlichen Müttern nichts zu beanspruchen haben; die heutige Einrede der anderen Beiwohnung, exceptio plurium (Augsburger Stadtrecht 1276). Das französische Recht war gegen die uneheliche Mutter und ihr Kind besonders unsozial (la recherche de la paternité est interdit). Auch heute noch geht in Frankreich die exceptio plurium weiter als bei uns. Das englische Recht erkennt das uneheliche Kind nicht einmal in vollem Sinne als Kind seiner Mutter an. Unseren Reformen in vielen Punkten vorausgeeilt ist das Schweizer Zivilgesetzbuch (1907; Artikel 302 ff.).

Vgl. Jellinek, Das uneheliche Kind und seine Mutter in der europäischen Gesetzgebung. Monatsschrift für Kriminalpsychologie und Strafrechtsreform, 10. Jahrg., 3. Heft. In öffentlich-rechtlicher Hinsicht (d. h. in seinen staatsbürgerlichen Rechten) steht das uneheliche Kind heute dem ehelichen völlig gleich, eine Überwindung alten Unrechts, die wir der Aufklärungszeit danken[1]). Tomforde, Recht des unehelichen Kindes im In- und Auslande, 2. Aufl. 1924.

---

[1]) Bückling, Die Rechtsstellung der unehelichen Kinder, 1920 (zum Geschichtlichen). Franz Wolff, Die Rechtstellung der unehelichen Kinder. Heidelberg, Diss. 1918. — Vgl. vor allem die unten aufgeführten Schriften von Spann. Geiger, Das uneheliche Kind und seine Mutter, 1920.

### Das geltende deutsche Recht.

Das Bürgerliche Gesetzbuch bringt bei der Regelung des unehelichen Kindschaftsrechtes zwei grobe Unfreundlichkeiten, eine gegen das uneheliche Kind und eine gegen die uneheliche Mutter.

„Ein uneheliches Kind und dessen Vater gelten nicht als verwandt" (§ 1589 Abs. 2).

„Der Mutter steht nicht die elterliche Gewalt über das uneheliche Kind zu" (§ 1707).

Beide Grundsätze sind im Gesetz schroffer noch ausgedrückt, als gemeint und durchgeführt. Denn es wird sich zeigen, daß der Gesetzgeber das Blutband zwischen dem unehelichen Vater und seinem Kinde nicht leugnen (vgl. § 1310 Abs. 3) und ebensowenig der unehelichen Mutter ohne starken Grund das Verfügungsrecht über ihr Kind, soweit überhaupt ein solches Recht der Eltern besteht, nehmen will.

Seit dem Reichsjugendwohlfahrtsgesetz ist das uneheliche Kind zur besseren Wahrung seiner Rechte unter die Amtsvormundschaft des Jugendamtes gestellt (s. Kapitel 5).

## I. Das uneheliche Kind und sein Vater.

### 1. Allgemeines.

Sie gelten nicht als verwandt (§ 1589 Abs. 2), sind es aber trotzdem. Die Nichtverwandtschaft ist eine Fiktion. Solche Fiktionen haben im Recht wesentlich nur für vermögensrechtliche Verhältnisse Bedeutung. Hier insbesondere für das Erbrecht, von dem die unehelichen Kinder ausgeschlcssen sind. Es werden aber keineswegs alle natürlichen Verpflichtungen aus der Blutsverwandtschaft beseitigt. So hat der Vater unter Umständen die Pflicht, dafür zu sorgen, daß Leben und Gesundheit des Kindes erhalten bleiben[1]). Das Kind hat ein Recht, den Namen des unehelichen Vaters zu erfahren[2]). Allerdings darf es auch dann, wenn es ihn kennt, nur einen einzigen Anspruch ihm gegenüber geltend machen: den Unterhaltsanspruch. Dieser Unterhaltsanspruch erscheint zunächst als eine reine Geldforderung, eine vierteljährliche voraus zu entrichtende Rente. Der uneheliche Vater ist in der Hinsicht günstig gestellt, daß das uneheliche Kind ihm und seiner Familie nicht als eine persönliche verwandtschaftliche Last aufgebürdet wird. Die

---

1) JW. 57. Jg. 1928 S. 912. Nr. 36.

2) Kipp § 94 II.

ganze Angelegenheit läßt sich sogar mit einer einzigen einmaligen und letztmaligen Geldzahlung „aus der Welt schaffen“: Es ist möglich, das Kind mit einer vertraglich vereinbarten Summe ein für allemal „abzufinden“, allerdings ist hier stets die Genehmigung des Vormundschaftsgerichtes erforderlich: § 1714. Trotzdem wird von Kipp treffend hervorgehoben, daß der Unterhaltsanspruch „nicht nur eine Angelegenheit des Vermögens, sondern der Fürsorge für die Person“[1]) ist. Praktische Folgerungen hat man aus dieser Einsicht erst wenig gezogen. Möglich und nutzbar wären sie überall da, wo persönliche, seelische, erzieherische, ärztliche Hilfe nötig wird und etwa gerade der natürliche Vater nach Lebenslage, Fähigkeit und Charakter besonders geeignet ist, sie zu leisten. Hier tritt für ihn die Vaterpflicht ein. Von einer solchen zu reden, stimmt durchaus mit dem Gesetz überein, das ja auch nicht vom Erzeuger, sondern vom Vater spricht. Das Nichtgelten der Verwandtschaft bezieht sich mehr auf die Familie des unehelichen Vaters als auf ihn selber: Die Eltern und die Gattin sollen nicht belastet werden (eine manchmal für das Kind unbillige Rücksicht überall da, wo der Vater selbst noch ohne Erwerb, etwa Student, ist, seine Eltern aber durchaus in der Lage wären, für die ersten Jahre dem Kinde Unterhalt zu gewähren). Ganz unbelastet bleibt übrigens die Familie des unehelichen Vaters doch nicht: Die Haftung für den Unterhaltsanspruch geht auf die Erben über, die sich allerdings auf noch darzulegende Weise von der Last einer laufenden Geldrente befreien können.

### 2. Art und Umfang des Unterhaltsanspruches.

Der Unterhaltsanspruch ist kein bloßer Geldanspruch: Der Vater haftet für den gesamten Lebensbedarf. Daß der Unterhalt gewöhnlich durch Zahlung einer Geldrente gewährt wird, ist ein praktisches Schema, das nichts daran ändert, daß für den Vater unter Umständen auch über die Geldleistung hinaus natürliche Verpflichtungen eintreten können (siehe oben). Der gesamte Lebensbedarf, für den der Vater haftet, bestimmt sich nicht nach seinen Lebensverhältnissen, sondern nach denen der Mutter. Deren

---

[1]) Kipp, § 94 II. Es gehört zur Pflicht der Mutter, für die Person des Kindes zu sorgen, daß sie ihm den unehelichen Vater namhaft macht, damit nicht etwa mit ihrem Ableben die Geltendmachung des Unterhaltungsanspruches ausgeschlossen wird. Verträge zwischen Mutter und Vater, wonach der Name des letzteren geheim bleiben soll, sind demnach nichtig: so Kipp a. a. O. auch Colmar, OLGE. 30, 343ff. München JW. 1911 S. 628 Nr. 4.

Kind bekommt also stets dieselbe Geldrente, mag der Erzeuger Stallknecht oder Rittergutsbesitzer sein.

Der Lebensbedarf umfaßt auch die „Kosten der Erziehung und der Vorbildung zu einem Beruf": § 1708.

Der volle Unterhalt muß dem Kinde bis zur Vollendung des 16. Lebensjahres gewährt werden. Auf die Leistungsfähigkeit des Vaters wird hierbei keine Rücksicht genommen. (Abgesehen von dem Schutze, den jeder Schuldner gegen das völlige Kahlpfänden genießt; § 850 Abs. 4 ZPO., Lohnbeschlagnahmegesetz § 4a[1]).

Die Geldrente für das uneheliche Kind ist für drei Monate vorauszuzahlen. Zahlt der Vater für eine längere Zeit im Voraus, so kann das für die spätere Zeit Gezahlte noch einmal von ihm verlangt werden (§ 1710 Abs. 2). Er kann nicht einfach durch Zahlung „die Sache los werden". Nicht auf diese Zahlung geht seine Verpflichtung, sondern auf den Unterhalt des Kindes. Und dieser wird durch eine auf zu lange Zeit berechnete Vorauszahlung gefährdet, weil hiermit die Gefahr des Aufeinmalverbrauchens gegeben ist.

Aber der uneheliche Vater hat ein anderes Mittel, seine Geldverpflichtung auf einmal los zu werden: den Weg der Vereinbarung nach § 1714. Dieser Vertrag muß mit dem Kinde (praktisch also meist mit dem Jugendamte als dessen Vormund), nicht mit der Mutter geschlossen werden. Er bedarf der Genehmigung des Vormundschaftsgerichts (vgl. FGG. §§ 35, 36, 43).

Die Vereinbarung darf keinen unentgeltlichen Verzicht für die Zukunft enthalten. Ein solcher wäre nichtig (§ 1714 Abs. 2). Im übrigen aber sind (immer vorbehaltlich der vormundschaftsrichter-

[1]) Es kann m. E. Geiger nicht gefolgt werden, der ausführt: „Wir stehen also kopfschüttelnd vor der sonderbaren Tatsache, daß der eheliche Vater, wenn er mit Rücksicht auf seinen standesgemäßen Unterhalt zur Unterhaltung seines Kindes außerstande ist, nach § 1603 II BGB. die verfügbaren Mittel gleichmäßig für sich und das Kind zu verwenden hat; daß dagegen dem unehelichen Vater Rock und Hemd (?) ausgezogen werden können, während die Mutter des Kindes erst dann einspringen muß, wenn er absolut leistungsunfähig geworden ist usw." Hier wird die Lage des unehelichen Kindes völlig verkannt. Nur scheinbar, nur für eine formalistische Betrachtung ist es besser gestellt als das eheliche — und auch hier nur nach der rein geldlichen Seite. — Eine andere Frage ist es, ob nicht manchmal Unbilligkeiten zuungunsten der ehelichen Kinder des zugleich unehelichen Vaters eintreten können. Hierzu vgl. Lehmann § 41 IIc (S. 264). Entwurf eines Gesetzes über die unehelichen Kinder usw. (1925) § 1708b. — Der Entwurf § 1708a erfüllt die Forderung Geigers, um einen billigen Ausgleich in den Fällen zu schaffen, in denen der Vater in Not ist. Im Gegensatz zu Kipp in Festgabe für Stammler S. 375 halte ich diese Reform für überflüssig.

lichen Genehmigung) keine Beschränkungen: es kann eine einmalige Abfindungssumme, Unterhalt in natura oder eine andere als die gesetzliche Rente vereinbart werden. Nur freiwilliger Verzicht auf den Unterhalt ist nicht möglich; eine darauf gerichtete Abrede ist nichtig.

Durch eine vereinbarte einmalige Zahlung kann zwar die Geldverpflichtung auf einmal abgewälzt werden, nicht die menschliche Pflicht, die sich aus dem natürlichen Vaterschaftsverhältnis ergibt. Sie ist unverlierbar. Sie bleibt auch das Leben hindurch bestehen, während die geldliche Unterhaltspflicht nur bis zum vollendeten 16. Lebensjahr reicht.

Über das 16. Lebensjahr hinaus besteht nur dann die geldliche Unterhaltspflicht, wenn das Kind „infolge körperlicher oder geistiger Gebrechen außerstande ist, sich selbst zu unterhalten". Für diesen Unterhalt haftet der uneheliche Vater aber nicht ganz so streng wie für den Lebensbedarf bis zur Vollendung des 16. Lebensjahres. Er genießt hier das Privileg des § 1603 Abs. 1, wonach nicht unterhaltspflichtig ist, „wer bei Berücksichtigung seiner sonstigen Verhältnisse außerstande ist, ohne Gefährdung seines standesmäßigen Unterhalts den Unterhalt zu gewähren". Tritt die Gebrechlichkeit erst nach der Vollendung des 16. Lebensjahres ein, so haftet der Vater nicht für den Unterhalt: seine Pflicht ist am 16. Geburtstag erloschen und lebt nicht wieder auf. Wieweit es möglich ist, eine elementare Hilfspflicht aus dem natürlichen Verwandtschaftsverhältnis (s. oben) abzuleiten, ist bei dem Stande unserer bisherigen Gerichtspraxis ungewiß.

Der Vater allein hat den ganzen Unterhalt zu leisten. Gewährt die Mutter (oder ein mütterlicher Verwandter) den Unterhalt, so gewinnt sie (oder der Verwandte) einen Ersatzanspruch gegen den Vater[1]). Das kann eine besondere Härte sein, wenn etwa (was ja nicht die Regel ist) die Mutter einem kostspieligeren Stande angehört als der Erzeuger des Kindes. Aber es ist in jedem Falle eine notwendige Härte[2]).

Der Unterhaltsanspruch kann (ohne die Schranken des § 1613) auch für die Vergangenheit geltend gemacht werden.

---

[1]) Geiger, S. 87f. findet es unbillig, daß die Lasten nicht zwischen den Eltern geteilt werden. Aber diese Teilung ist vorhanden: der Vater ist von der Personenfürsorge befreit. Es kann Geiger, der vieles schief sieht (vgl. bes. S. 82) nicht zugegeben werden, daß diese Lastenteilung ungerecht ist. Sie ist auf jeden Fall praktischer als das von Geiger Vorgeschlagene.

[2]) A. M. Geiger a. a. O.

Stirbt das Kind, so hat der Vater nur noch die Rente für das letzte Vierteljahr, dessen Anfang das Kind erlebt hat, zu zahlen und, falls die Erben dies nicht aufbringen können, die Bestattungskosten (§§ 1710, 1713).

Die Unterhaltspflicht geht auf die Erben des unehelichen Vaters über. Sie entsteht gegen die Eltern selbst dann, wenn der Vater vor der Geburt stirbt. Der Erbe hat aber die Wahl, ob er die Geldrente weiterzahlen oder das Kind in bestimmter, vom § 1712 Abs. 2 näher geregelter Weise abfinden will. Bei der Abfindung muß das Kind gewissermaßen als Familienmitglied anerkannt werden: Es steht ihm (oder, wenn mehrere da sind, jedem von ihnen) der Geldbetrag zu, der einem ehelichen Kinde als Pflichtteil gebühren würde (also die Hälfte des gesetzlichen Erbteils). Wie aber, wenn die Erbschaft überschuldet ist? Darf dann auch dem unehelichen Kinde der Pflichtteil angeboten werden, der hier gleich Null ist? Das wird, leider, von der herrschenden Meinung bejaht[1]). Meines Erachtens ist die billige Entscheidung: dem unbeschränkt haftenden Erben die Haftung für den Unterhaltsanspruch zu belassen. Nur durch Ausschlagen der überschuldeten Erbschaft kann er sich von dieser Forderung, wie von jeder anderen, befreien.

### 3. Grund des Anspruchs

ist die uneheliche Vaterschaft als natürliches Verwandtschaftsverhältnis. Darum findet sich seine Regelung im Familienrecht und nicht etwa im Deliktsrecht.

#### a) Wer ist unehelicher Vater?

Wer das Kind erzeugt hat, ist Vater. Aber dieser Nachweis ist so schwer, daß für den Unterhaltsanspruch die Beweisführung durch Beweisregeln erleichtert werden muß.

##### α) Die Anerkennung der unehelichen Vaterschaft.

Die einfachste (und daher vom Jugendamt stets zu erstrebende) Sachlage ergibt sich, wenn der von der Kindesmutter als Vater Angegebene seine Vaterschaft anerkennt: § 1718. Die Anerkennung ersetzt den Beweis nur, wenn sie nach der Geburt erfolgt. Erfolgt sie vorher, so handelt es sich nicht um die unterhaltspflichtbegründende Anerkennung des § 1718, sondern um eine Privat-

[1]) Vgl. Kipp, Familienrecht, § 95 VII.

urkunde, die lediglich den Wert eines Indizes für die Beweisführung hat. Die Anerkennnng des § 1718 kann nur durch öffentliche Urkunde erfolgen. (Über den Begriff „öffentliche Urkunde“ s. ZPO. § 415.) Diese Urkunde wurde ursprünglich vom Amtsgericht oder Notar oder auch vom Standesbeamten aufgenommen (FGG. §§ 167², 191 Preuß. Ausführungsges. von 1870). Aber die Regel ist jetzt, daß ein Beamter des Jugendamts eine vollstreckbare Urkunde anfertigt[1]).

Die Anerkennung begründet nicht unbedingt und unmittelbar den Unterhaltsanspruch. Sie erleichtert dem Kinde den etwaigen Prozeß gegen den Vater, macht diesen Prozeß aber nicht überflüssig. Der Prozeß wird auch nicht in so weitgehender Weise erleichtert, daß etwa nur die Anerkennungsurkunde vorgelegt werden müßte, um vollen Beweis für die Vaterschaft zu erbringen. Dem als Erzeuger in Anspruch Genommenen bleibt die Einrede der offenbaren Unmöglichkeit seiner Vaterschaft (s. darüber unten). Die Anerkennung beweist ein Geständnis des Anerkennenden, der Kindesmutter beigewohnt zu haben. Dieses Geständnis kann falsch sein (z. B. aus Mitleid oder unter dem Zwange einer Drohung getan). Also bleibt der Gegenbeweis zulässig, daß trotz der Anerkennung gar keine Beiwohnung stattgefunden hat[2]).

Worin besteht dann aber der erwähnte hohe Wert dieser Anerkennung? Darin, daß sie eine beliebte Einrede des in Anspruch Genommenen ausschließt, die Einrede der mehreren Beischläfer (exceptio plurium), die Berufung auf den leichten Lebenswandel der unehelichen Mutter, den das Kind unter Umständen entgelten muß (§ 1717 — s. unten). Die Anerkennung schließt diese Möglichkeit zu entschlüpfen aus und erleichtert im übrigen den Beweis im Unterhaltsprozeß in ähnlicher Art wie ein Geständnis der Beiwohnung.

Insofern ist die Anerkennung eine rechtsgeschäftliche Willenserklärung von größter Wichtigkeit. Die starke verpflichtende Kraft hat den Gesetzgeber veranlaßt, diese Willenserklärung nur als eine öffentlich beurkundete gelten zu lassen.

Aber als Willenserklärung unterliegt sie gänzlich den Vorschriften, die der Allgemeine Teil des Bürgerlichen Gesetzbuches für die Gültigkeit von Rechtsgeschäften aufstellt. Also ist möglich An-

---

[1]) Vgl. Graf, Die Sachbearbeitung im Vormundschaftswesen nach dem Reichs-Jugendwohlfahrtsgesetz 1926.

[2]) Kipp § 95 II Nr. 21.

fechtung wegen Irrtums (§ 119) oder Betruges (§ 123). Sie ist eine einseitige, nicht empfangsbedürftige Willenserklärung[1]). Ist der uneheliche Vater minderjährig, so bedarf er der Einwilligung seines gesetzlichen Vertreters (nicht nötig: vormundschaftsrichterliche Genehmigung). Strittig ist, ob der gesetzliche Vertreter statt des Minderjährigen die Anerkennungserklärung (etwa sogar gegen dessen Willen) abgeben kann. Grundsätzlich ist den Autoren zu folgen, die sich dafür ausgesprochen haben[2]).

β) Der Nachweis der unehelichen Vaterschaft.

Ist von dem unehelichen Vater weder vor noch in dem Prozesse ein Anerkenntnis zu erreichen, so muß ihm die Vaterschaft nachgewiesen werden. Aber der Nachweis wird erleichtert durch die Vaterschaftsvermutung des § 1717 Abs. 1: Als Vater gilt, wer der Mutter innerhalb der Empfängniszeit beigewohnt hat. Abs. 2: „Als Empfängniszeit gilt die Zeit von dem einhundertachtzigsten bis zu dem dreihundertundzweiten Tage vor dem Tage der Geburt des Kindes, mit Einschluß sowohl des einhundertdreiundachtzigsten als des dreihundertundzweiten Tages."

Für die Beiwohnung wird sich der Beweis in den meisten Fällen nur durch den Zeugeneid der Mutter erbringen lassen. Diese ist Zeugin, denn Partei, Kläger ist das Kind. Als Partei schwört die Mutter nur, wenn sie des Kindes Vormund (§ 1778 Abs. 3) ist und man die Zuschiebung des Parteieides an den gesetzlichen Vertreter für möglich hält.

Ist der Beweis erbracht, so hat der als unehelicher Vater in Anspruch Genommene nur noch zwei Einreden (die er beweisen muß, während für die stattgehabte Beiwohnung der Kläger, also das Kind, d. h. dessen Prozeßvertreter, beweispflichtig ist). Die beiden Einreden, durch die nach altem römischen Rechtsspruche (excipiendo reus fit actor) der Beklagte zum Kläger wird, sind:

1. daß die Vaterschaft trotz Beischlafes während der Empfängniszeit „den Umständen nach offenbar unmöglich" sei (§ 1717 Abs. 1 Satz 2);
2. daß seine Vaterschaft zweifelhaft sei, weil die Kindesmutter in der Empfängniszeit auch noch anderen Geschlechtsverkehr hatte (§ 1717 Abs. 1 Halbsatz 2).

---

[1]) RGZ. 84, 317ff.
[2]) Vgl. Kipp S. 404 und die dort in Anm. 26 Genannten.

1. Die offenbare Unmöglichkeit der Empfängnis aus dieser Beiwohnung

spielte früher eine geringe Rolle. Mit Recht wird z. B. in ständiger Rechtsprechung abgelehnt, die Anwendung von Präventivmitteln zu berücksichtigen. Neuerdings aber wird von einem interessanten medizinischen Beweise der Unmöglichkeit einer Abstammung von dem Beklagten Gebrauch gemacht. Der Blutprobennachweis, um den es sich hier handelt, birgt vorläufig so viele Fehlerquellen, nicht bloß in der praktischen Ausführung sondern auch in den theoretischen Grundlagen, daß mit KG-Urteil vom 12. Oktober d. J. vor ihm gewarnt werden muß: offenbare Unmöglichkeit sagt das Gesetz; das ist etwas anderes als (durch Indizien begründete) noch so hohe Unwahrscheinlichkeit.

Exkurs.

## Die Blutgruppenforschung und ihre Bedeutung im Unterhaltsprozeß des unehelichen Kindes.

Von Anna Wegner.

Vorbemerkung. Unter dem Mikroskop erkennt man, daß das Blut keine einheitliche Substanz ist. In der klaren Blutflüssigkeit schweben unzählige geformte Gebilde, unter denen die roten Blutkörperchen, die uns hier besonders interessieren, die überwiegende Mehrzahl darstellen. Läßt man das Blut gerinnen, so scheidet sich eine klare, gelbliche Flüssigkeit ab, das Blutserum. Auf die Wechselbeziehungen zwischen Serum und (roten) Blutkörperchen gründet sich im wesentlichen die experimentelle Blutforschung.

Präzipitinreaktion. Die erste Methode, mit der es wenigstens gelingt, Blut verschiedener Tierarten (bzw. des Menschen) voneinander zu unterscheiden, gründet sich auf die Beobachtungen von Uhlenhuth (1901): Im Serum eines Kaninchens, dem man Menschenblut eingespritzt hatte, entstehen Abwehrstoffe gegen Menschenblut; versetzt man das Serum eines so vorbehandelten Kaninchens mit Menschenserum, so entsteht ein Niederschlag („Präzipitat)", nicht aber, wenn man es mit Serum irgendeines anderen Tieres versetzt. Und ebenso kann man präzipitierende Sera herstellen für Pferd, Rind, Schwein, Huhn usw. Mit dieser Methode können verdächtige Blutspuren daraufhin untersucht werden, von welcher Tierart sie stammen. Einen Schritt weiter führt uns die zweite Methode:

Die Blutgruppenforschung. Sogar das Blut der verschiedenen Menschen ist nicht gleichartig zusammengesetzt. In früherer Zeit, als man Kranken nach großen Blutverlusten fremdes Blut in die Adern spritzte (transfundierte), kam es zuweilen zu Todesfällen, bei einem Teil dagegen war die Behandlung von Nutzen. Die Erklärung hierzu wurde ebenfalls im Jahre 1901 erbracht, durch den Oesterreicher Landsteiner, der nachwies, daß man im menschlichen Blut vier Gruppen unterscheiden kann, die in wechselseitigen Beziehungen zueinander stehen. Landsteiner erkannte bald, daß seine Entdeckung für die gerichtliche Medizin und das Strafrecht Bedeutung haben würde. Der Übersichtlichkeit halber seien zunächst die beiden Gruppen angeführt, die man mit den Buchstaben „A" und „B" bezeichnet. Bringen wir rote Blutkörperchen der

Gruppe A mit Serum der Gruppe B zusammen, so entsteht eine flockige Zusammenballung, „Agglutination". Vermischt man die roten Blutkörperchen der Gruppe B mit Serum der Gruppe A, so gibt es ebenfalls eine Agglutination. Die Erklärung hierfür besteht offenbar darin, daß das Serum einer Gruppe Abwehrstoffe „Agglutinine" besitzt, die auf die Blutkörperchen einer fremden Gruppe, auf deren „Agglutinierbare Substanz", einwirken, sie agglutinieren. Die agglutinierbare Substanz in den Blutkörperchen nennen wir A bzw. B. Die Agglutinine im Serum — Anti A oder $\alpha$, bzw. Anti B oder $\beta$. Natürlich kann im Blut eines Individuums nicht Serum sein, welches für die eigenen Blutkörperchen wirksame Agglutinine enthält! Sonst müßte ja bei Lebzeiten das Blut in den Adern gerinnen. — Es gibt eine dritte Gruppe, deren rote Blutkörperchen, mit A- oder B-Serum vermischt, keine Agglutination ergeben. Wir nennen sie Gruppe O, weil ihren Blutkörperchen beide agglutinierbaren Substanzen A und B fehlen. Dieses Blut könnte man fast ohne Gefahr einem Menschen der A- oder B-Gruppe einspritzen, da es keine Zusammenballungen entstehen läßt. Allerdings hat seltsamerweise das Serum der Gruppe O Abwehrstoffe gegen die roten Blutkörperchen der Gruppen A und B. Daher bezeichnen wir die Seren der Gruppe O durch $\alpha\ \beta$. — Erst später entdeckte Landsteiner die seltenere Gruppe, die im Gegensatz zu der vorhergehenden steht. Ihre roten Blutkörperchen haben die Eigenschaften A und B, werden also durch das Serum einer jeden dieser beiden Gruppen agglutiniert. Das Serum dieser vierten Gruppe enthält weder $\alpha$- noch $\beta$-Agglutinine, da sonst das Blut im Körper des betreffenden Menschen gerinen müßte; es wird demnach mit o bezeichnet. Da es also keins von beiden Agglutininen enthält, so wirkt es auch nicht auf die Blutkörperchen der drei anderen Gruppen O, A und B. Nachfolgende Tabelle gibt die bei den vier Gruppen bestehenden Gesetzmäßigkeiten übersichtlich wieder, wobei das Auftreten einer Agglutination mit +, ihr Ausbleiben mit — bezeichnet wird.

| Gruppe | Blutkörperchen enthalten agglutinierbare Substanz | Serum enthält Agglutinin | Einwirkung des Serums dieser Gruppe auf Blutkörperchen der Gruppe AB | A | B | O |
|---|---|---|---|---|---|---|
| AB | A und B | o (keines) | — | — | — | — |
| A | A | $\beta$ | + | — | + | — |
| B | B | $\alpha$ | + | + | — | — |
| O | keine | $\alpha$ und $\beta$ | + | + | + | — |

Zwei Tatsachen interessieren uns besonders bei der Benutzung des Blutgruppenunterscheidungsverfahrens vor Gericht.

Erstens können die Blutgruppen sich während des Lebens nicht verändern. Zweitens sind die Gruppenmerkmale erblich.

Man kann ersteres mit Bestimmtheit annehmen, obgleich diese Forschung erst 25 Jahre alt ist. Man hat bei einer großen Anzahl von Menschen das Blut während dieser Zeitdauer untersucht, in gesunden und kranken Tagen, sowie es verschiedenen Einwirkungen, wie Krankheit, Röntgenstrahlen, Diathermie usw. ausgesetzt, und keine Veränderung gefunden.

Ungefähr schon in der Mitte der Embryonalzeit sind die Blutgruppeneigenschaften ausgebildet. Die Serumeigenschaften treten meist allerdings einige Zeit nach der Geburt auf. Überhaupt können bei ganz kleinen Kindern oder bei alten und kranken Menschen die Blutgruppeneigenschaften schwerer erkennbar sein. Am deutlichsten sind sie zwischen dem des 5. und 30. Lebensjahre.

Die Bedeutung der Blutgruppen stieg, als man feststellte, daß die Gruppenmerkmale **A** und **B** sich nach der Mendelschen Regel vererben. Diese Annahme, 1908 von Ottenberg geäußert, wurde etwas später von v. Dungern und Hirschfeld an einem noch viel reicheren Material bewiesen. Sie stellten fest, daß „niemals eine Gruppe bei den Kindern erscheint, die nicht bei den Eltern vertreten ist".

Mendelsche Vererbungsregeln. Der Augustinerpater Gregor Mendel stellte um die Mitte des 19. Jahrhunderts Versuche mit Erbsensorten an und kam zu dem überraschenden Ergebnis, daß sich manche charakteristischen Eigenschaften (z. B. Beschaffenheit der Schale, Länge der Stengel) gesetzmäßig durch alle Generationen vererben. Dies schien so unglaublich, daß erst 50 Jahre später seine Lehre anerkannt wurde. Heute wissen wir, daß sie ein wichtiges Naturgesetz ist und bezeichnen sie daher als Mendelsches Gesetz. Ein klassisches Beispiel bietet der Correnssche Versuch mit der roten und weißen Wunderblume.

Als Ausgangsgeneration nehmen wir eine rote und eine weiße Wunderblume. Die rote ist mit der Eigenschaft „rot" doppelseitig belastet, erstens vom Vater und zweitens von der Mutter, also enthält sie den „rot"-Keim doppelt. Bezeichnen wir „rot" mit **A**, so kann die rote Blume durch das Schema **AA** bezeichnet werden. Ebenso trägt die weiße Wunderblume eine mütterliche und eine väterliche Anlage für „weiß" in sich, die wir schematisch **aa** schreiben. Kreuzen wir diese Eltern, P-Generationen (**parentes**), (man überträgt den Blütenstaub der einen Blüte auf die Narbe der anderen), so entstehen in der Tochtergeneration (**filia**) $F_1$ Generation genannt, Mischlinge mit rosa Blüten. Kreuzen wir zwei rosa Blüten dieser Tochtergeneration miteinander, so spaltet sich die nächste ($F_2$) Generation in 25% rote, 50% rosa, 25% weiße Blüten.

Schema:

| | | | |
|---|---|---|---|
| P | rote Blüte<br>**AA** | weiße Blüte<br>**aa** | |
| $F_1$ | | (rot und weiß)<br>rosa Blüte<br>**Aa aA** | |
| $F_2$ | 25% rote Blüten<br>**AA** | (rot und weiß)<br>50% rosa Blüten<br>**Aa** | 25% weiße Blüten<br>**aa** |

Wir sehen hieraus, daß in den rosa Blüten die Keimanlagen für „rot" und „weiß" getrennt lagen und nur äußerlich gemischt zum Ausdruck kamen. Die Spaltung geht in den späteren Generationen in gleicher Weise weiter.

Nicht immer tritt im Mischling eine Vermischung der beiden, einander entgegengesetzten Eigenschaften so auf, wie wir es hier sahen, wo „rot" und „weiß" sich zu „rosa" vermengten. In sehr vielen Fällen ist der Einfluß der einen Eigenschaft über die andere so überwiegend, daß im Mischling, obwohl er beide Anlagen enthält, nur die eine äußerlich erkennbar („dominant") ist, während die andere zurückgedrängt wird („rezessiv").

Kreuzen wir z. B. eine gebänderte Schnecke mit einer glattfarbigen der gleichen Art, so erkennt man, daß die gebänderte Eigenschaft über die glattfarbige dominiert. (Vgl. folgendes Schema):

| | | | |
|---|---|---|---|
| P | gebänderte Schnecke AA | | glattfarbige Schnecke aa |
| $F_1$ | | gebänderte Schnecke Aa aA | |
| $F_2$ | 25% gebändert AA | 50% gebändert Aa | 25% glattfarbig aa |

In der $F_1$ Generation tritt äußerlich („phänotypisch") die dominante Eigenschaft hervor. Innerlich, („genotypisch"), schlummert aber die aus der gebänderten und glattfarbigen Eigenschaft zusammengesetzte Anlage, ebenso in den 50% Aa-Individuen der $F_2$-Generation.

Vereinzelte zahlenmäßige Abweichungen von der nach der Mendelschen Regel zu erwartenden Verteilung der vier Gruppen in der Nachkommenschaft großer Zahlen von Familien führten den Göttinger Mathematiker Bernstein zu einer Ergänzung der Theorie von v. Dungern und Hirschfeld.

Anwendung des Mendelschen Gesetzes auf die Blutgruppenforschung. Die Eigenschaften **A** und **B** sind dominant vererbbar. Niemals also können in einem Menschen Blutkörperchen der Gruppe **A** oder **B** vorhanden sein, ohne daß wir sie bei einem seiner Eltern finden, z. B. ist es unmöglich, daß ein Kind der Gruppe **A**, dessen Mutter der Gruppe **B** angehört, einen Vater von der Gruppe **O** hat.

Bernstein nimmt an, daß es nicht nur die zwei Gruppenmerkmale **A** und **B** gibt, sondern noch ein drittes, daß er mit **R** bezeichnet. Es ist äußerlich (serologisch) nicht erkennbar und zeichnet sich nur dadurch aus, daß in ihm weder **A** noch **B** enthalten ist (**O**). Diese drei Eigenschaften vererben sich nach der Mendelschen Spaltungsregel. Da der Mensch für jede Eigenschaft zwei Erbanlagen, eine mütterliche und eine väterliche, in sich trägt, so gibt es, setzt man die drei Merkmale **A**, **B**, **R** voraus, folgende Möglichkeiten:

**AA**
**AB**
**AR**
**RR**
**RB**
**BB**

Nach Bernstein gäbe es also sechs Blutgruppen. Genotypisch ist dies auch der Fall. Phänotypisch aber (in diesem Falle serologisch nachweisbar) sind nur vier Gruppen. Da **A** und **B** dominant sind, tritt **R**, mit **A** oder **B** verbunden, äußerlich nicht in Erscheinung. Demnach fallen die Gruppen **AA** mit **AR** und **BB** mit **BR** zusammen. Es bleiben also die vier Gruppen:

| Erscheinung „Phänotyp" | Wahre Zusammensetzung der Blutkörperchen nach Bernstein „Genotyp" |
|---|---|
| **AB** | **AB** |
| **A** | **AA** oder **AR** |
| **B** | **BB** oder **BR** |
| **O** | **RR** |

Die Bernsteinsche Annahme gibt eine bessere Erklärung für einige Vererbungsfälle als die Annahme von v. Dungern und Hirschfeld. Dies gilt besonders für die Tatsache, daß ein Kind **O** keinen Vater oder Mutter **AB** haben kann, ein Kind **AB** keinen Vater oder Mutter **O** haben kann, ferner auch für das Auftreten und die zahlenmäßige Verteilung der **O**-Kinder in der Nachkommenschaft von Eltern, deren eines der A-, deren anderes der B-Gruppe angehört.

So läßt sich nach Bernstein jeder Fall ableiten, wenn auch nicht alle praktisch verwertbar sind; denn es scheiden natürlich von vorneherein die Fälle aus, in denen Mutter und Kind derselben Gruppe angehören. Also: das Kind der Blutgruppe A, die Mutter der Blutgruppe A oder AB, das Kind der Blutgruppe B, die Mutter der Blutgruppe B oder AB. Das sind nach Schiff ca. 40%. In den übrigen Kombinationen ist es möglich, auf die Gruppenzugehörigkeit zwischen Kind und Vater zu schließen.

Technik: Zur Untersuchung der Blutgruppen braucht man nur eine ganz geringe Menge Blutes. Dem Säugling entnimmt man einen Tropfen aus dem Ohrläppchen oder der Fingerkuppe durch einen feinen Stich, dem Erwachsenen meist ein wenig mehr aus der Armvene oder auch der Fingerkuppe, um Kontrollversuche zu machen, die für forensische Zwecke unbedingt erforderlich sind. Den Blutstropfen des Kindes kann man durch 0,85%ige Kochsalzlösung verdünnen. Das Serum A und B wird von Firmen geliefert, muß aber genau nachgeprüft werden. Zur orientierenden Probe tut man auf die eine Seite eines Glasplättchens einen Tropfen Serum der Gruppe A, auf die andere Seite einen Tropfen Serum der Gruppe B, und fügt zu jedem dieser Serumtropfen je ein Tröpfchen des zu untersuchenden Blutes. Schon mit bloßem Auge erkennt man fast sofort, ob und in welchem Tropfen eine Agglutination stattgefunden hat. Unter dem Mikroskop sind dann ganz deutlich zusammengeballte Flocken zu erkennen. Es ist wichtig, in jedem Fall auch die Gegenprobe zu machen und die Agglutinine im fraglichen Serum festzustellen. Die Technik erfordert selbstverständlich eine große Reihe sorgfältig angestellter Kontrollen, die nur von Sachverständigen einwandfrei ausgeführt werden können.

Auch Thomsen macht in seinem Aufsatz „Konstitutionseigentümlichkeiten im Blute mit besonderem Hinblick auf die Paternitätsfrage" (Deutsche Zeitschr. f. d. ges. gerichtl. Medizin, Bd. 10, Heft 1, 1927) besonders auf die vielen Fehlerquellen, ja sogar auf nicht ganz erklärte Abweichungen aufmerksam, die sehr zur Vorsicht mahnen.

Das Kammergerichtsurteil vom 12. Oktober 1928 bezieht sich in seiner Ablehnung des Blutprobeverfahrens vor Gericht besonders auf diese Arbeit.

Es ist aber erstaunlich, wie weit vor 25 Jahren der Entdecker der Blutgruppen Landsteiner geschaut hat und wie gewissenhaft und ausgearbeitet seine Technik schon war. Er konnte aus monatealten getrockneten Blutflecken die Gruppe feststellen. Erst prüfte er, ob es überhaupt ein Blutfleck sei, dann wurde die eingangs erwähnte Präzipitinreaktion angestellt, um zu erfahren, ob es Tier- oder Menschenblut sei, danach wurde die Blutgruppe bestimmt. Der Italiener Lattes verfeinerte diese Methoden später noch. Aus einem Milligramm konnte dieser die Blutgruppe bestimmen, d. i. etwa ein Sechstel der Blutmenge, die eine Mücke bei einem Saugakt in sich aufnimmt.

Immerhin sind die Schlüsse, die man auf die Abstammung des Kindes ziehen kann, nicht sehr reichhaltig. Man kann eben nur die Angehörigkeit der zu prüfenden Menschen zu einer bestimmten Gruppe feststellen, dagegen ist es bis jetzt nicht möglich gewesen, Reaktionen aufzufinden, durch die das Blut eines bestimmten Individuums von dem Blut eines anderen Individuums der gleichen Gruppe unterschieden wird. Allerdings sind in letzter Zeit Versuche zu einer noch weiteren Verfeinerung im Gange (Zangemeister). Ein Erfolg würde auf strafrechtlichem Gebiete von weittragender Bedeutung sein.

Immerhin ist schon die Blutgruppenbestimmung wertvoll, weil sie in einer Anzahl von Fällen, z. B. eine angebliche Vaterschaft als unmöglich nachzuweisen erlaubt.

Interessant aber gefährlich sind die neuerdings angestellten statistischen Arbeiten über die rassenmäßige und menschliche Verbreitung der Blutgruppen. Erstere ist bis jetzt noch ziemlich erfolglos geblieben. Letztere ist aber darauf gerichtet, eine Gruppe z. B. häufiger bei Akademikern, eine andere, die seltenere Gruppe B, häufig bei Strafgefangenen zu finden. Schütz hat diese Versuche begonnen, und sie konnten von anderer Seite z. T. bestätigt werden. Man muß aber hierbei sehr zur Vorsicht mahnen, damit keine zu enge Verknüpfung zwischen Menschen der Gruppe B und Rechtsbrechern hergestellt wird. Unwillkürlich muß man an das Märchen mit den angewachsenen Ohrläppchen erinnern, an das lange Zeit so fest geglaubt wurde, daß manche Unglücklichen, die damit behaftet waren, darunter leiden mußten.

Es ist nicht zu verwundern, daß mit der ausschlaggebenden Anwendung einer verhältnismäßig so jungen Wissenschaft wie es die Blutgruppenforschung ist, vor Gericht noch gezögert wird. Es ist aber anzunehmen, daß in nicht zu langer Zeit die Feststellung der Blutgruppe im Vaterschaftsprozeß angewandt wird, wie es zuerst in Bayern die Ministerialentschließung vom 17. November 1926 anrät, der am 9. Dezember Württemberg folgt.

Im Verhältnis zu den vielen 1000 unehelichen Vaterschaftsprozessen wäre es keine geringe Hilfe für die Rechtsprechung, wenn bei einem kleinen Teil das im § 1717 BGB. geforderte „offenbar unmöglich" durch die Blutgruppenforschung bewiesen werden könnte.

Über die rechtliche Bedeutung vor Gericht von juristischer und gerichtlich-medizinischer Seite: F. Schiff, Die Blutgruppen und ihre Anwendung s. Dtsch. Ztschr. f. d. gesamte gerichtliche Medizin, 9. Bd. 1927, S. 369—401; Lattes, Praktische Erfahrungen über Blutgruppenbestimmung in Flecken, in derselben Ztschr. im selben Bande S. 402ff. Willer, Die Ergebnisse der Blutgruppenforschung, Z. f. d. ges. Strafrechtsw. 1928; Lauer, Über den Nachweis der Vaterschaft mit Hilfe der Erblichkeitsforschung. Zentralblatt Jg. 19 (1927) S. 61. Ilse Schmidt, Das Blutprobeverfahren im Vaterschaftsprozeß, Zentralblatt a. a. O. S. 214/216.

2. Einrede der mehreren Beischläfer (exceptio plurium).

Hier muß das Kind entgelten, daß die Mutter sich mehreren hingegeben hat. Auch wenn alle Beischläfer feststehen, braucht doch keiner zu zahlen. Die Einrede gefährdet das Los der unehelichen Kinder schwer. Deshalb will ihr der Entwurf nicht mehr die Kraft geben, jeden Unterhaltsanspruch zu vernichten. Nur die Vaterschaft ist zweifelhaft; sie soll auch im zukünftigen Recht nicht festgestellt werden dürfen. Eine Unterhaltspflicht trotz zweifelhafter Vaterschaft anzunehmen, scheint mir billig und auch (wie ich im Gegensatz zu Graf[1]) behaupte) nicht gegen das Volksempfinden zu verstoßen.

[1]) A. a. O. S. 13. — Gustav Frenssen bringt in „Möven und Mäuse" (1927) das Beispiel von einigen Seeleuten, welche allesamt mit einem Mädchen ver-

Nach geltendem Rechte besteht aber bis heute die Möglichkeit, daß jeder, der seiner Verantwortung entschlüpfen möchte, sich auf die Einrede der mehreren Beischläfer berufen kann. Tut er das, so lädt er eine moralische Verantwortung auf sich, die nur der volljährige Staatsbürger tragen kann. Daraus folgt, daß der minderjährige Beklagte im Unterhaltsprozeß es sich gefallen lassen muß, wenn sein Vater für ihn die Unterhaltspflicht anerkennt und durch die Anerkennung nach § 1718 die Einrede der mehreren Beischläfer ausschaltet[1]).

Von praktisch großer Bedeutung sind zwei andere Rechtsgedanken, die grobe Ungerechtigkeiten der exceptio plurium beseitigen wollen.

a) Wer die Mutter bestimmt hat, sich einem anderen hinzugeben oder wer den Verführer angestiftet hat, etwa mit ihm gemeinsam „auf Raub ausgezogen" ist, darf die Einrede nicht vorbringen[2]). (Hier hat die Mutter die Einrede der Arglist, exceptio doli, die sie in diesem Falle als Replik vorbringen kann.)

b) Es muß scharf der Grundsatz durchgeführt werden, daß der im Unterhaltsprozeß als Vater in Anspruch Genommene beweispflichtig ist für seine Einrede, daß die Mutter auch noch anderen Geschlechtsverkehr gehabt habe. Daraus darf man (mit der herrschenden Meinung)[3]) folgern, daß es dem Manne nicht gestattet ist, die Mutter selbst als Zeugin dafür zu benennen, daß sie auch mit anderen während der Empfängniszeit verkehrt habe. Es ist ein bequemes Verteidigungsmittel, so auf alle Fälle die Kindesmutter erst mal den körperlichen Offenbarungseid ablegen zu lassen — einen Eid, der ungeheure seelische Bedrängnis und damit, trotz bestehenden Zeugnisverweigerungsrechtes — die Gefahr vieler Meineide bedeutet. Eine solche Verteidigung käme praktisch auf eine Umkehrung der Beweislast hinaus. Die Kindesmutter ist zwar nicht selbst die Gegenpartei, aber es ist logisch, nur allzu dogmatisch-juristisch möglich, sie einfach als Zeugin und nicht interessemäßig mit der Kindespartei verwachsen zu denken. Man kann der Gegenpartei zwar einen Eid über eine bestimmte Tat-

---

kehrt hatten, die nun ein uneheliches Kind zur Welt brachte. Sie fühlten eine gemeinsame Verantwortung und sorgten für den Jungen.

[1]) Vgl. Kipp S. 404 (§ 95 II 2). Allerdings nicht so weitgehend wie oben im Text.

[2]) Teilweise ebenso Kipp S. 403 (§ 95 II 1).

[3]) Vgl. letzthin LGD. Sprotte, Unzulässiger Informationsprozeß und Blutproben im Unterhaltsprozeß, Zentralbl. XX (1928) S. 153. Graf, Die Sachbearbeitung im Vormundschaftswesen. 1926, S. 36f.

sache zuschieben, aber man hat kein Recht, ihr diesen körperlichen Offenbarungseid aufzuzwingen.

## II. Das uneheliche Kind und seine Mutter.

Persönlich, verwandtschaftlich gehört das uneheliche Kind in demselben Umfange wie ein eheliches zur Mutter und ihrer Familie. „Kein Kind ist seiner Mutter Kebskind." Die uneheliche Mutter hat die volle Sorge für die Person des Kindes. Aber die Geldsorge soll ihr nach dem Willen des Gesetzes abgenommen und dem unehelichen Vater aufgebürdet werden, so daß der Mutter Teil die seelische und menschliche Sorge bleibt. Beim ehelichen Kind sind beide Sorgen, die seelische und die geldliche, auf beide Eltern gleichmäßig verteilt, die uneheliche Kindschaft wächst aus keiner solchen Gemeinsamkeit. Daher die Trennung: der Vater zahlt und die Mutter erzieht.

### 1. Die Absprechung der elterlichen Gewalt.

Aber die elterliche Gewalt hat keiner von beiden: das uneheliche Kind erhält einen Vormund (§ 1707 BGB., § 35 RJWG.); das Jugendamt als gesetzlichen Amtsvormund.

Das ist eine Schroffheit gegen die uneheliche Mutter, die sie zur Mutter minderen Grades stempelt: denn die eheliche Mutter erhält nach dem Tode ihres Mannes ohne weiteres die elterliche Gewalt, an der sie zu seinen Lebzeiten beteiligt ist.

Die Schroffheit ist allerdings nicht ganz so schlimm, wie sie im ersten Augenblick erscheint. Denn wenn die Mutter auch nicht die elterliche Gewalt hat, so hat sie doch „das Recht und die Pflicht, für die Person des Kindes zu sorgen" (§ 1707). In dem Sorgerecht ist enthalten das Erziehungsrecht, damit auch das Recht, bis zum Eintritt der eigenen Bestimmungsfähigkeit das Bekenntnis des Kindes zu bestimmen; ferner das Recht, Dienstleistungen des Kindes zu genießen (§ 1617) und ihm den Aufenthalt zu wählen. Daraus folgt, daß der Vormund, d. h. (meist) das Jugendamt, keiner unehelichen Mutter ihr Kind wegnehmen darf (etwa um es in einem Kinder- oder Erziehungsheime unterzubringen). Nur wenn die Voraussetzungen des § 1666 BGB. (Mißbrauch des Sorgerechtes, Vernachlässigung, ehrloses oder unsittliches Verhalten) vorlägen, dürfte das geschehen. Aber auch in diesem Falle würde das Vormundschaftsgericht und nicht das Jugendamt über die Beschränkung des Sorgerechtes entscheiden. Von jedem, der ihr das Kind vorenthält, kann die uneheliche Mutter gemäß § 1632 BGB. Herausgabe verlangen, auch vom Amtsvormund, vom Jugendamt.

Aber die Mißachtung der unehelichen Mutter bleibt doch bestehen, solange man ihr grundsätzlich die elterliche Gewalt, d. h. das Recht zur Vertretung des Kindes und zur Vermögensverwaltung abspricht[1]).

## 2. Bestellung der unehelichen Mutter zum Vormund.

Der Vormundschaftsrichter hat die Möglichkeit, die Härte des Gesetzes dadurch praktisch zu beseitigen, daß er die uneheliche Mutter zum Vormund bestellt. Der § 1778 BGB. sieht diesen Fall ausdrücklich vor und bestimmt: „Für ein uneheliches Kind darf die Mutter vor dem Großvater zum Vormund bestellt werden." Das Reichsjugendwohlfahrtsgesetz und sein Grundsatz der gesetzlichen Amtsvormundschaft (§ 35) für uneheliche Kinder steht dem nicht im Wege; im Gegenteil ist dort im § 44 vorgesehen, daß eine Einzelperson bestellt werden (und das Jugendamt diese Bestellung beantragen) soll.

Diese Bestellung der unehelichen Mutter ist natürlich nicht ohne weittragende, wohl zu überlegende Folgen. Das Jugendamt, als Berufsvormund und Hauptorgan des Jugendschutzes, wird zurückgedrängt. Allerdings erlöschen praktisch seine Aufsichtsbefugnisse keineswegs. Sowie die Mutter das Kind in Pflege gibt und für die meisten erwerbstätigen Mütter tritt der Pflegekinderschutz in Kraft: §§ 19ff. RJWG. (s. unten Kapitel 7). Und nach § 45 RJWG. hat das Jugendamt alle Vormünder seines Bezirks plangemäß zu beraten und zu unterstützen. Nützt das nichts, reicht es nicht aus zum Schutze des Kindes, so bleibt dem Jugendamte ja stets die Möglichkeit, beim Vormundschaftsgericht einen Antrag zu stellen, der unehelichen Mutter auf Grund von §§ 1666 BGB. die elterliche Gewalt ganz oder teilweise wieder wegzunehmen.

---

[1]) A. M. Lehmann, Familienrecht, 1926, S. 247: „daß das Gesetz der Mutter die elterliche Gewalt versagt hat, ist nicht zu tadeln. Darin liegt keine Mißachtung, sondern eine gebotene Rücksichtnahme auf die tatsächlichen Verhältnisse, vornehmlich auf die häufig fehlende Lebenskenntnis und mangelnde Energie der unehelichen Mutter in der Verfolgung der Unterhaltsansprüche gegen den unehelichen Vater". Diese Rücksichtnahme, die allerdings nötig ist, könnte m. E. auch geschehen durch Hilfspflicht und Aufsichtsrecht des Jugendamtes, die teilweise bereits durch §§ 45, 19ff. RJWG. gegeben sind.

Gegen die Entscheidungen des Vormundschaftsgerichtes über das persönliche Schicksal des Kindes hat die Mutter ein Beschwerderecht[1]).

### 3. Der Name des unehelichen Kindes.

Das Kind gehört zur Mutter – daraus folgt, daß es ihren *Namen* führt[2]) (§ 1706 Abs. 1). Jedoch kann der Ehemann der Mutter dem Kinde seinen Namen erteilen (§ 1706 Abs. 2 Satz 2). Dies muß in öffentlich beglaubigter Form geschehen (für die praktische Ausführung vgl. RJWG. § 43 Abs. 2). Kind und Mutter müssen der Namenserteilung zustimmen. Ist einmal der Name erteilt, so kann die Erteilung in einer nochmaligen Ehe der Mutter nicht wiederholt werden.

### 4. Die hilfsweise Haftung der Mutter für den Unterhalt.

Die geldliche Unterhaltspflicht ist der unehelichen Mutter nur solange abgenommen, als ein Unterhalt gewährender unehelicher Vater da ist. Ist von dem Vater nichts zu erlangen, so haftet die Mutter. Aber mit der eigenen Leistung des Unterhalts erwirbt sie einen Ersatzanspruch gegen den unehelichen Vater (§§ 1709, 1601).

Daraus, daß die Mutter auch (*nach* dem Vater) für den Unterhalt des Kindes haftet, folgert man, daß sie verpflichtet ist, im Interesse des Kindes den Namen des Erzeugers zu nennen[3]). Auch wird dieser Anspruch des Kindes aus der Mutterpflicht, für die Person des Kindes zu sorgen, hergeleitet[3]). Lehmann (S. 248) meint, falls die Mutter selbst das Kind angemessen unterhält, könne man die Namensnennung nicht von ihr verlangen. Die Möglichkeit, daß die Unterhaltspflicht des Vaters nach ihrem Tode ja praktisch und lebensnotwendig für das Kind werden könnte, sei zu entfernt und reiche nicht aus, „um einen solchen Gewissenszwang auf dem Gebiete der intimsten Lebensbeziehungen zu rechtfertigen". Die Gefährdungsmöglichkeit ist aber oft gar keine so entfernte! – Einig

---

[1]) KG. i. RJA. 11, 164. Kipp § 94 II.

[2]) Im englischen Rechte ist sogar die Rechtsstellung des Kindes zur Mutter verkümmert. Vgl. *Heymann*, in Holtzendorf-Kohlers Enz. II 348, Jenks, Digest II Nr. 1910. Curti, Englands Privat- und Handelsrecht. I (1927) S. 71.

[3]) OLG. München, Seuff. A. 67, 49. Lehmann, § 39 IV (S. 248). *Graf* a. a. O. S. 13 meint irrtümlich, es bestände kein Mittel, die Mutter zur Angabe des Namens zu zwingen. Sie kann hierzu verurteilt werden. Die Zwangsvollstreckung steht dann allerdings vor den gewöhnlichen Schwierigkeiten wie bei jedem Urteil, das auf eine unvertretbare, d. h. nur persönlich erbringbare Leistung geht.

sind die Autoren darin, daß ein Schweigevertrag zwischen dem unehelichen Vater und der Mutter unsittlich und also nichtig ist. Alles auf den Unterhalt Bezügliche muß zwischen Vater und Kind gemacht werden.

### 5. Ansprüche der Mutter aus der Geburt.

Die Mutter hat gemäß § 1715 einen Anspruch auf Ersatz der Kosten von Entbindung und Schwangerschaft (auch im Falle einer Fehlgeburt). Aber dieser Anspruch ist kein jugendrechtlicher.

## III. Die Sicherstellung des Unterhaltsanspruches

ist sowohl vom Bürgerlichen Gesetzbuch wie vom Reichsjugendwohlfahrtsgesetz vorgesehen. Das gewöhnliche Mittel einen erst künftigen Anspruch sicherzustellen, die einstweilige Verfügung (ZPO. § 935) wird hier ausnahmeweise gegeben, ohne daß eine Gefährdung glaubhaft gemacht wird (§ 1716 Abs. 2 BGB.).

Der § 38 RJWG. läßt auf jeden Fall die Bestellung eines Pflegers zu, auch ohne die besondere Fürsorgebedürftigkeit, die § 1912 BGB. voraussetzt.

Anhang.

## I. Die juristische Beseitigung der Unehelichkeit.

Zwei Mittel gibt es (seit dem römischen und kanonischen Recht), um ein uneheliches Kind ehelich zu machen: Legitimation durch nachfolgende Ehe und Ehelichkeitserklärung. Aber nicht jedes uneheliche Kind kann der Mann, der die uneheliche Mutter heiratet, legitimieren, nicht irgendein ihm leidtuendes uneheliches Kind kann der gutmütige Junggeselle durch Ehelichkeitserklärung ehelich machen. Voraussetzung für Legitimation durch nachfolgende Ehe wie durch Ehelichkeitserklärung ist die natürliche Verwandtschaft: nur das von ihm erzeugte Kind kann der Vater durch Heirat der Mutter legitimieren oder für ehelich erklären lassen.

### A. Eheliche Kindschaft durch nachfolgende Ehe.

§ 1719 BGB.: „Ein uneheliches Kind erlangt dadurch, daß sich der Vater mit der Mutter verheiratet, mit der Eheschließung die rechtliche Stellung eines ehelichen Kindes“[1]).

---

[1]) So in den meisten Kulturrechten. In England erst durchgesetzt seit 1. Jan. 1927 durch den **Legitimacy Act** vom 15. Dez. 1926 (Übersetzung und Einl. Ztschr. f. ausländ. und internationales Privatrecht I (1927) S. 769ff.

Nur vor der Ehe geborene Kinder brauchen dies Privileg; die nachher geborenen sind ohne weiteres ehelich, mögen sie auch vor der Ehe erzeugt sein. Durch die legitimatio per subsequens matrimonium (Rechtsverleihung durch die nachfolgende Ehe) erlangt das Kind die volle Rechtstellung eines ehelichen. Die gesetzliche Vormundschaft über das uneheliche Kind erlischt aber nicht ohne weiteres, sondern muß vom Vormundschaftsgericht aufgehoben werden oder es muß die neue Vaterschaft durch ein rechtskräftiges Urteil zwischen dem legitimerenden Ehemann und dem Mündel festgestellt sein (§ 1883).

## B. Eheliche Kindschaft durch Ehelichkeitserklärung.

§ 1723: „Ein uneheliches Kind kann auf Antrag seines Vaters durch eine Verfügung der Staatsgewalt für ehelich erklärt werden."

Die Ehelichkeitserklärung steht dem Lande zu, dem der Vater angehört; ist der Vater ein Deutscher, der keinem Bundesstaat angehört, so steht sie dem Reichskanzler (jetzt: Reichsjustizminister) zu. Die Landesregierung ist das zur Entscheidung berufene Organ (Preußen: Justizminister).

Hiermit stellt das BGB. wie bereits das römische Recht (in Übereinstimmung mit Italien, Schweiz, Niederlande, Österreich und England, im Gegensatz zu Frankreich, das keine Ehelichkeitserklärung vorsieht) die Ehelichmachung durch staatliche Erklärung (legitimatio per rescriptum principis) neben das Ehelichwerden des unehelichen Kindes durch nachfolgende Heirat mit der Mutter (legitimatio per subsequens matrimonium).

### I. Die Erfordernisse der Ehelichkeitserklärung (§ 1726).

Folgende Erfordernisse müssen erfüllt sein, damit Ehelichkeit eintritt:

1. Der Vater muß einen gerichtlich oder notariell beurkundeten (§ 1730) Antrag auf Ehelichkeitserklärung einreichen.

Der Antrag ist höchst persönlich, kann also nicht durch einen Vertreter erfolgen; ein geschäftsunfähiger Vater kann daher die Ehelichkeitserklärung nie erreichen; ein in der Geschäftsfähigkeit beschränkter Vater bedarf der Zustimmung seines gesetzlichen Vertreters (§ 1728 Abs. 1).

2. Das Kind muß seine (ebenfalls höchst persönliche) gerichtlich oder notariell beurkundete Einwilligung erklären.

Für das geschäftsunfähige oder in der Geschäftsfähigkeit beschränkte Kind kann der gesetzliche Vertreter die Einwilligung erteilen; das bedarf aber der Genehmigung durch das Vormundschaftsgericht. Ist das Jugendamt nicht schon dadurch beteiligt, daß es Amtsvormund ist, so ist es vom Vormundschaftsgericht vor der Entscheidung zu hören (§ 1728 Abs. 2).

3. Auch die Mutter muß, wenn das Kind noch nicht 21 Jahre alt ist, gerichtlich oder notariell beurkundet, ihre Einwilligung erklären.

„Die Einwilligung der Mutter ist nicht erforderlich, wenn die Mutter zur Abgabe einer Erklärung dauernd außerstande oder ihr Aufenthalt dauernd unbekannt ist." § 1726 Abs. 3.

4. Ist der Vater verheiratet, so braucht er die (ebenfalls gerichtlich oder notariell zu beurkundende) Einwilligung seiner Ehefrau.

Im Rahmen des eben zitierten § 1726 Abs. 3 ist diese Einwilligung unter Umständen so wie die der Mutter entbehrlich.

Die Einwilligungen 2—4 sind unwiderruflich (§ 1726 Abs. 2).

5. Das letzte und entscheidende Erfordernis für das Ehelichwerden des Kindes gemäß § 1723 ist die *Verfügung der Staatsgewalt*, durch welche die Ehelichkeitserklärung erfolgt.

Sie wird regelmäßig ergehen, wenn die Erfordernisse 1—4 vorliegen; muß es aber nicht. Die Landesregierung (Preußen: Justizminister) hat das Recht, die näheren Umstände des Falles zu ermitteln und das Ermittlungsergebnis nach freiem, pflichtmäßigem Ermessen zu würdigen, insbesondere sich ein Urteil darüber zu bilden, ob der Antragsteller *wirklich der leibliche Vater* ist.

### II. Die Wirkung der Ehelichkeitserklärung

ist: volles eheliches Kindschaftsverhältnis des bisher unehelichen Kindes zum Vater (§ 1736) (*nicht* — im Gegensatz zur Legitimation durch nachfolgende Ehe — zu dessen Verwandten, auch nicht zu seiner Ehefrau).

§ 1737: Die Wirkungen der Ehelichkeitserklärung erstrecken sich auf die Abkömmlinge des Kindes; sie erstrecken sich nicht auf die Verwandten des Vaters. Die Frau des Vaters wird nicht mit dem Kinde, der Ehegatte des Kindes wird nicht mit dem Vater verschwägert.

Die Rechte, die sich aus dem Verwandtschaftsverhältnisse zwischen dem Kinde und seinen Verwandten ergeben, bleiben unberührt, soweit nicht das Gesetz ein anderes vorschreibt.

Gemäß § 1738 verliert die Mutter mit der Ehelichkeitserklärung Recht und Pflicht für die Person des Kindes zu sorgen. Ihr Recht ebenso wie ihre Unterhaltspflicht, leben erst wieder auf, wenn die elterliche Gewalt des durch die Ehelichkeitserklärung zum ehelichen Vater Gewordenen endet oder nicht.

Vgl. sonst noch §§ 1305 Abs. 1 Satz 3; 1725, 1735.

## II. Reform des Rechtes der unehelichen Kinder.

Die Weimarer Reichsverfassung stellte in § 121 das Programm auf: „Den unehelichen Kindern sind durch die Gesetzgebung die gleichen Bedingungen für ihre leibliche, seelische und gesellschaftliche Entwicklung zu schaffen wie den ehelichen Kindern." Um dieses lange als notwendig erkannte Programm durchzuführen, wurde dem Reichsrat unter dem 22. Mai 1925 der Entwurf eines Gesetzes über die unehelichen Kinder und die Annahme an Kindesstatt vorgelegt. Man wird sich hierüber im wesentlichen dem Gesamturteil anschließen können, das Kipp in seiner juristisch feinsinnigen und erschöpfenden Arbeit über die „Reform des Rechts der unehelichen Kinder" in der Festgabe für Stammler (Berlin, Walter de Gruyter, 1926) S. 360 (2) gibt:

„Die Beurteilung des Entwurfs wird nach der Grundanschauung, mit der der Beurteiler an ihn herantritt, selbstverständlich verschieden ausfallen. Wer in der alten Weise sich von dem Gedanken beherrschen läßt, daß die unehelichen Kinder im Grunde genommen keine Existenzberechtigung haben und mit dem Notdürftigsten zufrieden sein müssen, dem werden die Vorschläge des Entwurfs unannehmbar erscheinen. Wer umgekehrt etwa mit dem Familienrecht von Sowjet-Rußland (Familienrechtsgesetz 1918 § 133) der Ehe im Familienleben keinerlei Vorzug mehr beigelegt wissen möchte, dem werden die von dem Entwurf vorgesehenen Vorschriften zugunsten der unehelichen Kinder nicht weit genug gehen. Wer die Ansicht teilt, die in unserer Reichsverfassung niedergelegt ist, wird im wesentlichen den Entwurf billigen."

Wir haben schon beim geltenden Recht auf die wichtigen Neuerungen Bezug genommen, die der Entwurf plant.

Die Unfreundlichkeit des geltenden Rechtes, wonach das uneheliche Kind in keinem Verwandtschaftsverhältnisse zum Vater steht, wird beseitigt. Der § 1589 Abs. 2 soll die neue Fassung erhalten: „Die Wirkungen der Verwandtschaft zwischen einem unehelichen Kinde und seinem Vater sowie dessen Eltern bestimmen sich nach den Vorschriften des sechsten Titels." Die Begründung behauptet, hiermit werde das geltende Recht nicht geändert, sondern lediglich klarer gestellt. Das ist wohl richtig, insofern als der § 1589 Abs. 2 unfreundlicher klingt, als er, nach dem übrigen Inhalt des Gesetzes, gemeint ist. Es hieße aber doch die Tatsachen verkennen, wenn man leugnen wollte, daß im allgemeinen Rechtsbewußtsein sich etwas geändert hat, was ja auch in Gerichtsurteilen, die das natürliche Verwandtschaftsverhältnis anerkennen, bereits zum Ausdruck gekommen ist (s. oben; vgl. auch Kipp, a. a. O., S. 365). Der Entwurf selber bringt das auch deutlich zum Ausdruck, indem er grundlegend unterscheidet zwischen der unehelichen Vaterschaft und der

Zahlpflicht eines Mannes, der bloß möglicherweise unehelicher Vater ist. Das Kind der Mutter, die in der Empfängniszeit nur mit dem einen Manne verkehrt hat, soll — ähnlich, wenn auch nicht ganz so weit wie im schweizerischen Recht — Kindschaftsansprüche gegen diesen Mann haben. Diese Ansprüche sollen weiter gehen als die jetzigen Unterhaltsansprüche des unehelichen Kindes. Bei ihrer Festsetzung wird vor allem nicht bloß einseitig Stand und Einkommen der Mutter berücksichtigt, sondern es werden in billiger Weise auch die Vermögens- und Verdienstverhältnisse des Vaters herangezogen (neuer § 1708 Abs. 1 Satz 2), so daß das uneheliche Kind der Dienstmagd und des Rittergutsbesitzers nicht mehr ebensoviel und wenig erhält wie das uneheliche Kind von Dienstmagd und Tagelöhner. Die Unterhaltspflicht des Vaters endet nicht mit dem 16. Lebensjahr. Es kann dem Vater die Sorge für die Person des Kindes und die elterliche Gewalt zustehen. Nicht nur er, sondern auch seine Eltern haften für den Unterhalt usw. Diese hohe und weitreichende Haftung kann natürlich nur dem aufgebürdet werden, dessen Vaterschaft festgestellt ist. Die ist überall da zweifelhaft, wo der Lebenswandel der Mutter leicht und zweifelhaft war. In diesem Sinne erkennt auch der Entwurf die exceptio plurium (s. oben) an, ja er erweitert sie sogar. Aber diese Einrede der mehreren Beischläfer hat nicht mehr die Kraft, jeden Anspruch des Kindes einer leichtsinnigen Mutter auszuschließen. Nur die Vaterschaft kann nicht festgestellt, nur die aus ihr folgenden Rechte können nicht gegeben werden. Der geringe Unterhaltsanspruch des geltenden Rechtes wird aber nach dem Entwurf auch bei zweifelhafter Vaterschaft gegeben, und zwar gegen alle Männer, die in der Empfängniszeit mit der Mutter verkehrt haben; sie alle haften als Gesamtschuldner. — Die Stellung der unehelichen Mutter ist gehoben. Zwar hat sie immer noch grundsätzlich nicht die elterliche Gewalt; aber sie kann ihr auch in den Fällen verliehen werden, in denen sie nicht zum Vormunde bestellt ist (was ja schon nach geltendem Rechte möglich ist, § 1778 Abs. 3).

Vgl. zu dem Entwurf, der augenblicklich weitgehend umgearbeitet wird (Kipp, Lehrbuch 1928, § 95 Anm. 5a, S. 401) Gegenentwurf des deutschen Vereins für öffentliche und private Fürsorge und des Archivs deutscher Berufsvormünder, Zentralblatt 19 (1928) S. 324ff. Klumker, Storck, Müller Zentralblatt 17, S. 157ff., 234ff. Behrend, Soziale Praxis 1926, Sp. 1009 1048ff. Brandis, JW. 1925 S. 2725ff. — zum ausländischen Recht außer den Arbeiten von Tomforde und Geiger (1920), Bergmann, Internationales Ehe- und Kindschaftsrecht, 1926 Bd. 2.

## III. Exkurs.

### Wirtschaftliche und sozialpolitische Daten und Fragen.

Von Anna Wegner.

Im Gegensatz zum Geburtenrückgang unseres Volkes (neue Zahlen s. in Richard Korherr, Geburtenrückgang, Süddeutsche Monatshefte, 1928, 2. Aufl. des Dezemberheftes 1927, mit Einführung von Spengler) ist die Zahl der unehelichen Kinder, abgesehen von einigen Schwankungen, besonders im Weltkrieg, im Steigen. Die Ursachen hierfür stehen sicher, wie Runge und Rehm in „Verwahrlosung der Jugendlichen" (1925) behaupten, im Zusammenhang mit dem Niedergang des sozialen Niveaus. Und doch tragen wohl auch vorübergehende Unregelmäßigkeiten der Kriegs- und Nachkriegszeit die Schuld.

Je größer der Anteil der unehelichen Kinder an der Bevölkerung ist, desto wichtiger wird es, ihnen ihre schwierige Stellung in der menschlichen Gesellschaft zu erleichtern. Othmar Spann schildert in „Die Erweiterung der Sozialpolitik durch die Berufsvormundschaft" (Tübingen 1912), die Entwicklung der Berufsvormundschaft, deren Anfänge in der Tätigkeit des Geh. Medizinalrats Taube liegen, der in den achtziger Jahren eine medizinische Überwachung der Pflegestellen unehelicher Kinder einrichtete, die durch die Gemeindebehörden geregelt wurde. Die Arbeiten Spanns, die zum großen Teil die Vorkriegsjahre umfassen, sind von bleibendem Wert. Er zeigt die Methoden statistischer Forschung über die Zahl der unehelichen Kinder überhaupt, über die Ursachen von Steigen und Fallen der Unehelichkeitsziffer, die er durch Vergleichen verschiedener Länder und deren Lebensweise erklärt und vor allem die Bedeutung und Verschiedenheit der Pflegebedingungen. Die neueren Unehelichkeitszahlen (1913: 183977 Uneheliche, 1917: 108333 Uneheliche und 1920: 188950 Uneheliche) sind noch nicht in der vorbildlichen und eindringlichen Weise ausgewertet worden, die seinerzeit Othmar Spann als Methode der Unehelichenforschung entwickelt hat (vgl. außer der genannten Schrift: „Die Stiefvaterfamilie unehelichen Ursprungs", Berlin 1904, mit Nachwort von Klumker; „Die unehelichen Mündel des Vormundschaftsgerichts in Frankfurt a. M. Statistische Untersuchungen über Vormundschaftsführung und über die persönlichen Verhältnisse der unehelichen Kinder". Dresden 1909; „Die Berufsvormundschaft und ihre Bedeutung". Berlin 1910). Auf Spanns Arbeiten fußen im wesentlichen auch noch die Angaben bei Többen „Die Jugendverwahrlosung und ihre Bekämpfung", Münster 1927.

Die Not der unehelichen Kinder beginnt schon vor der Geburt.

Es gibt ca. ein Drittel mehr uneheliche als eheliche Totgeburten. Nach Uffenheim, der Rühle zitiert, starben von 1000 Lebendgeborenen

| | eheliche Kinder | uneheliche Kinder |
|---|---|---|
| in der 1. Woche | 24,7 | 36,2 |
| in der 3. u. 4. Woche | 54,4 | 101,3 |
| im 4. Monat | 108,6 | 226,9 |
| im 12. Monat | 182,5 | 337,2 |

Wir sehen, daß ungefähr einhalbmal mehr uneheliche Kinder als eheliche sterben. Többen beschreibt die furchtbaren Ziffern der Säuglingssterblichkeit in Großstadtvororten.

Im Jahresdurchschnitt starben von je 1000 Säuglingen

| | eheliche | uneheliche |
|---|---|---|
| in Altendorf bei Berlin | 170 | 600 |
| „ Neu-Weißensee bei Berlin | 290 | 780 |
| „ Großlichterfelde bei Berlin | 240 | 800 |

Also 60—80% Uneheliche gegenüber 17—24% Ehelichen. Weiterhin stellt er fest, daß in Berlin von je 1000 Geborenen

| | | |
|---|---|---|
| das 1. Lebensjahr | 735 Eheliche | 515 Uneheliche |
| das 5. Lebensjahr | 612 „ | 405 „ |

überleben.

Natürlich liegen, die Ursachen hierfür in den Pflegebedingungen, vor allem in dem häufigen Pflegewechsel, der ja für Säuglinge besonders schädlich ist. In der Zeit, aus der diese Zahlen stammen, war der Pflegekinderschutz höchst mangelhaft. Eine wichtige Aufgabe für eine statistische Untersuchung wäre festzustellen, ob und wie weit sich der neue Pflegekinderschutz des Reichsjugendwohlfahrtsgesetzes (s. unten S. 115ff.) bereits zum Guten ausgewirkt hat.

Daß auch in späteren Jahren die Pflege von großem Einfluß ist, zeigt Spann an seinen Ergebnissen in Frankfurt, wo von

100 Kindern **18** Uneheliche / **66** Eheliche das 20. Lebensjahr erreichten.

36% Uneheliche sind nur militärdienstfähig.

Bei den älteren Kindern hängt leider von den Pflegebedingungen auch in hohem Maße das Seelenleben, die Charakterbildung ab. Besonders der oft häufige Pflegewechsel kann sich sehr schädigend auswirken.

Nach Többen und Spann ist die Kriminalität bei den Unehelichen ein Drittel größer als bei den Ehelichen, die Verwahrlosung ca. viermal größer. Der Einfluß der Pflege auf Körper und Seele ist also sehr groß, und die Regelung derselben von größter Wichtigkeit.

Nach den Feststellungen von Spann zahlen zwei Drittel aller Väter keine Alimente; wieweit hier die seit Spanns Arbeiten energischer betriebene öffentliche Jugendhilfe Wandel geschafft hat, ist wohl statistisch noch nicht erfaßt worden. Die Berufsvormundschaft hat jedenfalls die erste Pflicht, den Vater festzustellen, um die Alimentenzahlung zu regeln. Nicht ganz außer acht lassen dürfte man die Nachforschung nach dem Charakter und dem geistigen Niveau des Vaters. Mancher verbitternde Widerspruch im Kind könnte durch geeignete Erziehung ausgeglichen werden, wenn man irgendwelche Begabungen oder geistige Fähigkeiten, die in der väterlichen Familie vielleicht erblich sind und die bei einer Massenerziehung leicht unterdrückt werden können, in dem Kinde sucht.

Der Pflegeschutz der letzten Jahre wird hoffentlich auch den großen Unterschied der entgeltlich und unentgeltlich verpflegten Kinder, den Többen hervorhebt und statistisch beweist, etwas ausgeglichen haben. Natürlich werden es immer die Kinder besser haben, die in unentgeltlichen Pflegen aufwachsen, weil sie dabei persönliches Interesse erwarten können. Spann meint zwar bei einer Gegenüberstellung der Pflegemöglichkeiten, daß die Unterbringung bei der ledigen Mutter erfahrungsgemäß am schlechtesten sei, weil sie meist selbst auf Erwerb ausgehen muß und wenig Zeit für das Kind hat, ja es manchmal noch als Hindernis empfindet. Deshalb wird sie bei der Vormundschaftswahl oft übergangen. Dies kann sie natürlich als Härte empfinden und ihr

Interesse wird nachlassen, wenn ihr die Verantwortung abgenommen wird und sie nicht mehr die volle elterliche Gewalt hat. Auch auf das Kind könnte es in einem gewissen Alter ungünstig wirken, wenn es sieht, daß seine Mutter sich fremden Beschließungen unterordnen muß.

Vielleicht würde es genügen, die Mutter bei der Beitreibung der Alimente zu unterstützen, wozu sie meist nicht die nötige Energie hat, damit sie Zeit für das Kind findet. Wenn das der Fall ist, z. B. wenn Kind und Mutter bei Verwandten wohnen, sind nach Spann die Pflegebedingungen am günstigsten.

Nach Abschluß des vorstehenden Exkurses kam Verfasser in die Schrift von Annemarie Wulff, Das Schicksal der Unehelichen in Berlin, zu Gesicht. Sie stellt sich als die bedeutsamste Fortführung der Spann'schen statistischen Studien dar, in der auch versucht wird, manche damaligen Ergebnisse des bahnbrechenden Forschers richtig zu stellen; wie weit diese Versuche geglückt sind, steht noch dahin. Sehr wichtig über Ursachen der Unehelichensterblichkeit S. 16ff.

4. Kapitel.

# Das Recht des Adoptivkindes.

Legitimation und Ehelichkeitserklärung können nur dann bewirken, daß das Kind als eheliches gilt, wenn das Blutsband der natürlichen Verwandtschaft da ist. Heiratet jemand ein Mädchen, das von einem anderen als ihm selbst bereits ein uneheliches Kind hat und will er dieses Kind zu einem ehelichen machen, so kann er dies weder durch Legitimation noch durch Ehelichkeitserklärung — denn er ist ja nicht der Erzeuger. Hier kommt nur die Herstellung einer künstlichen Verwandtschaft in Frage. (Bei Legitimation und Ehelichkeitserklärung handelt es sich um natürliche Verwandtschaft.) Die Adoption, die Annahme an Kindes Statt, greift aber weit hinaus über das Gebiet der unehelichen Kinder. Sie ist keineswegs auch nur auf elternlose Kinder beschränkt, sondern bedeutet: Annahme irgendeines Kindes an Kindes Statt. Der soziale Zweck ist: einem verlassenen oder schlecht versorgten Kinde bei einem kinderlosen Ehepaar ein Heim schaffen, das das Elternhaus ersetzen soll. Damit dies geschehen kann, erfordert das Bürgerliche Gesetzbuch gewisse Eigenschaften, sowohl beim Annehmenden wie auch beim Angenommenen. So fordert es den Altersunterschied, damit elterliche Autorität möglich, die Kinderlosigkeit, damit nicht Vernachlässigung gegenüber den natürlichen Abkömmlingen zu befürchten ist. Mit diesen Vorschriften, von denen zum Teil Befreiung erteilt werden kann, ist aber noch keineswegs die Möglichkeit des Mißbrauchs abgewandt. Unlautere Motive führen vielfach zu solchem Mißbrauch bei der Adoption[1]). Der eine nimmt ein Kind an, um es auszunützen. Der andere läßt sich adoptieren, um den adligen Namen des Annehmenden gegen Zahlung eines hohen Kaufpreises zu erwerben.

Die Adoption ist heute durchaus Materie des Jugendrechtes. Diese „Annahme an Kindes Statt" (§ 1741 ff.) ist ein Vertrag zwischen dem Annehmenden und dem anzunehmenden Kinde. Also keine Weggabe des Kindes durch die bisherigen Eltern oder die uneheliche Mutter. Das war der Zustand im frühen römischen Recht, der bald durch das Erfordernis der Einwilligung des Anzunehmenden gemildert wurde. Kinder und Jugendliche können selbst allerdings den Annahmevertrag nicht ohne ihren gesetzlichen Vertreter schließen; und wenn Gesetz und Jugendpflege nicht über die Eltern scharf wachen, kann es doch auf eine unzweckmäßige oder gewissenlose „Weggabe" gegen Interesse und Gefühl des Kindes hinauskommen. Da es sich um einen Vertrag des Kindes handelt, der von grundlegender Bedeutung für sein Wohl ist, so ist nicht nur die Zustimmung des gesetzlichen Vertreters, sondern dazu noch die Genehmigung des Vormundschaftsgerichtes erforderlich (§ 1751). Und das Vormundschaftsgericht muß vor seiner Entscheidung das Jugendamt hören (RJWG. § 43). (Weil hier aktenmäßige Erkundungen nicht ausreichen, sondern die persönlicher arbeitenden Kräfte des Jugendamtes erfordert werden.) Die vormundschaftsrichterliche Genehmigung und die jugendamtliche Mitwirkung sind natürlich besonders da erforderlich, wo auch noch nach unserm heutigen Rechte eine einfache Weggabe des Kindes möglich ist. § 1750 bestimmt zwar grundsätzlich, daß der Annahmevertrag zwischen Adoptivvater und Adoptivkind zu schließen und Vertretung nicht möglich sei. Aber es ist eine Ausnahme zugelassen für die Kinder, die noch nicht 14 Jahre alt sind: „Hat das Kind nicht das 14. Lebensjahr vollendet, so kann sein gesetzlicher Vertreter den Vertrag mit Genehmigung des Vormundschaftsgerichtes (die gemäß § 43 RJWG. nach Anhörung des Jugendamtes erfolgt) schließen[2]).

Die Adoption soll das Wohl des Adoptivkindes befördern. Das ist nicht schon dann der Fall, wenn das Adoptivkind aus Armut und Enge zu reichen Eltern kommt. Ich habe einen tragischen Fall kennen gelernt, in dem ein Adoptivkind, ein 14jähriger hübscher

---

[1]) Vgl. die Verfügung des Preuß. Ministers des Innern vom 20. Juli 1914 S. a. ZBl. f. Vormundschaftswesen 6. Jg. (1915) S. 230.

[2]) Müller, Stellvertretung bei Abschluß des Adoptivvertrags. Zentralblatt 16, 143; Georgi, Zentralblatt 16, S. 92.

Bursche, seine Adoptiveltern ermordet hat. Die alten Leute, die ihn liebten und verhätschelten, hatten die Annahme an Kindes Statt (die übrigens formell in diesem Falle noch nicht beendet war) eifrig betrieben, sie waren reiche Gutsbesitzer und die Eltern des Knaben, arme Stadtleute, waren froh, daß ihr Junge es nun so gut haben sollte. Der Junge selber aber hatte zweimal versucht, wieder nach Haus zurückzukommen. Man hatte sich, sicher nur, weil man sein Bestes wollte, über diese Anfälle von Heimweh hinweggesetzt. Wie der Erfolg zeigte, sehr zum Schaden der seelischen Entwicklung des Jugendlichen.

### A. Voraussetzungen der Annahme an Kindes Statt:

Zwei Hauptfragen hat das Gesetz bei der Annahme an Kindes Statt zu klären.

I. Wer darf an Kindes Statt annehmen?
II. Wer darf an Kindes Statt angenommen werden?

## I. Wer darf an Kindes Statt annehmen?

In Rom ursprünglich nur Männern gestattet, wurde die Adoption in der Kaiserzeit auch den Frauen erlaubt. Von Adoption durch den Staat spricht das französische Recht (Ges. v. 27. Juli 1917 und vom 26. Oktober 1922). — Aber diese Adoption der Kriegerwaisen durch Frankreich ist kein juristischer Begriff, sondern eine rhetorische Geste. Männer und Frauen sind heute in den meisten Kulturstaaten[1]) gleichmäßig annahmeberechtigt.

Der Annehmende muß folgende Voraussetzungen in seiner Person erfüllen:

1. Er darf keine ehelichen Abkömmlinge haben (§ 1741 Satz 1). Befreiung hiervon nicht zulässig[2])[3]).

---

[1]) Über das englische Recht, das der Adoption bis 1926 ablehnend gegenüberstand, vgl. Heymann in Holtzendorff-Kohler, Enz. II, 347; Curti, Englisches Privatrecht, I, 71ff. Die Adoption ist in England eingeführt worden durch den **Adoption of Children Act**, 1926 (wirksam ab 1. Januar 1927).

[2]) Über Abänderungen siehe Friedeberg-Polligkeit, § 43, Anm. 7.

[3]) Nach dem Gesetzeswortlaut steht nur das Vorhandensein eines ehelichen nicht das eines unehelichen Kindes der Adoption im Wege. Aber für die Mutter ist — nach § 1705 — das uneheliche Kind ein eheliches! Also darf sich nur der Vater beim Verfolgen von Adoptionswünschen über das Vorhandensein von unehelichen Abkömmlingen hinwegsetzen. Vgl. Kipp § 91 II 1; Lehmann, 1926, § 37 II.

2. Der Annehmende muß das 50. Lebensjahr vollendet haben und

3. mindestens 18 Jahre älter sein als das Kind. Von beiden Erfordernissen (2 und 3) kann Befreiung erteilt werden. Aber es darf nicht unter die Volljährigkeit (der hier die Volljährigkeitserklärung gleichsteht) heruntergegangen werden (§ 1745). Zuständig für das Erteilen der Befreiung ist die Landesregierung.

4. Der Annehmende darf nicht geschäftsunfähig sein. Ist er in seiner Geschäftsfähigkeit beschränkt, so ist nicht nur die Zustimmung seines gesetzlichen Vertreters, sondern auch noch die Genehmigung des Vormundschaftsgerichtes erforderlich (§ 1751 Abs. 1).

Der Verheiratete bedarf zur Annahme an Kindes Statt der Einwilligung (d. h. vorherige Zustimmung) seines Ehegatten (§§ 1766 Abs. 1, 1748). Die Zustimmung ist unwiderruflich. Von dieser Annahme mit Zustimmung des Ehegatten ist zu unterscheiden die gemeinschaftliche Annahme des § 1749 Abs. 1. Nur die Einwilligung des geschäftsunfähigen oder verschollenen Ehegatten kann entbehrt werden (§ 1746 Abs. 2). Der in seiner Geschäftsfähigkeit beschränkte Ehegatte kann die Zustimmung rechtsgültig ohne seinen gesetzlichen Vertreter erklären.

6. „Will ein Vormund seinen Mündel an Kindes Statt annehmen, so soll das Vormundschaftsgericht die Genehmigung nicht erteilen, solange der Vormund im Amte ist. Will jemand seinen früheren Mündel an Kindes Statt annehmen, so soll das Vormundschaftsgericht die Genehmigung nicht erteilen, bevor er über seine Verwaltung Rechnung gelegt und das Vorhandensein des Mündelvermögens nachgewiesen hat. — Das gleiche gilt, wenn ein zur Vermögensverwaltung bestellter Pfleger seinen Pflegling oder seinen früheren Pflegling an Kindes Statt annehmen will."

Hiermit sind die Erfordernisse, die auf seiten des Annehmenden vorliegen müssen, erschöpfend aufgezählt.

Nicht nötig ist z. B., daß die Adoption auf jeden Fall nur Vermittlung der Ehelichkeit ohne das Blutband der körperlichen Abstammung bedeutet. So wird von der herrschenden Meinung angenommen, daß sowohl der uneheliche Vater sein uneheliches Kind wie auch die Mutter ihr uneheliches Kind adoptieren können[1]).

## II. Wer kann an Kindes Statt angenommen werden?

Grundsätzlich jeder, der nicht schon sowieso zu dem Annehmenden das Verhältnis eines ehelichen Kindes hat. Daß dieses Verhältnis

---

[1]) Vgl. z. B. Kipp, a. a. O., § 91 IV, Anm. 21; Lehmann, a. a. O., S. 232.

auch durch Legitimation vermittels Heirat oder Ehelichkeitserklärung (des unehelichen Kindes) hergestellt werden könnte, ist kein Argument gegen die Zulässigkeit der Adoption. Denn die Wirkungen der Adoption sind andere als die der Legitimation nach §§ 1719ff. und der Ehelichkeitserklärung nach §§ 1723ff.

Nur eine Ausnahme scheint sich durch Umkehrschluß aus § 1750 zu ergeben: Daß nämlich über 14 Jahre alte Geschäftsunfähige überhaupt nicht als Adoptivkinder angenommen werden.

Die Adoption von noch nicht 21jährigen (die Volljährigkeitserklärung ersetzt hier das natürliche Alter nicht) ist nicht möglich ohne Zustimmung des gesetzlichen Vertreters und Genehmigung des Vormundschaftsgerichts (§§ 1747, 1750, 1751). Diese Genehmigung erfolgt erst nach Anhörung des Jugendamtes.

## B. Allgemeine Wirkung der Adoption.

Durch die Annahme an Kindes Statt erlangt das Kind die rechtliche Stellung eines ehelichen Kindes (§ 1757). Allerdings ist das nur eine Wirkung, die sich rein persönlich auf den Annehmenden oder auf das gemeinschaftlich annehmende Ehepaar, nicht auch auf die Verwandten, auf die Familie des Annehmenden erstreckt (§ 1762/1763). Andererseits verliert etwa das Kind durch die Annahme an Kindes Statt nicht die Verwandtschaft zu seinen natürlichen Eltern.

Die Rechte und Pflichten, die sich aus dem Verwandtschaftsverhältnis zwischen dem Kinde und seinen Verwandten ergeben, werden durch die Annahme an Kindes Statt nur insoweit berührt, als die elterliche Gewalt verloren geht und die Unterhaltspflicht fortfällt, solange das Adoptivkind unter der elterlichen Gewalt des Adoptivvaters, der Adoptivmutter oder der Adoptiveltern steht (§§ 1764 bis 1765).

Die Adoptiveltern werden etwas strenger als die natürlichen Eltern z. B. bei der Vermögensverwaltung unter die Kontrolle des Vormundschaftsgerichtes gestellt (§§ 1760, 1767).

Über die schwierigen Fragen der Adoption im internationalen Recht vgl.: Irene Eger, Zentralblatt XX S. 126/127, Staatsangehörigkeit und Adoption (Wichtigkeit, gleich bei der Adoption die Staatsangehörigkeit zwecks späteren Nachweises festzustellen) Dr. Fürer, Die Adoption, Legitimation und die Kindesanerkennung im internationalen Recht. 1926. Verlag des ADB

---

5. Kapitel.

# Das Recht des Mündels.

(Vormundschaftsrecht.)

## 1. Vorbemerkung zur Geschichte der Vormundschaft.

Aus dem Schrifttum: Taubenschlag, Vormundschaftliche Studien, Beiträge zur Geschichte des römischen und griechischen Vormundschaftsrechtes, Leipzig 1913; dazu Bruck, SavZ. 34, 446ff., Kübler, KrVJ. S. 52, 10f.; Dernburg, Das Vormundschaftsrecht der preußischen Monarchie, 1875, 2. Aufl. 1876; Haidlen, Das Familien- und Vormundschaftsrecht, 1907; Glaeßing, Die öffentlichrechtliche Natur des neuen deutschen Vormundschaftsrechtes. AÖR. 16, 161f.; Oetker, JW. 1924 S. 278, dagegen Friedländer, Zentralblatt 16 (1924) S. 56f. (Verbindung von Vormundschaftsgericht und Jugendrecht). — Von den Lehrbüchern besonders: Kipp (Kipp-Wolff), Familienrecht, 18/20. Aufl., §§ 100ff. Lehmann, Familienrecht, 1926, §§ 42ff. Von den älteren eingehend von Blume, Familenrecht (3. Abschnitt), 1904.

Die Vormundschaft hat sich im Laufe der Geschichte vom Familienverband immer mehr losgelöst und ist auf den Staat übergegangen. Im ursprünglichen römischen wie im germanischen Recht stehen vaterlose Unmündige unter Vormundschaft (tutela) der Sippe (agnatische Familie, gens). Mit der fortschreitenden geistigen Entwicklung und Loslösung des Einzelmenschen (das Individuum scheint nicht etwas Ursprüngliches, sondern Gewordenes, im Grunde mehr ein geistiges Postulat als eine Wirklichkeit zu sein!) tritt die Macht des Familienverbandes, der Sippe, zurück. In Rom geben schon die zwölf Tafeln dem Vater das Recht, durch letztwillige Verfügung einen Vormund zu bestimmen, der dann mit dem Tode des Vaters ohne weiteres das Amt erhält. Im germanischen Recht wird der nächste väterliche Verwandte (der sog. Schwertmagen) Vormund. Aber schon lange vor der Einbürgerung des römischen Rechts kann auch hier der Vater im Testament den Vormund benennen.

Ursprünglich war in beiden Rechten die vormundschaftliche Gewalt ebenso wie die elterliche Gewalt lediglich ein Recht. Beide wandelten sich im Laufe der Zeit zur Pflicht. Damit wurde die Vormundschaft allmählich zu einem Amte (zunächst Ehrenamt unbesoldet). Seit dem Zurücktreten des Familienverbandes ereigneten sich, wo der Vater eine testamentarische Benennung des Vormundes versäumt hatte und durch Verwandtschaft zum Vormund Berufene nicht da waren, genug Fälle, in denen die Obrigkeit für den Unmündigen einen Schützer bestellen mußte. Aber nicht nur diese amtlich bestellten, sondern auch die geborenen und testamentarisch gekorenen Vormünder sind Amtsträger. Bestellungsgrundsatz und Amtsprinzip haben im notwendigen Gefolge eine staatliche Aufsicht über das Vormundschaftswesen, die Obervormundschaft des Staates. In Rom wurde diese staatliche Überwachung während der Kaiserzeit ausgebildet. In Deutschland sind es, im späteren Mittelalter, zuerst die Städte, die Vormundschaftsordnungen erlassen. In den Städten geschieht auch die neuzeitige nächste Entwicklung: die behördliche Vormundschaft (gesetzliche Amtsvormundschaft). Das bloße Überwachen von ehrenamtlich tätigen Einzelnen (Kohler: „Vereinzelte Dilettantenvormundschaft"), das lange schon Aufgabe der Vormundschaftsgerichte war, genügte sozialpolitisch nicht mehr. Im Hasten der Städte verschwand das Gefühl der Nachbarschaft. Je dichter die Menschen in den Mietskasernen zusammengedrängt wurden, um so unbekannter wurden sie einander. Nur planmäßiges, berufsmäßiges Arbeiten von Behördenmacht kann heute Licht in das Dunkel von Familiennot und Not der unehelichen Kinder bringen. Die massenhaft angehäufte Not fordert sozusagen fabrikmäßige Erledigung. Weil die Einzelkraft hier hilflos vor der Übermacht verwickelter und schwer überschaubarer Verhältnisse stand, versagte die Einzelvormundschaft. Unter dem Zwange der Tatsachen entstanden Anstalts- und Sammelvormundschaften. Das Einführungsgesetz zum Bürgerlichen Gesetzbuch von 1900, Artikel 136, läßt Raum für die berufsmäßige Massenvormundschaft der Anstaltsvorstände usw. Taube (Leipzig), Klumker (Frankfurt a. M.) und (theoretisch am eindringlichsten) Othmar Spann haben für den Gedanken der Berufsvormundschaft seit Anfang dieses Jahrhunderts gewirkt und die Entwicklung zum amtsmäßigen Betriebe befördert. Das Reichsgesetz für Jugendwohlfahrt (RJWG.) vom 9. Juli 1922 (in Kraft getreten am 1. April 1924) hat ihre Forderungen weitgehend erfüllt[1]). Ist es das Letzte?

---

[1]) Das RJWG. ist abgeschwächt durch die Verordnung über das Inkrafttreten des Reichsgesetzes für Jugendwohlfahrt, die Reich und Länder weitgehend von der Pflicht befreit, die neue einheitliche Regelung der öffentlichen Jugendhilfe durchzuführen. Art. 1 Ziff. 6 der VO. sieht sogar vor: „die oberste Landesbehörde kann auf Antrag Gemeinden von der Durchführung der Bestimmungen über die gesetzliche Amtsvormundschaft (§§ 35—70) befreien. Davon ist jedoch glücklicherweise kaum Gebrauch gemacht worden (vgl. Polligkeit-Blumenthal, Das Preuß. Ausführungsgesetz z. RJWG. 1925, S. 58ff.

Friedeberg-Polligkeit, zwei Mitschöpfer und erste Sachkenner, bemerken in der Einleitung zu ihrem Kommentar: „Die Gefahr unserer Zeit liegt darin, daß wir uns daran gewöhnt haben, die soziale Fürsorge ämtermäßig aufzuziehen, ohne zu bedenken, daß Ämter lediglich eine äußerliche Zusammenfassung behördlicher Befugnisse darstellen." Diese behördlichen Befugnisse müssen ausgefüllt werden durch menschliches Pflichtgefühl, das ursprüngliche Zeiten aus der bluthaften Verbundenheit der Sippe nahmen, wir Heutigen aus der Volksgemeinschaft erwarten.

Von den Vormundschaften über Volljährige (wegen Geisteskrankheit, Geistesschwäche, Verschwendung usw. Entmündigte) braucht hier im Jugendrechte nicht die Rede zu sein.

## I. Das Recht des Minderjährigen auf Bestellung eines Vormundes.

§ 1773 BGB. unterscheidet drei Gruppen von Fällen in denen ein Vormund bestellt werden muß:

1. Ein Minderjähriger erhält einen Vormund wenn er nicht unter elterlicher Gewalt steht. Hier kommen in Betracht die Fälle, daß beide Eltern tot oder für tot erklärt sind oder daß Vater und Mutter die elterliche Gewalt verwirkt haben (§§ 1679, 1686). Vor allem aber fallen hierunter sämtliche unehelichen Kinder, die ja von vornherein unter keiner elterlichen Gewalt stehen (§ 1707). Vaterlose (verwaiste) eheliche Kinder brauchen keinen Vormund, weil und solange sie unter der elterlichen Gewalt der Mutter stehen. Nur wenn deren Gewalt ruht (z. B. bei Minderjährigkeit) oder verloren geht (z. B. durch Eingehung einer neuen Ehe) wird ein Vormund bestellt, der aber bei der Sorge für die Person des Kindes nur die Stellung eines Beistandes hat (§§ 1696, 1697).

2. Ein Minderjähriger erhält einen Vormund wenn die Eltern weder in den die Person noch in den das Vermögen betreffenden Angelegenheiten zur Vertretung des Minderjährigen berechtigt sind. Z. B. das Vormundschaftsgericht hat dem Vater die Sorge für die Person des Kindes und die Vermögensverwaltung entzogen (§ 1666). Hier erhält das Kind einen Vormund, auch wenn die Mutter noch lebt.

3. Ein Minderjähriger erhält einen Vormund, wenn sein Familienstand nicht zu ermitteln ist. Hierdurch ist für alle Findelkinder vorgesorgt.

## II. Allgemeine Aufgabe und Arten der Vormundschaft.

Die Vormundschaft soll die Elternsorge ersetzen, dafür erhält der Vormund die elterliche Gewalt. Die Bestallung zum Vormunde schließt die Übertragung eines staatlichen Amtes ein, ohne daß der Vormund dadurch Staatsbeamter wird: Denn es ist ein Ehrenamt. Das Bürgerliche Gesetzbuch denkt sich als Normalfall Privatleute als Einzelvormünder. Aber EG BGB. Art. 136 ließ den Landesrechten Raum, Berufs- und Amtsvormundschaften einzurichten. D. h. es konnte der Vorstand eines Waisenhauses Vormund aller Waisenkinder der Anstalt sein (Preußen, Ausführungsgesetz zum BGB. Art. 78; Bayern, AG. Artikel 100; Württemberg, früher Zwangserziehungsgesetz vom 29. Dezember 1899, dann Jugendamtsgesetz (das erste!) vom 8. Oktober 1919; Sachsen, AG. Art. 37 bis 39, jetzt § 47 RJWG. für das Reich).

Daneben erwuchsen aus freier Vereinstätigkeit (besonders zum Schutze unehelicher Kinder) die Sammelvormundschaften, d. h. die Vereinigung vieler Vormundschaften in der Hand einer fähigen und bereiten Person. Diese Arbeit, die begonnen wurde von Taube in Leipzig, Klumker in Frankfurt a. M. (1911, Gründung des Archivs deutscher Berufsvormünder), Dr. Petersen in Hamburg (Behörde für öffentliche Jugendfürsorge), Blaum (erstes Jugendamtsgesetz!) in Württemberg und Siegmund Schulze, Felisch u. a. in Berlin arbeitete dem Reichsgesetz für Jugendwohlfahrt vor. Dieses Gesetz hat nun von Reichsrechtes wegen die Amts(berufs-)vormundschaft eingeführt. Es hat auch das Amt bestimmt und zusammengesetzt, das zur Führung dieser Amtsvormundschaft berufen ist: Das Jugendamt.

Die Arten der Vormundschaft sind demnach heute folgende:

1. Die Einzelvormundschaft, die durch Bestellung gemäß § 1773 BGB. zustandekommt.

2. Die gesetzliche Amtsvormundschaft des Reichsjugendwohlfahrtsgesetzes, die für uneheliche Kinder automatisch gemäß § 35 RJWG. zustandekommt.

3. Die bestellte Amtsvormundschaft gemäß § 41 RJWG.[1]).

4. Die Anstalts- und Vereinsvormundschaft gemäß § 47 RJWG.

---

[1]) Vor den von den Eltern Benannten und vor den Großvätern des Kindes kann gemäß § 41 RJWG. das Jugendamt als Vormund bestellt werden, „soweit nicht ein geeigneter anderer Vormund vorhanden ist“. Das Jugendamt soll hier nur bestellt werden, wenn man niemand findet, der als Vormund

## III. Eintritt der Vormundschaft.

Gewöhnlich wird der Vormund vom Vormundschaftsgericht bestellt. Von diesem Bestellungsprinzip gibt es zwei Ausnahmen: Nach § 35 RJWG. erlangt das Jugendamt kraft Gesetzes die Vormundschaft über alle unehelichen Kinder. An die Stelle der Bestallung tritt hier gemäß § 37 RJWG. eine bloße Bescheinigung (s. unten S. 97). Der zweite Fall einer solchen gesetzlichen Vormundschaft ist in § 38 RJWG. geregelt: Bei Einverständnis des Jugendamts wird der zum Pfleger des noch nicht geborenen unehelichen Kindes (der Leibesfrucht) Bestellte mit der Geburt Vormund.

## IV. Die Bestellung des Vormundes.

Das Vormundschaftsgericht soll nur einen geeigneten Vormund bestellen, d. h. eine Person, über deren menschliche und erzieherische Eignung sich der Vormundschaftsrichter Gedanken gemacht hat. Ein Vorgehen nach dem Adreßbuch war allenfalls unter dem bisherigen Rechte des Bürgerlichen Gesetzbuches verständlich. Jetzt wäre es ein Verstoß gegen das Gesetz: diese Bedeutung muß man dem § 41 RJWG. beimessen, der beabsichtigt, statt des ungeeigneten Einzelvormundes oder beim Fehlen eines geeigneten Einzelvormundes das Jugendamt eintreten zu lassen. Allerdings wird dem Richter kein Vorwurf des Unrechts gemacht, wenn er trotzdem einen ungeeigneten Einzelvormund bestellt: § 41 ist keine „Muß"-, sondern eine „Kann"-Vorschrift. Immerhin gibt es gegen die Vernachlässigung dieser gesetzlichen Richtlinie und dadurch entstehende Benachteiligung der Person des Mündels eine Beschwerde des Jugendamtes aus § 57 Ziff. 9 FGG. (s. oben S. 87, Anm. 1). Die Gültigkeit der Bestallung jedenfalls wird nicht dadurch aufgehoben, daß der bestellte Vormund nicht gehörig qualifiziert ist.

Das Gesetz scheidet aber von der Möglichkeit, Vormund zu werden, einige einzeln aufgezählte Personengruppen aus, bei denen die Eignung von vornherein ausgeschlossen scheinen muß:

---

geeignet ist. Ein Recht, als die für gewöhnlich geeignete Stelle gewählt zu werden, hat das Jugendamt nicht. Aber es kann doch über die Tätigkeit des Vormundschaftsrichters bei der Auswahl der Vormünder wachen und gemäß § 57 Ziff. 9 des Gesetzes über die Angelegenheiten der freiwilligen Gerichtsbarkeit (FGG.) Beschwerde gegen eine ihm nicht richtig scheinende Entscheidung einlegen. Das Recht der sofortigen Beschwerde (binnen zwei Wochen) hat nach § 60 Abs. 1 Ziff. 1 derjenige, der nach § 1776 BGB. zur Vormundschaft berufen war, aber übergangen worden ist.

Unmöglich, also nichtig, ist die Bestellung eines Geschäftsunfähigen (eines Geisteskranken oder Kindes unter sieben Jahren), eines wegen Geistesschwäche, Verschwendung oder Trunksucht Entmündigten.

Untauglich sind ferner eine Anzahl von Personen, die nach dem Willen des Gesetzes nicht zum Vormund bestellt werden sollen. (Eine „Soll"-Vorschrift besagt, daß das nicht Gesollte zwar unerwünscht und darum schnell zu korrigieren, nicht aber schon von selbst ungültig ist.) Nach § 1781 sind kraft Gesetzes untauglich: Minderjährige, unter vorläufige Vormundschaft Gestellte, solche Personen, die nach § 1910 BGB. zur Besorgung ihrer Vermögensangelegenheiten einen Pfleger erhalten haben, Gemeinschuldner während des Konkurses, der bürgerlichen Ehrenrechte für verlustig Erklärte, soweit sich nicht aus dem Strafgesetzbuch (vgl. § 34 Ziff. 6) ein anderes ergibt. Außer diesen absoluten Untauglichkeiten gibt es eine Untauglichkeit, die durch elterliche Anordnung oder Anordnung der ehelichen Mutter des Mündels gemäß § 1782 herbeigeführt ist. Auch spricht man davon, daß Beamte oder Religionsdiener nur bedingt tauglich seien, da und soweit sie zur Übernahme einer Vormundschaft der Erlaubnis durch ihre vorgesetzte Behörde bedürfen (vgl. § 48 RJWG., wonach die Erlaubnis nur versagt werden darf, wenn ein wichtiger dienstlicher Grund vorliegt). Für Angehörige der Reichswehr vgl. Wehrgesetz vom 23. März 1921 § 33.

Der Vormund wird aus dem Kreise der sämtlichen deutschen Staatsbürger heraus bestellt (wenn nicht der Anspruch einer nach §§ 1776 bis 1778 zur Vormundschaft berufenen Person zu berücksichtigen ist). Jeder Deutsche hat die Pflicht, das Amt zu übernehmen (§ 1785 BGB.). Nur aus gewissen Gründen, die genau im Gesetze angegeben sind, hat ausnahmsweise ein Ablehnungsrecht:

1. eine Frau, die mindestens zwei schulpflichtige Kinder hat oder sonst neben der Sorge für ihre Familie nicht mehr Kraft und Zeit für die Vormundschaft findet. § 48 RJWG., früher § 1786 BGB;
2. wer das 60. Lebensjahr vollendet hat;
3. wer mehr als vier minderjährige eheliche Kinder hat, wobei ein von einem anderen als Kindes Statt angenommenes Kind nicht gerechnet wird;
4. wer durch Krankheit oder Gebrechen verhindert ist, die Vormundschaft ordnungsmäßig zu führen;
5. wer wegen Entfernung des Wohnsitzes von dem Sitze des Vormundschaftsgerichts die Vormundschaft nicht ohne besondere Belästigung führen kann;

6. wer nach § 1844 zur Sicherheitsleistung angehalten wird;
7. wer mit einem anderen zur gemeinschaftlichen Führung der Vormundschaft bestellt werden soll;
8. wer mehr als eine Vormundschaft oder Pflegschaft führt; wobei die Vormundschaft oder Pflegschaft über mehrere Geschwister nur als eine gilt und die Führung von zwei Gegenvormundschaften der Führung einer Vormundschaft gleichsteht;
9. haben Angehörige der Wehrmacht gemäß § 33 des Wehrgesetzes vom 23. März 1921 ein Ablehnungsrecht.

Die Bestallung erfolgt vor dem Vormundschaftsgericht; der Vormund wird vom Vormundschaftsrichter durch Handschlag verpflichtet, die Vormundschaft treu und gewissenhaft zu führen.

## V. Pflichten des Vormundes gegen den Mündel.

Die Pflicht des Vormundes gegen sein Mündel besteht in der Sorge für die Person und in der Sorge für das Vermögen. Rechtsregelung und Rechtswirklichkeit zeigen eine Fülle von Mühe, das Vermögen des Mündels sicherzustellen und Dürftigkeit und Leere bei den schwachen Ansätzen, die andere Aufgabe, die Sorge für die Person, zu erfüllen. Der Sorge für das Vermögen gelten hunderterlei Kontrollvorschriften. Ihr dient die durchgreifende Maßnahme der Bestellung eines Gegenvormunds, die nach § 1792 erfolgen soll, wenn mit der Vormundschaft eine Vermögensverwaltung verbunden ist, es sei denn, daß die Verwaltung nicht erheblich oder daß die Vormundschaft von mehreren Vormündern gemeinschaftlich zu führen ist. Die Sorge für die Person scheint im Gesetz, das für Geldsachen sehr viel Raum hat, wenig beachtet. Das ist gewiß nicht als materialistische Tendenz gemeint. Recht ist die äußere Regelung menschlichen Zusammenlebens. Daher kann insbesondere das Familienrecht des Bürgerlichen Gesetzbuchs nur auf das Äußerliche sehen, das allerdings, wenn das rechtlich nicht Erfaßbare, das Innerliche in Ordnung ist, von allein geht. Aber die Praxis der dilettantischen Einzelvormundschaft, wie Kohler sie genannt hat, wuchs sich zu einem unsozialen groben Unfug aus. Wir wissen von Fällen, in denen der Vormund sein Mündel nie zu Gesicht bekam (vgl. Siegmund Schulze, Alfred Kocke, Die Geschichte eines Halbstarken, 1917).

### a) Sorge für die Person.

§ 1800 gibt dem Vormund das gleiche Recht über die Person des Kindes wie den Eltern. Er verweist auf die §§ 1631 bis 1633

(s. oben S. 35 f.), durch welche der Inhalt der elterlichen Gewalt bestimmt wird.

Einschränkungen ergeben sich in dreierlei Hinsicht.

1. Bei der religiösen Erziehung, die ihm an sich zusteht, ist der Vormund abhängig von der Genehmigung des Vormundschaftsgerichts. Vgl. hier aus dem Gesetz über die religiöse Kindererziehung vom 15. Juli 1921 § 3.

Steht dem Vater oder der Mutter das Recht und die Pflicht, für die Person des Kindes zu sorgen, neben einem dem Kinde bestellten Vormund oder Pfleger zu, so geht bei einer Meinungsverschiedenheit über die Bestimmung des religiösen Bekenntnisses, in dem das Kind erzogen werden soll, die Meinung des Vaters oder der Mutter vor, es sei denn, daß dem Vater oder der Mutter das Recht der religiösen Erziehung auf Grund des § 1666 des BGB. entzogen ist.

Steht die Sorge für die Person eines Kindes einem Vormund oder Pfleger allein zu, so hat dieser auch über die religiöse Erziehung des Kindes zu bestimmen. Er bedarf dazu der Genehmigung des Vormundschaftsgerichts. Vor der Genehmigung sind die Eltern, sowie erforderlichenfalls Verwandte, Verschwägerte und die Lehrer des Kindes zu hören, wenn es ohne erhebliche Verzögerung oder unverhältnismäßige Kosten geschehen kann. Der § 1847 Abs. 2 BGB. findet entsprechende Anwendung. Auch ist das Kind zu hören, wenn es das zehnte Lebensjahr vollendet hat. Weder der Vormund, noch der Pfleger können eine schon erfolgte Bestimmung über die religiöse Erziehung ändern.

§ 10. Wenn beide Eltern vor dem Inkrafttreten dieses Gesetzes verstorben sind und über die religiöse Erziehung in einem bestimmten Bekenntnis nachweisbar einig waren, so kann der Vormund bestimmen, daß sein Mündel in diesem Bekenntnis erzogen wird. Er bedarf zu dieser Bestimmung der Genehmigung des Vormundschaftsgerichts.

Gehört der Vormund einem anderen religiösen Bekenntnis als sein Mündel an, so kann ihm das religiöse Erziehungsrecht entzogen (§ 1801 BGB.) und für diesen Teil der Personenfürsorge ein Pfleger bestellt werden (§ 1909). Diese Beschränkung gilt nicht für die Amtsvormundschaft (RJWG. §§ 33, 1; 47, 2). Aber die religiöse Erziehung kann natürlich nicht vernachlässigt werden, das religiöse Bekenntnis des Mündels nicht unberücksichtigt bleiben, wenn zufällig ein Amtsvormund statt des Einzelvormundes da ist. Ausdrückliche Erwähnung findet das religiöse Bekenntnis in § 33 Abs. 3 RJWG.: „Der Amtsvormund hat auf das religiöse Bekenntnis oder die Weltanschauung des Mündels oder seiner Familie bei der Unterbringung Rücksicht zu nehmen.“ Vgl. die ausgezeichneten Ausführungen von Riß-Weitpert-Richter, Kommentar zu § 33, Anm. 15: „ . . . Die religiöse Erziehung eines Kindes erschöpft sich nicht im Religionsunterricht, sondern bedarf zu ihrer Vervollständigung und Vertiefung der Mitwirkung der Erzieher außerhalb der Schule. Der Amtsvorstand ist daher nicht bloß verpflichtet, für den dem Bekenntnis oder der Weltanschauung des Mündels entsprechenden Unterricht in der Schule zu sorgen, sondern er muß auch die häusliche religiöse Erziehung durch Unterbringung des Mündels in einer Familie oder Anstalt gleichen Bekenntnisses oder Weltanschauung sicherstellen. Der vielfach vertretenen Ansicht, daß die Religion bei Unterbringung der Kinder im Säuglingsalter oder gar vorschulpflichtigem Alter nicht zu berücksichtigen ist, kann nicht beigetreten werden. Die Nichtbeachtung der Religion bei Unterbringung der Kinder im Säuglingsalter verursacht im späteren Lebensalter vielfach Streitigkeiten und bereitet den Kindern unnötiges Herzeleid, wenn sie aus den Pflegestellen, wo sie eingewöhnt sind, wegen der Verschiedenheit des religiösen Bekenntnisses später weggenommen werden müssen. Es ist eine Erfahrungstatsache, daß die Anstalten andersgläubige Kinder abstoßen, die Familien dagegen andersgläubige Kinder anziehen. Es ist selbstverständlich, daß der Grundsatz der Gleichheit in Religion und Weltanschauung auch bei Unterbringung der Mündel in unentgeltlichen Pflegestellen — und dies auch bei Unterbringung zwecks späterer Adoption — zu berücksichtigen ist."

2. Der Vormund des Kindes einer minderjährigen, wiederverheirateten oder unehelichen Mutter hat in allen die Sorge für die Person betreffenden Angelegenheiten nur die Stellung eines Beistandes. Die Erziehung leitet die Mutter. Sie bestimmt auch den Aufenthalt des Kindes, und der Vormund hat ihr gegenüber nicht den Herausgabeanspruch auf das Kind, der ihm sonst ebenso wie dem natürlichen Inhaber der elterlichen Gewalt gegen jeden zustünde, der ihm das Kind vorenthält. Im Gegenteil: die uneheliche Mutter z. B. kann von dem Vormund die Herausgabe des Kindes verlangen, wenn er es ihr gegen ihren Willen weggenommen hat[1]). Ähnlich steht es, wenn der Vater lediglich, nach § 1676, Abs. 2 BGB. die Vermögensfürsorge entzogen, die Sorge für die Person aber belassen ist.

3. Das Vormundschaftsgericht kann dem Vormund praktisch die Erziehung aus der Hand nehmen, indem es die Unterbringung in einer geeigneten Familie, Erziehungsanstalt oder Besserungsanstalt anordnet (§ 1838 BGB.). Damit wird das Erziehungsrecht dem Vorstand dieser Anstalt übertragen. Das ist keine Mißtrauensmaßnahme gegen den Vormund, sondern jedesmal dann

[1]) S. oben S. 69.

geboten, wenn auf diese Weise für die Erziehung des Jugendlichen in irgendeiner Weise besser gesorgt werden kann (vgl. Zentralbl. f. freiw. Gerichtsbark. Bd. 5, S. 260 – Entsch. d. KG.).

### b) Sorge für das Vermögen.

Auch hier soll der Vormund den natürlichen Inhaber der elterlichen Gewalt ersetzen. Aber es kann bei dem Fremden nicht das gleiche Interesse des Jugendlichen vermutet werden wie bei den Blutsverwandten. Darum ist der Vormund stets zu einer gewissen kaufmännischen Form und Korrektheit verpflichtet, die der Gesetzgeber beim Vater glaubt entbehren zu können Mündelvermögen und Vormundvermögen sollen getrennt werden. Der Vormund darf Mündelvermögen nicht in eigenem Interesse verwenden (§§ 1805, 1833 bis 1834). Ein Nutznießungsrecht am Mündelvermögen steht ihm in keiner Weise zu. Verfügt er absichtlich zum Nachteile seines Mündels, so wird er strafrechtlich wegen „Untreue" verfolgt (StGB. § 266).

Die erste Aufgabe des Vormundes ist, ein Vermögensverzeichnis herzustellen und dem Vormundschaftsgericht einzureichen, das als Grundlage zu dienen hat (§ 1802). Dieses Verzeichnis muß auch alle Schulden und Lasten enthalten.

Es gibt auch Mündelvermögen, das der Verwaltung des Vormundes nicht unterliegt, in demselben Maße wie Kindesvermögen der elterlichen Verwaltung entzogen sein kann: wenn nämlich das Kind etwas geerbt und geschenkt bekommen hat und Erblasser oder Schenker das Verwaltungsrecht des Vormundes ausgeschlossen haben. In diesem Falle muß nach § 1909 Abs. 1 ein Pfleger für dieses Vermögen bestellt werden. Erblasser und Schenker können, ebenso wie sie das Verwaltungsrecht ausschließen können, auch bindende Anordnung dafür geben, wie der Vormund das Vermögen verwalten soll (§ 1803). Wenn Vermögen vorhanden ist, soll (sonst kann) ein Gegenvormund bestellt werden § 1792. Vgl. aber §§ 1852; 33 RJWG.

#### α) Allgemeine Sicherung der Vermögensverwaltung.

##### 1. Mündelsichere Anlage des Vermögens.

Nicht nur verzinslich, sondern auch sicher soll das Vermögen des Mündels angelegt werden (§ 1807 BGB.) zählt die Anlagearten auf, die gesetzlich als mündelsicher gelten. Hier muß auf das Gesetz und seine Kommentare verwiesen werden.

Die Anlage von Mündelvermögen erfolgt mit Sperrvermerk, d. h. es ist Genehmigung des Vormundschaftsgerichtes oder wo — wie regelmäßig bei Vermögensverwaltung geboten — ein Gegenvormund vorhanden ist, dessen Genehmigung erforderlich, wenn etwas von dem Konto des Mündels abgehoben werden soll (§ 1809). Diese Erschwerung ist aber nur für Vermögen, nicht für regelmäßige Einkünfte, aus denen der Lebensunterhalt bestritten werden muß, vorgesehen. So kann der Vormund z. B. die vierteljährliche Unterhaltsrente des unehelichen Kindes auf ein gewöhnliches Sparkassenbuch oder Bankkonto überweisen lassen.

Nach § 1811 kann das Vormundschaftsgericht eine andere Anlegung als die gesetzlich angeordnete gestatten, wenn besondere Gründe vorliegen. Solche besonderen Gründe sah die Rechtsprechung bis 1923 nur in den Verhältnissen des Mündels oder seiner Angehörigen, nicht den allgemeinen Zeitverhältnissen (KGJ. 37 A 65). So hat man die Inflation nicht als besonderen Grund anerkannt, dem Vormund das „Spekulieren" in ausländischen Werten oder guten Aktien verboten und die Mündelvermögen verloren gehen lassen (RGRKomm. Bayr. OLG. 1922, 396; Engelmann, Lpz. Ztschr. 1922, 54ff.). Am 23. Juni 1923 hat § 1811 folgenden Zusatz erhalten: „Die Erlaubnis soll nur verweigert werden, wenn die beabsichtigte Art der Anlegung nach Lage des Falles den Grundsätzen einer wirtschaftlichen Vermögensverwaltung zuwiderlaufen würde."

2. Haftung des Vormundes.

Der Vormund trägt in vollem Maße die Haftung für diese ordnungsmäßige Vermögensverwaltung. Er unterscheidet sich hier wesentlich vom Vater: Während dieser nur die Sorgfalt aufzubringen braucht, die er in eigenen Angelegenheiten anzuwenden pflegt, muß der Vormund das Vermögen kaufmännisch korrekt verwalten; er haftet für die verkehrsmäßige Sorgfalt (§§ 1833, 276).

β) Ausschluß der Vertretungsmacht des Vormundes.

Hier sind vor allen Dingen zwei Fälle zu nennen.

1. Der Vormund soll nicht als Vormund seines Mündels in dessen Interesse mit sich selber als Privatperson ein Geschäft ab-

schließen. Dieser Interessenzwiespalt fällt schon unter den Tatbestand des im § 181 BGB. verbotenen Selbstkontrahierens (§ 1795 Nr. 2). Auch für Rechtsgeschäfte und Rechtsstreite zwischen dem Mündel und den nächsten Verwandten des Vormundes fehlt diesem die Vertretungsbefugnis (§ 1795 Nr. 1 und 3; vgl. auch Nr. 2). Allgemein kann das Vormundschaftsgericht dem Vormund die Vertretungsmacht entziehen, „wenn das Interesse des Mündels zu dem Interesse des Vormundes oder eines von diesem vertretenen Dritten oder einer der im § 1795 Nr. 1 bezeichneten Personen in erheblichem Gegensatze steht" § 1796 Abs. 2.

2. Der zweite Fall, in dem die Vertretungsmacht des Vormundes ausgeschlossen ist, ist das Verbot von Schenkungen aus dem Vermögen des Mündels, mit Ausnahme der Schenkungen, durch die einer sittlichen Pflicht oder einer auf den Anstand zu nehmenden Rücksicht entsprochen wird (§ 1804). Hier ist auch eine Genehmigung des Vormundschaftsgerichts nicht möglich.

γ) Beschränkung durch Genehmigungszwang.

Beschränkt ist die Vertretungsmacht des Vormundes in vielen Fällen, überall da, wo es sich um wichtige Verfügungen über das Vermögen des Mündels handelt (z. B. Grundstücksgeschäfte, gewisse Kreditgeschäfte nach § 1822 Nr. 8 und ähnliches), um dauernde Bindungen der Person des Jugendlichen (Lehrverträge, Miet- und Pachtverträge, Eingehung und Aufhebung des Kindesannahmevertrages und ähnliches) handelt, durch den Genehmigungszwang, d. h. das Erfordernis vormundschaftgerichtlicher Genehmigung. Vgl. hierzu BGB. §§ 1812 bis 1825 über das Genehmigungsverfahren vor dem Vormundschaftsgericht §§ 1826 bis 1828. (Über die Wirkung des Abschlusses ohne Genehmigung §§ 1829ff. Ferner aus der Rechtsprechung RGZ. Bd. 71, S. 170; Kipp i. Recht 1912, S. 5ff., S. 556ff.) In manchen dieser Fälle genügt die Genehmigung des Gegenvormundes.

## VI. Die Besonderheiten der Amtsvormundschaft.

### 1. Amtsvormundschaft für uneheliche Kinder.

„Mit der Geburt eines unehelichen Kindes erlangt das Jugendamt des Geburtsortes die Vormundschaft", lautet § 35 Abs. 1 RJWG. Das ist der Grundsatz der gesetzlichen Amtsvormundschaft im Gegensatz zur Einzelvormundschaft des Bürgerlichen Gesetzbuches. Er ist praktisch für die weitaus meisten unehelichen Kinder durchgeführt. Aber es ist ein Grundsatz, von dem es Ausnahmen gibt. Eine zugunsten des Kindes, eine andere zugunsten des Jugendamtes.

„Das Jugendamt soll die Bestellung einer Einzelperson als Vormund beantragen, wenn dies dem Interesse des Mündels förderlich erscheint" (§ 44 Abs. 1).

Und: Das Jugendamt kann den Antrag stellen, es als Amtsvormund zu entlassen und einen Einzelvormund zu bestellen. Dem Entlassungsantrage ist stattzugeben, „soweit dies dem Wohle des Mündels nicht entgegensteht" (§ 40). Von diesem Antragsrechte werden überlastete Jugendämter Gebrauch machen.

Sofern der § 44 die Einzelvormundschaft im Interesse des Mündels vorsieht, gibt er einem jeden, der ein berechtigtes Interesse des Mündels geltend macht, das Recht, ihre Bestellung zu beantragen. So kann z. B. nicht bloß die Mutter (die etwa selbst Vormund werden möchte), sondern auch ein Verein, dessen Mitglieder die Führung von Einzelvormundschaften als Ehrenpflicht betreiben, den Antrag stellen[1]). Die Bestellung kann ferner von Amts wegen erfolgen. Bevor aber das Vormundschaftsgericht entscheidet, soll (nicht muß!) es das Jugendamt hören und „tunlichst" auch die Mutter des Mündels.

Das Gesetz sieht nicht nur die Möglichkeit vor, das Jugendamt als Amtsvormund durch die zum Einzelvormund bestellte Privatperson zu ersetzen. § 44 Abs. 1 Satz 2 bestimmt, daß auch die Bestellung eines Mitvormundes für einen bestimmten Wirkungskreis beantragt werden kann; hier ist also eine Arbeitsgemeinschaft von Jugendamt und privaten Personen, etwa der freien Liebestätigkeit vorgesehen[2]).

---

[1]) Vgl. Fichtl, Reichsgesetz für Jugendwohlfahrt, 1926, Anm. 3 zu § 44.

[2]) Riß, Weitpert, Richter: Reichsgesetz für Jugendwohlfahrt, 1926, Anm. 2 zu § 44: „Die Vertreter der freien Liebestätigkeit machen geltend, daß das Reichsjugendwohlfahrtsgesetz die Vormundschaft vollständig veramtliche. Die Vormundschaft sei eine tiefpersönliche Aufgabe, die sich auf die Eigenart des Mündels einstellen müsse, die aber der einzelne Beamte auch beim besten Willen im Massenbetireb eines Vormundschaftsamtes nicht lösen könne. Die rein amtliche Vormundschaft werde zwar für das Mündel die Unterhaltskosten pünktlich auszahlen, sie trete aber nicht in persönliche Fühlung zu dem Mündel, sei ihm kein Freund und Führer und verzichte, da sie nach dem Bekenntnis überhaupt nicht oder nur selten frage, auf eine tiefere Erfassung seiner Seele. Die Vertreter der Karitas erblickten in der Veramtlichung der Vormundschaft die Einrichtung eines Schablonenbetriebes und eine Verarmung der Jugendwohlfahrt. Sie setzten sich mit allem Nachdruck für die Erhaltung der Einzelvormundschaft ein und dies aus erzieherischen Gründen. Die Mitvormund-

Von diesen beiden eben erläuterten Ausnahmen (§ 40 und § 44) abgesehen, besteht für alle[1]) unehelichen Kinder die mit der Geburt automatisch eintretende Amtsvormundschaft. Das Jugendamt wird nicht wie der Einzelvormund zum Amtsvormunde bestellt; es ist ohne weiteres im Augenblicke der Geburt Vormund geworden. Dem Vormundschaftsgerichte liegt nur ob, dem Jugendamte eine Bescheinigung, keine Bestallung auszufertigen (§ 37). Aber diese Bescheinigung ist nicht erforderlich für die Amtsperson, die die vormundschaftlichen Obliegenheiten und Befugnisse für das Jugendamt praktisch wahrzunehmen hat; für sie genügt ein vom örtlichen Jugendamt ausgestellter Ausweis[2]). Damit lückenlos alle irgendwo in Deutschland geborenen unehelichen Kinder erfaßt werden, bestimmt § 36: „Der Standesbeamte hat die nach § 48 des Reichsgesetzes über die Angelegenheiten der freiwilligen Gerichtsbarkeit vom 17./20. Mai 1898 dem Vormundschaftsgericht zu erstattende Anzeige über die Geburt eines unehelichen Kindes dem Jugendamt zu übersenden. Dieser Anzeige ist eine Mitteilung über das religiöse Bekenntnis anzufügen. Das Jugendamt hat unter Weiterreichung der Geburtsanzeige den Eintritt der Vormundschaft (§ 35) dem Vormundschaftsgericht unverzüglich anzuzeigen".

Auf die Amtsvormundschaft werden grundsätzlich die Bestimmungen des Bürgerliches Gesetzbuchs angewendet und das die Amtsvormundschaft führende Jugendamt steht wie der Einzelvormund unter der Aufsicht des Vormundschaftsgerichts[3]). Aber

---

schaft, die in den §§ 1797 und 1798 BGB. geregelt ist, hat bisher in der Praxis keine besondere Rolle gespielt. Nur in ganz seltenen Ausnahmefällen führten bisher mehrere Vormünder die Vormundschaft gemeinschaftlich. Gut geleitete Amtsvormundschaften übernehmen und führen bloß die Vormundschaften, die Pflegschaften und Beistandschaften, soweit ein Bedürfnis besteht. — In Zukunft sollen nun die Amtsvormünder unter Aufsicht des Vormundschaftsgerichts sich mit den Einzelvormündern als Mitvormündern auseinandersetzen. Eine Verbindung der Amtsvormundschaft mit der Einzelvormundschaft wird sich sehr empfehlen. — Die §§ 44 und 46 RJWG. geben dazu die Handhabe. Eine solche Vereinigung von Amtsvormundschaft und Einzelvormundschaft kann den Verwandten der Mündel und Freunden der Jugend, die vor den schwierigen Aufgaben der Vermögensverwaltung usw. . . . zurückschrecken, die Übernahme der Vormundschaft erleichtern . . ."

[1]) Nach dem Inkrafttreten des Reichsjugendwohlfahrtsgesetzes geborenen! Für die vorhergeborenen kann zwar auch die Amtsvormundschaft in Betracht kommen, aber nicht als gesetzliche (§ 35), sondern als bestellte (§ 41).

[2]) Muster s. in Riß-Weitpert-Richter zu § 37.

[3]) Man sah vor Erlaß des Gesetzes zu Unrecht eine unüberwindliche Schwierigkeit darin, eine Behörde unter ständige Aufsicht einer anderen (richterlichen) Behörde zu stellen.

manche der Kontrollvorschriften, die für den Einzelvormund gelten, glaubt das Gesetz für das Jugendamt entbehrlich.

Nie wird ein Gegenvormund bestellt.

Ferner wird vom gewöhnlichen Vormundschaftsrecht, nicht angewendet:

BGB. § 1788 (Ordnungsstrafen zur Erzwingung der Übernahme).
„ § 1801 (Befugnis dem einem anderen Bekenntnisse angehörenden Vormund die Sorge für die Person zu entziehen).
„ § 1835 (das Recht des Einzelvormundes, vom Mündel Vorschuß oder Ersatz für gemachte Aufwendungen zu verlangen besteht für das Jugendamt nicht).
„ § 1836 Abs. 1 Satz 2—4 und Abs. 2 (Möglichkeit einer Vergütung).
„ § 1837 Abs. 2 (Möglichkeit von Ordnungsstrafen gegen den Vormund — sie ist ausgeschlossen, obwohl die Oberaufsicht des Vormundschaftsgerichts auch für das Jugendamt bestehen bleibt).
„ § 1838 (Recht des Vormundschaftsgerichts zum Zwecke der Erziehung die Unterbringung in einer geeigneten Familie, Erziehungs- oder Besserungsanstalt anzuordnen).
„ § 1844 (Sicherheitsleistung).
„ § 1886 (Möglichkeit den Vormund zu entlassen — s. aber §§ 39, 44 RJWG.).

Die Amtsvormundschaft ist im übrigen besonders gestellt in der Anlegung von Mündelgeldern (§§ 1805, 1807 BGB.): es ist ihr gestattet diese auch bei der Körperschaft anzulegen, die das Jugendamt errichtet hat (Gemeinde).

Auch der Amtsvormund führt die Vormundschaft unentgeltlich. Auch ihm werden die „Aufwendungen" ersetzt die er zum „Zwecke der Führung der Vormundschaft gemacht" hat. Praktisch aber kommt dem Mündel die Amtsvormundschaft des Jugendamtes billiger, weil die „allgemeinen Verwaltungskosten" nicht ersetzt werden (§ 33 Abs. 2 letzter Satz). Zu den allgemeinen Verwaltungskosten rechnet man z. B. auch das Briefporto; ferner sollten dazu gehören Straßenbahnfahrten des mit der Fürsorge betrauten Beamten zum Mündel[1]) u. ä.

---

[1]) Im ersten Punkte zustimmend Riß-Weitpert-Richter § 33 Anm. 14 (S. 62); daselbst Näheres.

## 2. Bestellung eines Pflegers für die Leibesfrucht.

Die Sorge des Jugendamtes als Amtsvormund beginnt nicht erst mit der Geburt des unehelichen Kindes. Schon die schwangere zukünftige Mutter braucht Hilfe für das Ungeborene. Das Jugendamt oder die uneheliche Mutter kann beim Vormundschaftsgericht beantragen, daß ein Pfleger, ein curator ventris, d. h. ein Fürsorger für die Leibesfrucht, bestellt wird (§ 38 RJWG.)[1]). Nach § 1912 erhält die Leibesfrucht zur Wahrung ihrer künftigen Rechte einen Pfleger, soweit ein Bedürfnis der Fürsorge besteht. Für die Leibesfrucht der unverheirateten Schwangeren wird nach diesem Bedürfnis nicht gefragt; es wird vielfach als selbstverständlich anzunehmen sein. Nur daß ein Kind zu erwarten ist und daß die Schwangere unverheiratet ist, wird rechtlich für die Bestellung vorausgesetzt.

Die Aufgaben des Pflegers sind klar erkennbar: er hat dem Kinde zu helfen, die einstweilige Verfügung zu erwirken, durch die nach § 1716 die künftigen Ansprüche gegen den unehelichen Vater sichergestellt werden sollen. Er soll mit dem Vater über die Anerkennung seiner Vaterschaft verhandeln u. ä. Der § 38 bietet ferner die Möglichkeit, den § 35 außer Anwendung zu setzen. Für den Fall nämlich, daß das Jugendamt sein Einverständnis erklärt, wird der Pfleger, dessen Amt nach § 1918 Abs. 2 BGB. mit der Geburt endigt, mit diesem Zeitpunkt kraft Gesetzes statt des Jugendamts (§ 35) der Vormund des Kindes. Dies erscheint billig. Denn der Pfleger hat die Verhältnisse von Mutter und Kind kennen gelernt und kann ohne Bedenken an Stelle des Jugendamts die Vormundschaft für das Kind übernehmen, vorausgesetzt, daß er die dafür geeignete Persönlichkeit ist. Sonst wäre es nicht gerechtfertigt, dem Kinde die Vorzüge der amtlichen Vormundschaft vorzuenthalten. Man denke nur an die Fälle, daß die Mutter ihren als Pfleger und späteren Vormund ungeeigneten Liebhaber aus selbstsüchtigen Gründen vorzuschieben sucht. Daher ist eine doppelte Prüfung der Persönlichkeit des Pflegers durch das Jugendamt vorgesehen. Einmal ist diesem das Antragsrecht auf Pflegerbestellung durch den § 38 zuerkannt, und soweit nicht das Jugendamt, sondern die uneheliche Mutter den Antrag stellt, hat es doch stets als Gemeindewaisenrat den Pfleger vorzuschlagen

---

[1]) Ammann, Zentralbl., 19. Jg. (1927) S. 18. Klumker, ebenda S. 100.

(§§ 1915 und 1849 BGB.). Bewährt sich weiterhin der Pfleger in der Zeit von der Bestellung bis zur Geburt des Kindes nicht, so kann ferner das Jugendamt sein Einverständnis mit seinem Vormund werden verweigern, und damit bewendet es bei der Vorschrift des § 35.

Zweckmäßigerweise vergewissert sich das Vormundschaftsgericht schon vor der Geburt, ob das Jugendamt mit der Vormundschaft des Pflegers einverstanden ist. Denn liegt die Einverständniserklärung des zuständigen Jugendamts bis zum Augenblick der Geburt nicht vor, und zwar, wie man annehmen muß, beim Vormundschaftsgericht, so wird das Jugendamt nach § 35 Vormund und der Pfleger scheidet aus.

Infolge der Bestimmung des § 38 können also dem Kinde die Vorzüge der Einzelvormundschaft zuteil werden, ohne daß es seine Nachteile, insbesondere das verspätete Eingreifen, in Kauf zu nehmen braucht." So: Bäumer, Hartmann, Becker, Das Reichsgesetz für Jugendwohlfahrt, 1923, § 38 (S. 131).

Es muß aber nicht eine Einzelperson, sondern es kann auch das Jugendamt oder der Vorstand einer Anstalt oder ein Verein zum Pfleger bestellt werden (§ 47).

### 3. Die Abgabe der Vormundschaft nach § 39 RJWG.

Uneheliche Mütter ziehen oft von Jugendamts- zu Jugendamtsbezirk. Im Augenblick der Geburt wurde etwa das Jugendamt X in der Universitätsstadt Y, in deren Universitätsfrauenklinik die mittellose Schwangere sich entbinden ließ, zuständig. Wenige Wochen später sind Mutter und Kind außer Reichweite auf dem Lande. Hier will § 39 Vorsorge treffen, daß das „lückenlose Netz von Jugendämtern über das ganze Reich" auch wirklich funktioniert: „Sobald es das Wohl des Mündels erfordert, soll das die Vormundschaft führende Jugendamt bei dem Jugendamt eines anderen Bezirks die Weiterführung der Vormundschaft beantragen. Der Antrag kann auch von dem Jugendamt eines anderen Bezirks sowie von der Mutter und von einem jeden, der ein berechtigtes Interesse des Mündels geltend macht, gestellt werden. Das die Vormundschaft abgebende Jugendamt hat den Übergang dem Vormundschaftsgericht unverzüglich anzuzeigen. — Gegen die Ablehnung des Antrags kann das Vormundschaftsgericht angerufen werden."

## VII.—IX.

VII. Daß gemäß § 41 das Jugendamt als Amtsvormund auch bestellt werden kann (also für andere als die unehelichen Kinder, über die es nach § 35 ohne weiteres die gesetzliche Vormundschaft erlangt), wurde schon ausgeführt. S. oben S. 87 Anm. 1.

VIII. Über Anstalts- und Vereinsvormundschaft (§ 47) s. oben S. 87.

IX. Von heilsamer und wichtiger Bedeutung ist § 42 RJWG., wo das Jugendamt als Gemeindewaisenrat bestimmt wird. So steht zu hoffen, daß die Tätigkeit dieses früher oft wenig wirksamen Organs der Jugendhilfe eine beachtenswertere wird.

2. Teil.

# Die öffentliche Jugendhilfe und Jugendschutz im öffentlichen Leben.

## Vorbemerkung.

Das bisher Dargestellte gehörte in der Hauptsache dem sogenannten Privatrechte an. Rein äußerlich zeigte sich das darin, daß fast alle besprochenen Gesetzesstellen solche des Bürgerlichen Gesetzbuches sind. Sieht man auf das Innere, so ergibt sich, daß Eltern- und Kindesrecht vom Einzelnen und von der Einzelfamilie ihren Ausgang nehmen. Allerdings sind dabei schon Bestimmungen vorhanden, die im Interesse des Gesamtwohles den Unmündigen gegen seine eigenen Eltern und die Willensmacht seines gesetzlichen Vertreters schützen sollen und dieser Willensmacht eine Grenze setzen, die von der Idee des Objektiv-Richtigen ausgeht. Solche Grenzen privater Willensmacht sind dem Kerne nach ius publicum, öffentliches Recht: ein Recht der Unterordnung, kein Recht der Nebenordnung, d. h. kein Privatrecht. Aber es ging immerhin an, diese Grenze des Privatrechts, der privaten Willensmacht, selber noch zum Privatrecht zu zählen. Wir haben sogar die stark öffentlich-rechtliche Berufsvormundschaft noch unter unseren ersten bürgerlich-rechtlichen Hauptteil gebracht. Denn auch der Vormund ist, als Ergänzung einer unvollkommenen Einzelfamilie, ein Hilfs- und Kontrollorgan des Einzelwillens, von dem das Privatrecht geschaffen wird. Er ist, beim unehelichen Kinde sogar, nicht unbedingt erforderlich. Die uneheliche Mutter kann selber zum Vormund bestellt werden (§ 1778 Abs. 3 BGB.), und über das verwaiste eheliche Kind erwirbt mit dem Tode des Vaters die Mutter ohne weiteres die elterliche Gewalt.

Wo nun wirklich das sogenannte öffentliche Recht beginnt, kann strittig sein (es wäre ein Streit, der im wesentlichen nur juristisch Formales betrifft). Wir sehen den Anfang, den Übergang bei der Regelung des Pflegekinderwesens. Der Pflegekinderschutz zeigt die mit ihm beauftragte Behörde, das Jugendamt, nicht mehr als ein Hilfsorgan der Einzelfamilie, sondern als staatliches Aufsichtsorgan, das auf keinen Fall, bei keiner Familie, bei keiner unehelichen Mutter, bei keinen noch so ehrenwerten Pflegeeltern entbehrt werden kann, sondern über allen Pflegestellen steht. Denn das Inpflegegeben ist ein Abwälzen der Personenfürsorge. Und da das Verhältnis des Gewalthabers zum Kinde nicht mehr (wie im römischen Recht) bloße Berechtigung, sondern Pflichtstellung ist, nimmt sich der Staat das Recht, zu sagen: wenn du auch nur teilweise aus dieser Pflicht herauswillst, bedarfst du meiner Zustimmung — und mit deinem Verzichte überträgst du mir dein Recht, ohne deiner Pflicht ledig werden zu können.

Der Pflegekinderschutz bedeutet zugleich in leider vielen Fällen Verbrechensverhütung (Kampf gegen die sog. Engelmacherinnen). Ähnlichen Zielen dient die Verwaltungsmacht, die durch das Schundliteraturgesetz, das Lichtspielgesetz usw. begründet ist. Den strengsten, ernstesten Jugendschutz gewähren die Bestimmungen des Strafgesetzbuches zum Schutze der Jugend gegen die Angriffe auf körperliches Wohl, Leben und geschlechtlich-sittliches Reifen. Bei allen diesen Tätigkeiten spielt das Jugendamt eine bedeutende Rolle. In dem Kampfe gegen Schund und Schmutz tritt es als öffentlicher Verfolger auf. In den Prozessen, welche gegen Erwachsene geführt werden, die sich gegen Jugendliche vergangen haben, entfaltet es seine fürsorgende Tätigkeit für die Verletzten; in Strafverfahren wegen der Angriffe auf die geschlechtliche Reinheit der Jugend insbesondere stellt es geschulte Personen zur Vernehmung der jugendlichen Zeugen und schützt diese damit vor dem plumpen Ausfragen durch ungeeignete Beamte.

## 6. Kapitel.

# Das Jugendamt.

Eine Behörde, die der Brennpunkt der öffentlichen Jugendhilfe sein soll, ist das Jugendamt.

### 1. Zusammensetzung, Verfassung und Verfahren.

Nur die Grundlinien der Amtsordnung sind vom Reichsgesetz für Jugendwohlfahrt von Reichs wegen festgelegt. Das Nähere über die Ausführung ist dem Landesrechte vorbehalten (§§ 9ff.).

Die Landesrechte haben folgende Ausführungsbestimmungen gegeben:

Preußen: Preußisches Ausführungsgesetz zum Reichsgesetz für Jugendwohlfahrt vom 29. März 1924 (GS. S. 180).

Bayern: Gesetz zur Ausführung des Reichsgesetzes für Jugendwohlfahrt (Jugendamtsgesetz vom 20. Juli 1925). (GVBl. S. 211.)

Sachsen: Wohlfahrtspflegegesetz vom 28. März 1925 (Sächs. GBl. S. 55).

Hamburg: Hamburgisches Gesetz zur Ausführung des Reichsgesetzes für Jugendwohlfahrt vom 2. Januar 1924 (Hamb. Ges.- u. VOBl. Nr. 3 S. 6).

Württemberg: Gesetz zur vorläufigen Ausführung des Reichsgesetzes für Jugendwohlfahrt vom 9. August 1923, 29. März 1924.

Baden: Badisches Gesetz über die Ausführung des Reichsgesetzes für Jugendwohlfahrt vom 28. März 1924 und 7. Dezember 1925 (Badisches GVBl. 9125 S. 339). Badische Ausführungsverordnung zum usw. vom 31. März und 18. September 1924 (Badisches GVBl. S. 63 und 265).

Hessen: Gesetz über die Ausführung des Reichsgesetzes usw. betreffend vom 17. Juli 1924 (Hessisch. RegBl. S. 289).

Thüringen: Verordnung zur vorläufigen Ausführung usw. vom 8. August 1923 (GBl für Thüringen S 535).

Oldenburg: Ausführungsgesetz vom 20 Juli 1923 (GBl. f. Oldenburg S. 136).

Braunschweig: Ausführungsgesetz vom 29. März 1924.

Anhalt: Vom 10. April 1924.

Bremen: Vorläufiges Ausführungsgesetz zum Reichsgesetz für Jugendwohlfahrt vom 2. Mai 1924 (GBl. S 245).

Lübeck: Lübeckisches Ausführungsgesetz vom 30. November 1923 (GBl. Nr. 333 S. 1ff.).

Mecklenburg-Schwerin: Ausführungsgesetz vom 7. Juli 1924.

Mecklenburg-Strelitz: Bekanntmachung zur Ausführung usw. vom 24. März 1924. Ausführungsgesetz zum Abschn. VI, 2 des Reichsgesetzes vom 2. Mai 1925.

Lippe-Detmold: Verordnung über die Durchführung des usw. vom 28. März 1924.

Waldeck: Ausführungsgesetz 1925 (RegBl. S. 223).

Schaumburg-Lippe: Ausführungsgesetz vom 11. Juli 1924.

Das Reichsjugendwohlfahrtsgesetz sah eine dreifache Über- und Unterordnung vor.

Träger der alltäglichen Arbeit sind die örtlichen Jugendämter, d. h. von den Gemeinden oder Gemeindeverbänden[1])

---

[1]) Die Gemeinden sind bekanntlich die kleinsten Einheiten der Selbstverwaltung. Sie schließen sich zu Kommunalverbänden zusammen, die sich in jeder Provinz eine förmliche Regierung und Gesetzgebung (Provinziallandtag) schaffen (Verfassung des Freistaates Preußen vom 30. November 1920, Art. 70 71, 73). Aber die Provinz ist nicht einmal die letzte Zusammenfassung: Im Staatsrat stellt die Selbstverwaltung ihr höchstes Organ unmittelbar neben die zentrale Gesetzgebung und Regierung des ganzen Landes. So laufen (wenn wir von den Verhältnissen in Preußen ausgehen) zwei Volksvertretungs- und Regierungssysteme nebeneinander. Das eine beginnt von unten, bei der kleinsten Einheit, der Gemeinde und steigt auf zu dem Staatsrat, der in der Landeshauptstadt mit Staatsministerium und Landtag zusammenwirkt (Preuß. Verf. Art. 31—42). Das andere beginnt oben an der Spitze bei der Landesregierung, die dem Landtage verantwortlich ist und steigt über Provinzen und Regierungsbezirke hinab zum Kreise, für den der Landrat der verantwortliche Regierungsbeamte ist. (Fortsetzung auf nächster Seite Anm. 1.)

errichtete Behörden. Sie werden vom Gesetz (§ 2) schlechtweg Jugendämter genannt.

In den großen Städten sind Jugendnot und Jugendamt gewachsen. Die Selbstverwaltung[1]) hat die Aufgaben der Not zunächst auf sich genommen; ihr ist vom Reichsjugendwohlfahrtsgesetz auch weiterhin die Fürsorge und Hilfe für die Jugend anvertraut worden.

Aber über der örtlich verschiedenen Gemeindearbeit steht die Aufsicht des Staates: das Landesjugendamt. § 12 bestimmt: Zur Sicherung einer gleichmäßigen Erfüllung der den Jugendämtern obliegenden Aufgaben und zur Unterstützung ihrer Arbeit sind Landesjugendämter zu errichten.

Größere Länder können mehrere Jugendämter errichten.

Kleinere Länder können ein gemeinsames Jugendamt errichten. Die Jugendämter eines Landes oder eines Landesteils können dem Landesjugendamt eines anderen Landes angeschlossen werden. Auch kann für Jugendämter verschiedener Länder oder Landesteile ein Landesjugendamt errichtet werden.

Aber auch hier bliebe noch die möglicherweise vielfältige Verschiedenheit, die bundesstaatliche, landschaftliche Zerrissenheit der öffentlichen Jugendpflege bestehen. Und darum war vom Reichsjugendwohlfahrtsgesetz als dritte und höchste Stufe das Reichs-

---

[1]) Dieses glückliche Zusammenarbeiten und Sichergänzen von Lokal- und Zentralverwaltung ist altes Gut germanischen Rechtes, das in England am vollsten ausgebildet und für Deutschland hauptsächlich durch die Stein-Hardenbergsche Reform wieder gewonnen wurde. Als Rechtsgelehrter hat vor allem Gneist für das System gewirkt (Geschichte und heutige Gestalt der englischen Kommunalverwaltung oder das Selfgovernment, 2. Bd. 1863; Das englische Verwaltungsrecht, 1883; 2. Bd. 1884). In der neueren Zeit sind zwei Gedanken immer mehr auseinandergefallen, die ursprünglich zusammengehörten: ehrenamtliche (Selbst-!)verwaltung und Lokalverwaltung. Was heute Selbstverwaltung heißt, ist zum großen Teile besoldete Beamtenarbeit. Das war wegen des Anwachsens der Aufgabenmenge bis zu gewissem Grade unvermeidlich; das Ehrenamt in der Gemeindeverwaltung darf aber nicht verloren gehen. — Das Hauptaugenmerk ist in jedem deutschen Staate auf die praktische Zuständigkeitsgrenze und die Lastenverteilung zwischen Selbstverwaltung und Staatsverwaltung zu legen. In Preußen trägt die Landeszentralverwaltung z. B. zwei Drittel, die Selbstverwaltung des Kommunalverbandes ein Drittel der Kosten der Fürsorgeerziehung. Näheres hierüber bei Muthesius, Fürsorgerecht 1928, S. 39. — Otto Mayer, Verwaltungsrecht, 3. Aufl. (1924) §§ 55 ff. und von den Neueren Stier-Somlo (s. Art. Selbstverwaltung u. Staatsaufsicht i. H. d. R.) betonen m. E. zu sehr die Abhängigkeit der Selbstverwaltung von der zentralen Regierung. — Gut: Peters, Grenzen der kommunalen Selbstverwaltung in Preußen, 1926. Zentralisation und Dezentralisation 1928, S. 48 ff.

jugendamt gedacht, „Zur Sicherung einer tunlichst gleichmäßigen Erfüllung der Aufgaben der Jugendämter kann die Reichsregierung mit Zustimmung des Reichsrats Ausführungsvorschriften erlassen." Lange Beratungen waren nötig, um diesen vorsichtigen Wortlaut herauszubekommen. Im Reichsrate haben die Länder ihre Stimmen gegen zuweitgehende Aufsicht des Reiches erhoben und der praktischen Durchführungen des Gedankens eines Reichsjugendamtes sind unüberwindliche Schwierigkeiten entgegengetreten. Das Reichsjugendamt ist überhaupt nicht geschaffen worden (Verordnung über das Inkrafttreten des RJWG. vom 14. Februar 1924 Art. 1 Abs. 2 Nr. 2), wohl nicht nur aus Sparsamkeit, wie Fichtl[1]) meint.

Die VO. vom 14. Februar 1924 hat — in ängstlicher Notzeit — viel von dem zurückgenommen, was das RJWG. vom 9. Juli 1922 forderte. Die obersten Landesbehörden wurden ermächtigt, statt sebständige Jugendämter einzurichten, die Aufgaben der öffentlichen Jugendhilfe einer schon vorhandenen Amtsstelle zu übertragen (dem Wohlfahrtsamt u. ä.). Sogar von der Durchführung der Berufsvormundschaft soll befreit werden können. Die Errichtung des Landesjugendamtes (§ 12 bis 14 RJWG.) ist in das Ermessen der Länder gestellt. — Die Länder haben von den Ermächtigungen und Befreiungen der VO. keiner so schlimmen Gebrauch gemacht, wie mancher vielleicht befürchtete. Es bleibt dennoch zu bedauern, daß durch diese VO. über das Inkrafttreten die Einheit des Reichsrechts der Jugendwohlfahrt eine passivere geworden ist. Vgl. am eingehendsten: Polligkeit-Blumenthal, Das Preußische Ausführungsgesetz zum Jugendwohlfahrtsgesetz nebst der Reichsverordnung vom 14. Februar 1924.

Die Bildung von (örtlichen) Jugendämtern ist nach § 8 eine Pflicht der Gemeinden oder Gemeindeverbände (d. h. Kreise, rheinische Landbürgermeistereien, westfälische Ämter). In Erfüllung dieser Pflicht soll ein lückenloses Netz von Jugendämtern über das ganze Reich gebreitet werden.

Für die Zusammensetzung der einzelnen Jugendämter gibt das RJWG. § 9 nur eine Richtlinie. Das Einzelne wird von einer Satzung bestimmt, die der Selbstverwaltungskörper (Gemeinde, Gemeindeverband) erläßt, dem die Bildung des Jugendamtes obliegt. Für diese Satzungen, diese Ortsstatute bestehen landesrechtliche Richtlinien (vgl. die oben zitierten Landesgesetze und Verordnungen).

Von Reichsrechtes wegen wird von der Organisation der Jugendämter verlangt, was in RJWG. § 9 Abs. 2 folgendermaßen formuliert ist:

---

[1]) Reichsges. f. Jugendwohlfahrt, 1926, S. 7.

„Als stimmberechtigte Mitglieder des Jugendamtes sind neben den leitenden Beamten in der Jugendwohlfahrt erfahrene und bewährte Männer und Frauen aller Bevölkerungskreise, insbesondere aus den im Bezirk des Jugendamts wirkenden freien Vereinigungen für Jugendwohlfahrt und Jugendbewegung auf deren Vorschlag zu berufen. Diese Vereinigungen haben Anspruch auf zwei Fünftel der Zahl der nicht beamteten Mitglieder.

In das Jugendamt sollen hauptamtlich in der Regel nur Personen berufen werden, die eine für die Betätigung in der Jugendwohlfahrt hinreichende Ausbildung besitzen, die insbesondere durch eine mindestens einjährige praktische Arbeit in der Jugendwohlfahrt erworben ist.

Das Vormundschaftsgericht ist zur Teilnahme an den Sitzungen des Jugendamts berechtigt und hat in ihnen beratende Stimme".

Hieraus ergibt sich, daß die Ordnung des Jugendamtes eine kollegiale sein muß. Die Kollegialordnung ist das Gegenteil der büromäßigen Organisation eines Amtes. Jene ist eine Nebenordnung gleichmäßig stimmberechtigter Kollegen, von denen einer den Vorsitz führt[1]) und bei Abstimmungen mit seiner Stimme den Ausschlag gibt; diese ist Unterordnung der Beamten unter einen Vorgesetzten, der die Entscheidungen allein verantwortlich und unter eigenem Namen trifft. Ein solches Vorgesetzten- und Untergebenenverhältnis gibt es für die stimmberechtigten Mitglieder des Jugendamtes nicht. Es ist dieses Amt vielmehr ein Kollegium, in das Männer und Frauen berufen werden sollen, die sich in der Jugendwohlfahrt bewährt haben. Wenn dabei insbesondere an diejenigen gedacht wird, die in den im Bezirke des Jugendamtes wirkenden freien Vereinigungen für Jugendwohlfahrt und Jugendbewegung gearbeitet haben und ferner diesen Vereinigungen ein Vorschlagsrecht eingeräumt wird, so gibt der Gesetzgeber damit seinen Willen kund, eine Arbeitsgemeinschaft mit der freiwilligen Arbeit am Jugendwohl und nicht etwa ein Verdrängen dieser wichtigen Kreise zu fördern. Ein Gesetzeswille, der bei aller Sozialpolitik streng beachtet werden sollte[2])! Neben

---

[1]) Riß-Weitpert-Richter, Das Reichsgesetz für Jugendwohlfahrt. 1926, Anm. 3 zu § 9, halten es allerdings für möglich, daß unter Umständen nur der Vorsitzende eines Jugendamtes stimmberechtigt sei, und nehmen ohne weiteres dies in allen Fällen an, in denen die Satzung nichts anderes bestimmt.

[2]) Engelmann (In Beeking, Das Reichsgesetz für Jugendwohlfahrt und die Caritas, Freiburg 1925), S. 4. behauptet, daß die öffentliche Jugendhilfe nur subsidiäre Bedeutung habe, d. h. nur eingreifen wolle, wo private

den freiwilligen Sozialpädagogen werden hier die Kreise der Jugendbewegung anerkennend hereingezogen in die staatliche Arbeit am Jugenwohl – das ist ein schöner Erfolg dieser Bewegung, die (s. oben S. 15) viele Fragen des Jugendrechtes und der Jugendseele zuerst aufgeworfen hat, wenngleich ihr wohl die Kraft fehlt, zu einem wirklichkeitsklaren, festen und harten Ziele vorwärtszuschreiten.

Die eben erwähnten stimmberechtigten Mitglieder, über deren Eignung der § 9 in dem oben herangezogenen Teile das Nötige sagt, werden in das Jugendamt berufen „neben den leitenden Beamten". Dieser ist nicht berufenes, sondern kraft Gesetzes dem Jugendamt angehöriges Mitglied.

## 2. Die Zuständigkeit des örtlichen Jugendamtes.

### a) Sachliche Zuständigkeit.

Das Gesetz unterscheidet selbst zwei Gruppen von Aufgaben des Jugendamtes, indem es an zwei verschiedenen Stellen (§§ 3 und 4) die einzelnen Gebiete aufzählt. Man hat mit Recht aus der Anordnung des Gesetzes geschlossen, daß § 3 die Mindestaufgaben enthält, für deren Erfüllung das Jugendamt auf jeden Fall eigene Einrichtungen schaffen muß, während § 4 Wirkungsgebiete festsetzt, die oft von freien, privaten Vereinigungen ausgefüllt werden, bei denen sich daher das Jugendamt unter Umständen auf das Anregen und Fördern solcher freien sozialen Arbeit beschränken darf[1]).

Die Mindestaufgaben nach § 3 sind:

1. Schutz der Pflegekinder gemäß §§ 19 bis 31.
2. Die Mitwirkung im Vormundschaftswesen, insbesondere die Tätigkeit des Gemeindewaisenrats gemäß §§ 32 bis 48.

Diese beiden Gebiete, die ersten beiden Ziffern des § 3, sind allein unverändert stehen geblieben. Im übrigen hat die Verordnung über das Inkrafttreten des RJWG. vom 14. Januar 1924 Art. 1 Abs. 2 Ziff. 3 bestimmt: „Die oberste Landesbehörde kann von der Durchführung der Aufgaben des § 3 Nr. 5 bis 8 befreien." Art. 2: „Der Abschnitt 5 des RJWG. (öffentliche Unterstützung hilfsbedürftiger Minderjähriger) wird mit Ausnahme des § 55

---

Jugendhilfe fehlt oder versagt hat. Das geht im Negativen zu weit, ist aber im Positiven, soweit der Gedanke der Arbeitsgemeinschaft von privater und staatlicher Jugendhilfe in Frage kommt, vollkommen richtig. Vgl. auch Begr., S. 21.

[1]) Nur hier, bei den im § 4 umschriebenen Arbeitsgebiet kann man (aber genau genommen ist es auch hier noch nicht präzis und eng genug) von Subsidiarität, von aushilfsweisem Eingreifen der jugendamtlichen Arbeit sprechen.

aufgehoben; bis zum Erlaß anderer Bestimmungen gelten die Vorschriften im § 59 Abs. 1 und 2 als Vorschriften im Sinne des § 6 der Verordnung über die Fürsorgepflicht vom 13. Februar 1924." Es ist also von den folgenden Gebieten weggefallen:

3. Die Fürsorge für hilfsbedürftige Minderjährige gemäß §§ 49 bis 54. Sie ist ganz aus dem Jugendrecht herausgefallen und in das Fürsorgerecht zurückgekommen[1]), durch die Reichsverordnung über die Fürsorgepflicht vom 13. Februar 1924. Stehen geblieben sind (aber nur als Grundsätze, nicht als unerläßliche Aufgaben):

4. Die Mitwirkung bei Schutzaufsicht und Fürsorgeerziehung gemäß §§ 56 bis 76.

5. Die Jugendgerichtshilfe, die ihre reichsgesetzliche Regelung inzwischen durch das Jugendgerichtsgesetz vom 16. Februar 1923 erhalten hat. Durch dieses Gesetz ist eine Zusammenarbeit (die manchmal leider auf ein Nebeneinanderarbeiten hinauskommt, s. unten S. 174, 180 ff.) von Jugendgericht und Jugendamt geschaffen worden.

6. Die Mitwirkung bei der Beaufsichtigung der Arbeit von Kindern und jugendlichen Arbeitern nach näherer landesrechtlicher Vorschrift (s. unten S. 123 ff.).

7. Die Mitwirkung bei der Fürsorge für Kriegerwaisen und Kinder von Kriegsbeschädigten. — Dieses gehört aber hauptsächlich zur Zuständigkeit der Fürsorgebehörde.

8. Die Mitwirkung in der Jugendhilfe bei den Polizeibehörden, insbesondere bei der Unterbringung zur vorbeugenden Verwahrung gemäß landesrechtlicher Vorschrift. Die vorbeugende Verwahrung, als deren gesetzliche Grundlage seit langem ein Reichsbewahrungsgesetz gefordert wird[2]), betrifft sittlich Gefährdete (s. unten über Prostitutionsbekämpfung S. 149 ff.), Obdachlose, Wanderer, Heimatlose usw.

Die Aufgaben, bei denen das Jugendamt sich auf Anregung und Förderung von Arbeiten der freien, privaten Jugendhilfe beschränken darf, sind nach § 4:

1. Beratung in Angelegenheiten der Jugendlichen.
2. Mutterschutz vor und nach der Geburt (s. darüber oben S. 95, 99 die Ausführungen über Amtsvormundschaft).
3. Wohlfahrt der Säuglinge (s. oben Amtsvormundschaft).
4. Wohlfahrt der Kleinkinder.

---

[1]) Über das Gebiet des Fürsorgerechtes, vgl. die erste umfassende und präzise Gesamtdarstellung von Muthesius, Fürsorgerecht, Berlin, Springer, 1928.

[2]) Vgl. Vossen i. Zentralbl. 15. Jg. (1923) S. 168.

5. Wohlfahrt der im schulpflichtigen Alter stehenden Jugend außerhalb des Unterrichts[1]).
6. Wohlfahrt der schulentlassenen Jugend.

Das grundsätzliche Verhältnis von privater und öffentlicher Jugendhilfe, das natürlich bei den Gesetzesberatungen im Beisein der Organisationen großer privater Jugendverbände eine bedeutende Rolle gespielt hat, will § 6 festlegen: „Das Jugendamt hat die freiwillige Tätigkeit zur Förderung der Jugendwohlfahrt unter Wahrung ihrer Selbständigkeit und ihres satzungsmäßigen Charakters zu unterstützen, anzuregen und zur Mitarbeit heranzuziehen, um mit ihr zum Zwecke eines planvollen Ineinandergreifens aller Organe und Einrichtungen der öffentlichen und privaten Jugendhilfe und der Jugendbewegung zusammen zu wirken."

Auf die gleichmäßige Berücksichtigung zweier zunächst sich widersprechender Dinge kommt es dem Gesetzgeber an: Die privaten Verbände sollen in ihrer Selbständigkeit und Eigenart erhalten bleiben und zugleich soll das Jugendamt der Mittelpunkt aller sich sonst allzu leicht verzettelnden Arbeit werden. Es hat die freiwillige Tätigkeit zur Mitarbeit heranzuziehen[2]).

Drei Gebiete der häufigen oder ständigen Zusammenarbeit von Jugendamt und privater Jugendhilfe sind im Gesetz besonders erwähnt:

§ 29 Abs. 3 erkennt im Pflegekinderwesen die besondere Bedeutung und Würde der vom Landesjugendamt für geeignet erklärten Vereinigungen der Jugendwohlfahrt an, die Kinder in Pflege nehmen.

§ 47 regelt die Vereinsvormundschaft. „Vorstände von Anstalten, die unter der Verwaltung des Staates oder einer öffentlichen Körperschaft stehen, sowie Vorstände solcher privaten Anstalten oder Vereine, die vom Landesjugendamte für

---

[1]) Es ist von William Stern darauf hingewiesen worden, daß auch die Schule, insbesondere die höhere, gut täte, manche Fragen der Schulzucht (bei sexueller Verwahrlosung) in Zusammenarbeit mit dem Jugendamt zu lösen. Die Anregung ist dankenswert. Es muß aber bemerkt werden, daß Stern teilweise das Elternrecht in der Schule und überhaupt deren Wesen und Verschiedenheit von der öffentlichen Jugendhilfe stark verkennt. Vgl. Sittlichkeitsvergehen in höheren Schulen und ihre disziplinare Behandlung, Gutachten von W. Stern und W. Hoffmann, herausg. v. preuß. Kultusminister 1928.

[2]) Friedeberg-Polligkeit, Das Reichsgesetz für Jugendwohlfahrt, 1923, § 6, Anm. 1 und 4.

geeignet erklärt sind, können auf ihren Antrag zu Vormündern bestellt werden (Anstalts- oder Vereinsvormundschaft). Auch können sie zu Pflegern oder Beiständen bestellt werden. Ebenso können ihnen einzelne Rechte und Pflichten des Vormunds übertragen werden."

§ 60 macht die privaten Vereinigungen für Jugendhilfe in Schutzaufsichtssachen geradeweg zu Organen der öffentlichen Jugendhilfe.

Aber die Übertragung von ganzen Geschäftskreisen ist hiermit nicht beschränkt, sondern im § 11 ganz allgemein vorgesehen[1]).

Die engste und würdigste Verbindung von Jugendamt und freier Jugendwohlfahrt ist dadurch hergestellt, daß nach § 9 das Jugendamt selber ja aus den in der freien privaten Arbeit bewährten Männern und Frauen zusammengesetzt werden soll (vgl. auch den inzwischen durch die Verordnung vom 14. Februar 1924 außer Kraft gesetzten § 16).

Hiermit ist der alte gute Gedanke, der, rechtsgeschichtlich gesehen, aus germanischen Wurzeln wächst, zum Sieg gekommen: daß nicht eine rein beförderungsmäßig hervorgebrachte Beamtenkaste die Angelegenheiten des Volkes verwalten soll, sondern daß die im freien Wettbewerb der Kräfte besonders Bewährten berufen werden sollen, damit sie Vertrauen, Ansehen und Amt sich täglich neu erobern.

### b) Örtliche Zuständigkeit.

§ 7 RJWG. unterscheidet die allgemeine Zuständigkeit und die Zuständigkeit für vorläufige Maßnahmen.

I. Allgemein zuständig ist das Jugendamt für alle Minderjährigen die in seinem Bezirke ihren gewöhnlichen Aufenthaltsort haben: Aufenthaltsort, nicht Wohnsitz (§ 7 BGB.), ist vorausgesetzt. Der Begriff des Aufenthaltsortes wird vom Sprachgebrauch des Lebens gebildet[2]). Die Feststellung hängt von den Umständen des Einzelfalles ab. Aus der Gesamtheit der konkreten Verhältnisse ist zu prüfen, ob der Ort sich als der gewöhnliche Aufenthaltsort erweist. Der Begriff des gewöhnlichen Aufenthaltsortes ist weiter als der Begriff des Aufenthaltsortes in § 12 des Gesetzes über den Unter-

---

[1]) Über das Verhältnis dieser allgemeinen Übertragungsbefugnis zu § 32 herrscht Streit: s. Klumker, Zentralblatt 19 S. 3; Webler, ebenda S. 176; Blumenthal, ebenda S. 99.

[2]) Friedeberg-Polligkeit, a. a. O., § 7, Anm. 3. Ein Begriff ohne „absolute Kriterien".

stützungswohnsitz. Dort ist erforderlich, daß der Aufenthalt unter freier Selbstbestimmung gewählt ist. Darauf kommt es nach § 7 RJWG. nicht an.

II. Zuständigkeit für vorläufige Maßnahmen. Die alte Behördenkrankheit, das Abwälzenwollen möglichst vieler und möglichst aller unbequemen Sachen „wegen Unzuständigkeit" will das Reichsjugendwohlfahrtsgesetz vermieden wissen. Jedes Jugendamt, auch das örtlich unzuständigste, muß eingreifen, wenn ein Bedürfnis zu irgendwelchen Maßnahmen in seinem Bezirke hervortritt, mag es sich auch um noch so ortsfremde Jugendliche handeln[1]). Die Zuständigkeitsfrage kommt erst in zweiter Linie. In erster Linie müssen die Bedürfnisse der Jugendhilfe durch vorläufige Maßnahmen befriedigt werden. Über die endgültige Zuständigkeit mögen sich dann später die Jugendämter streiten. Ihre Streitigkeiten „werden durch die oberste Landesbehörde und, wenn die Jugendämter verschiedenen Ländern angehören, durch das Reichsverwaltungsgericht (bis zu dessen Errichtung durch das Bundesamt für Heimatwesen: Art. 9 EG.) entschieden." (§ 7 Abs. 2 RJWG.)

---

7. Kapitel.

## Schutz der Pflegekinder.

„Pflegekinder sind Kinder unter 14 Jahren, die sich dauernd oder nur für einen Teil des Tages, jedoch regelmäßig in fremder Pflege befinden, es sei denn, daß von vornherein feststeht, daß sie unentgeltlich in vorübergehende Bewahrung genommen werden", so umschreibt § 19 RJWG. einen Kreis von Schutzbedürftigen, dem das besorgteste Interesse der freien Jugendpflege sich schon lange zugewandt hatte, ehe die Verwaltungspraxis zögernd und unvollkommen und jetzt, im Reichsjugendwohlfahrtsgesetz, der Gesetzgeber entschlossen und umfassend daran ging, unmenschlichen Mißbräuchen entgegenzutreten.

Nicht als ob die Schutzbedürftigkeit der Pflegekinder, der unehelichen besonders, den Behörden verborgen geblieben wäre. Die Kriminalprozesse gegen „Engelmacherinnen", die ein Kind gegen einmalige Zahlung einer Geldsumme für immer in Pflege nahmen

[1]) Die Jugendhilfe ist allerdings auf deutsche Kinder beschränkt. Die Behandlung von Ausländern ist weitgehend aus dem Fremdenpolizeirecht zu ersehen.

und das „immer", d. h. die Lebensdauer, dann durch die Art ihrer „Pflege" möglichst abkürzten, haben manches grelle Schlaglicht auf dieses Elend geworfen. Als Gerhart Hauptmann noch, als ein Kenner von Volksnot, mit gutem Willen Notwendiges dichtete, ist er auch in diesen Dingen Mahner gewesen: in den „Ratten" von 1911. Die Frau Kielbacke vom Landeskindererziehungsheim, wohnhaft und praktizierend Linienstraße 9, im scheußlichsten Berlin, ist ein Typ. Und der drastische Berliner übertreibt nicht, wenn er von dieser Art Frauen behauptet, daß sie vom Dutzend Pflegekinder meistenteils zehn umkommen lassen. Seit Anfang des vorigen Jahrhunderts haben private Fürsorgevereine (mit gutem Erfolg wohl zuerst in Leipzig) die Behörden zum Einschreiten gedrängt. Am 17. Juli 1840 erließ der König von Preußen eine Zirkularverfügung an die Oberpräsidenten der Provinzen, die zum ersten Male das System der polizeilichen Erlaubnis zur Annahme von Haltekindern vorsieht und eine regelmäßige Kontrolle des Pflegekinderwesens anbahnt. Der Geist dieser königlichen Kabinettsordre, auf die sich alle Maßnahmen des Pflegekinderschutzes bis 1922 stützen mußten, war der liberalen Ära des neuen deutschen Reiches zeitweise als „polizeistaatlich" verdächtig. War nicht das Inpflegenehmen von Kindern ein Gewerbe wie jedes andere, mußte nicht darum hier, gemäß § 1 RGO. vom 21. Juni 1869 der Grundsatz der allgemeinen Gewerbefreiheit gelten? Der Gesetzgeber hat diese Frage, bald nachdem sie auftrat, verneint: die Novelle zur Reichsgewerbeordnung vom 20. Juli 1879 läßt ausdrücklich Raum für eine Staatsaufsicht über jede Art von entgeltlicher Kindererziehung und Pflege, die kein „Gewerbe" und also nicht „frei" ist in dem grausamen Sinne des geschäftlichen Lebens und Wettbewerbes. Die Landesrechte haben nach dieser Novelle die Aufsicht über das „Haltekinderwesen" weiter ausgebaut. Aber das ganze System krankte, soweit ich sehe, an zwei Hauptfehlern. Einmal wurde das Alter, bis zu dem ein Kind als Pflegekind und die Pflegestelle demgemäß als aufsichtsbedürftig gelten konnte, zu niedrig angesetzt: gewöhnlich auf sechs oder sieben Jahre, weil man über die älteren Kinder durch die Schule eine genügende öffentliche Kontrolle zu haben glaubte. Dann aber (und das vor allem) handelte es sich um eine mehr äußerliche und völlig vereinzelte Maßnahme polizeilicher und bürokratischer Art, ohne organische Verbindung mit anderen Gebieten der Jugendpflege, in denen zum Teil die Wurzeln des Haltekinderelends liegen, wie vor allem Fürsorge und Vormundschaft über uneheliche Kinder. Es ist ein bleibendes Verdienst des Leipziger Arztes Dr. Taube, die organische Verbindung von „Ziehkinder"aufsicht und Berufsvormundschaft gefunden und gefördert zu haben. Wenn aber Friedeberg-Polligkeit in Fortentwicklung der Taubeschen Gedanken vom Reichsjugendwohlfahrtsgesetz erwarteten, daß der Schutz der Pflegekinder lediglich als Anhang und Ergänzung zu dem Tätigkeitsbereiche des Jugendamtes als Amtsvormund und Gemeindewaisenrat geregelt würde, so verkennen sie doch die durchaus selbständige Natur dieses Gebietes. Nicht bloß daß auch eheliche Kinder als Pflegekinder in Betracht kommen, ist entscheidend. Auch die Aufsicht über Pflegestellen für uneheliche Kinder unterscheidet sich wesentlich von der amtsvormundschaftlichen Tätigkeit. Der Vormund beschäftigt sich mit dem einzelnen Kinde; entdeckt er, daß es zurzeit schlecht untergebracht ist, so sorgt er für bessere Pflege. Damit ist diese Sache für ihn erledigt. Der Verwaltungsbeamte, dem der Schutz der Pflegekinder anvertraut ist, soll nicht nur einzelnen Kindern helfen, sondern einen sozialen Mißstand dadurch beseitigen, daß er allen gewinnsüchtigen und gewissenlosen Pflegemüttern und -anstaltsbesitzern das Handwerk legt. Diese notwendig polizeiliche Tätigkeit soll nur nicht losgelöst von umfassender Jugendpflege geschehen: denn Polizeiverbote, die nicht von starker Hilfsarbeit begleitet sind, haben noch niemals Not beseitigt, da sich das Elend nicht verbieten läßt. Ständiges Zusammenarbeiten von Amtsvormundschaft, Gemeindewaisenrat und Pflegestellenaufsicht ist natürlich erforderlich: darum hat das Reichsjugendwohlfahrtsgesetz, glücklich und gut, die drei Abteilungen, die diese Aufgaben zu lösen haben, in demselben Amte vereinigt, dem Jugendamt. Es sind sich ergänzende, aber doch eben verschiedene Aufgaben.

I. Die Pflegestelle für ein Kind, gleich ob ehelich oder unehelich, kommt nicht durch Privatvertrag zwischen Eltern und Pflegeeltern zustande, sondern es bedarf zu ihrer Begründung der vorherigen Erlaubnis des Jugendamtes.

§ 20: Wer ein Pflegekind aufnimmt, bedarf dazu der vorherigen Erlaubnis des Jugendamtes. In dringenden Fällen ist die nachträgliche Erlaubnis unverzüglich zu bewirken. Wer mit einem solchen Kinde in den Bezirk eines Jugendamtes zuzieht, hat die Erlaubnis zur Fortsetzung der Pflege unverzüglich einzuholen.

Von den beiden hauptsächlichen Systemen des Pflegekinderschutzes hat hiermit das Reichsjugendwohlfahrtsgesetz in § 20 Abs. 1 das strengere gewählt: das der vorherigen Erlaubnis. Das bekannte englische Kindergesetz (Children Act) von 1908 begnügt sich (ebenso wie Schweden — 1902 — und, früher, Sachsen[1]) mit einer Anzeigepflicht. Aber auch für das deutsche Recht ist die vorherige Erlaubnis nur der Grundsatz. Bereits § 20 Abs. 2 gibt eine wichtige Durchbrechung: „Steht von vornherein fest, daß ein Kind unentgeltlich oder nicht gewerbsmäßig in vorübergehende Bewahrung genommen wird, so genügt die Anmeldung bei dem Jugendamte." Soweit hier von unentgeltlicher vorübergehender Bewahrung die Rede ist, handelt es sich nach § 19 Halbsatz 2 gar nicht um „Pflegekinder". Trotzdem wird Anmeldung beim Jugendamte verlangt und somit die Möglichkeit der Beaufsichtigung geschaffen. Von den entgeltlich in Bewahrung Genommenen, die im gesetzlichen Sinne Pflegekinder sind, auch wenn die Pflege nur vorübergehend ist, hebt der § 20 diejenigen hervor, die nicht gewerbsmäßig aufgenommen werden. Hier ist nicht vorherige Erlaubniseinholung erforderlich, sondern es genügt die Anmeldung.

Erlaubniseinholung wie Anmeldung erfolgt bei dem Jugendamte, in dessen Bezirk die pflegende Person (nicht, wie sonst in Zuständigkeitsfragen, der Jugendliche) ihren gewöhnlichen Aufenthaltsort hat (§ 23).

II. Von der Pflegekinderkontrolle sind eine Reihe von Pflegestellen ausgenommen, entweder weil hier die Aufsicht entbehrlich scheint oder weil sie anderweit gewährleistet ist. Die Ausnahmen sind im § 21 näher umschrieben[2]).

Danach wird von der Kontrolle abgesehen:

1. bei ehelichen Kindern, die bei Verwandten oder Verschwägerten bis zum dritten Grade verpflegt werden. Jedoch nur dann hält das Gesetz die öffentliche Aufsicht für entbehrlich, wenn diese Verwandten und Verschwägerten nicht etwa sonstwie Kinder entgeltlich, gewerbsmäßig oder gewohnheitsmäßig in Pflege nehmen;
2. bei Kindern, die bei den Eltern wohnen, aber „aus Anlaß auswärtigen Schulbesuches" für einen Teil des Tages in Pflege genommen werden;

---

[1]) Keller-Klumker, Säuglingsfürsorge und Kinderschutz in den europäischen Staaten, Bd. 1, S. 64, 1200, 1231ff.

[2]) Die dort Aufgezählten sind nicht nur von der gewöhnlichen Pflegekinderaufsicht befreit, sondern es handelt sich überhaupt nicht um „Pflegekinder": Vgl. Entscheidung des Bundesamtes für Heimatwesen vom 27. Juni 1925 — Bd. 61 S. 74 — Friedeberg-Polligkeit Anm. 1. A. M. Storck (Lübeck) „Wirrwarr im Pflegekinderwesen", Zentralblatt Bd. XX (1927) S. 126.

3. bei Kindern, die nicht bei den Eltern wohnen, sondern „zum Zwecke des Schulbesuchs in auswärtigen Schulorten in Familien[1]) untergebracht sind" — hier aber nur dann Befreiung von der Aufsicht des Jugendamtes, wenn die Pflegestellen von der Leitung der Schule für geeignet erklärt und überwacht sind[2]).

Auf die drei genannten Gruppen von Kindern finden die Bestimmungen über den Pflegekinderschutz nach § 21 überhaupt keine Anwendung: es sind diese Kinder von dem Begriff „Pflegekinder" ausgenommen. In § 29 ist eine andere weniger weitreichende Ausnahme von Erlaubniszwang und Kontrolle durch das Jugendamt vorgesehen, eine widerrufliche Befreiung von den Bestimmungen der §§ 20 bis 23, die das Landesjugendamt Anstalten erteilen kann, die Kinder in Pflege nehmen. „Die Befreiung kann nur versagt werden, wenn das Landesjugendamt Tatsachen feststellt, die die Eignung einer Anstalt zur Aufnahme von Pflegekindern ausschließen."

Schon nach dem Rechte vor dem Reichsjugendwohlfahrtsgesetz waren Sänglingsheime, Waisenhäuser usw. von den Vorschriften des gewöhnlichen Pflegekinderschutzes befreit. Es wäre aber mißlich, gerade diese wichtigen Institutionen gänzlich ohne Aufsicht zu lassen. Daran ist in § 29 auch keineswegs gedacht. Nur die Erlaubniseinholung soll wegfallen und die örtlichen Jugendämter sollen keine Kontrollbefugnisse haben. Das Landesjugendamt aber hat über das gesundheitliche und sittliche Gedeihen auch und gerade der Kinder in Säuglingsheimen, Waisenhäusern usw. zu wachen. „Die Bestimmungen der §§ 24 bis 26 finden mit der Maßgabe Anwendung, daß an die Stelle der Jugendämter die Landesjugendämter treten und die Regelung der Aufsichtsbefugnisse der Landesgesetzgebung vorbehalten bleibt. — Das Landesjugendamt kann bestimmen, inwieweit die Vorschriften dieses Abschnittes auf Pflegekinder, die unter der Aufsicht einer der Jugendwohlfahrt dienenden, von ihm für geeignet erklärten Vereinigung stehen,

---

[1]) Friedeberg-Polligkeit Anm. 6: „Wenn auch das Gesetz hier nur von Familien spricht, so ist aus dem Sinne der Bestimmung doch zu entnehmen, daß das Gleiche von der Unterbringung von Schulkindern in Anstalten (z. B. Internaten) gilt."

[2]) Bäumer, Hartmann, Becker zu § 21: „Es tritt also in diesem Fall die Leitung der Schule an die Stelle des Jugendamtes . . . Übernimmt die Schule diese Überwachung nicht, so hat nach dem Gesetz das Jugendamt die Pflicht der Kontrolle."

Anwendung finden. — Landesrechtlich kann an Stelle der Landesjugendämter die oberste Landesbehörde[1]) für zuständig erklärt werden" (§ 29 Abs. 2 bis 4).

III. Wir haben also bis jetzt drei Gruppen von Kindern und dementsprechend drei Arten von jugendamtlicher Kontrolle und Fürsorge zu unterscheiden:

1. Eigentliche Pflegekinder im Sinne von § 19 (nach Maßgabe der Einschränkungen des § 21): sie dürfen von Privatpersonen nicht ohne Erlaubnis des örtlichen Jugendamtes aufgenommen werden.

2. Unentgeltlich in vorübergehende Bewahrung genommene Kinder, die nach § 19 Halbsatz 2 keine eigentlichen „Pflegekinder" sind, und solche Pflegekinder, die zwar entgeltlich, aber nicht gewerbsmäßig in vorübergehende Bewahrung genommen werden: bei ihnen genügt die Anmeldung der Pflegestelle beim örtlichen Jugendamt.

3. Pflegekinder, die nicht von Privatpersonen, sondern von Anstalten in Pflege genommen werden: hier kann das Landesjugendamt gemäß § 29 von dem Erlaubnis- und Anmeldezwang, sowie von der Kontrolle durch die örtlichen Jugendämter Befreiung erteilen.

Über alle drei Gruppen ist eine Aufsicht vorgesehen, die grundsätzlich von Reichs wegen in §§ 24ff. RJWG. geregelt ist. Dieser Aufsicht untersteht aber auch noch eine vierte Gruppe von Kindern: die unehelichen Kinder, die sich bei der Mutter befinden §§ 24 Abs. 1 Satz 2. Hier jedoch stand der Gesetzgeber vor der widerspruchsvollen Aufgabe, einerseits auf das gesicherte Wohl des Kindes, andererseits darauf zu sehen, daß das Ehrgefühl der unehelichen Mutter nicht durch peinliche Kontrolle verletzt wird. Daher sieht § 25 Abs. 2 und 3 wiederum widerrufliche Befreiungen von der jugendamtlichen Aufsicht vor: „Uneheliche Kinder sollen, solange sie sich bei der Mutter befinden, von der Beaufsichtigung widerruflich befreit werden, wenn das Wohl des Kindes gesichert ist. —

[1]) Vgl. § 77: „Welche Behörden die in diesem Gesetze der obersten Landesbehörde übertragenen einzelnen Aufgaben wahrzunehmen haben, bestimmt die Landesregierung." In Preußen ist oberste Landesbehörde in erster Linie der Minister für Volkswohlfahrt.

Die Eingliederung der in Betracht kommenden Anstalten in die allgemeinere Jugendwohlfahrtsarbeit ist erst begonnen. Vgl. z. B. Dr. Erna Cortey, Kindertagesstätten (Zentralblatt XX (1928) S. 121—125. S. 122 weist Verfasserin mit Recht auf das Ausführungsgesetz hin, durch das die Jugendämter von der Erfüllung ihrer Pflicht aus § 4 RJWG. befreit worden sind.

Uneheliche Kinder, die gemäß § 1706 Abs. 2 BGB. den Namen des Ehemannes der Mutter führen, können, solange sie sich bei der Mutter und deren Ehemann in Pflege befinden, widerruflich von der Beaufsichtigung befreit werden, das gleiche gilt von Kindern, die bei ihren Großeltern oder ihrem Vormund verpflegt werden."

Die vorstehende Aufzählung der für die jugendamtliche Kontrolle in Betracht kommenden Gruppen von Kindern tut zur Genüge dar, daß es sich um einen komplizierten Katalog handelt. Nicht jeder Jugendamtsbeamte wird jeden Fall gleich richtig einordnen können. Und das Volksgefühl wird sich überhaupt nicht durch die vielen Unterscheidungen hindurchfinden können. Mit gutem Grunde ruft Hedwig Abel in einem Aufsatz über den „Begriff ‚Pflegekind' des Reichsjugendwohlfahrtsgesetzes in der Praxis"[1]) aus: „Der Großmutter, die ihre Tochter mit unehelichem Kinde bei sich hat, fällt es nicht ein, wenn die Tochter nun wieder außer dem Hause in Stellung geht, um Pflegekindererlaubnis nachzusuchen; die Arbeiterfrau, die jeden Montag ihr Kind, da sie auf Arbeit geht, der Nachbarin ins Zimmer schiebt, kommt es nicht in den Sinn, daß sie ihren Liebling in Pflege gibt; der Tante, die ihr uneheliches Nichtchen zu sich nimmt, ist es gänzlich unverständlich, warum dies Kind ein Pflegekind sein soll und die ehelichen Neffen und Nichten, die sie bei sich hat, nicht, ist sie doch mit ihm verwandt, wie mit den anderen auch."

Der Gesetzgeber mußte, weil seine Aufgabe, besonders bei unehelichen Kindern und solchen, die bei Verwandten untergebracht sind, eine sehr delikate ist, zunächst vielfältige, vorsichtige Unterscheidungen treffen. In der Praxis wird sich zeigen, was brauchbar und was unbrauchbar ist. Aus diesen Erfahrungen wird der Gesetzgeber lernen, wie er das System des Pflegekinderschutzes vereinfachen kann.

Regeln über die vom Jugendamt (oder, in § 29, vom Landesjugendamt) zu führende Aufsicht gibt das Reichsrecht in § 26:

IV. Vorläufige Entfernung und anderweite Unterbringung von Pflegekindern:

§ 27 Abs. 1: „Bei Gefahr im Verzuge kann das Jugendamt das Pflegekind sofort aus der Pflegestelle entfernen und vorläufig anderweit unterbringen."

---

[1]) Zentralbl. XX (1928) S. 179. S. a. Käthe Mende, Über die Durchführung des Pflegekinderschutzes, Zentralbl. XIX S. 172/176, 207—211.

Dieses Sicherungs- und Vorbeugungsrecht steht dem Jugendamt nur gegenübern Pflegekinder im eigentlichen, engeren Sinne des § 19 Halbsatz 1 zu, also nicht gegenüber folgenden drei Gruppen[1]):

1. uneheliche Kinder, die sich bei der Mutter befinden;
2. eheliche Kinder, die bei Verwandten oder wegen auswärtigen Schulbesuchs in Pflege sind und nach § 21 nicht unter Pflegekinderschutz stehen;
3. Kinder, die unentgeltlich in vorübergehende Bewahrung genommen werden, also gemäß § 19 Halbsatz 2 nicht als Pflegekinder gelten.

Bei diesen Kindern kann die Wegnahme zwecks anderweiter Unterbringung nur richterlich, vom Vormundschaftsrichter, nicht verwaltungsmäßig, vom Jugendamt, verfügt werden.

Aber auch bei den Pflegekindern steht die endgültige Entscheidung beim Vormundschaftsrichter; das Recht der Verwaltungsbehörde, des Jugendamts, ist nur ein Recht zum vorläufigen Einschreiten[2]) (§ 27 Abs. 2. Über die Zuständigkeit vgl. FGG. §§ 36ff.).

V. Strafdrohung für Verstöße gegen die Pflegekinderordnung:

§ 30: „Wer ein Pflegekind ohne die vorgeschriebene Erlaubnis oder Anmeldung in Pflege nimmt oder nach Erlöschen oder Widerruf der Erlaubnis in Pflege behält oder wer den gemäß § 22 Abs. 1 erlassenen Vorschriften entgegenhandelt, wird mit Geldstrafe bis zu einhunderttausend Mark oder mit Haft oder mit Gefängnis bis zu drei Monaten bestraft. — Abs. 2: Die gleiche Strafe trifft denjenigen, der in den nach § 26 vorgeschriebenen Anzeigen wissentlich unrichtige Angaben macht oder die Leiche eines Pflegekindes oder unehelichen Kindes ohne die vorgeschriebene Anzeige beerdigt."

Friedeberg-Polligkeit, Anm. 3, meinen: „Zur Erfüllung des Tatbestandes ist erforderlich, daß den Vorschriften über die Einholung der Erlaubnis oder über die Anmeldung vorsätzlich oder fahrlässig zuwidergehandelt wird." Daß auch fahrlässige Verletzung genüge, widerspricht den allgemeinen Vorschriften des Strafrechts, wonach grundsätzlich bei jeder Straftat vorsätzliche, d. h. wissentliche und willentliche Begehung vorausgesetzt wird und die ausnahmsweise Strafbarkeit auch schon wegen Fahrlässigkeit ausdrücklich bestimmt sein muß[3]). Fordert man allerdings Vorsatz

[1]) Vgl. Friedeberg-Polligkeit Anm. 3 zu § 27.

[2]) Es ist dasselbe Verhältnis die das von Staatsanwalt, Polizei auf der einen, Richter auf der anderen Seite bei vorläufiger Festnahme und Verhaftung (StPO. §§ 112, 127).

[3]) Vgl. meinen Aufsatz „Fahrlässigkeit" in H. d. R. und die dort Zitierten.

für die Bestrafung aus § 30, so kommt man zu sehr schwierigen Fällen des Irrtums[1]).

VI. Zuständigkeit anderer Behörden für die Erteilung der Erlaubnis und Aufsicht.

Sie ist nach § 28 gegeben für „Kinder, die von anderen reichs- oder landesgesetzlichen zuständigen Behörden in Familienpflege untergebracht werden", also besonders für die Kinder, die von Fürsorge- und Armenverbänden untergebracht werden. Hierdurch könnte einer Zersplitterung des Pflegekinderwesens Vorschub geleistet werden, wenn nicht Fürsorgeerziehung oder Unterstützung Minderjähriger von den Jugendämtern selbst oder in engster Fühlung mit ihnen durchgeführt würden und überdies in § 28 Satz 2 bestimmt wäre, daß „die Übertragung dieser Befugnisse von diesen Behörden auf das örtlich zuständige Jugendamt durch die zuständige Reichs- oder Landesbehörde angeordnet werden" kann. § 31 läßt die Befugnis der Landesgesetzgebung unberührt, weitere Vorschriften zum Schutze der Kinder zu erlassen und ermächtigt sie zugleich, „Ausnahmen von den Vorschriften der §§ 20 und 24 für die Unterbringung von Kindern in ländlichen Bezirken zuzulassen."

---

## 8. Kapitel.

# Schutz der Jugend im Erwerbsleben.

Die großen Umwälzungen des 18. Jahrhunderts, Aufklärung, französische Revolution, Freihandelsbewegung, haben den Weg frei gemacht zu ungeahnten Möglichkeiten bürgerlichen, industriellen Aufstiegs. Aber bei dem von allen Hemmungen nun losgebundenen Wettlauf nach den Gipfeln des Erfolges gab es nur eine kleine Zahl von Siegern und Millionen Menschen, die unter die Räder dieses unbarmherzigen Getriebes kamen. Mag man immerhin ablehnen, in diesen Millionen ein neues Sklaventum zu sehen: die Lohnsklaven einer besinnungslosen Industrie, mag man statt dessen von Freiheit und Gleichheit aller im Existenzkampf sprechen — ein Sklaventum kann man auch mit aller Berufung auf diese allzu formale Freiheit und Gleichheit nicht wegleugnen: das der Kinder, die mit ihren ewig verkümmerten Skelettchen als Arbeits-

[1]) Über Irrtum und die Hauptliteratur zur Irrtumslehre vgl. meine Aufsätze „Irrtum" und „Vorsatz" im H. d. R.

kräfte dienen mußten. England, auch hier wieder in der Geschichte das Land des ersten und — in diesem Falle wenigstens — des brutalsten Aufschwunges, hat in seiner schnell wachsenden Industrie Kinder von neun (manchmal schon von fünf) Jahren an bis zu sechszehn Stunden täglich beschäftigt. Auf der Jagd nach billigen Arbeitskräften haben die Unternehmer die Waisen-, Armen- und Arbeitshäuser entleert und Kinder unter dem Vorwand, sie als „Lehrlinge" zu beschäftigen, in ihre Betriebe aufgenommen[1]). Die hartnäckige und tapfere Volksbewegung, die sich diesem Mißbrauch widersetzte, blieb unter der Regierung Georgs IV. zunächst erfolglos. Der liberale Reform Act von 1832 vermochte die Arbeiter nicht zu befriedigen. Es mußte, wenn man schon grundsätzlich liberal blieb, doch die Spur liberal-sozialer Gesetzgebung wieder aufgenommen werden, die bei der großen und edlen Gestalt des jüngeren William Pitt beginnt[2]). Deutlich sichtbar wird diese heilsame Spur erst wieder in dem Elementary Education Act von 1870, diesem hauptsächlich auf W. E. Forster zurückgehenden Gesetze, durch das sich England endlich die Schulpflicht und gute Elementarschulen schenkte. Davor begann 1818 eine Fabrikgesetzgebung. Das soziale Gewissen wurde mit zunehmender Kraft geweckt (Robert Owen, Charles Dickens).

Durchgesetzt hatte sich die soziale Tendenz bereits vor dem Children Act von 1908, der auch noch lange nicht alle Forderungen erfüllte, die von den besten Arbeitern am Volkswohl erhoben wurden[3]).

Die liberale Entwicklung war wohl in Deutschland eine weniger manchesterliche als in England. Schon in der Gewerbeordnung für das Deutsche Reich vom 21. Juni 1869 finden sich sozialpolitische Andeutungen, wenngleich das Ganze zunächst noch von dem Geiste schneidiger Gewerbe- und Geschäftsfreiheit erfüllt war. Das Bürger-

---

[1]) Ein kurzer geschichtlicher Überblick mit Quellenangaben findet sich in: **Green, A short history of the English People Vol II — A political and social survey from 1815—1914, by R. P. Farley**, S. 795ff. — Von Quellen besonders: (außer dem „**Anual Register**" und den „**Parliamentary debates**") **Cobbetts „Political Register"**. Ferner von historischen Werken: **Sidney, and Beatrix Webb**: „**Trade Unionism**" (deutsche Übersetzung der Gesch. der T. U., 1905) **Arnold Toynbee: „Industrial Revolution"**; von juristischen: **Dicey „Law und public opinion"; Hutchin and Harrison: Factory legislation.**

[2]) Näheres in meinem Aufsatze: „Strafrechtliches aus England" ZStW. 1925 S. 281/282.

[3]) Vgl. die Verbesserungsvorschläge der Bill von 1924; s. dazu K. Mende in Zentralbl. XVI S. 153 und meinen Bericht ZStW. 1924 u. 1925.

liche Gesetzbuch von 1900 begnügte sich mit einem sozialen Minimum[1]). Aber in zunehmendem Maße haben Novellen zur Gewerbeordnung und besondere Gesetze, wie das Gesetz, betreffend Kinderarbeit in gewerblichen Betrieben vom 30. März 1903, Wandel geschaffen. Die neueste Zeit hat auch, um sozialpolitischer Notwendigkeiten willen, Bresche gelegt in das kompakte Gebiet des bürgerlichen Rechtes. Die Langsamkeit der Entwicklung war nicht so sehr Schuld des sozialistenfeindlichen Reichsgründers (so oft er auch den liberalen Gedanken der formalen Gleichheit von Arbeiter und Unternehmer später dem jungen Kaiser gegenüber betonte), als des händlerischen Geistes, über den gerade Bismarck aufs tiefste empört war, als 1881 sein großes soziales Programm, sein „Staatssozialismus — das praktische Christentum" an der Front von den Fortschrittlern bis zu den Nationalliberalen scheiterte. Was ihm gegen Ende seiner Amtszeit gelang, war nicht das ganze Werk — bis zuletzt hatte man seine Reform eine im Grunde — sozialdemokratische genannt[2]). Die Halbheit der Reichstagsbewilligungen, die Starrheit seiner eigenen Herrennatur und manche Hetze hatten die Versöhnung mit der Arbeiterschaft verhindert, die er ersehnte. Das alles trug auch dazu bei, daß er sich für andere sozialpolitische Gesetzespläne, die dem Reichstag genehmer waren, nicht mehr erwärmte. Ja, die Schutzgesetzgebung gegen Frauen- und Kinderarbeit lehnte er mehrmals ab, weil sie ein Eingriff in die Freiheit sowohl der Fabrikherren wie der Arbeiter sei (vgl. Erinnerung und Gedanke, der Gedanken und Erinnerungen dritter Band, drittes bis sechstes Kapitel). Sein „Staatssozialismus" wollte eine materielle Sicherstellung aller Tüchtigen und Arbeitsamen; alles nach Weichlichkeit Aussehende, Beschränkung der Arbeitszeit, Sonntagsruhe usw., war dem immer stürmisch Tätigen zuwider. Die Härte dieses Versagens wird gemildert durch die Tatsache, daß es in Deutschland keine den englischen Verhältnissen vergleichbare Kindesausbeutung gab. — Der junge Kaiser war im Gegensatz zu Bismarck auf das lebhafteste für die Schutzgesetzgebung begeistert; und es ist bekannt, daß 1890 auch dieser Gegensatz wesentlich zur Entlassung des Kanzlers beigetragen hat. 1890 hat Kaiser Wilhelm II. zu einer internationalen Diplomatenkonferenz über Arbeiterschutzfragen eingeladen, die vom 15. bis

---

[1]) Vgl. Menger, Das bürgerliche Recht und die besitzlosen Volksklassen, 5. Aufl. 1926.

[2]) Ziekursch, Das Zeitalter Bismarks, 1927. S. 353—358, 403—405.

28. März dieses Jahres auch getagt hat. Seitdem hat es eine ständige internationale Arbeitsgemeinschaft in diesen Fragen gegeben, deren zentrales Organ seit der Pariser Weltausstellung von 1900 die Internationale Vereinigung für gesetzlichen Arbeiterschutz mit ihrem Internationalen Arbeitsamt in Basel geworden ist. Sogar während des Krieges vermochte sich diese Institution zu erhalten. Nach dem Kriege ist durch den Versailler Vertrag (Teil XIII Artikel 387ff.) eine internationale Organisation der Arbeit geschaffen worden

Vgl. hierüber: Albert Thomas, L'Organisation internationale du Travail — in: Les Origines et l'Œuvre de la Societé des Nations (1923) S. 324ff.; Eckardt-Kuttig, Das internationale Arbeitsrecht im Friedensvertrage, 1920; Feig, Internationale Arbeitsorganisation und internationale Sozialpolitik, i. 38. Sonderheft z. Reichsarbeitsblatt, 1927. — Von Tilly, Int. Arbeitsrecht, Samml. Göschen, 1924; Fehlinger, Internationaler Arbeiterschutz, 1926.

In der deutschen Gesetzgebung ist das Arbeitsrecht und damit auch das Arbeiterschutzrecht immer mehr hervorgetreten. Von den Entwürfen, die vorliegen, seien hervorgehoben: Arbeitsschutzgesetz (vgl. Edith Jacobi Osten, Zentralbl. XIX 33) und der unten (S. 131) namhaft gemachte Entwurf eines Berufsausbildungsgesetzes.

## I. Kinderschutz.

### 1. In der Reichsgewerbeordnung vom 21. Juni 1869.

Die Gewerbeordnung will Kinder von einer Reihe erziehungsschädlicher Tätigkeiten fernhalten:

§ 42b Abs. 5[1]) verbietet grundsätzlich für Kinder unter 14 Jahren öffentliches Feilbieten von Waren, §§ 55ff. bes. 62, 105b, 107 trifft Schutzbestimmungen für Kinder und Minderjährige für den „Gewerbebetrieb im Umherziehen". Übereinstimmender Grundsatz der Kulturrechte ist, daß die fahrenden Leute nicht Kinder zu gewerblichen Zwecken mitführen sollen (§ 62 Abs. 3).

Für alle Betriebe sind besondere Arbeitszeitregeln nicht bloß für Kinder, sondern für alle jugendlichen Arbeiter gegeben:

§ 135: (Bestimmungen für alle Betriebe, in denen in der Regel mindestens zehn Arbeiter beschäftigt werden.) Kinder unter dreizehn Jahren dürfen nicht beschäftigt werden. Kinder über drei-

[1]) Eingefügt durch Novelle vom 6. August 1896 (vgl. hierzu wie überhaupt zu Fragen der Entstehungsgeschichte und der Auslegung: Robert von Landmann, Kommentar zur Gewerbeordnung, 7. Aufl., 1. Bd. 1917, 2. Bd. 1925.

zehn Jahren dürfen nur beschäftigt werden, wenn sie nicht mehr zum Besuche der Volksschule verpflichtet sind.

Die Beschäftigung von Kindern unter vierzehn Jahren darf die Dauer von sechs Stunden täglich nicht überschreiten."

§ 135 Abs. 3 sieht für „junge Leute" zwischen vierzehn und sechszehn Jahren die tägliche Höchstdauer von zehn Stunden vor. Hier greift die nach der Staatsumwälzung geschaffene Arbeitszeitregelung ein: der Achtstundentag. Vgl. zuerst Anordnung über die Regelung der Arbeitszeit gewerblicher Arbeiter vom 23. November 1918, Fassung vom 17. Dezember 1918. Danach VO. vom 29. Oktober 1923, VO. vom 21. Dezember 1923.

§ 136: „Die Arbeitsstunden der jugendlichen Arbeiten (§ 135) dürfen nicht vor sechs Uhr morgens beginnen und nicht über acht Uhr abends dauern. Zwischen den Arbeitsstunden müssen an jedem Arbeitstage regelmäßige Pausen gewährt werden."

Von den Schutzbestimmungen der Gewerbeordnung, die zum großen Teil im Wege der Novellengesetzgebung eingeführt wurden[1]), sind hiermit einige Proben gegeben. Die Aufzählung aller Einzelheiten würde zu weit führen.

Die Gewerbeordnung ist, im besonderen Sinne einer Kinderschutzgesetzgebung, ergänzt worden durch das Gesetz, betreffend Kinderarbeit in gewerblichen Betrieben, vom 30. März 1903 (oft „Kinderschutzgesetz" abgekürzt). Dieses hat unverändert gegolten bis zum 31. Juli 1925, an welchem Tage ein Abänderungsgesetz Ergänzungen für den Schutz der Kinder bei Lichtspielaufnahmen brachte (§§ 6a, 15a).

Der Begriff des Kindes (§ 2) stimmt mit dem überein, den wir bereits aus der RGWO. kennen: „Knaben und Mädchen unter dreizehn Jahren sowie solche Knaben und Mädchen über dreizehn Jahre, welche noch zum Besuche der Volksschule verpflichtet sind."

Das Gesetz verbietet, wieder bis ins einzelne gehend, gewisse Beschäftigungsarten völlig, andere beschränkt. Dabei unterscheidet es grundlegend zwischen der Beschäftigung fremder Kinder (§§ 4—11) und der Beschäftigung eigener Kinder (§§ 12—17). Als eigene Kinder gelten nach § 3:

1. „Kinder, die mit demjenigen, welcher sie beschäftigt, oder mit dessen Ehegatten bis zum dritten Grade verwandt sind,

2. Kinder, die von demjenigen, welcher sie beschäftigt, oder dessen Ehegatten an Kindes Statt angenommen oder bevormundet sind,

[1]) Beste Textausgabe für jugendrechtliche Zwecke. Heß, Kinder- und Jugendrecht, München, Beck, 1928. Vgl. auch Weyls Übersicht § 21.

3. Kinder, die demjenigen, welcher sie zugleich mit Kindern der unter 1 oder 2 bezeichneten Art beschäftigt, zur gesetzlichen Zwangserziehung (Fürsorgeerziehung) überwiesen sind."

Also ein weiter Begriff. Alle übrigbleibenden sind fremde Kinder.

Für beide, eigene wie fremde Kinder, sind gewisse Beschäftigungsarten verboten, die in § 4 aufgezählt sind. Selbst eigene Kinder (vgl. § 12) dürfen demnach nicht beschäftigt werden: Bei Bauten aller Art, im Betriebe derjenigen Ziegeleien und über Tage betriebenen Brüche und Gruben, auf welche die Bestimmungen der §§ 134 bis 139b der Gewerbeordnung keine Anwendung finden, in Werkstätten zur Anfertigung von Schiefertafeln usw. Werkstätten der Steinmetzen, Steinhauer, Werkstätten der Steinbohrer, -schleifer oder -polierer, der Töpfer, Glasbläser usw., Kalkbrennereien, Gipsbrennereien, Spiegelbelegereien — außerdem bei den meisten Betrieben, in denen Blei, Zink, Zinn, Quecksilber gearbeitet wird, Fleischereien, chemischen Waschanstalten, Maler und Anstreicherwerkstätten[1]); sowie beim Steinklopfen, im Schornsteinfegergewerbe, in dem mit dem Speditionsgeschäfte verbundenen Fuhrwerksbetriebe, beim Mischen und Mahlen von Farben, beim Arbeiten in Kellereien.

Dieser lange Katolog konnte ergänzt werden früher durch Verordnungen des Bundesrats, jetzt (Reichsverfassung Artikel 179 Abs. 2 in Verbindung mit Artikel 77 Satz 2) durch solche der Regierungen[2]).

## 2. Erlaubte Beschäftigung fremder Kinder.

In anderen Betrieben (Werkstätten und Handelsgewerbe) ist grundsätzlich nur die Beschäftigung von Kindern unter zwölf Jahren verboten (§ 5 Abs. 1). Für die Beschäftigung von Kindern über zwölf Jahren sind zunächst genaue zeitliche Grenzen gesetzt: Sie „darf nicht in der Zeit von acht Uhr abends und acht Uhr morgens und nicht vor dem Vormittagsunterricht stattfinden. Sie darf nicht länger als drei Stunden und während der von der zuständigen Behörde bestimmten Schulferien nicht länger als vier Stunden täglich dauern. Um Mittag ist den Kindern eine mindestens zweistündige Pause zu gewähren. Am Nachmittage darf die Beschäftigung erst eine Stunde nach beendetem Unterrichte beginnen." (§ 5 Abs. 2 — für

---

[1]) Das vollständige Verzeichnis ist dem Gesetze als Anlage beigegeben.

[2]) Vgl. Bekanntnmachung des Reichskanzlers vom 1. Juli 1907 (RGBl. S. 404) betr. Beschäftigung von Kindern bei Reinigung von Dampfkesseln.

den Sonntag gelten die besonderen Einschränkungen des § 9.) In Gast- und Schankwirtschaften dürfen Mädchen nicht bei der Bedienung der Gäste beschäftigt werden. Auch da, wo sie gestattet ist, steht die Kinderarbeit unter besonderer Kontrolle: Der Arbeitgeber hat der Ortspolizeibehörde schriftliche Anzeige zu machen. Und außer der Polizei wird sich jetzt auch das Jugendamt angelegen sein lassen, diese Dinge zu überwachen. Die Beschäftigung eines Kindes ist dem Arbeitgeber erst gestattet, nachdem ihm für dasselbe eine Arbeitskarte (§ 11) ausgestellt worden ist.

### 3. Bedingt erlaubte Beschäftigungsarten.

Bei öffentlichen theatralischen Vorstellungen, Schaustellungen und Lichtspielaufnahmen dürfen Kinder grundsätzlich nicht beschäftigt werden (§§ 6, 6a).

Aber es sind hier Ausnahmen zugelassen:

Für theatralische Vorstellungen und Schaustellungen sieht § 6 Abs. 2 vor, daß ausnahmsweise die Beschäftigung von Kindern erfolgen darf, wenn „ein höheres Interesse der Kunst oder Wissenschaft obwaltet". Das zu entscheiden ist, in erster Instanz, Sache „der unteren Verwaltungsbehörde nach Anhörung der Schulaufsichtsbehörde". Außer dieser soll aber (in sinngemäßer Ausdehnung des gleich zu besprechenden § 6a Abs. 2) auch das Jugendamt gehört werden.

Für Lichtspielaufnahmen macht Abs. 2 § 6a folgende Ausnahme von dem Verbot der Kinderbeschäftigung: „Die untere Verwaltungsbehörde kann bei Kindern über drei Jahre im Einzelfall Ausnahmen zulassen, wenn weder durch den Gegenstand der Aufnahme, noch durch die Tätigkeit des Kindes oder die Verhältnisse, unter denen die Aufnahme stattfindet, Schädigungen des Kindes in sittlicher, geistiger oder gesundheitlicher Hinsicht oder eine Überreizung seiner Phantasie zu besorgen sind. Vor der Erlaubnis soll die untere Verwaltungsbehörde das Jugendamt und, soweit es sich um schulpflichtige Kinder handelt, die Schulaufsichtsbehörde oder die von dieser bezeichnete Stelle anhören. Die Erlaubnis ist an Bedingungen zum Schutze der Gesundheit, der Sittlichkeit und, soweit es sich um schulpflichtige Kinder handelt, des unterrichtlichen Erfolges zu knüpfen. Abs. 3: Bei Kindern bis zu drei Jahren sind Ausnahmen nur zulässig, wenn ein Interesse der Kunst oder Wissenschaft sie erforderlich macht und nachweislich besondere Vorkehrungen zum Schutze der Gesundheit und für sachkundige Pflege und Beaufsichtigung des Kindes getroffen sind. Diese Bestimmungen gelten auch für die Beschäftigung eigener Kinder (§§ 15 und 15a).

### 4. Erlaubte Beschäftigung eigener Kinder.

Eigene Kinder im Sinne von § 3 des Gesetzes (s. oben) dürfen in etwas freierer Weise beschäftigt werden als fremde. Zwar bleiben auch für sie die in § 4 aufgezählten Beschäftigungsarten (s. oben S. 128) absolut, die Hinzuziehung zu theatralischen Vorstellungen, Schaustellungen, Lichtspielaufnahmen grundsätzlich (gemäß §§ 6 und 6a) verboten. Aber für den sonstigen eigenen[1]) Erwerbsbetrieb dürfen auch noch nicht zwölfjährige Kinder beschäftigt werden: die untere Altersgrenze ist hier: zehn Jahre (§ 13 Abs. 1). In der Beschäftigung der eigenen Kinder bei Botengängen, Austragen von Zeitungen, Milch, Backwaren sind die Eltern; Verwandte usw. freier gestellt als die fremde Kinder beschäftigenden Unternehmer (§ 17). Auch von dem Verbot des § 7 (Beschäftigung in Gast- und Schankwirtschaften) können gemäß § 16 Ausnahmen gemacht werden.

## II. Jugendlichenschutz.

Über das Kindesalter hinaus sind die Jugendlichen im Erwerbsleben geschützt einmal durch besondere Regelung der Arbeitszeit für sie, dann vor allem durch die Sorgfalt, mit welcher der Gesetzgeber versucht, eine zweckmäßige Berufsausbildung zu gewährleisten.

Die Regelung der Arbeitszeit und ein besonderer Schutz der körperlichen und sittlichen Gesundheit (Hausarbeitsgesetz § 6[2]) finden sich in den folgenden Gesetzen und Verordnungen: RGWO. §§ 136, 137a, 137, 138, 138a; Anordnung über die Regelung der Arbeitszeit gewerblicher Arbeiter vom 23. November 1918 (RGBl. S. 1334, 1436); Verordnung über die Arbeitszeit in den Bäckereien und Konditoreien vom 23. November 1918 (RGBl. S. 1329). Beides sind unmittelbare Revolutionsprodukte, die außer Kraft gesetzt (VO. vom 29. Oktober 1923), abgeändert (Gesetz vom 16. Juli 1927, RGBl. I S. 183) und schließlich ersetzt worden sind durch die Verordnung über die Arbeitszeit vom 21. Dezember 1923. Hierneben verdient besondere Hervorhebung das Hausarbeitsgesetz vom 27. Juni 1923 und Arbeitszeitnotgesetz vom 14. April 1927.

---

[1]) Nicht für Dritte! § 13 Abs. 2.

Die im großen und ganzen ohne Kommentar verständlichen Gesetze finden sich in der heute gültigen Fassung gesammelt in Heß: Kinder- und Jugendrecht, München 1928.

## III. Überwachung des Lehrlingswesens.

Die Sorge des Gesetzgebers für einwandfreie Berufsausbildung der Jugendlichen zeigt sich zunächst in der staatlichen Überwachung des Lehrlingswesens. Ihr ist in der Reichsgewerbeordnung ein ganzer Abschnitt gewidmet. Darin sind Vorschriften gegeben

1. über die Eignung des Lehrherrn,
2. über den Lehrvertrag,
3. über Pflichten und Rechte des Lehrherrn.

Nur die handwerkliche Berufsausbildung ist damit reichsrechtlich geregelt. Eine allgemeinere Geltung erstrebt der „Entwurf eines Berufsausbildungsgesetzes nebst amtlicher Begründung" der 1927 als 39. Sonderheft zum Reichsarbeitsblatt erschienen ist. Aber auch dieser Entwurf umfaßt nur einen Teil der Berufe (vgl. § 2).

### 1. Eignung des Lehrherrn.

Es sind zunächst sittliche Erfordernisse, von denen das Gesetz in den §§ 126ff. handelt. Die äußerlichste Voraussetzung ist der Besitz der bürgerlichen Ehrenrechte (§ 126). Von einer anderen, äußeren und elementaren Voraussetzung handelt § 126a Abs. 2, wonach die Befugnis zur Anleitung von Lehrlingen solchen Personen entzogen werden kann, welche wegen geistiger und körperlicher Gebrechen zur sachgemäßen Anleitung eines Lehrlings nicht geeignet sind.

Aber abgesehen von diesen Selbstverständlichkeiten stellt das Gesetz bestimmte Anforderungen an die sittliche Eignung. § 126a Abs. 1: „Die Befugnis zum Halten und zur Anleitung von Lehrlingen kann solchen Personen ganz oder auf Zeit entzogen werden, welche sich wiederholt grober Pflichtverletzungen gegen die ihnen anvertrauten Lehrlinge schuldig gemacht haben oder gegen welche Tatsachen vorliegen, die sie in sittlicher Beziehung zum Halten oder zur Anleitung von Lehrlingen ungeeignet erscheinen lassen."

Außer den sittlichen und geistig-körperlichen Elementarerfordernissen der §§ 126 und 126a stellt der § 129 für die Ausbildung in einem Handwerk den Grundsatz auf, daß man nur bei einem Meister lernen kann. Wer kann im handwerklichen Sinne Meister sein? Das Gesetz (§ 129) antwortet, grundsätzlich: wer mindestens das 24. Lebensjahr vollendet und eine Meisterprüfung bestanden hat.

Das ist der Grundsatz, von dem es aber verschiedene Ausnahmen gibt. Zunächst kann, wer in einem Handwerksfache Meister ist, auch für ein anderes Gewerbe Lehrlinge anleiten, wenn er auch dieses Gewerbe, in dem er keine Meisterprüfung bestanden hat, doch immerhin gelernt und die Gesellenprüfung bestanden oder fünf Jahre hindurch persönlich das Handwerk selbständig ausgeübt hat oder während der gleichen Zeit als Werkmeister oder in ähnlicher Stellung tätig gewesen ist (§ 129 Abs. 1 Satz 2). Außerdem kann die „höhere Verwaltungsbehörde"[1]) Personen, welche diesen Anforderungen nicht entsprechen, nach Anhörung der Handwerkskammer oder Innung die Befugnis zur Anleitung von Lehrlingen widerruflich verleihen (§ 129 Abs. 2; vgl. auch Abs. 3–6).

## 2. Der Lehrvertrag.

Er ist — im Gegensatz zu dem Regelfall des privatrechtlichen Vertrages — strengen Formvorschriften unterworfen.

§ 126b bestimmt: „Der Lehrvertrag ist binnen vier Wochen nach Beginn der Lehre schriftlich abzuschließen. Derselbe muß enthalten:

1. die Bezeichnung des Gewerbes oder des Zweiges der gewerblichen Tätigkeit, in welchem die Ausbildung erfolgen soll;
2. die Angabe der Dauer der Lehrzeit;
3. die Angabe der gegenseitigen Leistungen;
4. die gesetzlichen und sonstigen Voraussetzungen, unter welchen die einseitige Auflösung des Vertrags zulässig ist.

Der Lehrvertrag ist von dem Gewerbetreibenden oder seinem Stellvertreter, dem Lehrling und dem gesetzlichen Vertreter des Lehrlings zu unterschreiben und in einem Exemplar dem gesetzlichen Vertreter des Lehrlings auszuhändigen. Der Lehrherr ist verpflichtet, der Ortspolizeibehörde auf Erfordern den Lehrvertrag einzureichen."

Nur staatlich anerkannte Lehrwerkstätten und Eltern, die der Handwerkskammer angezeigt haben, daß und worin sie ihre Kinder selbst ausbilden, sind von diesen strengen Formvorschriften befreit.

§ 129b bestimmt, daß der Lehrherr, der einer Innung angehört, verpflichtet ist, binnen vierzehn Tagen nach Abschluß eine Ab-

---

[1]) Die höhere Verwaltungsbehörde, d. i. in Preußen der Regierungspräsident (Berlin: Polizeipräsident), Bayern Kreisregierung, Sachsen Kreishauptmannschaft.

schrift des Lehrvertrages der Innung einzureichen. „Die Innungen können bestimmen, daß der Abschluß des Lehrvertrages vor der Innung erfolgen soll."

### 3. Pflichten und Rechte des Lehrherrn.

Der Lehrherr ist zur Ausbildung verpflichtet (§ 127), muß also jede dem Lehrziele abträgliche Ausbeutung zu Handlangerdiensten vermeiden. Das Gesetz (§§ 128, 130) sieht darauf, daß die Ausbildung nicht durch eine unverhältnismäßig große Zahl von Lehrlingen im Betriebe in Frage gestellt wird. Auch daß die Dauer der Lehrzeit gesetzlich bestimmt ist (Regel drei, Höchstdauer vier Jahre, § 130a), ist ein Schutz gegen Ausbeutung als Hilfskraft und sonstige Gewinnsucht. Mit der technischen Ausbildung in der Werkstatt ist aber die Pflicht des Lehrherrn nicht erschöpft. Er hat den Lehrling auch zum Besuche der Fortbildungs- oder Fachschule anzuhalten und den Schulbesuch zu überwachen. Darüber hinaus hat er eine allgemeine Erziehungspflicht; gemäß § 127 muß er „den Lehrling zur Arbeitssamkeit und zu guten Sitten anhalten und vor Ausschweifungen bewahren". Seine Sorge für den Lehrling ist auch auf dessen gesundheitliches Wohl (Schutz gegen Mißhandlungen durch Arbeits- und Hausgenossen, Überanstrengung u. a.) ausgedehnt. Zur Erfüllung dieser Pflichten darf sich der Lehrherr eines geeigneten Stellvertreters bedienen.

Diese Pflichten ähneln denen des Vaters bei seiner Sorge für die Person des Kindes. Und in der Tat ist die Stellung des Lehrherrn in der Gewerbeordnung der des Vaters bewußt nachgebildet.

Der sehr wichtige und für das Gefühl vieler Jugendlichen nicht mehr mit den heutigen Verhältnissen vereinbare § 127a lautet:

> „Der Lehrling ist der väterlichen Zucht des Lehrherrn unterworfen und dem Lehrherrn sowie demjenigen, welcher an Stelle des Lehrherrn die Ausbildung zu leiten hat, zur Folgsamkeit und Treue, zu Fleiß und anständigem Betragen verpflichtet. Abs. 2: Übermäßige und unanständige Züchtigungen sowie jede die Gesundheit des Lehrlings gefährdende Behandlung sind verboten."

Nach Schluß der Lehrzeit (deren Dauer durch § 130a zeitlich begrenzt ist) hat der Lehrling einen Anspruch darauf, die Gesellenprüfung abzulegen (§ 131).

In der Jugendhilfe taucht in diesem Zusammenhange die Frage auf, ob auch Gefangene, die im Gefängnis einen Beruf erlernt haben, diesen Anspruch auf Ablegung der Gesellenprüfung besitzen. Vielfach wird er ihnen von den Innungen streitig gemacht. Meines Erachtens hätten es die Landesregiernngen in der Hand, hier, bei einer wirklich praktischen Angelegenheit der Strafvollzugsreform, ganz allgemein zu helfen. Sie brauchten nur von ihrer Befugnis aus § 131 Abs. 2 Gebrauch zu machen: „Die Landeszentralbehörden können den Prüfungszeugnissen von Lehrwerkstätten, gewerblichen Unterrichtsanstalten oder von Prüfungsbehörden, welche vom Staate für einzelne Gewerbe oder zum Nachweise der Befähigung zur Anstellung in staatlichen Betrieben eingesetzt sind, die Wirkung der Zeugnisse über das Bestehen der Gesellenprüfung beilegen." Die Gefängnislehrwerkstatt gehört in diese Reihe von Lehrwerkstätten! Das aus ihr stammende Zeugnis hat allerdings wenig Wert, wenn es in aller Deutlichkeit die Herkunft aus dem Gefängnis verrät.

## IV. Berufsberatung.

Außer der Kontrolle des Lehrlingswesens kennt die neuere Gesetzgebung ein System der behördlichen Berufsberatung, das man sich vielfach bemüht, auf eine wissenschaftliche Grundlage zu stellen. Als solche glaubt man mancherseits die Psychotechnik erkannt zu haben. Auch die Methoden der Intelligenzprüfung nach William Stern[1]) sind hier zu erwähnen. Betont werden muß die Gefahr, die in einer Überschätzung dieser Experimente läge. Die höheren Begabungen äußern sich nur spontan und nicht auf den absichtsvoll lauernden Anstoß. Sie sind, wenn überhaupt, nur für die Intuition eines feinfühligen Beurteilers wahrnehmbar.

Gesetzliche Grundsätze für die Berufsberatung bieten: das Gesetz über Arbeitsvermittlung und Arbeitslosenversicherung vom 16. Juli 1927 § 1 Abs. 2, §§ 49ff., 58ff. Für das Jugendrecht sind von besonderer Wichtigkeit die Richtlinien des Reichsarbeitsministeriums und des Reichsinnenministeriums über das Zusammenarbeiten von Jugendamt und Berufsberatungsstelle vom 4. September 1924 (RGBl. S. 459, Heß S. 26/27). Siehe auch das Arbeitslosenversicherungsgesetz vom 16. Juli 1927 (Text beider bei Heß. S. 13 und S. 26/27).

Ziertmann weist in seiner Abhandlung „Berufsberatung und Lehrstellenvermittlung" (i. 38. Sonderheft z. Reichsarbeitsblatt) auf die Wurzeln unseres Strebens nach methodischer Berufsberatung hin. Es war einmal die Schwierigkeit, die Frau in das Erwerbs-

[1]) Stern, Die psychologische Methode der Intelligenzprüfung, 1912; die Intelligenz der Kinder und Jugendlichen, 1920; Psychologie und Schülerauslese, 1920; Problem der Schülerauslese, 1925.

leben einzuordnen (wo man sich — in den Kreisen der Ärzte, Lehrer usw. — z. T. aus Furcht vor Konkurrenz gegen sie wehrte). Es war ferner das Streben des von allen Seiten bedrohten Handwerks, sich guten Lehrlingsnachwuchs zu sichern. Und schließlich zwang die Notwendigkeit, das Millionenheer von Soldaten in bürgerliche Berufe zu bringen, die Behörden dazu, schleunigst eine Organisation in großem Stil zu schaffen (Berufsberatung, Berufsauslese, Berufsausbildung, 32. Sonderheft z. Reichsarbeitsblatt 1927. VII. Verwaltungsbericht über das gewerbliche Schulwesen, 1926).

9. Kapitel.

# Schutz der Jugend gegen schädliche Einflüsse im öffentlichen Leben.

## I. Schund- und Schmutzschriftengesetz.

Am 18. Dezember 1926 beschloß der Reichstag nach heftigen Debatten das „Gesetz zur Bewahrung der Jugend vor Schund- und Schmutzschriften". Über fast alle Parteien hinweg bildeten Frauen und Männer der Jugendwohlfahrt eine geschlossene Front für das Gesetz. Dagegen aber stand die liberale Furcht vor Muckertum und schulmeisterlicher Reglementierung des Schrifttums. Dem Vernunftzeitalter ist die Literatur mit besonderer Weihe umgeben und staatlicher Eingriff in das freie Spiel der Kräfte unvorstellbar. Man braucht gegen diese Auffassung nur die bekannten Abschnitte aus Platons Staat zu stellen, in denen der Philosoph bekanntlich sogar den Homer unter Zensur nimmt und alles abstreicht, was der Erziehung der Jugend zur Tapferkeit und zum Staate schädlich sein könnte: dann erkennt man aus solchem Vergleich sofort, daß die uns in Fleisch und Blut übergangene Auffassung von der Unantastbarkeit aller Literatur und Kunst nichts Selbstverständliches, sondern etwas Höchstproblematisches ist. Das naive Zurückgehen zu dem Absolutismus des platonischen Staatsgedankens ist uns abgeschnitten durch die Jahrhunderte des Mittelalters mit ihrer unerbittlichen, in alles hineinreichenden, den Einzelmenschen und das Einzelgewissen vernichtenden Zensur. Empörung, Auflehnung gegen dieses Mittelalter ist es immer noch, was in unserer Zeit an Protesten aufzuckt, wenn irgendwie und irgendwo versucht wird, dem Staate, der Gemeinschaft eine neue Machtbefugnis zu geben.

Zur Verteidigung der neuen Machtbefugnisse, die im Gesetz zur Bewahrung der Jugend vor Schund- und Schmutzschriften enthalten sind, ist gesagt worden, daß sich alle darin vorgesehenen Maßnahmen gar nicht gegen Kunst und Literatur, sondern gegen etwas deutlich von ihr Unterscheidbares richten. Hermann M. Popert, Schriftsteller und Hamburger Richter, einer der Hauptkämpfer für das Gesetz, schreibt in seinem Buche „Hamburg und der Schundkampf": „Schmutzliteratur und Schundliteratur sind gar keine Literatur. Sie sind noch weniger Kunst, sind vielmehr Industrieerzeugnisse, sind Ware" (a. a. O. S. 2). Das Gesetz geht anscheinend ebenfalls von der Voraussetzung aus, daß sich die Schund- und Schmutzschriften stets klar und zweifelsfrei von der wirklichen Literatur unterscheiden lassen: es verzichtet auf eine Begriffsbestimmung.

Wenn man die Geschichte der Literatur durchgeht, wird man erkennen, daß Poperts Meinung ebenso wie die Voraussetzung des Schundliteraturgesetzes auf gutem Boden steht. Zwar hat es in allen Generationen eine revolutionäre Literatur der Jugend gegeben, die in dem Verlangen nach den ihr noch neuen und ungeheuren Geheimnissen der Gattung nicht bloß Grelles, sondern auch Indezentes hervorbringt — die Entwicklung der Söhne und ihre Loslösung von den Vätern geschieht in der Wirklichkeit selten so rein und stark und sanft wie in dem milden Sehnsuchtsbilde, das Keller, der große, einsame, frau- und kinderlose Mann, im Martin Salander erträumt hat. Aber gerade das jugendlich Ungeberdige ist deutlich unterscheidbar von Schund- und Schmutzschriften. Es sind ernst und ringend eingestellte kleine Künstlerkreise, in denen jene literarischen Revolutionsprodukte hervorgebracht, gepflegt und gelesen werden. Die Geschichte ihrer Zeit, der Kampf des Gestern und Heute mit dem Morgen spiegelt sich in ihnen. Das pornographische, das Schmutzschrifttum ist zeitlos[1]): immer die gleiche Art von wirklichkeitscheuen Heißträumen, aber nicht vom jugendlichen Träumer selber heiß hingeschrieben, sondern mit dem deutlichen Stempel der raffiniert aufgemachten Fabrikware. Nur gegen solches, aller Kunst ganz fernstehendes Machwerk ist das Schund- und Schmutzliteraturgesetz gerichtet.

---

[1]) Aus dem Vortrag eines „Liebhaber"bibliothekbesitzers in einem literarischen Kreise ersah ich zunächst wie abschreckend ähnlich der heutige Schund dem ist, der zur Zeit von Goethes Aufstieg fabriziert wurde — und wie der letztere so gar nichts von dem literarischen Ringen der damaligen Jugend widerspiegelt.

Es ist (trotz der Strafdrohung in § 6) kein Strafgesetz, sondern ein reines Verwaltungsgesetz. Die Straße soll freigehalten werden von Schmutz, die Jugend vor ungesundem Zeug bewahrt bleiben.

Alle Schund- und Schmutzschriften sollen in eine Liste aufgenommen werden. Wie diese Liste aussieht, welche Schriften auf diesen Index gesetzt werden: das zu entscheiden ist Sache von Prüfstellen, „die von dem Reichsminister des Innern im Einvernehmen mit den Landesregierungen nach Bedarf errichtet werden" (§ 2 Abs. 1)[1].

Die Zusammensetzung der Prüfstellen ist durch § 3 geregelt. Sie besteht aus einem beamteten Vorsitzenden und acht Sachverständigen. Um eine möglichst alle Interessen berücksichtigende Zusammensetzung zu gewährleisten, ist bestimmt: „Von den Sachverständigen sind je zwei zu entnehmen den Kreisen

1. der Kunst und Literatur,
2. des Buch- und Kunsthandels,
3. der Jugendwohlfahrt und der Jugendorganisationen,
4. der Lehrerschaft und der Volksbildungsorganisationen."

Die Sachverständigen werden vom Reichsminister des Innern auf Grund von Vorschlägen der beteiligten Verbände (unter Berücksichtigung der Kirchen) ernannt. Vor diesen Prüfstellen spielt sich das Verfahren in erster Instanz ab. Über den einzelnen Prüfstellen steht, als Berufungs- und Revisionsinstanz, die Oberprüfstelle in Leipzig. Vorsitzender der Oberprüfstelle ist ein Vertreter des Reichsministeriums des Innern, Mitglieder sind sechs vom Reichsrat gewählte Beisitzer und eine nicht näher bestimmte Anzahl von Sachverständigen, deren Kollegium nach denselben Grundsätzen zusammengestellt wird wie bei den Prüfstellen. Das ist der Gerichtskörper, der aber nicht vollzählig bei jeder Entscheidung zusammentritt. Die Entscheidungen erfolgen vielmehr in Sitzungen, an denen sieben Mitglieder teilnehmen: der beamtete Vorsitzende, zwei reichsrätlich gewählte Beisitzer und vier Sachverständige (aus jeder der in § 3 genannten Gruppen einer).

---

[1]) Durch Verordnung des Reichsministers des Innern über die Errichtung von Prüfstellen für Schund- und Schmutzschriften vom 21. November 1927, ergänzt durch die Bekanntmachung vom gleichen Tage (RGBl. S. 561), sind zwei solcher Prüfstellen errichtet, eine in Berlin und eine in München. Die Münchener Prüfstelle (SW, Haydnstr. 1) ist zuständig für Bayern, Württemberg, Baden, Hessen, die Berliner (Platz der Republik 6) für alle anderen Staaten.

Die Prüfstelle, als erste Instanz, kann eine Schrift nur bei Übereinstimmung von wenigstens sechs Mitgliedern in die Liste aufnehmen (§ 3 Abs. 2). Gegen die eine Schrift auf die Liste setzende Entscheidung können das Reich, jedes Land sowie der Verfasser und der Verleger die Oberprüfstelle anrufen. Es geschieht dies, indem der sich durch das Urteil der Prüfstelle beschwert Fühlende binnen zwei Wochen nach Zustellung der Entscheidung bei der Oberprüfstelle einen Antrag gegen Aufnahme oder auf Streichung der Schrift von der Liste stellt (§ 4 Abs. 1). Ist die Entscheidung der Prüfstelle dahin ergangen, daß die Schrift nicht auf die Liste gesetzt werden soll, so kann hiergegen ebenfalls die Oberprüfstelle angerufen werden. Das Gesetz (§ 4 Abs. 2) spricht hier von der Beschwerde, die innerhalb zwei Wochen bei der Oberprüfstelle einzulegen ist. Die Beschwerde kann eingelegt werden vom Vorsitzenden, zwei an der Entscheidung beteiligten (und überstimmten) Beisitzern oder den „Antragsberechtigten" (§ 4 Abs. 2).

Unter den Antragsberechtigten sind die Landeszentralbehörden und die Landesjugendämter verstanden, die das ganze Verfahren der Prüfung durch ihren Antrag auf Indizierung der Schundschrift erst in Gang bringen. Denn die Prüfstellen sind Gerichtskörper, die von selbst nicht in Gang kommen, sondern des Anstoßes bedürfen, den im Strafprozesse der Staatsanwalt, im Zivilprozesse die Parteien geben. Das (Landes-) Jugendamt hat hier im Kampfe gegen Schund und Schmutz sozusagen staatsanwaltliche Funktionen (§ 2 Abs. 2).

Über die Kosten des Verfahrens bestimmt § 5: Die Kosten der Errichtung der Reichsprüfstellen trägt das Reich.

Die Kosten des Verfahrens bei der Oberprüfstelle trägt im Falle der Ablehnung der Verleger, wenn er das Verfahren beantragt hat.

Die Wirkungen der Entscheidung, durch die eine Schrift auf die Liste gesetzt wird, sind in § 1 des Gesetzes bezeichnet. Zunächst wird die Aufnahme in die Liste durch den Vorsitzenden der Oberprüfstelle, dem alle Entscheidungen mitzuteilen sind, binnen drei Wochen öffentlich bekannt gemacht (§ 2 Abs. 3). Danach sind die in die Liste aufgenommenen Schriften nicht etwa verboten und aus dem Handel ausgeschaltet, sondern nur gewissen Beschränkungen beim Vertriebe unterworfen. § 1 zählt diese Beschränkungen folgendermaßen auf:

„1. sie dürfen im Umherziehen weder feilgehalten noch angeboten oder angekündigt werden; auch dürfen auf sie keine Bestellungen im Umherziehen gesucht oder entgegengenommen werden;

2. sie dürfen im stehenden Gewerbe, von Haus zu Haus oder auf öffentlichen Wegen, Straßen, Plätzen oder an anderen öffentlichen Orten nicht feilgeboten, angekündigt sowie innerhalb der Verkaufsräume und in Schaufenstern oder an anderen von der Straße aus sichtbaren Orten, nicht zur Schau gestellt werden; auch dürfen Bestellungen auf sie nicht gesucht werden;
3. sie dürfen Personen unter 18 Jahren weder zum Kaufe angeboten noch innerhalb des gewerblichen Betriebs entgeltlich oder unentgeltlich überlassen werden."

Außerdem haben (nach § 1 Abs. 2) Reichs-, Staats- und Gemeindebehörden die Pflicht, in allen ihren Büchereien und ähnlichen Einrichtungen die in die Liste aufgenommenen Schriften Kindern und Jugendlichen fernzuhalten.

Aus dem Dargelegten ist ersichtlich, daß das Gesetz weder auf irgendeinem Gebiete etwas vom literarischen, künstlerischen Markte ausschalten noch Erwachsene bevormunden will, daß es vielmehr lediglich einige Einschränkungen des freien Handels für Schund- und Schmutzschriften vorsieht. Was Schund und Schmutz sei — das wird als bekannt, als stets leicht erkennbar vorausgesetzt. Nur nach der negativen Seite hin sind einige Richtlinien gegeben, um das zu schützen, was nicht gemeinhin einfach als Schund und Schmutz behandelt werden darf. Vor allem bestimmt § 1 Abs. 5: „Eine Schrift kann wegen ihrer politischen, sozialen, religiösen, ethischen oder weltanschaulichen Tendenz als solcher nicht auf die Liste gesetzt werden." Das „als solcher" in diesem Satz macht den Schutz, der in dieser Bestimmung liegen soll, zum Teile wieder hinfällig, ist sicher recht kautschukartig. Aber wenn man bedenkt, was alles unter der Flagge einer „ethischen", „weltanschaulichen" Richtung usw. segelt, wird einem das Vorgehen des Gesetzgebers doch begreiflich. — Besonders wichtig ist der Schutz der politischen Presse; denn abgesehen von allen weiteren Gesichtspunkten: nichts könnte dem Kampfe gegen Schund und Schmutz mehr schaden als die Vermengung mit politischen Tendenzen. Aus diesem Grunde schließt Abs. 3 § 1 Dauerverbote gegen politische Tageszeitungen und Zeitschriften aus.

Man wird im ganzen das Gesetz kaum der Muckerei oder ähnlicher Todsünden anklagen können. Aber eine andere Frage ist dem besorgten Jugendpfleger aufgestoßen, die nämlich: ob nicht die praktische Ausführung des Gesetzes, für das Männer und

Frauen der Jugendwohlfahrt so geschlossen und begeistert zu Felde zogen, mit dem Fluche der Wirkungslosigkeit belastet sei. Die Frage ist nachdrücklich und nach sorgfältigem Eingehen auf das vorliegende Material von Webler (Frankfurt a. M.) gestellt worden in seinem Aufsatz: „Die Auswirkung des Gesetzes zur Bekämpfung der Schund- und Schmutzliteratur" (Zentralbl. XX, 1928, S. 88/92). Nur 18 Schriften seien bisher auf die Liste gesetzt worden; das Bild an den Kiosks und sonstigen Verkaufsständen sei unverändert; besonders hilflos sei man, wenn es sich darum handelt, Zeitschriftenhefte mit teilweise unzüchtigen Abbildungen zu fassen[1]).

Das ist zuzugeben. Aber es helfen hier keine Begriffsbestimmungen (Schundschrift, Schmutzschrift). Langsam, tastend, aber mit dem Willen, im richtigen und klaren Augenblicke zuzupacken, muß die Jugendwohlfahrt ihre Praxis der Schundbekämpfung ausbilden.

Aus dem Schrifttum vgl. Schulze, Gesetz zur Bewahrung vor Schund- und Schmutzschriften, 1927. Hahn, Ursachen und Wirkungen des Schundlesens, 1924. — Weitere Nachweise bei Stier-Somlo Art. Schund- und Schmutzliteraturgesetz i. HdR. — Conrad, Taschenkommentar des Gesetzes, 1927. Matz-Seeger, desgl.

## II. Schutz der Jugend gegen den Schundfilm.

Der Film steht — auch für die Vorführung vor Erwachsenen — unter Zensur. „Die Zulassung eines Bildstreifens erfolgt auf Antrag. Sie ist zu versagen, wenn die Prüfung ergibt, daß die Vorführung des Bildstreifens geeignet ist, die öffentliche Ordnung oder Sicherheit zu gefährden, das religiöse Empfinden zu verletzen, verrohend oder entsittlichend zu wirken, das deutsche Ansehen oder die Beziehungen Deutschlands zu auswärtigen Staaten zu gefährden. Die Zulassung darf wegen einer politischen, sozialen, religiösen, ethischen oder Weltanschauungstendenz als solcher nicht versagt werden. Die Zulassung darf nicht versagt werden aus Gründen, die außerhalb des Inhalts der Bildstreifen liegen": das ist in § 1 Abs. 2 des Lichtspielgesetzes vom 12. Mai 1920 bestimmt. Neue, in ihrer Massenwirkung oft unheimliche Mittel der Verständigung und Unterhaltung sind da: Film, Rundfunk. Das liberale Dogma laissez faire, laissez aller ist unanwendbar auf sie.

[1]) Entscheidung der Oberprüfstelle Leipzig vom 6. Juni 1928.

Von den Filmvorführungen sind, grundsätzlich, Jugendliche unter achtzehn Jahren ausgeschlossen. Die Filme, die in Jugendvorstellungen vor solchen Jugendlichen gespielt werden dürfen, sind durch eine noch strengere Kontrolle gegangen. Zu verbieten sind alle Bildstreifen, „von welchen eine schädliche Einwirkung auf die sittliche, geistige oder gesundheitliche Entwicklung oder eine Überreizung der Phantasie der Jugendlichen zu besorgen ist“. Das ist die reichsrechtliche Regel, das reichsrechtliche Minimum. Gemeinden und Gemeindeverbände können auf jugendamtlichen Antrag hin (wieder eine sozusagen staatsanwaltschaftliche Aufgabe der Jugendämter!) eine noch eingehendere Regelung des Filmwesens für Jugendliche ausführen. — Kinder unter sechs Jahren dürfen überhaupt nicht zu Kinovorführungen zugelassen werden. Über das Verbot der Beschäftigung von Kindern bei Filmaufnahmen vgl. oben S. 129.

## III. Schutz gegen Rauschgifte.

Schon das Bayerische Polizeistrafgesetzbuch Art. 56 legt Eltern, Pflegeeltern, Vormündern, Dienst- und Lehrherrn die Verpflichtung auf, die ihnen anbefohlenen Jugendlichen nicht ohne gehörige Aufsicht ins Wirtshaus gehen zu lassen.

Ein Verbot des Verabfolgens von Branntwein und branntweinartiger Genußmittel an Jugendliche unter achtzehn Jahren findet sich in dem Notgesetz vom 24. Februar 1923, § 5. Andere geistige Getränke oder nikotinhaltige Tabakwaren dürfen in Gast- und Schankwirtschaften an Personen unter sechzehn Jahren nur in Anwesenheit des Erziehungsberechtigten oder seines Vertreters verabfolgt werden.

Auch bei dem Verkehr mit Alkohol scheint die Zeit des Gehenlassens der Dinge abgelöst zu werden durch ein Zeitalter staatlicher Aufsicht und Erziehung, wenngleich wir wohl kaum auf die kindlichen Formen verfallen dürften, in denen Nordamerika versucht, von Polizei und Staatsanwalts wegen Sittlichkeit zu erzwingen. Der viel besprochene deutsche Entwurf eines Schankstättengesetzes stellt es ab auf das Selbstbestimmungsrecht der Gemeinden und will zunächst verhindern, daß die Fuselstätten nur so wie Pilze aus der Erde wuchern. Also wieder nur: Reinhaltung der Straße (wie beim Schundliteraturgesetz, mit dem der Entwurf auch wohl manche Gefahren der Ergebnislosigkeit teilt), Polizeistrenge im öffentlichen Leben — Freiheit nach wie vor in den sittlichen Entscheidungen des Privatlebens.

### IV. Schutz gegen Verbreitung von Geschlechtskrankheiten.

Die Seuche der Geschlechtskrankheiten ist nicht zu trennen von der Tatsache der geschlechtlichen Verwahrlosung. Diese hängt in tiefer, immer wieder neu hervortretender Weise zusammen mit der allgemeinen Jugendverwahrlosung. In so weiter und umfassender Weise kann an dieser Stelle das Problem (das zu einem guten Teile unsere ganze Arbeit durchzieht) nicht behandelt werden. Es soll nur auf die gesundheitspolizeilichen Bestrebungen hingewiesen werden, die das Gesetz zur Bekämpfung der Geschlechtskrankheiten vom 18. Februar 1927 durchführen möchte. Wir kommen auf dieses Gesetz in anderem Zusammenhange zurück (s. unten S. 150). Hier soll nur gewarnt werden vor bloßen aufklärerischen und nicht erzieherischen Bemühungen um das Wohl der Jugend, der ernstlich nur geholfen wird mit neuem, ehrfürchtig tiefem Binden und Verpflichten.

Über das Gesetz zur Bekämpfung der Geschlechtskrankheiten vgl. im übrigen den Kommentar von Hellwig, 1928. Ferner: Hellwig, Jugendschutz im Gesetz zur . . . usw., Zentralblatt XIX, 231—235.

10. Kapitel.

## Schutz der Jugend gegen das Verbrechen.

### Einleitung.

Radbruch hat die Entwicklung des Strafrechts als einen (seit dem ersten deutschen Reichsstrafgesetzbuch, der peinlichen Gerichtsordnung Kaiser Karls V. von 1532, langsam, ständig fortschreitenden) Abbau des Strafrechts dargestellt[1]). Dieser Erkenntnis kann sich niemand, der, Gesetze und Tatsachen prüfend, die Zeiten vergleicht, entziehen. Und doch muß man zugleich feststellen, daß, bei tausenderlei Anlässen, der Schrei nach dem Strafgesetzgeber selten stärker war als in unserer Zeit. Bei allen Wirtschaftsnöten der Kriegs- und Inflationszeit, bei allen Verlegenheiten der letzten Jahre wurde nach dem Staatsanwalt gerufen. Der Mann, der von Amts wegen seit langem über Strafrechtspflege und Strafrechtsreform zu wachen hat, der Direktor im Reichsjustizministerium Dr. Erwin Bumke, klagte auf der Hamburger Tagung der Internationalen Kriminalistischen Vereinigung von 1924: Wir leiden an einer Hypertrophie, einer krankhaften Überfülle des Strafrechts.

---

[1]) „Justiz", Augustheft 1927.

Auf einem Gebiete aber empfinden selbst die Männer und Frauen, die sonst lebhaft für den Abbau des Strafrechts arbeiten, einen Mangel. Und das ist das Gebiet des Jugendschutzes. Allerdings: einig in dem Willen zur Härte ist man nur, soweit der Schutz der Gesundheit in Frage steht. Nicht ganz unbestritten sind die Forderungen nach strengeren Bestimmungen gegen Angriffe auf die geschlechtliche, sittliche Reifung. Und heftigst umtobt ist der Schutz des keimenden Lebens (§ 218, Abtreibung). Mancher wird fragen: was hat der Schutz des keimenden Lebens mit Jugendschutz zu tun? Wir können nicht anders, als in christlichem Sinne zu beharren und schon das keimende Leben mit der Ehrfurcht und Heiligkeit zu umgeben, die Hauptkräfte der Jugendpflege waren und sind. Und wenn wir auch ablehnen, die ganze Frage mit alten, dem Volksgefühl entgleitenden Moraldogmen zu lösen, so müssen wir doch den allzu individualistischen Geist beklagen, der in Scheu und Scham christlicher Jahrhunderte nur Unvernünftiges und nicht das Heilsame sieht, das Menschentum und Volk erhält. Wir betrachten den Schutz des keimenden Lebens als zum Jugendrecht gehörig[1]) und versuchen darum, in dem ersten Abschnitt dieses Kapitels den schwierigen Weg zwischen Pharisäertum und verantwortungsloser das Leben-Heraushaberei zu finden.

### I. Strafrechtlicher Schutz des keimenden Lebens.

Strafdrohungen gegen die Abtreibung kennt schon das römische Recht (l. 4 D 47, 11; l. 8 D 48, 8). Septimus Severus hat aber dabei nicht an das keimende Leben als zu schützendes Rechtsgut gedacht, sondern an die Interessen des Gatten, der nicht betrogen werden sollte. Allerdings wollen die erwähnten Gesetze auch einem allgemeinen Sitten- und Volkszerfall in Rom begegnen. Den Gedanken, daß die Leibesfrucht eigenes Leben und nicht bloßer Bestandteil des Mutterkörpers sei, hat das Christentum durchgesetzt. Nach dem kanonischen Recht ist die Abtreibung Totschlag. Und wenn auch mit der Zeit die Gleichstellung von keimendem und geborenem Leben aus den Gesetzen der Völker wieder ausgemerzt wurde, so blieb doch von dem Gedanken im geltenden

---

[1]) In Übereinstimmung mit Blaum, Jugendwohlfahrt **1921**, S. 13: „Dadurch das als Aufgabe gestellt ist: jedes erzeugte Menschenleben . . . zu bewahren, ist bereits die Entscheidung getroffen, daß jede künstliche Unterbrechung der Schwangerschaft von der Jugendwohlfahrtspflege abzulehnen ist." — Aber das „jede" wird auch von Blaum durch verständige Ausnahmen wieder eingeschränkt.

deutschen Strafrecht soviel bestehen: daß die Abtreibung im Reichsstrafgesetzbuch unter den „Verbrechen und Vergehen wider das Leben" erscheint.

Der § 218 lautet: „Eine Schwangere, welche ihre Frucht vorsätzlich abtreibt oder im Mutterleibe tötet, wird mit Gefängnis[1]) bestraft.

Ebenso wird ein anderer bestraft, der eine Frucht im Mutterleib oder durch Abtreibung tötet.

Der Versuch ist strafbar.

Wer die im Abs. 2 bezeichnete Tat ohne Einwilligung der Schwangeren oder gewerbsmäßig begeht, wird mit Zuchthaus bestraft. Ebenso wird bestraft, wer einer Schwangeren ein Mittel oder Werkzeug zur Abtreibung der Frucht gewerbsmäßig verschafft. Sind mildernde Umstände vorhanden, so tritt Gefängnisstrafe nicht unter drei Monaten ein."

Die Handlung ist in der Wirklichkeit entweder eine schwierige ärztliche Operation[2]), die die Schwangere mit sich vornehmen läßt, oder sie besteht sehr häufg in einer Verletzung, die schleunige Operation zur Rettung des Lebens der Mutter erforderlich macht. Die Frau geht zum Kurpfuscher, der gewöhnlich nur einen Eihautstich macht und das weitere dem Arzt überläßt. Oder die Frau bewirkt die Abtreibung selbst, z. B. durch Einspritzungen.

In der Gerichtspraxis sind zwei Fragen besonders brennend geworden:

1. inwieweit der sogenannte „untaugliche" Versuch der Abtreibung strafbar ist und
2. inwieweit eine Abtreibungshandlung durch die besonderen Umstände des Falles gerechtfertigt oder wenigstens entschuldigt ist.

Die erste Frage ist vom Reichsgericht dahin entschieden worden, daß auch der untaugliche Versuch (eine gar nicht schwangere Frau trinkt Lindenblütentee in dem Glauben, es sei ein Abtreibungsmittel) strafbar sei[3]). Die Entwürfe zu einem neuen Strafgesetzbuch nehmen einen milderen Standpunkt ein, indem sie den Versuchsbegriff einengen; vgl. zuletzt Entwurf 1927 (Reichstagsdrucksache Nr. 3390) § 26 Abs. 3.

In der zweiten Frage, der nach der etwaigen Rechtfertigung der Abtreiberin durch die besonderen Umstände der Tat, ist die

---

[1]) Ursprünglich war Zuchthaus bis zu fünf Jahren angedroht; die jetzige Fassung ist vom 18. Mai 1926 (RGBl. I, 239).

[2]) Eine kurze, allgemeinverständliche Darstellung der Ausführungsarten gibt L. Fraenkel, Breslau, in Ethik III (1927) Nr. 7.

[3]) RStG. 8, 198; 17, 158; 34, 217; 39, 316; 42, 92; a. M. z. B. Liszt-Schmidt § 47 III und die dort Aufgeführten (M. E. Mayer, Frank u. a.); Liepmann, Reform 1921.

Praxis des Reichsgerichts nach langem Zögern zu befriedigenderen Ergebnissen gekommen. Im März 1927 hat das Reichsgericht[1]) endlich einer Selbstverständlichkeit Rechnung getragen und die zur Verhütung von Lebens- oder Gesundheitsgefahr ärztlich gebotene Unterbrechung der Schwangerschaft als gerechtfertigt und nicht bloß — wie früher — als durch Notstand im Sinne von § 54 StGB. entschuldigt angesehen. Die Unterscheidung ist keine belanglose Juristenspitzfindigkeit. Gibt man der Schwangeren nur einen Entschuldigungsgrund, so kann sie ihr Ehemann hindern, die Unterbrechung vornehmen zu lassen, da die Tat rechtswidrig bleibt — ein Soames der Forsyte Saga, der die Annette nur nahm, um einen Erben zu bekommen, wäre wohl dazu fähig. Außerdem schützt die Notstandsbestimmung nur den von der Not Betroffenen selbst und dessen Angehörige, nicht z. B. den Arzt. Es war also nötig, aus allgemeinen Erwägungen heraus hier volle Rechtfertigung zu geben.

Aber mit der Einräumung dieses Rechtes sind weite Kreise nicht zufrieden. Sie verlangten es ja nicht nur für die Fälle der ärztlich gebotenen Unterbrechung der Schwangerschaft, sondern wollten auch die Abtreibung freigegeben wissen überall, wo wirtschaftliche Not der Mutter ein weiteres Kind verbietet oder wo die Leibesfrucht aller Wahrscheinlichkeit nach mit Krankheit behaftet ist (Fälle der sozial und der eugenisch indizierten Unterbrechung der Schwangerschaft.

Es ist bei dieser ernsten Frage wichtig, Volksversammlungsphrasen zu vermeiden. Die sogenannte Abtreibungsseuche ist ein soziales Problem bitterster Art. Der Jugendpfleger und mehr noch die Jugendpflegerin (die hier ebenso unentbehrlich ist wie die Ärztin) bekommt genug davon zu sehen: denn junge Mädchen und Frauen, die noch die Jugendwohlfahrt angehen, kommen in ihrer Herzensbedrängnis und suchen Rat und Hilfe. Aber Hilfe bringt man ihnen weder durch Streichen noch durch Einführen von Strafgesetzbuchparagraphen. Wenn überhaupt von Gesetzen hier die Rede sein soll, so dürfen es nur solche sozialpolitischen Inhalts sein. Spät erst ist man daran gegangen, etwas Ernstliches zu tun, in den Gesetzen über die Wochenhilfe und die hier eintretenden Pflichten der Krankenkassen vom 9. Juni 1922 und 27. März 1923. Das Gewährenlassen der Abtreiber wäre eine grob mechanisch gedachte Hilfe, die gerade von der großen Mehrheit der Ärzteschaft für sehr gefährlich gehalten wird. Fast alle namhaften Gynäkologen sind Gegner der Freigabe. „Von den Frauenärzten, die im öffentlichen Leben stehen, hat noch keiner sich für die Freigabe der Unterbrechungen ausgesprochen, obwohl viele von ihnen im Ge-

[1]) RGSt. 61, S. 242ff., daselbst auch das hauptsächliche juristische Schrifttum (Radbruch, Heimberger, van Calker u. a.). Beim Studium dieser wie anderer strafrechtlicher Fragen wird am besten ausgegangen von der 25. Aufl. des Lisztschen Lehrbuchs, die Eberhard Schmidt 1927 in völliger Neubearbeitung gegeben hat. Ein eingehendes Verzeichnis auch der medizinischen Schriften bei Niedermeyer i. Archiv f. Frauenkunde 1927, S. 281ff. — Über Rußland: Harmsen, Die Befreiung der Frau, 1926.

heimen davon leben und die hauptsächlichsten finanziellen Nutznießer einer Gesetzesänderung wären, wenn nicht wie in Rußland die Bezahlung der Unterbrechung mit Zuchthaus bestraft wird. Die Frauenärzte wissen ganz genau, warum sie nicht öffentlich für die Unterbrechung plädieren; sie kennen am besten das Sündenregister dieses Eingriffs." (Fränkel a. a. O.)

In dem Verlangen nach Freigabe der Abtreibung liegt, wo es am radikalsten verkündet wird, die Verneinung des Staates, der Volksgemeinschaft, die gefährliche, nicht mehr moderne, sondern gestrige Auffassung, daß der Mensch mit seinem Körper (als dessen Teil die Leibesfrucht begriffen wird) machen könne, was er wolle. Es ist (bei der zuzugebenden geringen Wirkung der Strafe aus § 218) eine Frage gesetzgeberischen Taktes, ob man bei diesem sozialen Problem auf die Mitwirkung des Staatsanwaltes und Strafrichters verzichten soll. Es scheint aber verfehlt, von der Aufhebung des § 218 das Verschwinden des Übels oder auch nur ein Aufhören des schädlichen Kurpfuscherwesens zu erwarten; dessen Wurzeln liegen tiefer, zum Teil in einem beachtlichen Mißtrauen mancher Volkskreise gegen den Arzt.

Bleibt der § 218 bestehen, so gilt es natürlich, die Gefahr des Pharisäertums zu vermeiden. Die an Geld und guten Verbindungen reiche Frau wird leicht ein ärztliches Attest über die „Notwendigkeit" des Eingriffes vorweisen können, während die arme Frau wegen derselben Tat verurteilt würde. Diese Erwägungen können uns nicht in unserem Urteil über Recht oder Unrecht der Tat schwankend machen. Sie legen uns nur die Frage nahe, wie wir am besten wohl ein ungerechtes Schuldurteil vermeiden. Und da scheint mir die Ausdehnung des Notstandes, so wie sie in § 22 des Entwurfs von 1925 (1927 nicht unwesentlich verschlechtert — vgl. dazu meine Arbeiten in Juristische Rundschau 1925 und Justiz Augustheft 1927) vorgesehen war, das Richtige: Auch die Abtreiberin würde danach nur dann bestraft werden, wenn einer Durchschnittsfrau in ihrer Lage zuzumuten war, die Frucht auszutragen.

## II. Schutz der Jugend gegen Angriffe auf die geschlechtliche Reifung und Sittlichkeit.

Um die Strafwürdigkeit der Sittlichkeitsverbrechen im allgemeinen herrscht, besonders heftig seit der Aufklärungszeit, lebhafter Streit. Daß aber die Reifezeit der Jugend unangetastet bleiben und der Staat die schlimmsten Angriffe hierauf mit seiner schneidensten Waffe, dem Strafrecht, abwehren muß, ist doch wohl feststehende Meinung durch die Jahrhunderte hindurch geblieben.

Die redefeindliche Art der in Betracht kommenden Straftaten läßt es natürlich erscheinen, daß im frühen römischen wie im germanischen Recht der Schutz aller geschlechtlichen Sittlichkeit beim Hausvater, bei dem Inhaber der elterlichen Gewalt lag. Aber das zerfallende Rom spürte, daß eine alles heraushebende Verantwortungslosigkeit in geschlechtlichen Dingen nicht nur durch Kinderlosigkeit, sondern auch durch die innere Unfruchtbarkeit des Zynismus den geistig-seelischen Bestand des Staates bedrohte. Die lex Julia de adulteriis vom Jahre 17 vor Christus ist das Ergebnis dieser Einsicht. Sie bestraft im wesentlichen alle heute im Reichsstrafgesetzbuch genannten Sittlichkeitsverbrechen. Das öffentliche, volksgemeinschaftliche Interesse wird geschützt. Der klare Römer sieht die Grenzen staatlicher Strafe; er wähnt nicht, daß sie ein Mittel sei, die innere Sittlichkeit zu gewährleisten. Zwar erscheint schon das stuprum, die lediglich im außerehelichen Beischlaf bestehende Unzucht als Verbrechen; aber nicht der zur Dirne oder zum Verhältnis (meretrix) gehende trieberlegene Durchschnittsmensch wird gestraft, sondern der Verführer der Unberührten und Unbescholtenen, weil dieses Zarte als Grundstein gesunden Gemeinschaftslebens erkannt wird. Nur an die grobe Schädigung der Gemeinschaftswerte knüpft Rom die öffentliche Strafe. Im deutschen Mittelalter dagegen wird die Grenze von innerer und äußerer Sittlichkeit, von Sittlichkeit und öffentlicher Ordnung verwischt, weil der Mensch nur als das durch und durch sichtbarlich heilig sein sollende Glied der gottweltlichen Ordnung erscheint. Das kirchliche, sogenannte kanonische Recht, das auch weltliche Geltung hatte, will nicht das Verbrechen (d. h. die Auflehnung gegen den Staat, gegen die Menschenordnung), sondern die Sünde treffen. Aus einer Verschmelzung der Rechte des weltlichen und geistlichen Roms entstand das erste deutsche Reichsstrafgesetzbuch, die peinliche Gerichtsordnung Kaiser Karls V. von 1532. Ihre an sich schon strengen und weitreichenden Strafdrohungen (Art. 116—123) wurden noch erweitert durch die Reichspolizeiordnungen von 1530, 1548 und 1577, die sich gegen fast alle Formen des außerehelichen Geschlechtsverkehrs richteten. Es muß festgestellt werden, daß diese zum Teil aus christlichem Feuerwillen und zum Teil aus Gedankenlosigkeit kommenden Strafdrohungen nicht vermocht haben, die Häufigkeit dieses Verkehrs wesentlich zu dämmen. Er wurde im Gegenteil in öffentlichen Frauenhäusern verwaltungsmäßig geduldet und privilegiert. Das ganze widerspruchsvolle Sittenbild des Mittelalters tut sich hier auf: zum Gesetz erhobenes Ideal der Reinheit und überall unhemmbar hervorbrechende Ausschweifung und Laster. Unüberlegt haben Gesetze und Richtersprüche mit schweren Strafen dreingeschlagen. Aber die Erfolglosigkeit dieses Wütens brachte nur den Eindruck der Grausamkeit hervor und rief die Denker und Forderer der Aufklärungszeit auf den Plan, mit Voltaire und Hommel an der Spitze. Milderung und Beseitigung der hohen Strafen für Sittlichkeitsvergehen wurde gefordert, weil hier gar nicht der Staat, die Allgemeinheit gefährdet sei, und oft — so besonders bei dem freiwilligen außerehelichen Liebesverkehr der Unverheirateten — überhaupt niemand verletzt werde. In dieser Zeit tritt eine radikale Propaganda gegen althergebrachte sittliche Bindungen auf; eine entschiedene Bejahung der Geschlechtlichkeit. Das damals Moderne hat sich in manchen Teilen als weltfremde Verkennung volkheitlicher, sozialpolitischer Tatsachen und Notwendigkeiten erwiesen. Die damals natürlich weltfroh erscheinende Lobpreisung der Bastarde, als der vom Genius besonders begünstigten Kinder freien Liebesbundes, erscheint dem Kenner von Elend und Verkümmerung der unehelichen, meist ins Proletariat hinabgezwungenen Kinder als wirklichkeitfernste Romantik.

Das geltende Reichsstrafgesetzbuch vom 15. Mai 1871 sucht den vernünftigen Mittelweg zwischen Aufklärerradikalismus und mittelalterlichem Feuerwillen; dabei hat man naturgemäß manches von der nüchternen Klarheit Roms wiedergefunden.

Von den Tatbeständen, die das Reichsstrafgesetzbuch umreißt, sind hier zu nennen:

§ 174 Nr. 1: Unzucht mit abhängigen, anvertrauten Jugendlichen.

„Vormünder, welche mit ihren Pflegebefohlenen, Adoptiv- und Pflegeeltern, welche mit ihren Kindern, Geistliche, Lehrer und

Erzieher, welche mit ihren minderjährigen Schülern oder Zöglingen unzüchtige Handlungen vornehmen." — Strafe: Zuchthaus bis zu fünf Jahren, bei mildernden Umständen Gefängnisstrafe nicht unter sechs Monaten.

§ 176 Nr. 3: Unzucht mit Kindern:

„Wer mit Personen unter vierzehn Jahren unzüchtige Handlungen vornimmt oder dieselben zur Verübung oder Duldung unzüchtiger Handlungen verleitet." — Strafe: Zuchthaus bis zu zehn Jahren bei mildernden Umständen Gefängnis nicht unter sechs Monaten.

§ 182: Verführung.

„Wer ein unbescholtenes Mädchen, welches das 16. Lebensjahr nicht vollendet hat, zum Beischlafe verführt, wird mit Gefängnis bis zu einem Jahre bestraft. — Die Verfolgung tritt nur auf Antrag der Eltern oder des Vormundes der Verführten ein."

§ 184 Nr. 2: Anbieten oder Überlassen unzüchtiger Schriften; Abbildungen oder Darstellungen an Personen unter sechzehn Jahren, (Gefängnis bis zu einem Jahre und Geldstrafe oder Geldstrafe oder Gefängnis allein; daneben möglich Verlust der bürgerlichen Ehrenrechte, Zulässigkeit von Polizeiaufsicht).

§ 184a: Anbieten oder Überlassen solcher Schriften, Abbildungen oder Darstellungen (an noch nicht Sechzehnjährige), die zwar nicht unzüchtig sind, aber das Schamgefühl gröblich verletzen (Gefängnis bis zu sechs Monaten oder Geldstrafe).

Außerdem kommen Jugendliche als Objekte fast aller anderen Sittlichkeitsdelikte in Betracht: Blutschande (§ 173), widernatürliche Unzucht (§ 175) usw.

Immer wiederkehrende Schwierigkeiten hat der Praxis der Begriff „unzüchtige Handlung" bereitet. Sie hat nach dem Reichsgericht stets geschlechtliche Beziehung. „Die Handlung muß objektiv geeignet sein, das Sittlichkeitsgefühl in geschlechtlicher Hinsicht (gröblich) zu verletzen": so formuliert Frank § 174 I 2. Das Reichsgericht erfordert in jüngeren Entscheidungen nicht mehr Gröblichkeit RGSt. 32, 418. Vgl. aus der Judikatur zur Frage der Unzüchtigkeit: RGSt. $6^{116}$, $23^{233}$, $57^{239}$.

Eine andere Schwierigkeit liegt darin: wieweit Jugendliche selber gegen die Strafdrohungen verstoßen können, die zum Schutze der Jugend aufgestellt sind. Vor dem Inkrafttreten des Jugendgerichtsgesetzes bejahte das Reichsgericht die Möglichkeit, daß Kinder von über zwölf, aber unter vierzehn Jahren Täter des Verbrechens aus § 176 Nr. 3 sein können (RGSt. $7^{352}$, $20^{181}$).

Das ist jetzt durch § 2 JGG. ausgeschlossen. Wohl aber werden Jugendliche über vierzehn Jahren weiterhin als grundsätzlich strafbar (unter den Voraussetzungen von § 3 JGG.) angesehen. Das ist bedenklich: Jugendliche wegen Unzucht mit anderen Jugendlichen zu bestrafen. Der Erwachsene soll — und er allein kann in vollem Sinne — seine Verantwortlichkeit gegenüber der Jugend fühlen. Man kann nach geltendem Rechte praktisch diese Erkenntnis so betätigen, daß man bei Jugendlichen bis zu achtzehn Jahren Verstandes- oder Charakterreife in dieser Hinsicht verneint und so gemäß § 3 JGG. zur Vermeidung der Strafe kommt. Für das zukünftige Recht fragt es sich, ob man nicht den Grundsatz allgemein einführen soll, der nach § 173 für Verwandte und Verschwägerte in absteigender Linie gilt: daß die Strafdrohung nur Personen über achtzehn Jahre trifft.

Eine Angelegenheit, die von jedem damit Betrauten feinsten Takt und Tiefblick erfordert, ist die Vernehmung jugendlicher Zeugen in Prozessen über Sittlichkeitsverbrechen. Hierzu ist es nötig, die theoretischen Darlegungen, besonders etwa von William Stern[1]) und von praktisch tätiger Seite die Berichte und Leitgedanken von Charlotte Meyer zu lesen[2]).

## III. Bewahrung vor Prostitution.

Die weibliche (leider muß man im Hinblick auf homosexuelle Verkommenheiten hinzufügen: und auch die männliche) Jugend vor der Prostitution zu bewahren, ist eine wichtige Aufgabe der Jugendhilfe. Hierzu gehört zunächst eine richtige Behandlung der Prostitution überhaupt.

Das Strafrecht kannte den Tatbestand der Prostitution bis 1. Oktober 1927 als eine Polizeiübertretung:

> § 361 Nr. 6 RStGB.: „Mit Haft wird bestraft eine Weibsperson, welche wegen gewerbsmäßiger Unzucht einer polizeilichen Aufsicht unterstellt ist, wenn sie den in dieser Hinsicht zur Sicherung der Gesundheit, der öffentlichen Ordnung und des öffentlichen Anstandes erlassenen polizeilichen Vorschriften zuwiderhandelt, oder welche, ohne einer solchen Aufsicht unterstellt zu sein, gewerbsmäßig Unzucht treibt."

Das kam praktisch darauf hinaus, daß die Prostituierten bestraft wurden, die sich der „zur Sicherung der Gesundheit" eingeführten polizeiärztlichen Untersuchung entzogen. 25 Haftstrafen im Straf-

---

[1]) W. Stern, Beiträge zur Psychologie der Aussage 2. Bd. 1903—1906. — Jugendliche Zeugen in Sittlichkeitsprozessen, 1926.

[2]) In ZStW. 1925 u. Monatschr. f. Krim. Psych. 1926, s. jetzt besonders: Hellwig, Psychologie und Vernehmungstechnik, 1927.

register eines „Kontrollmädchens" sind keine Seltenheit. § 362 RStGB. sieht die Möglichkeit des Arbeitshauses vor, von der teilweise in der Praxis Gebrauch gemacht wurde.

Das sind nicht nur unzureichende, sondern vielfach sogar schädliche Maßnahmen, deren gesetzliche Grundlage darum durch das Gesetz zur Bekämpfung der Geschlechtskrankheiten vom 18. Februar 1927 geändert worden ist.

Drei Ziele muß eine Prostitutionsbekämpfung haben; beginnen wir die Aufzählung mit dem äußerlichsten:

1. Sie muß das Straßenbild sauber halten, um vor allem die Jugend vor diesem Fäulnisbilde zu bewahren. Darum bestimmt der § 361 Nr. 6 jetzt in der durch das Gesetz zur Bekämpfung der Geschlechtskrankheiten veränderten Form: „Mit Haft wird bestraft, wer öffentlich in einer Sitte oder Anstand verletzenden Weise zur Unzucht auffordert oder sich dazu erbietet" und (§ 361 Nr. 6a): . . . „wer gewohnheitsmäßig zum Zwecke des Erwerbes in der Nähe von Kirchen oder in der Nähe von Schulen oder anderen zum Besuche durch Kinder oder Jugendliche bestimmten Örtlichkeiten oder in einer Wohnung, in der Kinder oder jugendliche Personen zwischen drei und achtzehn Jahren wohnen, oder in einer Gemeinde mit weniger als fünfzehntausend Einwohnern, für welche die oberste Landesbehörde zum Schutze der Jugend oder des öffentlichen Anstandes eine entsprechende Anordnung getroffen hat, der Unzucht nachgeht".

Hier erhält die Polizei einen Rechtstitel zum Einschreiten[1]), damit sie die Straße sauber halten kann. Nicht mehr wird ein Mensch gezwungen, sich einer polizeiärztlichen Massenuntersuchung zu unterziehen.

2. Die staatliche Bekämpfung der Prostitution muß zwar auf Schutz der Volksgesundheit bedacht sein, aber hierzu haben sich Reglementierung (polizeiärztliche Untersuchung) und Kasernierung als untaugliche Mittel erwiesen. Das Gesetz zur Bekämpfung der Geschlechtskrankheiten vom 18. Februar 1927 geht hier wohl den richtigeren Weg, indem es nicht bloß die Prostituierte, sondern jeden Geschlechtskranken zwar nicht etwa unter polizeiärztliche Kontrolle, aber doch unter eine besondere Verantwortung stellt.

Die (jetzt wohl glücklicherweise abebbende) Seuche der Geschlechtskrankheiten hat in Deutschland während der letzten Jahre die Frage

---

[1]) Das ist allein wesentlich und billigenswert; die Vollstreckung einer kurzzeitigen Haftstrafe muß jeder Anhänger der Strafrechtsreform ablehnen.

wieder aufgerührt, wie man wohl am besten der Prostitution, diesem scheinbar unausrottbaren und notwendigen Übel, begegne. Noch immer wird in ärztlichen, polizeilichen und parlamentarischen Kreisen heftig darüber gestritten, ob Reglementierung und Bordellierung unentbehrliche Waffen im Kampfe gegen die Geschlechtskrankheiten sind, oder ob sie nutzlos, ja schädlich sind. Von den Gegnern der Bordellierung und Reglementierung (z. B. Blaschko, Jadassohn, von Düring, Delbanco) wird immer wieder mit Nachdruck darauf hingewiesen, daß man diese Dinge in Amerika, Dänemark, Norwegen und mehreren Kantonen der Schweiz nicht kennt — und daß vor allem auch England ohne Reglementierung auskommt. England kommt ohne den plumpen Apparat der polizeilichen Einschreibung aus, weil es wirksamere Mittel zur Bekämpfung von Geschlechtskrankheiten und Prostitution hat. Seit dem wichtigen Buche des Amerikaners Abraham Flexner, Prostitution in Europa, 1913 (deutsch von M. Wolff, 1921), wissen wir, daß und weshalb die polizeiliche Reglementierung versagt hat: von ihr wird nur ein verschwindend kleiner Teil der weiblichen Geschlechtskranken erfaßt — und dabei nicht einmal der gefährlichste. Die jüngeren und begehrteren Prostituierten sind noch nicht aufgegriffen; gegen Geschlechtskrankheiten verbreitende Männer hat man überhaupt kein Mittel. Die wöchentlich ein- oder zweimal untersuchten älteren Prostituierten sind zum größten Teil bereits immun geworden und nicht mehr ansteckungsfähig. Im übrigen ist die polizeiliche Untersuchung nach Flexners Meinung, die von vielen bekannten Dermatologen geteilt wird, eine Farce, eine „hygienische Heuchelei"; denn die Prostitution ist nur ein erstaunlich kleiner Ausschnitt aus dem Kreise der Geschlechtskrankheiten Verbreitenden. Eine wirksame Bekämpfung dieser Krankheiten wird also durch keine noch so genaue Überwachung der Prostituierten und erst recht nicht des kleineren Teils der polizeilich eingeschriebenen Prostituierten garantiert. Die englische Gesetzgebung geht von der Erkenntnis aus, daß das Wichtigste und Praktischste ist, möglichst viele Geschlechtskranke zu veranlassen, sich freiwillig in ärztliche Behandlung zu geben. Daher ist es, wenn der Staat ernsthaft die Seuche der Geschlechtskrankheiten bekämpfen will, seine erste und vornehmste Pflicht, für Polikliniken mit Ärzten und Ärztinnen zu sorgen, in denen der Patient auf diskrete und sorgsame Behandlung seines Leidens vertrauen darf. In England sind seit den Public Health (Veneral Diseases) Regulations von 1916 solche Polikliniken für Geschlechtskrankheiten in großer Zahl eingerichtet (vgl. Local

Government 1924, edited by Alexander Macmorran p. 69, London 1925). — Der englischen Gesetzgebung nähert sich das deutsche Gesetz zur Bekämpfung der Geschlechtskrankheiten (vgl. aus den Reichstagsdebatten die Stenographischen Berichte der 364., 365. und 367. Sitzung). Hiermit fördert man auch das

3. Ziel der staatlichen Prostitutionsbekämpfung: Hilfe, Erziehung und Bewahrung für die Mädchen selbst, die der Prostitution verfallen sind oder die in Gefahr sind ihr zu verfallen. Hier war das alte System nur schädlich. Die Polizei war nicht die geeignete Stelle. Wertet man selbst die Fälle, in denen Beamte während der Ausübung ihres Dienstes zu geschlechtlichen Handlungen mit Erfolg gereizt wurden, als verschwindende Ausnahmen, so bleibt Erziehungswidriges genug. Die polizeiärztliche Untersuchung geschieht massenhaft (vgl. z. B. Urban, Staat und Prostitution in Hamburg [1807—1922], Hamburg 1927, mit einem Vorwort von Laun) und entwürdigend. Man mag einwenden, daß diese Mädchen für das Entwürdigende kein Gefühl mehr haben. Aber selbst wenn dies zugegeben werden müßte, so bleibt bestehen: eine Frau, die mit einer Herde anderer zusammen womöglich von einem zynischen und schamlosen Manne (Beispiele siehe bei Flexner) untersucht worden ist, vermag keine Achtung für die Institutionen unseres Staates zu gewinnen. Es ist zu begrüßen, daß (nach einem Worte der hochverdienten Reichstagsabgeordneten Frau Neuhaus bei der Beratung des Geschlechtskrankheitenbekämpfungsgesetzes) nunmehr diese Gefährdeten und Gefallenen in treusorgende Frauenhände kommen sollen; nicht mehr in die Hände der männlichen, sondern der neugeschaffenen weiblichen Polizei. Eine ausgezeichnete Darstellung dieser neuen Polizei gibt Frau Erkenz, Weibliche Polizei, Lübeck 1925 (vgl. auch Pappritz, Gefährdetenfürsorge).

## IV. Strafrechtlicher Leib- und Lebensschutz.

1. Das Leben des Kindes ist ebenso wie das Leben des Erwachsenen geschützt. Von der Geburt an[1]) ist die Tötung des Kindes gemeiner Mord oder Totschlag.

Die Tötung im Mutterleibe hingegen ist als Abtreibung strafbar.

Eine besondere Strafdrohung besteht für die Tötung des unehelichen Kindes in oder gleich nach der Geburt durch die un-

---

[1]) Ob mit Beginn der Lungenatmung (Liszt-Schmidt § 80 u. a.) oder dem Austritt eines Teiles aus dem Mutterleib (Binding, Bes. Teil 1, S. 38 u. a.) ist strittig. Frank Vorbemerkung zum 16. Abschnitt meint einfach: Beginn des Geburtsaktes.

eheliche Mutter: deren seelisch bedrängter Lage wird Rechnung getragen durch Milderung der gewöhnlichen Mord- oder Totschlagsstrafe, die naturgemäß nur ihr persönlich zugute kommt, nicht dem Anstifter oder Gehilfen der Tat.

§ 217: Eine Mutter, welche ihr uneheliches Kind in oder gleich nach der Geburt tötet, wird mit Zuchthausstrafe nicht unter drei Jahren bestraft.

Sind mildernde Umstände vorhanden, so tritt Gefängnisstrafe nicht unter zwei Jahren ein.

Leib- und Lebensschutz will insbesondere dem Kinde auch gewähren der § 221 StGB., der die Aussetzung einer hilflosen Person mit Gefängnisstrafe bedroht und die Strafdrohung verschärft anwendet auf „leibliche Eltern", die ihr Kind aussetzen.

2. Die Gesundheit des Kindes ist gegen Mißhandlung geschützt durch die Gesetzesstellen, die den Menschen allgemein gegen Körperverletzung schützen wollen: §§ 223ff. Die Kindermißhandlung ist aber durch die Novelle vom 19. Juni 1912 als besonders schwer anerkannt und deshalb der gefährlichen Körperverletzung § 223 a gleichgestellt worden durch den hinzugefügten Abs. 2 des § 223 a:

Gleiche Strafe tritt ein, wenn gegen eine noch nicht achtzehn Jahre alte oder wegen Gebrechlichkeit oder Krankheit wehrlose Person, die der Fürsorge oder Obhut des Täters untersteht oder seinem Hausstand angehört, oder die der Fürsorgepflichtige der Gewalt des Täters überlassen hat, eine Körperverletzung mittels grausamer oder boshafter Behandlung begangen wird[1]).

Dem Bedürfnis nach Jugendschutz ist hiermit indessen nicht genügt worden. Wir müssen fordern: staatliches Einschreiten gegen alle Quälereien (auch die gröbsten Formen der „bloß" seelischen) und gegen Vernachlässigungen sowie Ausbeutungen der Jugend. Was hier gesetzgeberisch zu verlangen ist, hat, unter dem Vorsitze von Kohlrausch, die Vereinigung für Jugendgerichte und Jugendgerichtshilfen klar und eindringlich herausgearbeitet. Zum Studium dringend empfohlen seien darum die folgenden drei Schriften: Jugendschutz im Strafgesetzentwurf, ZStW. Bd. 47 (1926); Schutz der Jugend, Abänderungsvorschläge zum Entwurf 1927, herausgegeben von der deutschen Zentrale für freie Jugendwohlfahrt zusammen mit der Vereinigung für Jugendgerichte und Jugendgerichtshilfen, Berlin 1927; Kindermißhandlungen, herausgegeben von denselben beiden Stellen, 1928.

### V. Freiheit und elterliche Gewalt

schützt der Strafgesetzgeber durch die Strafdrohungen gegen den Entführer: §§ 235, 236.

[1]) Schleich, Die gefährliche Körperverletzung und Mißhandlung Pflegebefohlener, 1928.

3. Teil.

# Der staatliche Erziehungszwang.

11. Kapitel.

# Schutzaufsicht und Fürsorgeerziehung.

## Einleitung.

Öffentliche Jugendhilfe setzt ein, wo elterliche Gewalt nicht ausreicht; Fürsorgeerziehung insbesondere da, wo elterliche Erziehung versagt hat. Zwei Mißverständnisse gilt es von vornherein zu beseitigen. Das erste ist die falsche Annahme: der Fürsorgezögling sei ein verwahrloster Jugendlicher; das zweite die häufige Verwechselung von Fürsorgeerziehung und Anstaltserziehung. Zu dem ersten ist zu bemerken, daß die Fürsorgeerziehung oft für ganz unschuldige und zarte Kinder angeordnet wird, bloß um sie aus einer gefährlichen Umgebung herauszubringen — denn es handelt sich hier — nach § 62 RJWG. — um eine der (erst zu befürchtenden) Verwahrlosung vorbeugende, geradesogut wie um eine die (vorhandene) Verwahrlosung bekämpfende Maßnahme; zu dem zweiten Mißverständnis, der Verwechselung von Fürsorgeerziehung und Anstaltserziehung, ist zu sagen, daß schon der oberflächliche Kenner der Verhältnisse wissen sollte: Fürsorgezöglinge können in Familien, bei Lehrherren geradesogut wie in Erziehungsanstalten (aller Art) untergebracht werden (vgl. § 69 RJWG.).

Die Fürsorgeerziehung, Einleitungsverfahren wie Durchführung, hat im Reichsjugendwohlfahrtsgesetz die erste reichsrechtliche Regelung erfahren. Davor galten Landesgesetze, so vor allem das Preußische Fürsorgeerziehungsgesetz vom 2. Juli 1900 (ergänzt durch die Novelle von 1915), das in manchen Teilen auch grundlegend geworden ist für die Bestimmungen des Reichsjugendwohlfahrtsgesetzes[1]).

[1]) Aus dem älteren Schrifttum: Feith, **Misdadige Kinderen**, Amsterdam 1912. Scheltens u. Giltay. Landsberg, J. F.: Das Recht der Zwangs- und Fürsorgeerziehung. Berlin u. Leipzig 1908. Landsberg, J. F.: Vormundschaftsgericht und Ersatzerziehung Heft 1 der „Fortschritte des Kinder-

Allerdings: nur die nähere Regelung der öffentlichen, verwaltungsmäßigen Seite fehlte im Reichsrecht und blieb dem Landesrecht überlassen. Die Frage, ob und wann ein Kind, ein Jugendlicher aus seiner Familie gerissen und in staatliche Ersatzerziehung genommen werden darf, mußte schon vor dem Reichsjugendwohlfahrtsgesetze und muß noch heute nach Reichsrecht, nach dem Recht des Bürgerlichen Gesetzbuches entschieden werden: denn hier handelt es sich um einen starken Eingriff in die väterliche Gewalt des Bürgers. Ursprünglich dachte man daran, den staatlichen Eingriff nur zu gestatten, wenn das Kind eine strafbare Handlung begangen hatte: daher finden sich die ersten Regeln über Fürsorgeerziehung im Strafgesetzbuch (Novelle vom 26. Februar 1876 § 55, 56; auch das preußische Zwangserziehungsgesetz vom 13. März 1878 blieb in diesem engen Rahmen). Mit dem Inkrafttreten des Bürgerlichen Gesetzbuches (1900) bricht sich aber eine neue Auffassung Bahn: nicht Repression, sondern auch und gerade Prävention, Vorbeugung gegen drohende Verwahrlosung ist Grund und Zweck des staatlichen Einschreitens. Das Bürgerliche Gesetzbuch beschränkt die elterliche Gewalt in der Weise, daß ihr nur Freiheit gelassen wird, solange das Kind dabei gut fährt; falsche Ausübung verwirkt die Gewalt. Im Laufe unserer Darlegungen ist schon mehrfach darauf hingewiesen worden, daß § 1666 BGB. von der Praxis allmählich immer weiter ausgedehnt wurde, von der elterlichen Pflichtwidrigkeit als Voraussetzung staatlichen Eingriffs bis zum Schongenügenlassen der bloß objektiv unrichtigen Ausübung der Sorge für die Person des Kindes. Es ist im Zuge der Zeit gelegen, den einzelnen mehr in das Zweck- und Wertsystem des Ganzen einzugliedern und um des Fortschritts willen auch über Familiengefühle und Gebundenheiten zu schreiten. Daß darin auch große Gefahren liegen, ist ohne weiteres klar; ein überhebliches Fachmanntum von Menschenbeurteilern und Eingliederern könnte sehr schädlich werden.

Aber wenn wir hier vor einer gewissen Art des Fachmanntumes, das sich auf Wissenschaft beruft, um öffentlicher und volkstümlicher Rechtfertigung auszuweichen, glauben warnen zu müssen, so muß doch ebenso betont werden, daß die Menschenbeurteilung, die in Fürsorgeerziehungsfragen über Lebensschicksale entscheidet, soweit es irgend geht, auf festeren Grund zu bauen ist als auf unkontrollier-

---

schutzes und der Jugendfürsorge" Berlin 1913. (Herausgeber: Klumker.) Landsberg, J. F.: „Ist unser modernes Jugendfürsorgerecht eine soziale Reform?" i. Zeitschr. f. Armenwesen Mai u. Juni 1911.

lierte Eindrücke und Verwaltungszufälligkeiten. Jeder „Fall" muß sorgfältig studiert werden; das kann nur in Beobachtungsheimen geschehen. Solche Beobachtungsstationen sollten vor der Entscheidung über jede längere Unterbringung liegen[1]). Die Sichtung und Menschenbeurteilung in solchen Heimen kann natürlich nicht geschehen ohne Vertrautsein mit den Lehren der wissenschaftlichen Psychologie. Aber man gibt sich Täuschungen oder Phrasen hin, wenn man glaubt, in einem akademischen Lehrbuche über dieses Gebiet Aufschluß über den Weg praktischer Menschenbehandlung zu finden[2]). Wer sich Ebbinghaus und seinem Streben nach Exaktheit zuwendet, wird bald erkennen, daß diese Wissenschaft im Vorraume des Seelischen und Charakterlichen steckenbleibt. Dieses Seelische und Charakterliche verspricht eine andere Wissenschaft zu klären, deren Wissenschaftscharakter lebhaft bestritten ist: die von Freud begründete Psychoanalyse. Das Forschen in den unbewußten und verdrängten Gefühlen und seine Methode ist von Freud selber mehrfach dargelegt worden. Freuds Schüler August Aichhorn[3]) hat es unternommen, in leicht faßlicher Vortragsform eine Anweisung zu erteilen, wie gefährdete Jugendliche auszufragen und zu erforschen sind. Ohne Verkrampfungen (die durch Anwesenheit der Eltern, das Stellen bestimmter Fragen, auf die man in kurzer Zeit bestimmte Antwort erteilen soll, und ähnliches verursacht werden) soll der Mensch sich aussprechen. Und was er sagt, wird nicht wörtlich verstanden, sondern es wird der Sinn, das Unterbewußtsein der Worte gesucht, die oft nur die Hülle des Gesagten sind. Was unter dieser Hülle liegt, Langaufgespeichertes, oft aus früher Kindheit Stammendes, ist in mancher Hinsicht von Freud schlaglichtartig und in neuer Grellheit gezeigt worden. Den Grund mancher hartnäckigen seelischen Verkrampfung, Verbissenheit oder Absonderlichkeit hat er in einem schreckhaften Erlebnis, einem seelischen Trauma gefunden: in einer besonders kränkenden Zurücksetzung, die ein Bruder gegenüber der Schwester vom Vater erfuhr, in dem plötzlichen Erblicken einer Intimität des elterlichen Familienlebens usw. Aichhorn glaubt,

[1]) Friedeberg-Polligkeit weisen auf die Wichtigkeit der Beobachtungsheime im Zusammenhange mit der Frage hin, ob Familien- oder Anstaltserziehung am Platze sei.

[2]) Deshalb ist es hier besonders wichtig, die Anweisungen zu studieren, die von Praktikern gegeben sind, aus letzter Zeit vergleiche z. B. die frische und gute Abhandlung des Hamburger Direktors A. Paschen, Die Praxis der Anstaltserziehung, Halle 1927.

[3]) Verwahrloste Jugend, 1925.

daß der Fürsorgeerzieher gut tut, mit der psychoanalytischen Blendlaterne die Ursachen der jugendlichen Verwahrlosung zu suchen. Dem muß zunächst entgegengehalten werden, daß die Psychoanalyse eine Art Seelenoperation ist[1]). In der Geschichte der Heilkunde wechseln operationsfreudige und operationsfeindliche Zeiten einander ab. Aber das Gefühl des Volkes ist trotz aller Fortschritte der Technik mißtrauisch geblieben. Und die seelische Scham, mit der sich Menschen wie Thomas Manns Joachim Ziemßen im Zauberberg gegen die psychoanalytischen Séancen verschließen und empören, wird allen „Aufklärungen" zum Trotz ewig bleiben. Mag in manchen Fällen die Lösung des Seelenkrampfes so einfach sein, daß die Aufhellung eines Ereignisses die Ursache klarlegt und zum Teil schon beseitigt. Gewöhnlich wird auch der psychoanalytische Fürsorgeerzieher in der Hauptsache das tun müssen, was der nicht auf Freud und Adler Eingeschworene tut: er wird das Vorleben, die häuslichen Verhältnisse und die gegenwärtige Lage des Jugendlichen von vielen Seiten her erkunden müssen. Rein menschlich feiner Spürsinn wird ihm in den von Aichhorn geschilderten Fällen häufig dasselbe offenbaren, was dort scheinbar nur „psychoanalytisch" (im strengsten fachmännischen Sinne) zu finden ist.

Gefährlich ist es für den „Sozialpädagogen", in eine fachmännische Absonderung zu geraten. Pfarrer, Arzt, Lehrer: sie sind oft als Eindringling in das Familienleben empfunden worden. Ebenso wie ihr Eindringen ist das des Arbeiters am Volkswohl oft durch höhere Notwendigkeit geboten. Aber nur dann kann er erwarten, als Helfer betrachtet zu werden und Dank zu ernten, wenn er nicht von Geheimniskrämereien Respekt erhofft, sondern von Offenheit, wenn er nicht mit Fachmannsüberheblichkeit, sondern mit christlichem Dienenwollen in die Familie tritt[2]).

---

[1]) Darauf ist von nervenärztlicher Seite hingewiesen worden: Rindfleisch-Unger, Neurologie, 1928 S 253 Auf die Verwertbarkeit Adlerscher Gedanken hat früh schon Franke hingewiesen: Das Minderwertigkeitsgefühl der Jugendlichen und seine Behandlung in der Jugendfürsorge, Zentralbl. f. Vormundschaftswesen 14. Jg. 1922, S. 27f. — In einem umfassenden Werke wird gerade jetzt die Psychoanalyse zur Debatte gestellte: „Krisis der Psychoanalyse", herausgegeben von Hans Prinzhorn und Kuno Mittenzwey (mit Beiträgen von Biehler, Birnbaum, Ehrenberg, Giese, Grünbaum, P. Häberlin, C. Haeberlin, Mezger, Michels, Mittenzwey, Müncker, Prinzhorn, von Sydow, Thurnwald, Voigtländer, Volhard, von Weizacker u. a.).

[2]) Eine Überschätzung der fremden Jugendhilfe gegenüber der familiären finde ich insbesondere in dem sensationellen Werke Lindseys: Revolution der modernen Jugend. — S. dazu auch Hoffmann ZStW. Bd. 48 Heft 9.

Diese Grundsätze müssen sogar für den Arzt gelten, der ebenfalls nicht gut tut, sich hinter die Namen von Krankheitsbildern und einiger Untersuchungsmethoden vor aller einfachen menschlichen Überlegung zu verschanzen. Nach der Meinung der hervorragendsten Kinderpsychiater ist die Diagnose der hier interessierenden seelischen Störungen eine Sache der allerzartesten Beobachtung[1]). Dabei haben Arzt und Erzieher zusammenzuarbeiten; der letztere darf ebensowenig auf die Bildung eines eigenen Urteils verzichten, wie etwa der Richter in einer Strafverhandlung kritiklos vor dem Gutachten des Psychiaters kapitulieren darf.

Es ist sicher ein großes Verdienst des naturwissenschaftlich forschenden Psychiaters, des Neurologen und experimentellen Psychologen, die körperliche Bedingtheit des Geistigen studiert und das Gebiet der Geisteskrankheiten der philosophischen und religiösen Spekulation entrissen zu haben. Immanuel Kant hat dem Arzte in seinem Versuch „Über die Krankheiten des Kopfes" das Vorrecht auf diesem Gebiete ausdrücklich zugestanden. Aber er hat den Philosophen, d. h. den geistig umfassend Begreifenwollenden nicht ganz ausschließen mögen und von ihm die Fähigkeit erwartet, eine Diät des Gemüts zu verordnen. Das war nicht nur als Ehren-

---

[1]) Untersuchungen sind vielfach gemacht worden, gerade an Fürsorgezöglingen. Ich nenne vor allem: Mönckemöller, Psychiatrisches aus der Zwangserziehungsanstalt, Allg. Ztschr. für Psych. Bd. 56 (1899) S. 14—71. — Bericht an das Landesdirektorium der Provinz Hannover über Ergebnisse der psychiatrisch-neurologischen Untersuchungen der schulpflichtigen Fürsorgezöglinge der Provinz Hannover. Ztschr. f. die Erforschung und Behandlung des jugendlichen Schwachsinns, Bd. 4 (191) S. 97ff., 431ff., Bd. 6 (1913) S. 1ff. Cramer, Bericht an das Landesdirektorium in Hannover über die Ergebnisse der psychiatrisch-neurologischen Untersuchungen der Fürsorgezöglinge usw. Klinisches Jahrbuch Bd. 18 (1908) S. 163ff. Stier, Psychiatrie und Fürsorgeerziehung mit besonderer Berücksichtigung der psychopathischen Kinder. Monatsschrift f. Psychiatrie und Neurologie Bd. 34 (1913) S. 415ff. — Erkennung und Behandlung der Psychopathie bei Kindern und Jugendlichen, s. Tagung über Psychopathenfürsorge, Berlin 1918. Zeitschrift für Kinderforschung Bd. 25 (1920), 11—38, Disk. 49—62. Cramer, Die Bedeutung von Milieu und Anlage beim schwer erziehbaren Kinde. Ztschr. f. Kinderforschung Bd. 28 (1923) S. 25ff. — Haltlose Psychopathen. Bericht von der 4. Tagung über Psychopathenfürsorge 1927, 35—94. — Einen vollkommenen Überblick gibt Wilmanns, Die sogenannte verminderte Zurechnungsfähigkeit, 1927, S. 55ff., der zugleich (S. 42ff.) energisch darauf hinweist, daß auch andere als die körperlichen, medizinisch erfaßbaren Umstände berücksichtigt werden müssen. Gregor u. Voigtländer: Die Verwahrlosung, dieselben: Leitfaden der Fürsorgeerziehung, 1924. Lazar, Erwin: Medizinische Grundlagen der Heilpädagogik, 1925.

rettung für den Philosophen gedacht, wie Wollenberg in seiner schönen Rektoratsrede über die Stellung der Psychiatrie in der Universitas litterarum anzunehmen scheint. Es kommt dem großen Königsberger weder auf ein äußeres Beschäftigtwerden mit dem Kranken noch auf ein dilettantisches Urteilenwollen an. Es leitet ihn bei seinem Satze die Ahnung, daß der Wahn des allzu körperlichen Begreifens in bedenkliche Überheblichkeit wachsen könnte. Er hat in kluger Voraussicht erkannt, daß die körperliche Erklärung auch nur einseitig und unvollständig sein würde. Bald schon stellte sich heraus, daß man nur einige organische Geisteskrankheiten aus einer körperlichen Ursache klar begreifen konnte. (Progressive Paralyse, arteriosklerotische Geistesstörung u. ä.) Von vielen Psychosen weiß man nichts Exaktes, weder über die Ursachen, noch den wahrscheinlichen Verlauf der Krankheit zu sagen. Man kennt nur die äußere Erscheinung, das klinische Bild. Und die Psychiatrie, eine noch junge Wissenschaft, ist eifrig bemüht, tiefer zu dringen. Die einen suchen, in mühsamer Laboratoriumsarbeit beharrend, eine festere Grundlage in der Neurologie, in der Verbindung von Symptomkomplexforschung und Hirnpathologie. Andere wagen sich auf das schwankendere Gebiet der Konstitutionsforschung und Erbbiologie (Kretschmer, Körperbau und Charakter, 1925 — vgl. zur kurzen Orientierung über die verschiedenen Lehren: Kleist, Die gegenwärtigen Strömungen der Psychiatrie, 1925). Einige möchte man ermahnen, wie einst die Philosophen ermahnt werden mußten: die Erkenntnis nicht zu vergessen, daß die Geisteskrankheiten Gehirnkrankheiten sind, und nur die Feinheit dieses Organs und die Grobheit unserer Methoden verhindern, daß wir mehr davon wissen. Andere möchte man aus dem Laboratorium herausführen in die Lebenswirrsal, die das Hirn krank gemacht hat; möchte den Blick schärfen für die seelische Bedingtheit im Sinne des körperlich unerklärbar Seelischen. Der Arzt weiß, wie die Erschütterung und Erkrankung der seelischen Substanz des ganzen Volkes im und nach dem Kriege eine Fülle von Geistesstörungen hervorgebracht hat. Das leitet auf den Weg zu einer Sozialpsychiatrie und -psychologie, die aber, vielleicht, unsere Erkenntniskraft übersteigt.

Fürsorgeerziehung beschränkt stets die Freiheit des Zöglings, indem sie ihn fremder Zucht, entweder einer Anstalt oder einer Familie unterwirft. Unterbringung in einer Anstalt bedeutet überdies Internierung. Wir wissen besonders aus dem Gefängnisleben, welche Spannung das hervorbringt; je eingesperrter der Mensch ist, um so erziehungswidriger ist die Erziehungsanstalt.

Man hat darum danach zu streben, Gitter völlig zu vermeiden, Mauern und Tore durch Bindungsmittel zu ersetzen, die pädagogischer sind[1]). Der Gesetzgeber schreckt vor aller zu frühzeitigen Internierung, sei sie wie sie wolle, mit Recht zurück. Er ordnet deshalb für alle Fälle, wo es „zur Verhütung der körperlichen, geistigen oder sittlichen Verwahrlosung geboten und ausreichend erscheint" (§ 56 RJWG.) eine andere, weniger tiefeinschneidende Maßnahme an: die Schutzaufsicht. Versteht man darunter (wie es anfänglich in der Jugendgerichtshilfe in Wirklichkeit war und mancherorten auch noch ist) vereinzelte Besuche irgendeines ehrenamtlichen Helfers, so bedeutet die Anordnung der Schutzaufsicht nur ein Verzögern der wirklichen Erzieherarbeit aus Furcht vor der Verantwortung, die darin läge, sogleich die Fürsorgeerziehung anzuordnen. Schutzaufsicht ist ein schlechter, gar nicht bezeichnender Name. Gemeint muß sein eine eindringliche Erziehung, die, in sozialpädagogischer Art, allerlei neue, gesunde Bande anknüpft, in der Berufslehre wie im Reinmenschlichen, das durch die persönliche Freundschaft, die man dem Schützling entgegenbringt, gestärkt, durch das Zusammenführen mit geeigneten Kameraden belebt und bereichert wird (Vereins- und Klubarbeit).

Der Erzieher ist geneigt, in der Anordnung von Fürsorgeerziehung oder Schutzaufsicht lediglich eine Wohltat zu sehen. Der von der Anordnung unmittelbar Betroffene ist oft anderer Meinung. Und weil es sich hier immer um Eingriffe in Privatrechte des Staatsbürgers handelt, ist im Rechtsstaate ein Beschlußverfahren mit rechtsstaatlichen Garantien erforderlich. Ein Gericht, das Vormundschaftsgericht, beschließt, ob jemand unter Schutzaufsicht zu stellen oder in Fürsorgeerziehung zu bringen ist. Die Regeln über das Verfahren, das nicht der streitigen (Zivilprozeß, Strafprozeß), sondern der freiwilligen Gerichtsbarkeit angehört, finden sich demgemäß im Gesetz über die freiwillige Gerichtsbarkeit vom 17. Mai 1898 (FGG.), in den §§ 1–64. Weil hier ein Recht auf Öffentlichkeit der Verhandlung nicht erwähnt ist, wird gefolgert, daß das Verfahren nicht öffentlich ist[2]). Da das Erziehungsverfahren auch

[1]) Viele gute Anstalten haben den Strafanstaltscharakter völlig abgestreift. Gewiß gibt es Entweichungen von Zöglingen; aber sie sind nicht häufiger als anderswo. Und mit welchen feinen und sicheren seelischen Bindemitteln ihre Wiederholung vermieden werden kann, habe ich einmal gesehen, als ich die Aussprache mit anhörte, die der Direktor eines märkischen Heilerziehungsheimes mit einem entlaufenen und wiedergeholten Zögling hatte.

[2]) Vgl. Schiedermaier, Jugendwohlfahrtsgesetz und Bayrisches Jugendamtsgesetz, 1926, Vorbemerkung zu Abschnitt 4, 20 (S. 121).

anderswo (Jugendgerichtsverhandlung) nicht mit der üblichen Prozeßgarantie der Öffentlichkeit ausgestattet ist, wird man annehmen dürfen, das dies durchgängig der Wille des Gesetzgebers ist. — Gegen die Entscheidungen des Vormundschaftsrichters gibt es immer die Beschwerde und gegen die im Beschwerdeverfahren gefällte Entscheidung im Falle der Rechtsverletzung eine weitere Beschwerde. Auch das Beschwerdeverfahren ist geregelt durch das FGG., §§ 19 bis 30; 57 bis 64.

In der streitigen Gerichtsbarkeit, d. h. im Prozeßrechte gibt es einen End- und Beruhigungspunkt für allen Streit: die (materielle) Rechtskraft, d. h. praktisch, in erster Linie: die Unabänderbarkeit der Entscheidung, die durch Beschwerde nicht angefochten oder bei der alle Beschwerden zurückgewiesen worden sind. Ob es in der freiwilligen Gerichtsbarkeit auch einen solchen Beruhigungspunkt gibt, ist bestritten. M. E. wird man ablehnen müssen, von Rechtskraft der Entscheidung im Schutzaufsicht- oder Fürsorgeerziehungsverfahren zu sprechen. Es gibt hier keine abgeurteilte Sache, keine res judicata; denn die Sache, um die es sich handelt, die Verwahrlosung oder Verwahrlosungsgefahr, ist fortwährend im Fluß, immer wieder eine andere, je nach den inneren und äußeren Verhältnissen, in denen sich der Jugendliche gerade befindet. Bei Änderung der Sachlage muß Abänderung der Maßnahme möglich sein. Daß bei unveränderter Sachlage der Beschluß nicht geändert werden darf (KGJ. 24 A 37), ist selbstverständlich und gibt m. E. uns keine Veranlassung, hier von materieller Rechtskraft zu reden[1]).

## A. Schutzaufsicht.

Von ihr ist bereits vor dem Reichsjugendwohlfahrtsgesetze die Rede gewesen, aber in einem anderen Sinne, in dem sie auch jetzt noch auf einem anderen Gebiet als dem hier in Frage stehenden eine große Rolle spielt: im Strafverfahren gegen Jugendliche. Dort wurde schon vor dem Jugendgerichtsgesetze bewährten Vereinen der sozialen Jugendhilfearbeit die Schutzaufsicht über verurteilte Jugendliche übertragen, denen Bewährungsfrist gegeben war. Francke hat für diese noch bestehende Art der Schutzaufsicht (JGG. § 12 Abs. 2) die treffende Bezeichnung: Bewährungsaufsicht vorgeschlagen[2]), dagegen für die Schutzaufsicht, wie sie in

[1]) S. zu der Frage Schiedermair Vorbemerkung zu Abschnitt IV 2m (S. 120).

[2]) Francke, Das JGG., 2. Aufl. 1926 § 7, VII. Schiedermair (Vorbemerkung zu 1 § 56) nennt sie heilende Schutzaufsicht im Gegensatz zu der vorbeugenden Schutzaufsicht der §§ 56—61 RJWG.

§ 56 RJWG. und § 7 JGG. umschrieben ist, den Namen „selbständige Schutzaufsicht" empfohlen. Die beiden Formen sind juristisch verschieden; Voraussetzungen und Anordnung sind anders. Die praktischen Aufgaben, die den Helfer bei beiden erwarten, werden auf das gleiche hinauskommen.

Voraussetzung für die Schutzaufsicht ist: Verwahrlosungsgefahr. Nach dem Wortlaut des Gesetzes (§ 56 — „Verhütung" — verglichen mit § 62 — Verhütung oder Beseitigung —) sieht es so aus, als ob bei bestehender Verwahrlosung Schutzaufsicht nie genügen soll. Da aber der Gesetzgeber auch bei bereits vorhandener Verwahrlosung die Fürsorgeerziehung nur zuläßt, wenn sie wirklich erforderlich ist (§ 63 Nr. 9), muß man annehmen, daß er in geeigneten Fällen auch hier die weniger tief einschneidende Schutzaufsicht angeordnet haben will[1]). — Was in praxi als Verwahrlosung und Verwahrlosungsgefahr anzusprechen ist, läßt sich in einem Lehrbuche nicht sagen. Den Grundgedanken bemühten wir uns bereits einleitungsweise (oben S. 10) klarzulegen; Richtlinien für die praktische Entscheidung sollen unten im Abschnitt „Fürsorgeerziehung" gegeben werden.

Daß ein Gericht, das Vormundschaftsgericht, und keine Verwaltungsbehörde, etwa das Jugendamt, für die Anordnung zuständig ist, wurde schon betont. Das Gericht wird von Amts wegen[2]) oder auf Antrag hin tätig. Antragsberechtigt sind die Eltern, der gesetzliche Vertreter und das **Jugendamt**. Das Jugendamt muß überdies vor der Entscheidung über die Schutzaufsicht gehört werden. Zu seinem Pflichtenkreis gehört die Ermittlung der Lebensverhältnisse des Jugendlichen. Den Antragsberechtigten ist die Entscheidung bekanntzugeben. Auch der Minderjährige selbst hat, wenn er das vierzehnte Lebensjahr vollendet hat und wenn nicht besondere Gründe dagegen sprechen, ein Recht auf die Bekanntgabe. Zuständig ist das Vormundschaftsgericht des gewöhnlichen Aufenthaltsortes.

„Die **Ausübung** der Schutzaufsicht wird vom Vormundschaftsgerichte dem Jugendamte oder nach Anhörung des Jugendamts einer Vereinigung für Jugendhilfe oder einer einzelnen Person

---

[1]) Friedeberg-Polligkeit § 56 Anm. 4.

[2]) Wichtiger Unterschied der freiwilligen Gerichtsbarkeit von der streitigen: im Zivilprozesse wird das Gericht nur auf Antrag der Parteien, im Strafprozesse nur auf Antrag des Staatsanwalts tätig. Das hielten die rechtsstaatlichen Denker, die zu Anfang des vorigen Jahrhunderts unseren Prozeß reformierten, für eine notwendige Garantie der Unbefangenheit des Gerichtes.

übertragen": § 60[1]). Das Jugendamt (oder die statt seiner bestellte Vereinigung) wählt den Helfer aus, der die persönliche Arbeit zu tun hat. Dabei muß auf das religiöse Bekenntnis des Schützlings „tunlichst Rücksicht" genommen werden.

Das Gesetz läßt Unklarheit bestehen, in welchem Verhältnis der, der die Schutzaufsicht ausübt, der Helfer im Sinne des § 58, zu dem Vormundschaftsgericht steht. Riß-Weitpert-Richter legen den § 60 dahin aus, daß die die Schutzaufsicht ausübenden Personen nur „nach außen" hin als Helfer gelten, dagegen dem Vormundschaftsgericht gegenüber das Jugendamt oder die Vereinigung, der die Schutzaufsicht übertragen ist[2]). Dieser Auslegung vermag ich mich nicht anzuschließen. M. E. hat das Jugendamt einen ständigen Helfer für jeden Fall zu bestellen und dessen Namen dem Vormundschaftsgericht mitzuteilen. Diesen Helfer hat das Vormundschaftsgericht zu entlassen, wenn es dem Wohle des Minderjährigen förderlich erscheint[3]). Hiergegen hat der Helfer ein Beschwerderecht gemäß § 57 Nr. 9 FGG. Über die Führung des unter Schutzaufsicht Gestellten ist dem Vormundschaftsgericht Bericht zu erstatten, „auf Verlangen" sagt der § 60 Abs. 2; aber man wird anzunehmen haben, daß auch ohne ein besonderes Verlangen die Berichterstattung regelmäßig (in etwa einmonatigen Abständen) zu erfolgen hat. Hierfür ist das Jugendamt (oder die beauftragte Vereinigung für Jugendhilfe) verantwortlich.

Der Richter ist nicht immer leicht und gleich bewegbar; deshalb ordnet § 60 Abs. 3 im Hinblick auf sofortiges Handeln erfordernde Fälle an: „Das Jugendamt kann die Schutzaufsicht ohne gerichtliche Anordnung ausüben, solange der Erziehungsberechtigte damit einverstanden ist; es hat in diesem Falle das Vormundschaftsgericht von dem Eintritt der Schutzaufsicht zu benachrichtigen."

## Inhalt der Schutzaufsicht und Verhältnis des Schutzaufsichtführenden zu Eltern, Pflegern u. a.

Mit der Anordnung der Schutzaufsicht ist regelmäßig keine Entziehung der elterlichen Gewalt gemäß § 1666 verbunden, es ist vielmehr der Helfer dazu berufen, durch die Schutzaufsicht „den

---

[1]) Voraussetzung ist bei allen drei (nach § 1 Ziff. 7 der VO. vom 14. Februar 1924 auch für das Jugendamt).

[2]) Ebenso Muthesius, Fürsorgerecht, S. 87, 2a.

[3]) Riß-Weitpert-Richter § 60 Anm. 8 rügen diese Fassung als zu dehnbar und fänden die Vorschrift besser dahin gefaßt, „daß der Helfer zu entlassen ist, wenn gegen seine Beibehaltung wichtige Gründe sprechen". Aber das Vormundschaftsgericht soll eine strenge Aufsicht üben!

Erziehungsberechtigten bei der Sorge für die Person des Minderjährigen zu unterstützen". Allerdings hat der Helfer zugleich Recht und Pflicht, den Erziehungsberechtigten zu überwachen, so daß praktisch doch eine Einengung der elterlichen Gewalt gegeben ist. Aber das ist keine Beschränkung im rechtlichen Sinne: denn wenn der Schutzaufsichtführende auch sieht, daß der Vater in der Sorge für die Person des Kindes falsche Anordnungen trifft oder seine Pflicht vernachlässigt, so kann er doch nicht an Stelle des Erziehungsberechtigten selber das Richtige tun — er hat lediglich dem Vormundschaftsgericht (durch das Jugendamt) zu berichten[1]) und dem Richter das Weitere zu überlassen. Er soll überwachen — nicht Vormund sein. Auch dem Minderjährigen selbst gegenüber hat er kein Zwangs- und Zuchtmittel; er ist lediglich Helfer. — Nur mit der Sorge für die Person hat es der Helfer zu tun, mit Erziehungsaufgaben also und nicht mit Vermögensverwaltung. Die Sorge für das Vermögen geht ihn nur insoweit an, als der Arbeitsverdienst des Minderjährigen in Betracht kommt (§ 58 Abs. 1 Satz 2).

Die Schutzaufsicht umfaßt aber nicht notwendig alle Erziehungsangelegenheiten. Ihr Umfang ist nicht im Gesetz festgelegt, sondern wird von Fall zu Fall durch den Bestellungsbeschluß des Vormundschaftsgerichtes umschrieben (§ 58 Abs. 3). „Der Helfer kann für alle Angelegenheiten oder für gewisse Arten von Angelegenheiten oder für einzelne Angelegenheiten bestellt werden" (§ 58 Abs. 2). Um Neben- und Gegeneinanderarbeiten verschiedener helfenden Personen zu vermeiden, bestimmt § 61: „Eine zur Zeit der Anordnung der Schutzaufsicht bestehende Beistandschaft (§§ 1687 ff. BGB.) soll insoweit aufgehoben werden, als sich ihr Wirkungskreis mit dem der Schutzaufsicht deckt."

Die Schutzaufsicht *endet* auf jeden Fall mit Eintritt der Volljährigkeit; ebenso durch rechtskräftige Anordnung der Fürsorgeerziehung. *Aufzuheben* ist sie, wenn ihr Zweck erreicht oder die Erreichung anderweit sichergestellt ist.

## B. Fürsorgeerziehung.

Wir haben beim Recht der Fürsorgeerziehung drei Hauptfragen zu unterscheiden:

I. Welches sind die (materiellen) Voraussetzungen der Fürsorgeerziehung?

---

[1]) § 58 Abs. 5: „Der Helfer hat dem Vormundschaftsgerichte jeden Fall, in dem es zum Einschreiten berufen ist, unverzüglich anzuzeigen".

II. Von wem und wie wird sie angeordnet?
III. Von wem und wie wird sie ausgeführt?

## I. Die Voraussetzungen der Fürsorgeerziehung.

§ 62 bestimmt die Fürsorgeerziehung als eine Maßnahme, die „der Verhütung oder Beseitigung der Verwahrlosung“ dient. Damit ist aber noch keineswegs gesagt, daß sie überall, wo sie in dieser Hinsicht dienlich werden könnte, angeordnet werden darf. Dazu müssen vielmehr mehrere, in § 63 aufgezählte Voraussetzungen erfüllt sein.

1. Es muß sich um einen Minderjährigen handeln, der das achtzehnte Lebensjahr noch nicht vollendet hat (§ 63 Abs. 1). Nur ausnahmsweise kann für einen älteren Jugendlichen die Fürsorgeerziehung angeordnet werden: wenn trotz der Kürze der Zeit, die bis zur Volljährigkeit und damit zum Ende der Fürsorgeerziehung bleibt, Aussicht auf Erfolg besteht. Aber auch hier ist eine Altersgrenze gesetzt: die Vollendung des 20. Lebensjahres (§ 63 Abs. 2). Danach kann die Fürsorgeerziehung nicht mehr angeordnet werden: denn ein Jahr beansprucht sie mindestens.

2. a) Ungenügen der väterlichen oder vormundschaftlichen Sorge für die Person des Kindes, in dem Maße der §§ 1666, 1838, verbunden mit Verwahrlosungsgefahr, ist weitere Voraussetzung der Fürsorgeerziehung. Es genügt also nicht, daß ein Mißbrauch der elterlichen Gewalt, Vernachlässigung, ehrloses oder unsittliches Verhalten im Sinne des § 1666 vorliegt, sondern es muß darüber hinaus festgestellt werden, daß „die Entfernung des Minderjährigen aus seiner bisherigen Umgebung zur Verhütung der Verwahrlosung erforderlich ist, eine nach dem Ermessen des Vormundschaftsgerichts geeignete Unterbringung aber anderweit nicht erfolgen kann“.

Hier ist (wie schon in den früheren Landesgesetzen) der „Grundsatz der Subsidiarität“[1]) aufgestellt, d. h. der Grundsatz, daß die Fürsorgeerziehung das letzte Mittel, die ultima ratio sein soll[2]). Der Wortlaut des § 63 Nr. 1 bedeutet gegenüber den §§ 1666, 1838 BGB. eine Einschränkung: denn dort ist bereits die Fürsorgeerziehung in das pflichtmäßige Ermessen des Vormundschafts-

---

[1]) Begr. S. 1269, Schiedermair Anm. 3 zu § 63 Riß-Weitpert-Richter § 63 Anm. 3b.

[2]) KG. i. JFG. 3, 85 ff. OLG. 25, 415, 21, 265; Bay. OLG. 12, 245; 8, 384; 20, 413.

gerichtes gestellt, ohne daß der Grundsatz der Subsidiarität ausdrücklich ausgesprochen ist.

b) Weiter als bei Verwahrlosungsgefahr reicht bei bereits bestehender Verwahrlosung das Eingriffsrecht des Staates. Hier braucht kein Mißbrauch, keine Vernachlässigung von seiten der Eltern vorzuliegen. Es wird einzig vorausgesetzt, daß die Fürsorgeerziehung erforderlich ist, um die Verwahrlosung zu beseitigen und daß die bisherige Erziehung dafür unzulänglich ist.

Was aber heißt Verwahrlosung? Das bleibt für den Praktiker die Hauptfrage, die Hauptvoraussetzung. Es bedeutet einen Tatsachenkomplex[1]), der juristisch nicht leicht zu fassen ist. Bei der Schutzaufsicht (§ 56) sind drei Arten der Verwahrlosung aufgezählt: körperliche, geistige, sittliche[2]). In § 63 ist von Verwahrlosung schlechthin die Rede. Es wird (wie z. B. auch Bäumer, Hartmann, Becker zu § 63), betonen in erster Linie an die sittliche „Verwahrlosung" gedacht. Das ist ein weites Feld. Und welche Unsicherheit des Urteilens hier herrscht, erkennt man sofort, wenn man bedenkt, wie oft sich im Volksgefühl Sittlichkeit und Geschlechtsleben verbinden. Da aber haben sich innerhalb derselben Generation vielfache Wandlungen vollzogen (auf die Lindsey in seinem früher besprochenen Buche ein grelles, in manchem Betrachte zu grelles Licht wirft). Der Zusammenhang wird immer bestehen bleiben (so sehr auch von Sexualforschern, im Anschluß an medizinische Entdeckungen über den Einfluß der inneren Sekretion auf Geistes- und Seelenleben, behauptet wird, das Geschlechtliche habe, außerhalb der Sphäre des Sittlichen, seine eigene Gesetzlichkeit). Aber wir müssen uns hier besonders hüten, zelotisch oder pharisäerhaft nur den Maßstab des eigenen Gefühls anzuwenden, statt auf das Tun der Umwelt, die soziale Wirklichkeit zu achten. Pubertäts-

[1]) KG. 12. April 1912 **1a X**, 332/12; KGJ. 42, 61 ff., Bäumer, Hartmann, Becker § 63, 7**b**.

[2]) Muthesius (Fürsorgerecht S. 85) bemerkt mit Recht: „Es muß auffallen, daß die Dreiteilung dieser Merkmale nicht übereinstimmt mit der Dreiteilung des im § 1 genannten Erziehungszieles: leibliche, seelische und gesellschaftliche Tüchtigkeit." Es „ergibt sich, daß der Rechtsbegriff der Verwahrlosung von den Anschauungen über den Normaltypus der Minderjährigen und das tragbare Maß von Abweichungen hiervon entscheidend beeinflußt ist. Da diese Anschauungen durchaus wandelbar sind und ihrerseits in Wechselwirkung mit den Wandlungen der wirtschaftlichen, sozialen und gesellschaftlichen Verhältnisse — denn Verwahrlosung ist nur in der Gesellschaft möglich — und der wissenschaftlichen Meinung stehen, ergibt sich, daß Verwahrlosung als Rechtsbegriff nur formal bestimmt werden kann und daß die Anwendung dieses Begriffes von den geschilderten außerrechtlichen Faktoren dauernd beeinflußt wird".

streiche sind an sich selten beängstigend. Allerdings sind sie in manchen Dingen seelisch entscheidend — wir haben darum auf den Straßen und im „Vergnügungs"betrieb alles in dieser Hinsicht Gefährliche wegzuräumen und besonders einer Lösung des proletarischen Wohnproblems zuzustreben. Daß ein junges Mädchen ein „Verhältnis" hat, kann Verwahrlosung sein, aber schwerlich eine durch Fürsorgeerziehung zu bekämpfende; oft aber liegt hier gar keine Verwahrlosung, sondern höchste gesellschaftliche Tüchtigkeit vor. Anlaß zum Einschreiten des Vormundschaftsrichters ist erst gegeben, wenn ein anderes bedrohliches Moment hinzutritt: Gefahr der sozialen Unbrauchbarmachung durch den selber verwahrlosten, arbeitsscheuen Mann, zu dem das Verhältnis besteht[1]). Da § 63 in Verbindung mit § 56 nur, anscheinend, die sittliche, nicht die gesellschaftliche Tüchtigkeit in Betracht zieht, könnte man darin den Hinweis sehen, Dinge wie Gemeinsinn und Vaterlandsliebe ganz außer Ansatz bringen zu sollen[2]). Die Praxis tut aber Recht daran, dieser Meinung nicht zu folgen, sondern auch die Gefahr in Betracht zu ziehen, daß ein Minderjähriger durch seine Erziehung dem Vaterland entfremdet wird[3]). — Die körperliche Verwahrlosung kann auch ein Grund sein, Fürsorgeerziehung anzuordnen. Hier gilt jedoch besonders der Grundsatz, daß man den Eltern ihre Kinder nicht wegnehmen darf, weil sie es anderswo besser haben, sondern nur dann, wenn wirkliche Gefahr besteht, daß sie verkommen.

Die körperliche Verwahrlosungsgefahr kann schon beim Säugling gegeben sein; und so beginnt denn zeitlich die Möglichkeit der Fürsorgeerziehung mit der Vollendung der Geburt[4]).

## II. Das Verfahren zur Einleitung der Fürsorgeerziehung.

Allein das Vormundschaftsgericht ist berechtigt, die Fürsorgeerziehung anzuordnen. Die Anordnung erfolgt durch Be-

---

[1]) RG. 26. Mai 1915 1a X, 204. 15.

[2]) Bäumer-Hartmann-Becker § 63, Anm. 7b.

[3]) RG. in Deutsch. Jurist. Zeitg. 1917, S. 755.

[4]) Muthesius (Fürsorgerecht S. 89) bemerkt: „Das entspricht vor allem auch der modernen pädagogischen Lehre, die von der Säuglingserziehung als einem selbstverständlichen Bestandteil der Erziehung spricht." Dies kann aber wohl nicht dahin verstanden werden, daß etwa auch hier schon „Erziehungsfehler" der Eltern als Gründe, durch welche die elterliche Gewalt verwirkt wird, in Betracht gezogen werden. Bei aller Hochschätzung der Versuche zu einer Kleinkinderpädagogik (vgl. besonders die Versuche P. Häberlins, Basel) wird man mit abschließenden Urteilen über den Wert der Methode nach vorsichtig sein müssen. S. a. Bühler, Abriß der geistigen Entwicklung des Kindes, 3. Aufl. 1928.

schluß. Das Gericht kann von Amts wegen tätig werden. Es muß tätig werden auf Antrag. Zum Antrag berechtigt ist nach RJWG. § 65 Abs. 1 das Jugendamt des Bezirks, in dem der Minderjährige seinen gewöhnlichen Aufenthalt hat (§ 7). Durch Landesgesetze kann auch anderen Stellen als dem Jugendamte die Antragsberechtigung verliehen werden. Von dieser Ermächtigung hat vor allem das Bayrische Recht Gebrauch gemacht. Artikel 28 des bayrischen Gesetzes zur Ausführung des Reichsgesetzes für Jugendwohlfahrt (Jugendamtsgesetz) vom 20. Juli 1925 bestimmt: „Zum Antrag auf Anordnung der Fürsorgeerziehung sind neben dem Jugendamte die Schulbehörde, die geistliche Behörde und die Jugendfürsorgevereine berechtigt. Abs. 2: Die Staats- und Gemeindebehörden sind verpflichtet, die zu ihrer Kenntnis gelangenden Tatsachen, welche die Zulässigkeit der Fürsorgeerziehung begründen, dem Vormundschaftsgericht oder dem zuständigen Jugendamte mitzuteilen."

Noch weiter geht Hessen (Ausführungsgesetz vom 17. Juli 1924, RegBl. Nr. 20, S. 289ff., Art. 24), das zum Antrag berechtigt sein läßt: Staatsanwaltschaft, Bürgermeisterei des gewöhnlichen Aufenthaltsortes, Kreis oder Stadtschulamt, Kreisgesundheitsamt, Stadtarzt, Pfarramt, Eltern, Großeltern, Vormund, Pfleger.

Das zuständige Gericht ergibt sich aus §§ 43, 36 des Gesetzes über die Angelegenheiten der freiwilligen Gerichtsbarkeit vom 17. Mai 1898 (Wohnsitz oder Aufenthalt des Minderjährigen oder das Gericht, bei dem bereits eine Vormundschaft oder Pflegschaft schwebt). Nach § 68 RJWG. ist aber für „schleunige Maßregeln" auch dasjenige Gericht zuständig, in dessen Bezirk das Bedürfnis der Fürsorge hervortritt.

Für das Verfahren selbst bestehen eingehendere und strengere Vorschriften als bei der Schutzaufsicht. Eine Art Beweisaufnahme ist vorgesehen: der Minderjährige, seine Eltern, sein gesetzlicher Vertreter sollen gehört werden. Das Jugendamt muß gehört werden. Außerdem können andere Personen und Ämter zuzuziehen sein, wenn das Landesrecht es bestimmt (§ 65 Abs. 2 Halbsatz 2). Bayern (Art. 29) und Hessen (Art. 24) wollen zugezogen wissen: Arzt, Geistlichen, Schule, Verwandte, Verschwägerte. Das Preußische Ausführungsgesetz (§ 18) bestimmt nur für den Fall, daß der Minderjährige bereits das 18. Lebensjahr vollendet hat, die Anhörung der Fürsorgeerziehungsbehörde. — Alle in Betracht kommenden Behörden sind auskunftspflichtig. — Vieles in diesen Verfahrensgarantien erinnert (eine leider! bestehende Parallele) an den Strafprozeß. So § 65 Abs. 4: „Das Vormundschaftsgericht kann die ärztliche Untersuchung des Minderjährigen anordnen und auf die Dauer von höchstens sechs Wochen ihn in einer zur Aufnahme von jugendlichen Psychopathen geeigneten Anstalt oder in einer öffentlichen Heil- und Pflegeanstalt zur Beobachtung unterbringen lassen.“ Eine Menschliches nicht zart beachtende, das Innere der Anstalten (die sehr verschieden sind) nicht kennende Praxis muß hier großes, oft nie wieder gutzumachendes Unheil anrichten[1]). Die Diagnose Psychopath ist leicht und häufig zu stellen, wenn man oberflächlich vorgeht. Der Erzieher wird sie möglichst vermeiden und damit alles, was die egozentrischen und Krankheitsgefühle des Zöglings fördern könnte. Wird die Fürsorgeerziehung angeordnet, so ist der Beschluß den Antragsberechtigten (also in Preußen dem Jugendamt, in Bayern und Hessen außerdem noch den obengenannten Stellen), den Eltern, dem gesetzlichen Vertreter (wenn die Eltern tot oder ihnen bereits früher die elterliche Gewalt entzogen worden ist) und der Fürsorgeerziehungsbehörde zuzustellen. Dem über 14 Jahre alten Minderjährigen wird er auch zugestellt, aber nur dann, wenn der Inhalt des Beschlusses ihm „nach dem Ermessen des Vormundschaftsgerichtes ohne erziehlichen Nachteil mitgeteilt werden kann“. — Wird es vom Vormundschaftsgericht abgelehnt, die Fürsorgeerziehung anzuordnen, so ist der ablehnende Beschluß zuzustellen: dem Antragsteller, der Fürsorgeerziehungsbehörde; anderen Personen, auch den Eltern, nur für den Fall, daß ihnen vorher die etwaige Anordnung der vorläufigen Fürsorgeerziehung (§ 67) zugestellt worden ist. Über die Rechtsmittel bestimmt § 65 Abs. 6: „Gegen den Beschluß steht die sofortige Beschwerde mit aufschiebender Wirkung dem Antragsberechtigten, der Fürsorgeerziehungsbehörde und, wenn der Beschluß auf Fürsorgeerziehung lautet, ferner dem gesetzlichen Vertreter, den Eltern und dem Minderjährigen zu, wenn er das 14. Lebensjahr vollendet hat.“ Der über 14 Jahre alte Minderjährige hat also das Beschwerderecht auch dann, wenn ihm der Beschluß nicht zugestellt worden[2]).

[1]) Die bayrischen Vollzugsvorschriften vom 21. Dezember 1925 geben im § 105 über die Zuziehung des Arztes und die Untersuchung auf den Geisteszustand gute Regeln und auch ein Verzeichnis, der in Betracht kommenden Anstalten. Es ist in der Tat Aufgabe der Landesgesetzgebung für Vorhandensein und Wahl der richtigen Anstalten zu sorgen. Vgl. auch die betreffenden Bemerkungen in Riß-Weitpert-Richter § 65 Anm. 10.

[2]) Schiedermair § 65 Anm. 9 folgert richtig weiter: „Aus dem selbständigen Beschwerderecht des über 14 Jahre alten Minderjährigen wird sich auch sein

Hervorzuheben ist, daß der Fürsorgeerziehungsbeschluß nicht ausgeführt werden kann, solange die Beschwerde läuft, da diese aufschiebende Wirkung hat.

Jeder Beschluß muß begründet sein; von der Beschwerde ist dies nicht zu fordern.

Für das Beschwerdeverfahren gelten die allgemeinen Bestimmungen des FGG., insbesondere §§ 19, 21, 22. Danach ist die Beschwerde binnen zwei Wochen entweder bei dem Vormundschaftsgericht selber oder bei dem Landgericht, das über sie entscheidet, einzulegen.

### Vorläufige Fürsorgeerziehung (§ 67).

Ohne die Förmlichkeiten des eben geschilderten Verfahrens kann das Vormundschaftsgericht die vorläufige Fürsorgeerziehung beschließen. Hiergegen ist dasselbe sofortige Beschwerderecht gegeben wie gegen die endgültige Anordnung. Aber der vorläufige Fürsorgeerziehungsbeschluß ist in höherem Maße ein interner Akt des Vormundschaftsgerichts, fast eine Verwaltungshandlung: es kann diese Verfügung, sowie das Gericht nachträglich erkennt, daß sie ungerechtfertigt war, jederzeit geändert, zurückgenommen werden. Das ist eine Ausnahme von dem Grundsatz des § 18 Abs. 2 FGG., wonach das Gericht nicht befugt ist, eine Verfügung zu ändern, gegen die sofortige Beschwerde möglich ist.

### Fürsorgeerziehungsverfahren und Strafverfahren.

Die Fürsorgeerziehung ist die umfassendste staatliche Erziehungsmaßnahme gegen Jugendliche, schon weil sie sich über den ganzen Zeitraum der Minderjährigkeit erstreckt. Demgegenüber ist die (zeitlich begrenzte) Strafe (Gefängnis- oder Haftstrafe) der schwächere Eingriff. Es hat sich anscheinend schon eine „herrschende Meinung" herausgebildet, wonach die Verurteilung des Minderjährigen zu einer längeren Freiheitsstrafe der Anordnung der Fürsorgeerziehung nicht entgegensteht[1]). Es ist aber selbstver-

Recht ergeben, selbständig einen Vertreter zur Ausübung desselben zu bestellen. Doch wird sich seine Befugnis auf die rein prozessuale Tätigkeit der Bestellung beschränken; die Befugnis, mit ihm einen Vertrag zu schließen, aus dem sich Ansprüche des Vertreters auf Honorarentrichtung ergeben, läßt sich nicht ableiten".

[1]) KGJ. Bd. 25 **A** 29; 48 **A** 34. Bäumer, Hartmann, Becker § 63 Anm. 3c; Schiedermair § 63 Anm. 4.

ständlich sehr mißlich, auf beide Maßnahmen zu gleicher Zeit oder kurz nacheinander zu erkennen. Fürsorgeerziehung und Jugendstrafe dienen demselben Zweck, und man muß auch den Schein des Gegeneinander und Durcheinander vermeiden. Daß dies der Absicht des Gesetzgebers entspricht, geht klar aus § 37 JGG. hervor: „Gegen Fürsorgezöglinge sollen Freiheitsstrafen nur nach Anhörung der Fürsorgeerziehungsbehörde vollstreckt werden." Man wird umgekehrt sagen müssen, daß Fürsorgeerziehung vor oder nach der Strafhaft nur im Einvernehmen mit der Leitung des Jugendgefängnisses durchgeführt werden darf, wenn schon dieses unerfreuliche Nebeneinander von den Gerichten nicht vermieden worden ist.

### Aussetzung des Verfahrens.

Ist ein Fürsorgeerziehungsverfahren eingeleitet, so besteht nicht in jedem Falle eine Pflicht des Vormundschaftsrichters, es auch zu Ende zu bringen. Während im Strafprozesse z. B. es nach rechtsstaatlicher Auffassung ausgeschlossen sein soll, daß das Damoklesschwert des anhängigen Verfahrens ständig über einem schwebt, hält das Reichsjugendwohlfahrtsgesetz hingegen ein solches Schweben für vielfach nützlich und heilsam — z. B. um den nachlässigen Eltern einmal einen Schreck einzujagen und die dadurch bewirkte Aufrüttelung andauern zu lassen. Aber nur ein Jahr darf der Richter das Damoklesschwert schweben lassen: „Das Fürsorgeerziehungsverfahren kann durch Beschluß des Vormundschaftsgerichts auf längstens ein Jahr ausgesetzt werden" (§ 66 Abs. 1 Satz 1). Allerdings ist beim Vorliegen besonderer Umstände die Verlängerung um (höchstens) ein weiteres Jahr möglich, nie allerdings über das 20. Lebensjahr hinaus: denn ein Jahr muß für jede Fürsorgeerziehung, soll sie überhaupt wirken können, Raum gelassen werden. Jugendamt und Fürsorgeerziehungsbehörde haben gegen die Aussetzung das Recht der sofortigen Beschwerde.

Wird das Verfahren ausgesetzt, so muß (schon damit eine sachgemäße Entscheidung nach Wiederaufnahme möglich ist) für die Dauer der Aussetzung Schutzaufsicht angeordnet werden (§ 66 Abs. 3).

## III. Ausführung der Fürsorgeerziehung.

Die Ausführung bleibt, wie bisher, Sache der Länder (§ 70 RJWG.). Landesgesetze bestimmen vor allem die Fürsorgeerziehungsbehörde. Das Reichsrecht erlaubt sich zwar einen Fingerzeig: „Nach Möglichkeit ist die Fürsorgeerziehungsbehörde mit dem Landesjugendamte zu vereinigen.“ Aber der Fingerzeig braucht nicht befolgt zu werden — und das Reichsjugendwohlfahrtsgesetz rechnet damit, daß er nicht befolgt wird; es bestimmt demgemäß in § 71, daß das Landesjugendamt, wenn es nicht selbst Fürsorgeerziehungsbehörde ist, doch bei der Ausführung zu beteiligen ist.

Das Landesjugendamt ist vor allem in Bayern[1]), das sich hier in klarster Übereinstimmung mit dem Gedanken des Reichsjugendwohlfahrtsgesetzes befindet, als Fürsorgeerziehungsbehörde eingesetzt, ferner in Hamburg[2]), Lübeck[3]), Braunschweig[4]) und Schaumburg-Lippe[5]). In diesen Ländern ist eine lückenlose Arbeitsordnung möglich: das Landesjugendamt gibt die Richtlinien, seine Zweigstellen, die einzelnen Jugendämter, führen aus.

Preußen bildet die erste und hauptsächliche Ausnahme von dem im Reichsjugendwohlfahrtsgesetz empfohlenen System: § 18 seines Ausführungsgesetzes vom 29. März 1924 bestimmt: „Fürsorgeerziehungsbehörden sind die Provinzialausschüsse, in der Provinz Hessen-Nassau die Landesausschüsse der Kommunalverbände Wiesbaden und Cassel, der Magistrat der Stadtgemeinde Berlin, der Kreisausschuß des Kreises Herzogtum Lauenburg und der Landesausschuß der Hohenzollernschen Lande.“ Nach § 20 ist das Landesjugendamt, „soweit ein solches errichtet ist“, beim Ausführen der Fürsorgeerziehung zu beteiligen. Das Nähere hierüber hat der Minister für Volkswohlfahrt zu bestimmen. Der Landesrat Dr. Bechmeyer urteilt in einem vielleicht etwas sehr zuversichtlichen Aufsatz „25 Jahre Fürsorgeerziehung“[6]): „Die Durchführung der Fürsorgeerziehung lag (in Schlesien) den Provinzialverbänden ob, die schon mit der Durchführung der Zwangserziehung[7]) betraut worden waren und dabei wertvolle Erfahrungen gesammelt hatten. Sie haben sich mit wiederholt anerkanntem Erfolge dieser wichtigen Aufgabe unterzogen und ihre Einrichtungen und Anstalten zu immer größerer Vollkommenheit zu bringen gesucht.“ Aber: haben

---

1) Bayr. Jugendamtsgesetz vom 20. Juli 1925, § 30.
2) Hamburgisches Ausführungsgesetz vom 2. Januar 1924, § 22.
3) Lübeckisches Ausführungsgesetz vom 30. November 1923, § 9 Nr. 1.
4) Ausführungsgesetz vom 29. März 1924, § 17.
5) Ausführungsgesetz v. 11. Juni 1924, § 15.
6) „Schlesische Wohlfahrt“ 5. Jahrgang 1926, Nr. 9.
7) Nach dem preuß. Zwangserziehungsgesetz vom 13. März 1878.

sie, wie die Landesjugendämter es sollen, einen genauen Überblick nicht nur über die Organisation der Anstalten, sondern auch über die erziehlichen Notwendigkeiten, über Familien, die für Aufgaben der Fürsorgeerziehung geeignet sind; haben sie, wie die dem Landesjugendamt unterstehenden örtlichen Jugendämter, unmittelbare Kenntnis von Verhältnissen, Schicksal und Wesen der einzelnen Fürsorgezöglinge und ihrer Familien? Man wird so fragen dürfen[1]).

§ 70 Abs. 2 versucht in den wichtigsten der eben aufgeworfenen Fragen Vorsorge zu treffen: die Fürsorgeerziehungsbehörde, welche es auch nach dem Landesrechte sei, „soll regelmäßig sich bei der Ausführung der Fürsorgeerziehung der Jugendämter bedienen. — Die Unterbringung soll unter ärztlicher Mitwirkung erfolgen. Minderjährige, die an geistigen Regelwidrigkeiten leiden (Psychopathie, Epilepsie, schwere Erziehbarkeit usw.) oder an schweren ansteckenden Erkrankungen (Tuberkulose, Geschlechtskrankheiten usw.) sind, soweit es aus hygienischen oder pädagogischen Gründen geboten erscheint, in Sonderanstalten oder Sonderabteilungen unterzubringen."

Die Befugnisse der Fürsorgeerziehungsbehörde sind weitgehende, wie sie eben der Träger der Erziehung haben muß. Es tritt aber keineswegs in allen wichtigen Lebensverhältnissen die Behörde etwa an die Stelle der Eltern. Wird eine Operation nötig, so werden die Eltern und, falls ein solcher bestellt, der Vormund als gesetzlicher Vertreter zu fragen sein. Die Sorge für das Vermögen bleibt, je nachdem, bei den Eltern oder beim Vormund[2]).

Aber in allen Erziehungsangelegenheiten, wozu Tagesordnung, Essen, Kleider, Aufenthaltsbestimmung usw. gehören, hat die Fürsorgeerziehungsbehörde den letzten Entscheid. Wieweit ein Zögling Rechtsmittel gegen Willkür seiner Erzieher hat, ist eine ungeklärte Frage.

Eine wichtige Erziehungsbefugnis, die unmittelbar der Fürsorgeerziehungsbehörde für jeden einzelnen Jugendlichen zugesprochen ist, enthält § 70 Abs. 3: „Die Fürsorgeerziehungsbehörde gilt für den Abschluß von Dienst- und Lehrverträgen als gesetzlicher Vertreter des Minderjährigen." Und schließlich darf die Fürsorgeerziehungsbehörde die Initiative ergreifen, um jemand aus dem

---

[1]) Vgl. Fichtl, RJWG., 2. Aufl. 1926, § 70 Anm. 5, der die landesrechtliche Zersplitterung (genau dargestellt in Anm. 3) beklagt; Riß-Weitpert-Richter § 70 Anm. 2 heben manche Vorzüge des Landesjugendamtes als Fürsorgeerziehungsbehörde treffend hervor.

[2]) Vgl. über diese Fragen Schiedermair § 62 Anm. 8 u. 9.

Erziehungsverfahren in die Krankenbehandlung zu bringen; sie darf den Antrag auf Entmündigung wegen Geisteskrankheit oder Geistesschwäche stellen (§ 70 Nr. 4).

Erzieher in der Fürsorgeerziehung ist nicht die zentrale Fürsorgeerziehungsbehörde, sondern die Ehegatten der Familie oder die für Erziehungsaufgaben bestellten Personen der Anstalt, in welcher der Minderjährige untergebracht ist. Das Reichsrecht versucht wenigstens dafür Vorsorge zu treffen, daß keine aus allgemeinen Gründen unbrauchbaren Erzieher bestellt werden. § 69 bestimmt in dieser Hinsicht: „Im Falle der Familienerziehung ist der Minderjährige mindestens bis zum Aufhören der Schulpflicht[1]) in einer Familie seines Bekenntnisses unterzubringen." Für die Anstaltserziehung gilt grundsätzlich dasselbe, nur ist, dehnbarer, gesagt: „soweit möglich in einer Anstalt seines Bekenntnisses".

Auch für Fürsorgezöglinge gilt das Recht der religiösen Selbstbestimmung, das vom Gesetz über die religiöse Kindererziehung vom 15. Juli 1921 näher umschrieben ist[2]). Und das Reichsjugendwohlfahrtsgesetz gibt in § 69 Abs. 2 seinen Willen, dieses Selbstbestimmungsrecht zu achten, besonders dadurch kund, daß es den Konfessionslosen davor schützt, ohne sein Einverständnis zu Erziehern eines bestimmten Bekenntnisses gebracht zu werden. Als „Bekenntnisse" kommen nur die großen, geschichtlich gewordenen in Betracht. Nicht jede kleine Sekte darf beanspruchen, als „Bekenntnis" in diesem Zusammenhange betrachtet zu werden. Allerdings scheint sich mir die Zahl der Bekenntnisse nicht in den folgenden[3]) zu erschöpfen: römisch-katholisch, evangelisch-lutherisch, evangelisch-reformiert, konfessionslos, mosaisch. Bei den Konfessionslosen werden die keiner Kirche angehörenden Christen Wert darauf legen, sich von den Freireligiösen zu unterscheiden. Ich würde demgemäß vorschlagen, als Bekenntnisarten zu unterscheiden: Römisch-Katholiken, Evangelisch-Lutherische, Evangelisch-Reformierte, Angehörige einer christlichen Freikirche oder -gemeinde, Christen ohne Kirchen- oder Gemeindezugehörigkeit, Angehörige anderer Weltanschauungsgemeinschaften, Juden.

Bekenntniswechsel während der Fürsorgeerziehung verpflichtet die Fürsorgeerziehungsbehörde, einen dementsprechenden Anstalts- oder Familienwechsel zu bewirken[4]). Es ist möglich, daß dies von

[1]) Also gewöhnlich 14 Jahre; in Baden (Fortbildungsschulzwang) 17 Jahre.

[2]) S. oben S. 2, 20f.

[3]) Vgl. Riß-Weitpert-Richter § 69 Anm. 3.

[4]) S. hierzu und zur Entstehungsgeschichte der Bestimmung Schiedermair § 69 Anm. 3.

Querulanten ausgenützt wird, um Verlegungswünsche durchzusetzen. Bei dem erstmaligen Bekenntniswechsel wird es aber auf jeden Fall auch erziehlich gut sein, dem Wunsche des Zöglings nachzugeben und ihm auf diese Weise Achtung zu bezeigen. Bei mehrmaligem Bekenntniswechsel braucht ja nur bei in Familien untergebrachten Zöglingen ein Wechsel der Stelle einzutreten. Bringt man die Zöglinge in solchen Fällen in einer Anstalt unter, so wird man hier im Falle erneuter Schwierigkeiten unter Umständen die Frage der Möglichkeit (§ 69 Abs. 1) zu verneinen haben.

Auch nachdem die Fürsorgeerziehung angeordnet ist, läßt das Gesetz der Vollzugsbehörde immer noch Raum für Schonung der Familiengefühle und des Familienzusammenhanges: der Zögling kann in der eigenen Familie bleiben und die Erziehung dort unter „öffentliche Aufsicht" gestellt werden (§ 69 Abs. 4). Eine solche Anordnung darf in den ersten drei Monaten nach Ausführbarkeit des Fürsorgeerziehungsbeschlusses nur erfolgen, wenn das Vormundschaftsgericht zustimmt und wenn „die Erreichung des Zweckes der Fürsorgeerziehung nicht gefährdet wird".

Die Hauptaufgabe der Fürsorgeerziehungsbehörde ist die Überwachung der Familien und Anstalten, in denen Zöglinge untergebracht sind. Die Ausführungsgesetze der einzelnen Länder geben hier zum Teil sehr wohldurchdachte und erprobte Regeln. Man wird auf der einen Seite alle private Hilfsbereitschaft ermutigen müssen. In England liegt sogar ein Teil des Jugendstrafvollzugs in den Händen privater Vereinigungen und sozial oder religiös Tätiger. Aber wie dort in wachsendem Maße die Aufsicht durch das Home Office verstärkt worden ist, so muß sich auch bei uns ein unbedingt sicheres System der Überwachung herausbilden, damit das Programm des § 62 RJWG. wahr werde: „Die Fürsorgeerziehung dient der Verhütung oder Beseitigung der Verwahrlosung und wird in einer geeigneten Familie oder Erziehungsanstalt unter öffentlicher Aufsicht und auf öffentliche Kosten durchgeführt."

## IV. Die Kostenträger der Fürsorgeerziehung

werden gemäß § 70 Abs. 1 von der Landesgesetzgebung bestimmt. Für Preußen bestimmt § 22 des Ausführungsgesetzes vom 29. März 1924: „Träger der Kosten der Fürsorgeerziehung sind die Kommunalverbände, bei denen Fürsorgeerziehungsbehörden bestehen. Sie erhalten zu diesen Kosten aus der Staatskasse einen Zuschuß von zwei Dritteln." Das Bayerische Jugendamtsgesetz vom

20. Juni 1925 sagt in Art. 38: „Die Kosten der Fürsorgeerziehung sind vorläufig von dem Kreis als Landesfürsorgeverband zu bestreiten, in dessen Bezirke der Ort liegt, der die Zuständigkeit des Vormundschaftsgerichtes zur Anordnung der Fürsorgeerziehung begründet." In den anderen Ländern ist die Last ähnlich verteilt. Dem öffentlichen Kostenträger sind seine Auslagen aus dem pfändbaren Vermögen des Minderjährigen oder des zu seinem Unterhalt Verpflichteten zu erstatten, wenn er es verlangt (§ 75). Das Verlangen wird nur zu stellen sein, wenn es nicht das Vertrauen beeinträchtigt, das der Zögling zur Staatserziehung gewinnen soll[1]).

### V. Ende der Fürsorgeerziehung.

„Die Fürsorgeerziehung endigt mit dem Eintritt der Volljährigkeit" (§ 72 Abs. 1).

Aufzuheben ist die Fürsorgeerziehung schon früher, „wenn ihr Zweck erreicht oder anderweitig sichergestellt ist". Die Aufhebung erfolgt von Amts wegen oder auf Antrag aller derjenigen, die gemäß § 65 Abs. 6 gegen den Fürsorgeerziehungsbeschluß Beschwerde einlegen durften. Ob Vormundschaftsgericht oder Fürsorgeerziehungsbehörde zuständig sind, bestimmt das Landesrecht. Letztere ist zuständig in Preußen, Hamburg und den meisten norddeutschen Staaten. Aber gemäß § 72 Abs. 3 kann gegen ihre Entscheidungen doch das Vormundschaftsgericht binnen zwei Wochen nach Zustellung eines die Aufhebung ablehnenden Beschlusses angerufen werden.

Vorzeitig zu entlassen ist ein Minderjähriger aus der Fürsorgeerziehung, wenn diese unausführbar ist „aus Gründen, die in der Person des Minderjährigen liegen". Er muß dann in eine „gesetzlich geregelte Bewahrung" gebracht werden (§ 73).

Diese Bestimmung ist gefährlich, weil sie den Vorwand liefert, schon ganz jugendliche Menschen, Kinder als „unerziehbar" aus der menschlichen Gesellschaft auszuscheiden. In Wahrheit darf hiervon keine Rede sein. Lediglich schwerkranke Kinder, die allen geistigen Einflüssen wegen schwerster Defekte verschlossen sind, meint der § 73. Aber auch hier wäre es besser, die nötige Unterbringung in eine Krüppel- oder Psychopathenanstalt ruhig unter

[1]) Riß-Weitpert-Richter § 75: „Ob der Ersatz verlangt werden soll, darf nicht engherzig und kleinlich beurteilt werden. Der Zögling soll zu der Einsicht kommen, daß mit der Fürsorgeerziehung sein Bestes erstrebt wurde; das ist ausgeschlossen, wenn er fortwährend mit Ersatzforderungen verfolgt wird."

den Begriff der Fürsorgeerziehung zu rechnen. Auch diese Anstalten haben Erziehungsaufgaben, wenn auch zum Teil vorläufig noch unlösbare. Aus der Rechtsprechung vgl. JFG. 5, 92.

Das Fürsorgeerziehungsverfahren ist durch Strafdrohungen gegen Angriffe von seiten der Staatsbürger geschützt. § 76 stellt die „Entziehung Minderjähriger aus der Fürsorgeerziehung" unter Strafe (ohne daß daraus zu folgern wäre, die Fürsorgezöglinge seien Gefangene)[1]).

## 12. Kapitel.

# Jugendstrafe.

Als letztes und schneidendstes Mittel des staatlichen Kampfes gegen Jugendverwahrlosung nennen wir die Strafe. Erziehung (d. h. staatliche Ersatzerziehung, Fürsorgeerziehung) und Strafe — diese beiden Dinge werden auch noch vom Jugendgerichtsgesetz vom 16. Februar 1923 als Verschiedenes oder gar Gegensätzliches gewertet (z. B. §§ 5, 6, 7). Der Gegensatz darf aber nicht logizistisch überspitzt werden. Darum ist es mißlich, von dem Vergeltungsgedanken zu sprechen, der die Strafe von der reinen Erziehungsmaßnahme unterscheidet. Die Verschiedenheit von staatlichem Jugenderziehungsrecht und Jugendstrafrecht ist vielmehr eine geschichtlich begründete. Die strengste Form der sittlichen Verantwortung des Gemeindegenossen vor der Gemeinde ist Gegenstand des Strafrechtes. Die Aufgabe aller Strafgesetze war von je, die Anlässe aufzuzählen, die Voraussetzungen klarzustellen, bei denen eine öffentliche Rechenschaftslegung, ein „peinliches" Befragen, wie man gut und deutlich in der älteren Rechtssprache sagte, erfolgen sollte. Um die sittliche Rechtfertigung handelte es sich da, nicht um die (auch in der Öffentlichkeit, vor der Gemeinde stattfindende) politische, bei der es nur um Zweckmäßigkeit und Unzweckmäßigkeit geht, während die peinliche Befragung auf Schuld oder Unschuld gerichtet ist. Der Anlaß zu solcher Befragung, zu solchem Strafverfahren ist eine Tat von genügend öffentlichem Interesse für ein öffentliches Verfahren. Welcher Art diese Tat sein muß, wie sie festzustellen ist: darum dreht sich von jeher die Kriminalpolitik. Mit dem Namen „Verbrechen" belegen die

---

[1]) Das Gegenteil muß eher gefolgert werden. Streitfrage! Vgl. RGSt. 48, 226; 37, 336.

Menschen, Einzelne wie Gesamtheiten, je nach ihrer Gemütsverfassung, sehr Verschiedenes. Erbitterung gegen unbeliebte Volksgenossen möchte dieses äußerste sittliche Werturteil manchmal über Geringfügigkeiten sprechen. Gegen die Willkürlichkeit solcher jenseits der kühlen Vernunft entsprungenen Verlangen wollte die Zeit der Aufklärung einen Wall aufrichten: die Ordnung des Rechtsstaates. Der Staat sollte fortan nicht mehr als das hin- und herwogende Verlangen des Volkes und Herrschers vorhanden sein, sondern als die objektive, buchstäblich feststehende Geltung der Gesetze. Verbrechen ist nicht mehr, was menschliche Richter, als Repräsentanten einer sehr oder wenig aufgeregten Öffentlichkeit so nennen, sondern was dem genauen Tatbestande nach in dem über allen Staatsgenossen stehenden Gesetze als solches beschrieben und mit bestimmter Strafe bedroht ist. Das ist der Begriff der Strafe, der uns als selbstverständlich im Gefühle liegt: etwas, das nach einer völlig feststehenden Ordnung verwirkt ist, so daß der Richter, der das Gesetz lediglich anwendet, von sich aus gar nichts dahin zuzusetzen hat. Und das unterscheidet die Strafe im rechtsstaatlichen Sinne von der Erziehung. Diese ist stets etwas der Persönlichkeit und den Lebensumständen, denen sie angepaßt werden muß, Angemessenes; also überhaupt keine bestimmt aussprechbare Maßregel, sondern ein Schwimmen im veränderlich wogenden Lebensstrom, ein Ringen mit dem immer neuen Augenblick, das blitzschnelle Eingebung und Genialität erfordert.

Diesen aus dem Vernunftzeitalter stammenden Gegensatz von Strafe und Erziehung hat man mit Deutlichkeit erst in unserer Zeit gefunden und alsobald zu mildern versucht. Man hat gefordert, daß auch die Strafe, gerade wie die Erziehung, die als eine natürliche Aufgabe stets vom Menschengeschlecht wahrgenommen wurde, der Persönlichkeit des Täters angepaßt werde; denn man erkannte, daß es eine völlig feststehende Ordnung der Vergeltung für die einzelnen Straftaten nur in der Einbildung und nicht in Wirklichkeit geben kann. Aber bei den ersten Versuchen, an die Stelle der objektiven Wertordnung der Taten die subjektive Wertordnung der Persönlichkeiten zu setzen, blieb man noch tief in dem mechanistischen und statischen Denken des Vernunftzeitalters stecken. Man glaubte an eine absolut feststehende Einteilung, an eine sozusagen mit mathematischer Genauigkeit zu vollziehende Einordnung. Waren die bisherigen Strafrechte Kataloge von typischen Tatbeständen, von Verbrechenstypen gewesen, so sollte das Strafrecht der Zukunft ein Katalog von typischen Tätern, von

Verbrechertypen sein, bei deren gesetzlichem Namen jeweils die der Persönlichkeit angemessene Behandlungsart stünde. Das Strafrecht der Aufklärungszeit war aus der dem Menschen eingeborenen Vernunft erwachsen, das neue, für dessen Erschaffung die Italiener am folgerechtesten tätig waren, sollte auf der Wissenschaft, insbesondere der von den äußeren Dingen, von den objektiv feststellbaren Kräften der Natur beruhen. Scuola positiva, positive Schule, so nannte sich die Schule des Cesare Lombroso, der 1878 zuerst einen Katalog der Verbrechertypen versuchte.

Aber es gibt nirgends einen das Leben erfassenden Katalog. Die Welt ist nicht ein für allemal geordnet und eingeteilt, weder nach Tätern[1]), noch nach Taten. Sondern es sind Menschen da und Schicksale, Lebende und Aufgaben des Lebens, einzelne Menschen mit vereinzelter Kraft und Gemeinschaften mit gemeinschaftlich gesetzten Zielen. Das Recht soll die äußere Ordnung sein bei der Verfolgung dieser Ziele, soll das Flußbett sein, das alle die einzelnen Tropfen zusammen und auf dem Wege hält. Die Bewegung selber kommt quellklar aus der dunklen Tiefe des Volkes. Und der Beitrag des Einzelnen heißt Hingabe an das Ganze. Erziehen ist Mitteilen der bewegenden Kraft. Strafe ist das letzte, das äußerste Mittel, um ein Einzelnes festzuhalten, das aus dem Gleichmaß gesunden Volkes fallen will. Die öffentliche Strafe will dem Einzelnen den tragischen Konflikt vor Augen führen, in den er zu dem Ganzen geraten ist. Deshalb ist Voraussetzung dieser öffentlichen Strafe, die allgemeine Fähigkeit des Bestraften, einen solchen Konflikt und seine Tragik deutlich einzusehen. Ferner und vor allem ist Voraussetzung, daß ein Konflikt von sehr großer Tragweite vorliegt, damit die Gerichtsverhandlung wirklich nur etwas Vorhandenes klar und deutlich macht und nicht eben einen kleinen Riß erst zu tragischer Weite aufreißt.

Daraus ergibt sich, daß die Schicksalswucht des Strafrechts für den Jugendlichen überhaupt nicht oder nur in sehr abgemilderter Weise paßt. Das Nichtgeordnetsein des Jugendlichen ist ein Noch erst, kein Nicht mehr. Er befindet sich in einem natürlichen Konflikt mit der Umwelt: denn er soll erst in sie hineinwachsen. Und bei sehr vielen Jugendlichen kann der Richter gar nicht wissen, was „verbrecherische Neigung" und was Wachstumsschmerzen sind. Aber in dubio pro reo: im Zweifel muß er zugunsten eines Angeklagten das Günstigere annehmen.

[1]) Charles Goring: The English Convict. Blue book des Home Office 1913. Kurze Ausgabe in 3. Aufl. 1919.

Diese eben angedeuteten Hauptgedanken der Strafrechtsreform haben im Jugendstrafrecht sich Bahn gebrochen in dem Jugendgerichtsgesetz vom 16. Februar 1923. Dieses verläßt in vielem Wesentlichen die Grundlagen des formal-rechtsstaatlichen Verfahrens und nimmt die Überlieferung des älteren deutschen Strafrechtes wieder auf. Was im Jugendgerichte geschieht, ist nicht das dramatische Gegenspiel der Parteien, für das Anselm von Feuerbach, aus dem Gedankengut der Aufklärung und der großen französischen Revolution von 1789 schöpfend, den Grundsatz der „Öffentlichkeit und Mündlichkeit" erkämpft hat als das Merkmal, durch das sich der moderne Strafprozeß von der Unkontrollierbarkeit des patriarchalischen ebenso wie von der verstaubten Schwerfälligkeit des auf Akten gegründeten bürokratischen Verfahrens unterscheidet. Das Jugendgerichtsverfahren ist mündlich und unmittelbar persönlich — die Gefahren des Aktenprozesses sollen also gebannt bleiben —; aber es ist nicht mehr, wie der lautgeberdige Kriminalprozeß, an den wir uns so gewöhnt haben, öffentlich. „Der Ausschluß der Öffentlichkeit, den das Jugendgerichtsgesetz von 1923 für alle Jugendsachen einführte, ermöglicht es, in der Hauptverhandlung sich eindringend mit den Jugendlichen zu beschäftigen, ohne ihr Inneres vor den Blicken Neugieriger zu enthüllen": so lobt der hochverdiente Berliner Jugendrichter Herbert Francke den § 23 JGG. (Vossische Zeitung 16. September 1928).

Aber das ist nur ein Beispiel, ein äußerlicheres und auffallendes, für das Verlassen von Grundsätzen des formalen Rechtsstaates. In innigem Zusammenhange mit der geistigen Wendung unserer Zeit steht die Tatsache, daß im Jugendgerichtsgesetz seit langem wieder zum ersten Male Regeln über die Voraussetzungen der Strafe (materielles Strafrecht) mit den Vorschriften über das Strafverfahren (formelles Strafrecht) zusammen in einem Buche stehen. Weshalb waren diese beiden Dinge in den letzten zwei Jahrhunderten so scharf getrennt? Weil man den sichtbaren, menschlichen Strafprozeß nur als die Erfüllung, als die körperliche Form des Urteiles begriff, das in einer höheren, rein gedanklichen Sphäre bereits in feststehender Weise verwirkt war. Der Richter hat diese Urteile nicht zu schaffen: das haben die Gesetze automatisch bereits im Augenblick der Tat getan; er hat es also lediglich zu finden, es aus dem materiellen Strafgesetze abzulesen.

Das Jugendgerichtsgesetz läßt zwar das materielle Strafrecht des RStGB. von 1871 zum großen und hauptsächlichsten Teile für die Jugendlichen weiterbestehen. Aber es vereinigt doch mit der Organisation der Jugendgerichte die Neuordnung wichtiger materiellrechtlicher Grundlagen der Strafe. Die §§ 1 bis 4 bringen völlig neue Regeln über Schuld, Schuldfähigkeit, Schuldabstufung zwischen mehreren Teilnehmern. Und die §§ 5 bis 16 verändern den Katalog der Strafmittel des Reichsstrafgesetzbuchs in einschneidendster Weise; darüber hinaus ersetzen sie das geltende starre Strafensystem durch ein äußerst elastisches, in dem der Richter nicht nur von der Urteilsverkündigung bis zum letzten Tage des Strafvollzugs freie Hand hat, sondern nach dem er gar nicht zu richten und zu strafen braucht, sich vielmehr ganz dem Erziehungsgedanken hingeben kann. Die Strafe, der staatliche Zwang ist also nicht mehr etwas, das nach einer beinahe metaphysischen Ordnung nun einmal verwirkt und von Menschenwillkür nicht mehr zu ändern ist, sondern sie ist ein von Menschen um menschlicher Belange willen geschaffenes Mittel in Menschenhand. Und der Richter verfügt darüber, verständig und klar, nach den Grundsätzen der Zweckmäßigkeit. Wieder sei aus dem Zusammenhange des oben genannten Aufsatzes das Lob erwähnt, das ein führender Jugendrichter dem Jugendgerichtsgesetze zollt: „Dieses Gesetz ist eine der glücklichsten gesetzgeberischen Schöpfungen des neuen Volksstaates; es gibt dem Jugendgericht eine Bewegungsfreiheit, die die höchstgespannten Wünsche befriedigt."

Wir dürfen diese Befriedigung teilen, aber wir dürfen uns ihr nicht ganz und gar hingeben. Denn in der gerühmten Bewegungsfreiheit liegen auch heute noch die Gefahren, um derentwillen sich das Gefühl der Völker von der patriarchalen Rechts- und Staatsgestaltung abgewandt hat. Und in dem Gedanken der modernen Kriminalpolitik, alles nüchtern nach Zweckmäßigkeit mit menschlichem Ermessen zu entscheiden, kann eine Unehrerbietigkeit gegen das liegen, was, verborgen, über der Vernunfterkenntnis vor uns Einzelnen steht, ein Übersehen der Tragik, die uns allen Angeklagten gegenüber Richter und Partei, Herrscher, Auswähler von Mitteln Beherrschte, Mittel in der Hand größerer Gewalten, zugleich sein läßt.

Das Jugendgericht ist zuerst in Amerika 1869 (Denver und Chikago) entstanden; nicht als bewußte Tat des Gesetzgebers, sondern als allmählich wachsende Schöpfung praktischer Richter, die mit verantwortungsbewußter Eigenmacht die alten Paragraphen für den neuen Zweck zurechtbogen. Auch in Deutschland hat nicht der Gesetzgeber, sondern die Praxis die Organisation der Jugendgerichte geschaffen. Lange vor dem Jugendgerichtsgesetz von 1923, 15 Jahre davor: 1908. In demselben Jahre hat England die Hauptschäden seines gänzlich veralteten Rechts beseitigt und den immerhin fortschrittlichen — und die Gesetzgebung anderer Länder mit fortreißenden — Children Act geschaffen. Vier Jahre später machte das belgische Kinderschutzgesetz vom 15. Mai 1912 von sich reden[1]). Das neueste Werk der Jugendgerichtsgesetzgebung ist das Österreichische Bundesgesetz vom 18. Juli 1928 über die Behandlung jugendlicher Rechtsbrecher (vgl. darüber Glaser, Zentralbl. XX (1928) S. 169—175; Graf Gleispach, DJZ. 1928 Heft 21).

Wir haben die Aufgabe, uns an Hand des Jugendgerichtsgesetzes[2]) und der Reichsratsgrundsätze über den Vollzug der Freiheitsstrafen (1923) drei systematisch aufeinandergebaute Gebiete klarzumachen:

I. Jugendstrafrecht,
II. Jugendstrafverfahren,
III. Jugendstrafvollzug.

## I. Das (materielle) Jugendstrafrecht.

Darunter versteht man die Voraussetzungen, unter denen Strafe verhängt werden kann. Es fällt zum großen Teile mit dem Strafrecht für Erwachsene zusammen. Der Begriff der Straftat wird durch vier Merkmale bestimmt: Verursachung, Rechtswidrigkeit, Schuld und Bestehen einer Strafdrohung für das rechtswidrig und schuldhaft Verursachte. Der Strafrichter arbeitet jedoch nicht mit diesen allgemeinen Begriffen, wenn er das Vorliegen einer Straftat festzustellen hat, sondern er geht von den sogenannten gesetzlichen Tatbeständen aus. Die Paragraphen über Beleidigung, Mord, Totschlag, Diebstahl usw. geben den Typ eines Geschehens wieder. Dieses typische Geschehen hat einen äußeren (objektiven) Tatbestand (wodurch die Beleidigung, Tötung usw. verursacht wird) und einen inneren (subjektiven) Tatbestand (das Wissen und Wollen der Verursachung durch den Täter). Der äußere Tatbestand ist uns ein Indiz für die Rechtswidrigkeit, der innere Tatbestand ein Indiz für die Schuld. Verursachung, Rechtswidrigkeit und der Katalog der Tatbestände, der Verbrechen, Vergehen und Übertretungen (§ 1 RStGB.) sind für den Jugendlichen dieselben

[1]) von Hentig, Ein modernes Jugendgesetz. Berlin und Leipzig 1912. Max Richter, Die Stellung der modernen Rechtswissenschaft zu den Problemen des Jugendstrafrechts. Breslauer Diss. 1927.

[2]) Daß dieses bereits nicht mehr genügt betont Webler: Wider das Jugendgericht, 1929 (Festschr. f. Klumker).

Dinge wie für den Erwachsenen; denn der äußere Schade und das objektive Unrecht — sie bleiben dasselbe, ob der Täter des Mordes, Diebstahls, Raubes usw. 14 oder 40 Jahre alt ist. Aber die innere Seite der Tat, das Innere und Persönliche der Täter — mit einem Worte: die Schuld ist eine andere. Und so beschäftigt sich denn das Jugendstrafrecht zunächst mit dem besonderen Wesen der jugendlichen Schuld und Schuldfähigkeit. Nur ein Teil der Schuldfrage, eine Folgerung aus der richtigen Erkenntnis des Schuldbegriffes ist die Verteilung der Verantwortlichkeit unter mehrere Beteiligte an derselben Tat, die Teilnahmefrage. Es ist darum begreiflich, daß das Jugendgerichtsgesetz auch besondere Regeln über Teilnahme an Straftaten gebracht hat. Und schließlich: wenn der jugendliche Täter einen anderen Charakter und eine andere Schuld hat, muß es andere Strafen und Erziehungsmaßnahmen für ihn geben. Damit haben wir die drei Gebiete genannt, die das materielle Strafrecht des Jugendgerichtsgesetzes regelt.

### 1. Schuld und Schuldfähigkeit.

a) „Wer eine mit Strafe bedrohte Handlung begeht, ehe er 14 Jahre alt geworden ist, ist nicht strafbar", so bestimmt § 2 JGG. Der Wortlaut der Gesetzesstelle gibt aber nicht genügende Auskunft über ihre Tragweite. Aus drei ganz verschiedenen Arten von Gründen kann eine Handlung „nicht strafbar" sein. Es gibt Gründe, die das Unrecht der Tat und damit die Strafe ausschließen, z. B. Notwehr (§§ 53 RStGB., 227 BGB.). Um einen solchen Grund kann es sich in § 2 JGG. nicht handeln: denn daß ein Junge fremde Sachen wegnimmt usw., ist, objektiv, rechtswidrig. Durch die zweite Art von Gründen wird die Strafe ausgeschlossen, weil keine Schuld vorhanden ist. Solche Schuldausschließungsgründe sind in erster Linie: Notstand (§ 54 RStGB.), Irrtum (§ 59) u. ä. Man muß aber, als Mangel der Schuldvoraussetzung, auch die Unzurechnungsfähigkeit hier nennen. Diese ist bekanntlich im Reichsstrafgesetzbuch in § 51 gesetzlich bestimmt. Ihr Wesen ist darin zu sehen, daß es sich bei dem Angeklagten um einen Menschen handelt, der von normalen Motiven nicht normal — wie andere Durchschnittsmenschen — determiniert wird (Lisztsche Definition)[1]. Und zwar

[1] Wilmanns, Verminderte Zurechnungsfähigkeit, 1927, S. 21, findet befriedigender die Definition Franks (Zurechnungsfähigkeit u. Trunkenheit in Blätter f. Gefängniskunde Bd. 44, 1910, S. 235ff.) durch die in der Tat die

entspringt seine Unfähigkeit seinem krankhaften Wesen, nicht der eigentümlichen Situation, nicht den besonderen Umständen des Falles. Die Fälle der krankhaften Störung der Geistestätigkeit und der Bewußtlosigkeit sind aber nicht die einzigen, in welchen ein Mensch als unzurechnungsfähig erscheint. Unzurechnungsfähigkeit ist allgemeine Unfähigkeit, den Anordnungen des Gemeinschaftslebens voll zu genügen, Schuldunfähigkeit. Allgemein unfähig, der Rechtsordnung in dieser Weise voll zu genügen, ist aber das Kind unter 14 Jahren in ähnlicher Weise wie derjenige, der auf Grund des § 51 RStGB. freigesprochen werden muß. Es ist zwar nicht krank und dadurch an „freier Willensbestimmung" gehindert, aber es ist geistig, seelisch noch zu unentwickelt, um mit dem Maßstab der Durchschnittsmenschen, der Normalen gemessen zu werden. So ist die Straflosigkeit nach § 2 JGG. aus der Schuldunfähigkeit zu erklären; es bedeutet diese Stelle demgemäß einen Schuldausschließungsgrund. Das Reichsgericht[1]) erkennt dies jedoch nicht an, sondern sieht in § 2 JGG. einen zu der letzten Art der Strafe ausschließenden Gründe gehörenden, einen bloßen persönlichen Strafausschließungsgrund: der Verbrechenscharakter bleibe bestehen, auch nach der Schuldseite hin, nur für die Person des Täters falle die Strafe weg (wie zum Beispiel der Diebstahl, den der eine Ehegatte gegen den anderen begeht, nur für die Person des Ehegatten straflos, im übrigen aber Diebstahl bleibt und als solcher an Anstifter und Gehilfen gestraft wird). Wir müssen demgegenüber mit Liszt-Schmidt (§ 38 **B I 1a**) daran festhalten, daß gegen Kinder jeglicher Schuldvorwurf (in krimineller Hinsicht) von vornherein gesetzlich untersagt ist.

b) § 3 JGG. „Ein Jugendlicher, der eine mit Strafe bedrohte Handlung begeht, ist nicht strafbar, wenn er zur Zeit der Tat nach seiner geistigen oder sittlichen Entwicklung unfähig war, das Ungesetzliche der Tat einzusehen oder seinen Willen dieser Einsicht gemäß zu bestimmen."

§ 1 JGG. „Ein Jugendlicher im Sinne dieses Gesetzes ist, wer über 14, aber noch nicht 18 Jahre alt ist."

Auch diese Stelle gibt, so sehr es auch hier umstritten ist, einen Schuldausschließungsgrund[2]). Sie bedeutet gegenüber dem

---

Zurechnungsfähigkeit näher umschrieben wird: „Abnorm ist die Bestimmbarkeit, 1. wenn die Fähigkeit fehlt, das Verhalten nach sozial-ethischen Vorstellungen zu richten; 2. wenn es an der Fähigkeit fehlt, den Anreiz zum Handeln richtig zu würdigen oder Hemmungsvorstellungen einzuschalten."

[1]) RGSt. 61, 265.

[2]) Treffend Liszt-Schmidt § 38 **B I 1b** (S. 233): „Die Ausdrucksweise des § 3 JGG. weist mit einer jeden Zweifel ausschließenden Deutlichkeit

früheren Rechte (§ 56 RStGB.) einen erheblichen Fortschritt. Früher war Schuldvoraussetzung nur die „zur Strafbarkeit erforderliche Einsicht". Das entsprach der intellektualistisch eingestellten Zeit und gab mancherorts Anlaß zu einer grotesken Praxis, die, um in einem Diebstahlsfalle die Schuldfähigkeit festzustellen, den Jugendlichen[1]) fragte, ob er das siebente Gebot kenne. Das soll jetzt auf jeden Fall vermieden werden; darum verlangt § 3 nicht bloß die Fähigkeit, das Ungesetzliche der Tat einzusehen, sondern auch die Kraft, den Willen der Einsicht gemäß zu bestimmen: Verstandesreife nicht nur, sondern Willensreife (Herbert Francke)[2]). Aber das neue Strafrecht begreift den Willen nicht als ein für sich bestehendes Etwas, sondern sieht ihn aus der Gesamtheit des seelischen Lebens, der Persönlichkeit wachsen — und die Persönlichkeit wieder aus der Gemeinschaft, mit der sie schicksalsmäßig verbunden ist (das ist eine tiefere Wurzel als die Oberfläche des Milieus, der äußeren Lebensumstände, die natürlich ebenfalls ihren bedeutenden Anteil an der Form haben, in der ein „Individuum" erscheint)[3]).

## 2. Zusammenwirken von Jugendlichen und Erwachsenen bei einer Straftat.

Nach dem Strafgesetzbuch hat man den höchst bedeutsamen Unterschied von Täterschaft auf der einen Seite, Teilnahme auf der anderen sorgfältigst zu beachten.

Täter ist:

1. Wer die Ausführung einer Straftat mit eigener Hand allein vollbringt (unmittelbare Alleintäterschaft).
2. Wer sich eines Schuldlosen oder Minderschuldigen[4]) als Werkzeug bedient (mittelbare Täterschaft).

---

darauf hin, daß es auch hier die Zurechnungsfähigkeit des Jugendlichen ist, die den Gegenstand richterlicher Prüfung ausmachen soll. Klar und deutlich wird die intellektuelle und emotionale Fähigkeit in ihrer Beziehung auf die soziale Sollensnorm hervorgehoben, die psychologisch-normative Natur der Zurechnungsfähigkeit also anerkannt."

[1]) Die Jugendlichkeit und damit die relative Strafmündigkeit begann vor dem Jugendgerichtsgesetz — also vor 1923 — schon mit der Vollendung des 12. Lebensjahres.

[2]) Kommentar § 3 III.

[3]) Vgl. oben S. 22 und die dort erwähnten Ausführungen von Spranger.

[4]) Das ist von mir juristisch näher auseinandergesetzt in meinem Beitrag „Teilnahme" zu Aschrott-Kohlrausch, Reform des Strafrechts, 1926 S. 115, 117, 118.

3. Wer auf Grund eines gemeinsamen Wirkensplanes, nach dem die Rollen verteilt sind, nur einen Teil der Ausführung vollbringt und den anderen seinen Genossen überläßt (Mittäterschaft).

Teilnehmer ist:

1. Der Anstifter, d. h. derjenige, der in einem anderen den Entschluß zu der von ihm erstrebten Tat weckt;
2. Der Gehilfe, d. h. derjenige, der vorsätzlich, ohne an der Ausführung selbst beteiligt zu sein, die Tat des anderen bloß unterstützt oder vorbereitet hat.

Der Unterschied von Täterschaft und Teilnahme ist deshalb so bedeutsam, weil die Teilnahme unselbständig, „akzessorisch", ist. D. h. der Teilnehmer kann nur gestraft werden, wenn eine strafbare Haupttat da ist, deren unselbständiges Anhängsel die Anstiftung ebenso wie die Beihilfe ist. Eine strafbare Haupttat im Sinne des Gesetzes ist aber nicht vorhanden, wenn der Täter unzurechnungsfähig ist. Wäre nun Kindheit, unreife Jugend ein Grund der Unzurechnungsfähigkeit, so ginge der Teilnehmer an der Tat des schuldunfähigen Jugendlichen straflos aus. Vor Erlaß des Jugendgerichtsgesetzes hat man sich bemüht, durch eine juristische Konstruktion diese unbillige Folgerung abzubiegen: man wertete die Strafunmündigkeit und Straflosigkeit wegen fehlender Einsicht des Jugendlichen als bloß persönlich wirkenden Strafausschließungsgrund, nicht als Entschuldigung, als Schuldunfähigkeit. Dieser Konstruktion mußte aber aus tieferen und allgemeineren Gründen widersprochen werden[1]) — und so blieb hier eine mißliche Streitfrage und Unsicherheit für die Praxis übrig. Dem macht § 4 JGG. ein Ende: er bestimmt, daß die Strafbarkeit von Anstifter und Gehilfen nicht durch die Schuldunfähigkeit des Kindes nach § 2 oder des Jugendlichen nach § 3 berührt wird. Für die alte Streitfrage, ob Strafunmündigkeit und Mangel der Verstandes- und Willensreife die Schuld oder, mit rein persönlicher Wirkung, nur die Strafe ausschließt, ist das keine Entscheidung; der Streit geht darum weiter. Aber in den hauptsächlichen praktischen Folgen ist diese Streitfrage bedeutungslos geworden: die Teilnahme ist nicht mehr abhängig von der Haupttat und somit auch nicht mehr von Schuld oder Unschuld des Haupttäters. Ohne Rücksicht hierauf werden Anstifter und Gehilfe bestraft.

---

[1]) S. oben S. 186 f.

§ 4 JGG. hat aber manche Praktiker und Theoretiker verführt, eine Vereinfachung in der Lehre vom Täter und Teilnehmer überhaupt vorzunehmen, die nicht gebilligt werden kann und glücklicherweise früh genug vom Reichsgericht zurückgewiesen worden ist: man darf nämlich nicht, wie getan wurde, aus § 4 schließen, daß, weil ja jeder Teilnehmer jetzt gestraft werden kann, jeder, der einen Jugendlichen zu einer Straftat bestimmt — Anstifter bloß und nicht Täter (mittelbarer Täter) sei. Zwar werden Anstifter und Täter gleich bestraft; und so scheint es gleich, welche juristische Konstruktion man anwendet. Aber Schwurgerichte kennen gefühlsmäßig den Unterschied von Täterschaft und Anstiftung sehr wohl, was in Äußerungen kund wird wie: „bloß" Anstifter u. ä. Volkstümliche Rechtsbegriffe sind zu bewahren[1])! Daher ist auch in Zukunft zu fragen, ob der Erwachsene den Jugendlichen als Werkzeug benutzt hat — dann ist er mittelbarer Täter; oder ob er ihn „angestiftet" hat zu eigener Tat.

### 3. Die Strafen und Erziehungsmaßregeln für Jugendliche.

Das Jugendgerichtsgesetz kennt diesen Gegensatz von Strafe und Erziehung. Damit ist nicht gesagt, daß die Strafe nicht auch Erziehung sein soll. Aber die Strafe ist Sühne für Schuld. Sie setzt demgemäß Sühnefähigkeit voraus. Zu dieser muß manchmal erst der Jugendliche erzogen werden. Ist dies der Fall, dann hat das Jugendstrafgericht Erziehungsmaßregeln anzuordnen oder auszusprechen, daß sie erforderlich sind, so daß sie vom Vormundschaftsrichter angeordnet werden können (§ 5). Die Erziehungsmaßregel ist stets das Umfassendere gegenüber der Strafe. Während die Strafe, als Reaktion auf eine einzelne Tat, die Seele des Täters in der Weise zu festigen hat, daß er nicht mehr rückfällig wird[2]), ist Erziehung, als Reaktion auf Verwahrlosung, als eine Maßnahme gedacht, durch welche die ganze Lebensgrundlage des Zöglings erneuert werden soll. Da durch den Versuch hierzu die Freiheit des Zöglings oft erheblich und lange eingeschränkt werden muß, kann die Strafe daneben in Fortfall kommen. Diesen Sinn gebe

[1]) Vgl. RG. in JW. Jg. 57 S. 65—66 mit meiner Anmerkung dazu. Mehr Literatur in Heinz **Weber**, die mittelbare Täterschaft unter eingehender Berücksichtigung der Benutzung von Kindern und Jugendlichen, Breslauer Dissertation 1928.

[2]) So deuten wir das Gesetz! Richtig scheint es nicht, diesen Unterschied zu machen: denn auch so manche Strafe muß das Ziel haben, den Betroffenen innerlich zu erneuern.

ich dem § 6: „Hält das Gericht Erziehungsmaßnahmen für ausreichend, so ist von Strafe abzusehen." Der Wortlaut ist irreführend; er erweckt den Anschein, als sei die Erziehungsmaßnahme das weniger Weitreichende. Aus dem Vergleich mit dem Reichsjugendwohlfahrtsgesetz ergibt sich das Gegenteil (s. oben). — Der Zwiespalt von Strafen und Erziehungsmaßnahmen ist an sich wenig erfreulich. Er besteht wohl auch nur, weil das Problem der Jugendstrafe noch ungelöst ist. Das Einfachste wäre, nur von Erziehung zu reden und in dieser Weise ein einheitliches Recht für alle Minderjährigen zu schaffen. Aber hiergegen sprechen elementare Bedenken (die allerdings den Gedanken der einheitlichen Behandlung nicht verdunkeln sollten). Wohl liegt in der Anordnung von Fürsorgeerziehung ein Übel, ein vom Jugendlichen sehr hart empfundenes; aber die Strafe erschöpft sich nicht darin, ein Übel zu sein (so wenig wie die Erziehung äußerlich als reine Wohltat erscheint). Sie setzt Selbständigkeit voraus, weil sie Sühne ist; und es ist ein stolzes Menschenrecht, sühnen zu dürfen. Der Sechzehnjährige etwa hat schon etwas von diesem Menschenrechte, von dieser Sühnefähigkeit. Er steht im Leben nicht bloß als Zögling, als zu Hause Ernährter, sondern als ein halbwegs Selbständiger im Erwerbsleben, als ein „Verdiener". Und da er im Leben steht, muß er dessen Verantwortung tragen, teilweise wenigstens, in der (so sagt man) auf seine Wesensart genügend zugeschnittenen Form des jugendgerichtlichen Verfahrens.

Das ist richtig. Der Jugendliche kann nicht bis zum vollendeten 21. Lebensjahre bloßer Zögling sein und danach unvermittelt in die Freiheit treten, sondern muß in die Verantwortlichkeit der Großen allmählich hineinwachsen. Je tiefer die Einsicht des Menschen in die Urzusammenhänge von Schuld und Sühne wird, desto fester steht er auf dieser Erde. Aber diese Einsicht wird ebenso befördert durch die Erziehungsstrafe als Teil eines einheitlichen Erziehungsverfahrens für Jugendliche.

Aber, so wird eingewandt, diese Erziehungsstrafe im Rahmen des Erziehungsverfahrens reicht nicht weit genug. Hat der Zögling das 21. Lebensjahr vollendet, so muß er aus der Fürsorgeerziehung entlassen werden. Die Öffentlichkeit verlangt aber, daß er, der mit 18 oder 19 Jahren einen Mord beging, länger festgehalten werde. Das ist richtig; und deshalb muß in Verbrechens- und schweren Verwahrlosungsfällen im Jugendrecht der Zukunft die staatliche Ersatzerziehung über das 21. Lebensjahr hinausreichen. — Für das geltende Recht haben wir festzustellen, daß es die von uns für die

Zukunft erstrebte Einheit nicht kennt, sondern statt dessen die Zweiheit von Strafen und Erziehungsmaßregeln.

## a) Strafen.

Das Strafensystem des Reichsstrafgesetzbuches darf nur in abgemilderter Form angewandt werden.

§ 9 JGG. bestimmt, daß als schwere Verbrechensstrafe (da, wo im Reichsstrafgesetzbuch Todes- oder Zuchthausstrafe angedroht ist) Gefängnis von einem bis zu zehn Jahren in Betracht kommt. Für politische Delikte ist auch für den Jugendlichen statt der „gemeinen" Freiheitsstrafe Festung, von einem bis zu zehn Jahren, vorgesehen. Für die Strafbemessung gelten im übrigen folgende Regeln: Wo für ein Verbrechen im Strafgesetzbuch Zuchthaus angedroht ist, wird für Jugendliche stets auf Gefängnis erkannt. Das Strafmaß wird gefunden innerhalb eines viel engeren Strafrahmens als desjenigen, der sich im Strafgesetzbuch findet: es „ist die Strafe zwischen dem gesetzlichen Mindestbetrage der anzuwendenden Strafart und der Hälfte des Höchstbetrages der angedrohten Strafe zu bestimmen" (§ 9 Abs. 3)[1]).

Bei Vergehen und Übertretungen (§ 1 RStGB.) kann in „besonders leichten Fällen" von Strafe abgesehen werden (§ 9 Abs. 4).

Die Nebenstrafen des gewöhnlichen Strafrechts: Verlust der bürgerlichen Ehrenrechte (einzelner oder aller), Überweisung an die Landespolizeibehörde und Zulässigkeit von Polizeiaufsicht, sind unanwendbar (§ 9 Abs. 5).

## b) Erziehungsmaßregeln.

§ 7 JGG. bestimmt: „Als Erziehungsmaßregeln sind zulässig:

1. Verwarnung,
2. Überweisung in die Zucht der Erziehungsberechtigten oder der Schule,
3. Auferlegung besonderer Verpflichtungen,

---

[1]) Mit Recht weist Francke (§ 9 Anm. 3) in diesem Zusammenhange auf die große Bedeutung hin, die es für den Verurteilten hat: „welche Strafen in das Strafregister eingetragen werden, welche Folgen die Eintragung hat und wann sie gelöscht wird". Hierüber bestimmen: Die Strafregisterverordnung vom 12. Juni 1920 (Zentralblatt für das Deutsche Reich S. 909, Preußisches Justizministerialblatt S. 321); Gesetz über beschränkte Auskunft aus dem Strafregister und die Tilgung von Strafvermerken vom 9. April 1920 (RGBl. S. 507), sog. Strafregistergesetz, §§ 6, 7, in der Fassung des Geldstrafengesetzes vom 27. April 1923 (RGBl. S. 254).

4. Unterbringung,
5. Schutzaufsicht,
6. Fürsorgeerziehung."

Hierbei soll Schutzaufsicht und Fürsorgeerziehung dasselbe sein wie das im Reichsjugendwohlfahrtsgesetz so genannte.

Als leiseste Erziehungsmaßregel ist die Verwarnung an die Spitze gestellt. Sie braucht kein leeres Wort, kein festloses bürokratisches Geschehen zu sein. Wir setzen Deutung und Einschätzung hierher, die einer unserer feinsten Jugendrichter gab: „Sie besteht in einem Hinweis auf die Folgen der Tat für den Betroffenen und das Gemeinwesen und ihre Rückwirkung auf den Täter selbst, sowie in einem Appell sowohl an das eigene wohlverstandene Interesse als an das Ehrgefühl des Täters. Über die erzieherische Wirksamkeit einer solchen Wortbelehrung sind die Meinungen geteilt. Walter Hoffmann hat mit Recht ihre Überschätzung bekämpft: »Als ob die Straftat nicht bereits genügend das Versagen von Verstandeshemmungen bei dem Jugendlichen erwiesen hätte« (Z. Päd. Psych. 1921, S. 9). Auf der anderen Seite darf die Wirksamkeit einer verständnisvollen, eindringlichen Belehrung aber auch nicht unterschätzt werden. Ein gutes Beispiel für die nachhaltige Wirkung einer Warnung vor dem Diebstahl findet sich bei Wenzel Holek, Lebensgang eines deutsch-tschechischen Handarbeiters I, 1909, S. 18f." (Francke).

Von geringer Bedeutung, leeren Worten näher, dürften die Überweisungen in die Zucht der Erziehungsberechtigten (Eltern, Lehrherr, Fürsorge-Erziehungsbehörde) oder der Schule (höhere Schule, Fortbildungs-[Berufs-]Schule)[1]) sein.

Die Auferlegung besonderer Verpflichtungen kann erziehlich sein, wenn die Möglichkeit gegeben ist, die Pflichterfüllung zu über wachen. Zu den Pflichten kann Enthaltsamkeit aller Art, Fern-

---

[1]) „Ob die Fortbildungsschule in ihrer gegenwärtigen Gestalt für diese Aufgabe geeignet ist, muß bezweifelt werden, da sie vermöge ihrer geringen Stundenzahl eine viel zu geringe Rolle im Leben der Jugendlichen spielt und nicht einmal mit ihren eigenen Schulschwänzern allein fertig wird, vielmehr diese der Polizei und dem Gericht zur Bestrafung übergeben muß." Francke § 7 Anm. 4. Zum Kampfe gegen die Schulschwänzerstrafen vgl. besonders: Fritz Kleist, „Schulschwänzer und Jugendhilfe" in Deutsche Republik 1928 Heft 39 S. 1255—58. Ferner von demselben: Im Jugendgefängnis, 1927; Jugend am Gesetz, 1928. Vgl. ferner den JKV.-Bericht Karlsruhe 1927 mit Radbruchs und meinem Antrag zur Einschränkung der Ersatzfreiheitsstrafe gegen Jugendliche und die begründende Rede in der Debatte. S. auch meinen Vortrag in 11. Jahrbuch der Schlesischen Gefängnisgesellschaft 1927, S. 14—15.

bleiben von Veranstaltungen aller Art, Austritt aus Vereinen und desgleichen mehr gehören.

Auch ein Wiedergutmachen des Schadens kann, soweit sie in seinen Kräften steht, dem straffälligen Jugendlichen als Erziehungsmaßregel, als „besondere Verpflichtung" auferlegt werden.

Schutzaufsicht und Fürsorgeerziehung sind in ihrem Inhalte hier dieselben Maßnahmen wie im vorigen Kapitel. Der wesentliche Unterschied liegt in der anordnenden Stelle, weshalb Francke vorschlägt, von vormundschaftsgerichtlicher und strafgerichtlicher Schutzaufsicht zu sprechen. Ebenso könnte man die Fürsorgeerziehung, die durch Beschluß des Vormundschaftsrichters angeordnet wird, von derjenigen unterscheiden, die vom Jugendstrafrichter durch Urteil ausgesprochen wird.

Ebenso wie der Vormundschaftsrichter überall, wo es nötig wird, die staatlichen Erziehungsmaßregeln vorläufig anordnen kann, ist dieses Recht auch dem Jugendrichter gegeben. § 8 bestimmt hierüber: „Vor dem Urteil kann das Gericht vorläufige Anordnungen über die Erziehung und Unterbringung treffen. Vor der Entscheidung ist das Jugendamt zu hören. Von der Anhörung kann abgesehen werden, wenn sie wegen Gefahr im Verzug untunlich ist; in diesem Falle ist das Jugendamt nachträglich zu hören. Abs. 2: Im Urteil hat sich das Gericht darüber auszusprechen, ob die vorläufige Anordnung wegfallen oder bis zur endgültigen Entscheidung über die Anordnung einer Erziehungsmaßregel bestehen bleiben soll."

## Die bedingte Strafaussetzung.

Die Strafe ist eine Operation, ein sehr tiefer und weitfassender Einschnitt. Natürlichem Lebenssinne sind Operationen zuwider, und natürliche Lebensklugheit versucht solange wie möglich, sie zu vermeiden.

Dieser Einsicht entspricht das Institut der bedingten Strafaussetzung, die seit dem Ende des vorigen Jahrhunderts von den Justizverwaltungen verschiedener deutscher Bundesstaaten immer mehr „zu einer allgemeinen Einrichtung der Strafrechtspflege gemacht worden" ist (Francke I zu § 10).

Das Gericht kann nach § 10 die Vollstreckung einer Freiheitsstrafe im Urteil aussetzen, „damit der Verurteilte sich durch gute Führung während einer Probezeit Straferlaß verdienen kann. Dies soll insbesondere dann geschehen, wenn der sofortige Strafvollzug eine Erziehungsmaßregel gefährden würde." Die Aussetzung kann auch noch nach Erlaß des Urteils (selbst wenn dieses sich für sofortige Vollstreckung aussprach) erfolgen, wenn dies nach den Umständen des Falles richtig erscheint. Jedes Strafurteil gegen einen Jugendlichen hat sich in den Gründen darüber auszusprechen, „ob die Strafe vollstreckt oder die Entscheidung über die Aussetzung vorbehalten werden soll."

Die Probezeit, in der sich der bedingt Begnadigte bewähren soll, ist auf mindestens zwei und höchstens fünf Jahre zu bemessen. Er wird für diese Zeit unter die Schutzaufsicht (Bewährungsaufsicht) gestellt, für welche die schon besprochenen Vorschriften des Reichsjugendwohlfahrtsgesetzes gelten (§ 12). Über das Straffälligwerden während der Probezeit und seine Folgen gibt § 13 ausführliche Regeln.

„Nach Ablauf der Probezeit wird die Strafe erlassen, wenn sich der Verurteilte bewährt hat.

Hat der Verurteilte sich nicht bewährt, so wird die Vollstreckung der Strafe angeordnet" (§ 15).

Der Gedanke, einem Rechtsbrecher Bewährungsfrist zu geben, statt ihn ins Gefängnis zu stecken, wurde zuerst wohl — noch ohne gesetzliche Grundlage — um 1878 im Staate Massachusetts (USA.) verwirklicht. Sozialarbeiter brachten die Polizeigerichtshöfe dazu, statt der Strafe eine Schutzaufsicht anzuordnen. Vorbereitet wurde dieser neue Versuch durch einen schon längere Zeit bestehenden Gerichtsgebrauch: es wurde die Strafsache immer wieder vertagt und in der Zwischenzeit der Angeklagte von den Menschen, die diese Arbeit am Volkswohl freiwillig taten, beaufsichtigt. Dieses System, das später von uns und anderen Ländern vorläufig nur für jugendliche Rechtsbrecher übernommen wurde, war in Amerika von Anfang an für Jugendliche und Erwachsene vorgesehen. — In England wurde das Bewährungssystem durch den **Probation of First Offenders Act** von 1887 eingeführt[1]). Der Hauptmangel dieses Gesetzes lag darin, daß es lediglich die Möglichkeit vorsah, Bewährungsfrist zu geben, noch nicht aber für **probation officers**, für Gerichtshelfer Sorge trug, die die Schutzaufsicht über den bedingt Begnadigten führen konnten. Hier war man ganz auf freiwillige Hilfskräfte angewiesen, auf die Mitarbeit ganz verschiedener, religiöser und nicht religiöser privater Kreise. Diesem Mangel suchte der zur Zeit geltende **Probation of Offenders Act** von 1907 (in Kraft seit 1. Januar 1908) abzuhelfen. Dieses Gesetz, das sich nicht bloß auf erstmalig Straffällige beschränkt, sieht die Bestellung von besoldeten **probation officers** vor. **Probation** ist für Jugendliche und Erwachsene durch dasselbe Gesetz geregelt, es wird aber dahin gestrebt, zwei verschiedene (spezialistisch ausgebildete) Arten von **probation officers** zu gewinnen.

Mit der Gewinnung geeigneter **probation officers** aber hat man noch immer arge Not. Das liegt zum Teil daran, daß der Staat nicht genügend

[1]) Eine ausführliche Darstellung des englischen Bewährungssystems ist: Cecil Leeson, **The Probation System**, London 1914. Vgl. a. Struwe, Die strafrechtliche Behandlung der Jugend in England, 1914, S. 120ff. Briggs, **Reformatory Reform** 1925.

Mittel zur Verfügung stellt und es der Gemeindeverwaltung, dem **local government**, überläßt, das ihr Nötigscheinende zu tun. So ist es denn zu erklären, daß (nach einem mir freundlichst zur Verfügung gestellten Memorandum der **Howard League for Penal Reform**) 170 **Petty Sessional divisions** (vergleichbar unseren Amtsgerichtsbezirken) keinen **probation officer** bestellt haben, und daß in anderen Fällen ein Beamter „eine beträchtliche Zahl von Bezirken zu betreuen hat".

Diesem Mißstand will der neue Entwurf (**Criminal Justice Bill** 87) vom März dieses Jahres steuern. Er will zwingend vorschreiben, daß für jeden Amtsgerichtsbezirk ein **probation officer** bestimmt werden muß. Nur mit Genehmigung des Staatssekretärs des Innern soll die Zusammenlegung mehrerer Gerichtsbezirke fortan zulässig sein. Die Kosten sollen von der Selbstverwaltung, den **local authorities** aufgebracht, aber Staatszuschüsse von unbestimmter Höhe je nach Bedarf bewilligt werden (S. 1—4).

Kinder sollen nicht mehr stets nur in **industrial schools** gebracht werden müssen — es sollen die Mittel bereitgestellt werden, um sie in Familien, Heilerziehungsheimen oder sonstwie passend unterbringen zu können (S. 4, 2).

Gegen die Stellung unter Schutzaufsicht soll es Berufung an die **quarter sessions** (unsern Landgerichten vergleichbar) geben.

Das **Probation-System** kann durch diese **Criminal Justice Bill** in England einen Aufschwung nehmen, der es für uns vorbildlich macht. Wir sind immer noch ganz oder fast ganz auf die Mitarbeit privater Verbände bei der „Schutzaufsicht" angewiesen. Diese Verbände leisten Hervorragendes. Ich darf hier die von Siegmund-Schultze gegründete Soziale Arbeitsgemeinschaft in Berlin-Ost nennen. In diesen privaten Gründungen hat unser soziales Gewissen angefangen, Pflichtgefühl gegenüber der Not unserer gefährdeten deutschen Jugend zu betätigen. Unser heutiges Jugendamt dankt sein Entstehen den unbeamteten Pionieren dieser Arbeit an der Großstadtjugend.

Aber wer selbst als Mitarbeiter sozialer Arbeitsgemeinschaften schon als Student Schutzaufsichten geführt hat, der weiß genau, wie dilettantisch auch bestgemeinte Arbeit dieser Art geschieht — und geschehen muß. Es ist etwas sehr Schönes um ehrenamtliche Arbeit. Aber nur wohlhabende Menschen haben die Zeit, die zur rechten Führung einer Schutzaufsicht nötig ist. Viele Schutzaufsichten werden Studenten übertragen. Auch das ist etwas sehr Schönes — schöner meist für den Studenten als für den Jugendlichen, der unter Schutzaufsicht steht. Denn der Student „lernt" auf jeden Fall viel dabei, aber der Jugendliche hat nicht immer so viel davon, wie er haben müßte. Wenn der Student von den in seinen Jahren unvermeidbaren seelischen Spannungen und Stürmen heimgesucht wird, vernachlässigt er seinen Schützling, weil er sich innerlich der Aufgabe, die ihm die Schutzaufsicht stellt, nicht gewachsen fühlt.

Menschen, auch junge Menschen müssen gewiß aus allen Kreisen zu diesen ehrenamtlichen sozialen Arbeiten herangezogen werden. Diese Arbeiten müssen immer mehr von uns allen als Gemeinpflichten erkannt, gefühlt werden. Aber damit Stetigkeit und Sicherheit verbürgt werden kann, brauchen wir einen Stab zuverlässiger Beamten.

Für beamtete und unbeamtete Sozialarbeiter müssen, damit die elementarsten Voraussetzungen ordnungsmäßiger Arbeit geschaffen sind, Richtlinien herausgearbeitet werden — so wie z. B. der englische Fragebogen für **probation officers**[1]). Formularwirtschaft ist gewiß etwas Furchtbares. Niemals

[1]) S. Cecil Leeson, **Probation System** p. 71.

darf der Schützling merken, daß er nach einem Formular ausgefragt wird. Aber als unauffälliger Mentor können solche Dinge gute Dienste leisten.

## II. Das Jugendstrafverfahren.

### 1. Das Jugendgericht.

Das Jugendgericht soll Erziehungsgericht sein[1]). Diesen Gedanken und damit einen wesentlichen Teil der Strafrechtsreform will das in Radbruchs[2]) Ministerzeit ausgearbeitete Jugendgerichtsgesetz vom 16. Februar 1923 verwirklichen. Es wird damit reichsrechtlich sanktioniert und fortentwickelt, was lange Jahre vorher schon verwaltungsmäßig in der Justizpraxis der meisten deutschen Länder geschaffen worden war.

Über die deutsche Entwicklung haben insbesondere berichtet: Appelius, Die Behandlung jugendlicher Verbrecher und verwahrloster Kinder, Berlin 1892. Freudenthal Das Jugendgericht in Frankfurt a. M, 1912. Felisch, Der Einfluß der Internationalen Kriminalistischen Vereinigung auf die Behandlung der Jugendlichen, JKV. 21 (1924) S. 366ff. Ruscheweyh, Die Entwicklung des deutschen Jugendgerichts, 1918. Badstübner, Jugendstrafrecht und Wohlfahrtsverwaltung, 1920. Man gab manchen Schöffengerichten einen für Jugendfragen interessierten Richter als Vorsitzenden und verband dieses Amt für gewöhnlich mit dem des Vormundschaftsrichters. Hiermit gab man der zwangläufigen Entwicklung nach, die auf das Werden eines Jugendrechtes gerichtet war, das bisherige Teile des bürgerlichen Rechtes mit Strafrecht, Gewerberecht und überhaupt öffentlichem Recht verschmolz. So hatte Deutschland, als das Jugendgerichtsgesetz von 1923 in Kraft trat, bereits einige bewährte und führende Jugendrichter, von denen heute noch Herbert Francke und Walther Hoffmann in vorderster Linie wirken und auch die Wissenschaft ihres Berufes weiterbringen (von Francke vgl. bes. seinen Kommentar zum JGG., 2. Aufl. 1926, der im folgenden häufig benutzt ist, und „Jugendverwahrlosung und ihre Bekämpfung", 1926; von Hoffmann, Die Reifezeit, Grundfragen der Jugendpsychologie und Sozialpädagogik, 2. Aufl. 1926. — Aus dem Schrifttum ferner: Lenz, Das Jugendstrafrecht, 1907.

[1]) Einer der Mitschöpfer des Jugendgerichtsgesetzes, der Ministerialdirektor Bumke im Reichsjustizministerium führt (HdR. Art. Jugendgerichtsgesetz) aus: „Auch die Vorschriften des JGG. über die Zuständigkeit und das Verfahren sind von dem Gedanken beherrscht, daß bei Straftaten eines Jugendlichen in erster Linie dessen Erziehungsbedürftigkeit geprüft werden muß. Um dies zu erreichen, soll der Jugendliche nach Möglichkeit vor ein Gericht gestellt werden, das durch die besondere Art seiner Zusammensetzung und durch seine besondere Erfahrung Gewähr dafür bietet, daß der Erziehungsgedanke zu seinem Rechte kommt. Überdies aber ist es die Absicht des JGG. das gesamte Verfahren gegen die Jugendlichen so zu gestalten, daß die Frage der Erziehungsbedürftigkeit in den Vordergrund gerückt und daß die schädlichen Einflüsse, die sich aus der Berührung mit der Strafgerichtsbarkeit für einen Jugendlichen ergeben können, ausgeschaltet werden."

[2]) Über die Grundlinien dieser Gesetzesarbeit hat Radbruch selbst im Zentralblatt XIV (1922/3) S. 249f. Rechenschaft gegeben.

Manche Anregungen haben wir von England und Amerika bekommen (aus dem überreichen Schrifttum vgl. Strube, Die strafrechtliche Behandlung der Jugend in England, 1914; Herbert H. Lou, Juvenile Courts in the United States, Chapel Hill, University of North Carolina Press, London 1927). Es muß aber betont werden, daß dort das Jugendrecht genau wie bei uns aus altem, gemeinsam-germanischem Erbgut der Rechtsüberlieferung stammt: es wurde der Gedanke wieder aufgefunden und verstärkt, daß der Staat kraft seiner Obervormundschaft überall der Jugend helfen kann, wo elterliche Gewalt nicht ausreicht oder grob versagt hat[1]): Rechtshilfe für vernachlässigte und verwahrloste Kinder gibt seit Jahrhunderten (s. Anmerkung) schon der Court of Chancley. Aber die Hilfe war nicht stark genug, die Verwahrlosungsgefahr zu bannen, die der individualistisch und liberalistisch rücksichtslose Aufschwung der Industrie mit sich brachte. Für England gilt in noch höherem Maße als für uns das Wort Krohnes von 1906, an das Francke (Kommentar S. 16) mit Recht erinnert: „Wir haben den Glanz unserer industriellen Entwicklung zum nicht geringen Teil mit unserer Jugend bezahlt." Die Mauern des Hauses, der Familie brachen ein. Kinder waren Lohnarbeiter in schlimmsten Verhältnissen (s. oben S. 123). Diese frühe „Selbständigkeit" war eine Sklavenselbständigkeit. Sie führte zum vorzeitigen und halben Selbstgefühl der Halbstarken, zur Frühreife der Niegereiften. Zu früh strafen, zu früh den Jugendlichen in die Tragikomödie eines öffentlichen Prozeßtheaters hineinführen, heißt dem Züchten jener untüchtigen Menschenart der „Halbstarken" Vorschub leisten, an dem die Gedanken- und Hemmungslosigkeit des industriellen und händlerischen Aufschwungs Schuld trägt. England hatte einen großen sozialen Dichter, der das Gewissen auch in diesen Dingen wachrief: Charles Dickens (s. besonders: Oliver Twist, Barnaby Rudge u. a., vgl. a. Mary Carpenter, Our Convicts. Ragged Schools (1849). Eine besondere strafrechtliche Behandlung der Jugend setzt ein mit dem Juvenile Offenders Act von 1847, dem der Summary Jurisdiction Act von 1879 und 1908 der große und bekannte Children Act folgte, der inzwischen mehrfach modernisiert wurde. Die Anfänge der amerikanischen Jugendgerichte gehen auf ein Gesetz des Staates Massachusetts vom Jahre 1869 zurück, dem die anderen Staaten der Union all-

[1]) ,,The common-law doctrine that the State or its agent, the court, is the ultimate parent of all such minors as require its care and protection is very ancient in origin. It looks back to the feudal times in England when the crown, through the inquisitio port mortem, assumed supervision over the estates of minors in order to realise the fruits of tenure and of livery to the overlord.'' Lou a. a. O. S. 3. Nach dem Verschwinden des Lehensgedankens, verwandelten sich die Lehnsherrschaften in noch allgemeinere und umfassendere Pflichten des Königsamtes. ,,The jurisdiction was transferred to the court of chancery through which the king, as we are told by Blackstone (Commentaries III s. 426—428), in his capacity of parens patriae assumed the general protection not only of infant tenants but of all infants in his kingdom, through the keeper of his conscience, his chancellor,'' so Lou a. a. O. S. 3, der sich auch auf den maßgeblichen Rechtsfall Eyre v. Shaftsbury (1772) beruft: ,,The care of all infants is lodged in the king as parens patriae, and by the king this care is delegated to tis Court of Chancery ... Idiots and lunatics who are incapable to take care of themselves are provided for by the king as parens patriae; and there is some reason to extend this care to infants'' (Lord Jekyll).

mählich folgten. Die Schweiz begann 1862 (Botschaft vom 5. Mai) und 1872, Gesetz vom 17. Juli. Von den romanischen Ländern ist besonders zu beachten das belgische Kinderschutzgesetz vom 15. Mai 1912 (s. von Hentig, Ein modernes Jugendgesetz, 1912; Max Richter, Die Stellung der modernen Rechtswissenschaft zu den Problemen des Jugendstrafrechts, Breslauer Diss. 1927, jetzt rechtsvergleichend: Nisot, l'Enfance délinquente, 1927).

Die reichsgesetzliche Grundlage des heutigen deutschen Jugendgerichts gibt § 17 JGG.[1]):

Jugendgerichte sind die Schöffengerichte, also Gerichte besetzt mit einem Richter (meist Amtsrichter) und zwei Schöffen. Das ist aber nur das kleine Jugendgericht[2]). Nach § 29 Abs. 2 GVG. kann durch staatsanwaltschaftlichen Antrag das kleine Jugendgericht erweitert werden, indem ein zweiter Amtsrichter herangezogen wird.

Die schwersten Straftaten von Jugendlichen, die, als Taten von Erwachsenen, vor das Reichsgericht oder das Schwurgericht gehören würden, werden von dem großem Jugendgericht abgeurteilt. Dieses besteht aus zwei Richtern und drei Schöffen.

Eine Gewähr, daß das gemäß § 17 JGG. gebildete Gericht ein Erziehungsgericht, ein Gericht, zusammengesetzt aus jugendkundlich geschulten Personen, ist, besteht nicht. Nur wenn ein Amtsgericht

---

1) Wer jugendrechtlich denkt, muß wünschen, daß dieses Jugendgericht ausnahmslos für alle Straftaten von allen Jugendlichen zuständig wird. Vorläufig bestehen neben ihm Sondergerichte, z. B. der im Gesetz zum Schutz der Republik vom 21. Juli 1922 vorgesehene Staatsgerichtshof zum Schutz der Republik. Vgl. Franke III zu § 17.

2) Beling, Deutsches Reichsstrafprozeßrecht, 1928, S. 69, nimmt an, daß auch der Amtsrichter allein als Jugendrichter entscheiden könne, weil die vielumstrittene Verordnung vom 4. Januar 1924, die das Schöffengericht zugunsten des Einzelrichters weitgehend verdrängt hat, mit dem Gedanken des JGG. vereinbar sei, da ja dieses Gesetz nur Wert auf jugendpflegerisch eingestellte Berufsjugendrichter lege, nicht auf die Form des Schöffengerichts und die Laienbeteiligung. Das wird man nicht zugeben können: das JGG. und seine Ausführung ist nicht bloß darauf abgestellt, geeignete Berufsrichter zu finden, sondern gibt sich auch Mühe, die richtige Auslese der Schöffen (Beteiligung von Frauen; Francke V und VII zu §17; §20; Mitwirkung des Jugendamtes!) zu gewährleisten. Gegen Beling vgl. Kohlrausch, StPO. Anm. 3 zu § 25 GVG.; Bayr. OLG. i. ZStW., 45, 399. Nur in einem Ausnahmefall nimmt die h. M. an, daß der Jugendrichter als Einzelrichter allein entscheidet: § 3 EinfGesetz zur StPO.: „Die Landesgesetze können anordnen, daß Forst- und Feldrügesachen durch die Amtsgerichte in einem besonderen Verfahren, sowie ohne Zuziehung von Schöffen verhandelt werden." Der Wortlaut genügt kaum zu der Auslegung, die ihm Kohlrausch und Beling a. a. O., Kiesow zu § 3 EinfG. StPO. Hartung Recht **28**, 197 geben; vgl. a. Nathan Recht **28**, 515.

mit mehreren Amtsrichtern besetzt ist, bietet sich die Möglichkeit, einen davon zum Jugendrichter zu bestimmen. Diesem Jugendrichter sollen dann zugleich die Geschäfte des Vormundschaftsrichters übertragen werden (§ 19).

Die Preußische Allgemeine Verfügung vom 20. Juni 1923 JMBl. S. 450 entscheidet sich für das sogenannte Frankfurter System der Verbindung vormundschaftsrichterlicher und jugendrichterlicher Aufgaben: die Vormundschaftssachen eines straffälligen Jugendlichen gehen auf den Jugendrichter über. Vgl. a. die bayer. Bekanntmchg. vom 7. Mai 1923 JMBl. S. 21. Francke III u. IV zu § 19. Der Gegensatz zum Frankfurter System ist das „Kölner System": Die Vormundschaftsrichter bearbeiten zugleich die Strafsachen ihrer Jugendlichen.

Nicht bloß auf die Auswahl des geeigneten (Berufs-)Richters, sondern auch auf die Gewinnung der für Jugendfragen verständigen Schöffen legt das Gesetz Wert. Die Schöffenliste (vgl. über ihr Zustandekommen GVG. § 40) wird nach Vorschlägen des Jugendamtes gebildet.

Auch das Jugendgericht untersteht dem allgemeinen Grundsatze unseres Strafverfahrens: daß es erst durch eine Anklage der Staatsanwaltschaft in Bewegung gesetzt werden muß; denn würde es von sich aus die Strafverfolgung einleiten können, so wäre die Rückkehr zum vorrechtsstaatlichen Inquisitionsprozesse im ganzen Umfange vollzogen (es wäre dies ein Prozeß, in dem die Rollen von Ankläger und Richter zusammenfielen — und schon ein alter Rechtsspruch sagt: wer einen Ankläger zum Richter hat, braucht Gott zum Advokaten).

Der öffentliche Ankläger, der das Jugendstrafverfahren in Bewegung setzt, soll „tunlichst" ein durch seine besondere Eignung bestimmter Beamter sein; so stellt der § 21 JGG. neben den Jugendrichter den Jugendstaatsanwalt[1]).

Und Richter und Staatsanwalt zur Seite gestellt, ist ein Organ, das wir in der Erwachsenengerichtsbarkeit (leider — noch!) nicht haben: Die Jugendgerichtshilfe[2]).

„Die Organe der Jugendgerichtshilfe zerfallen wie alle Organe der Jugendhilfe in öffentliche und freie. Organ der öffentlichen Jugendgerichtshilfe ist das Jugendamt, Organe der freien Jugendgerichtshilfe sind die Jugendfürsorgevereine und die Jugendgerichtshelfer. Das Jugendamt nimmt als das Organ der öffentlichen Jugendgerichtshilfe nach dem Gesetz eine bevorzugte Stellung ein. Bereits durch § 3 Nr. 5 des RJWG. ist die „Jugendgerichtshilfe

---

[1]) Vgl. schon Preuß. Allg. Verfg. vom 22. September 1909, JMBl. S. 335. — Jetzt Allg. Verfg. vom 18. Juli 1925 JMBl. 1925.

[2]) Wohl die eingehendste Arbeit über „Die Jugendgerichtshilfe" hat Haeckel geliefert (1927). S. aber auch: Aschrott, Die Schutzaufsicht, 1912.

gemäß reichsrechtlicher Regelung" zu einer seiner Pflichtaufgaben gemacht. Da die vorgesehene reichsgesetzliche Regelung nunmehr im JGG. enthalten ist, ist der Vorbehalt für die Landesgesetzgebung zur vorläufigen Regelung der Jugendgerichtshilfe (EG. RJWG.) gegenstandslos geworden Francke II zu § 22.

Das Jugendamt, als Hauptorgan aller Jugendhilfe hat im JGG. bestimmte Rechte verbrieft bekommen (es muß herangezogen werden zu Vorschlägen für die Schöffenliste; § 20; ihm muß mitgeteilt werden, wenn gegen einen Jugendlichen Anklage erhoben oder Voruntersuchung beantragt wird, § 27; es ist nach Möglichkeit zu beteiligen an der Ermittlung aller persönlichen Verhältnisse des Beschuldigten, § 31 Abs. 3 u. a.). Aber auch für die Jugendgerichtshilfe gilt: daß das Jugendamt nicht das einzige Organ, sondern nur die eine Seite der Jugendhilfe ist. Neben ihm — und mit ihm durch stete Arbeitsgemeinschaft verbunden — steht die freie Jugendhilfe (private Jugendfürsorge, Jugendbewegung).

Kiesow (Anm. 2 zu § 22) betont ebenso wie Francke (II zu § 22), „daß das Jugendamt nicht ein gesetzliches Monopol auf die Jugendgerichtshilfe hat." „Das Gericht kann vielmehr, unbeschadet seiner Verpflichtungen gegenüber dem Jugendamt, zur Mitarbeit heranziehen, wen es will; es kann z. B. eine Ermittlung unmittelbar dem Verein oder dem Helfer übertragen, den es für die Schutzaufsicht in Aussicht genommen hat (RJWG. § 60)" (Francke a. a. O.).

Auch wenn das Gericht in einer Angelegenheit der Jugendgerichtshilfe das Jugendamt beauftragt, hat dieses die Tätigkeit, die ihm das JGG. als Jugendgerichtshilfe zuweist, „im Benehmen mit den Vereinigungen auszuüben, die sich mit der Jugendfürsorge beschäftigen".

## 2. Die Zuständigkeit des Jugendgerichts.

### a) Sachlich und persönlich:

Über die sachliche Zuständigkeit wurde oben (S. 199) bereits bemerkt, daß von einigen (vom künftigen Rechte möglichst zu beschränkenden) Fällen der Sondergerichtsbarkeit abgesehen, alle Strafsachen gegen Jugendliche, von der Übertretung bis zum Morde, vor das Jugendgericht gehören; die schweren Strafsachen, die, bei Erwachsenen, vor dem Schwurgericht oder Reichsgericht verhandelt werden würden, kommen vor das große Jugendgericht (JGG. § 17 s. oben S. 199).

Jugendliche sind Personen über vierzehn und bis zu achtzehn Jahren (§ 1). „Für Personen, die zur Zeit der Tat jugendlich waren, zur Zeit der Erhebung der Anklage aber nicht mehr jugendlich, jedoch noch jünger als einundzwanzig Jahre sind, kann die Staatsanwaltschaft die Zuständigkeit des Jugendgerichts dadurch begründen, daß sie bei ihm Anklage erhebt" (§ 17 Abs. 2). Wenn der Angeklagte im Laufe des Verfahrens das einundzwanzigste Lebensjahr vollendet, so steht es im Ermessen des Gerichts, ob es die Sache weiter bearbeiten oder an das ordentliche Gericht für Erwachsene abgeben will (§ 18 Abs. 2).

Die 18–21jährigen sind vom JGG. also grundsätzlich zu den Erwachsenen gerechnet worden — gegen die wohlbegründeten Forderungen vieler Jugendverständiger, die vor allem von Herbert Francke immer wieder energisch erhoben worden sind (vgl. oben S. 22 f.). Francke sucht in seinem Kommentar wenigstens durch Auslegung möglichst viele 18–21jährige in das Jugendgerichtsverfahren hereinzuziehen: „In Preußen sind die Staatsanwaltschaften durch die Allg. Verf. vom 20. Juni 1923 JMBl. S. 450 angewiesen, Anklage grundsätzlich bei dem Jugendgericht zu erheben, wenn nach den persönlichen Verhältnissen des Beschuldigten Erziehungsmaßregeln noch angezeigt und nicht aussichtslos erscheinen und wenn anzunehmen ist, daß das Verfahren vor der Vollendung des 21. Lebensjahres beendet sein wird. Wenn man auch mit Walter Hoffmann (ZPäd. Psych. 1921 S. 15) wünschen wird, daß der Jugendrichter von Fällen entlastet wird, in denen Erziehungsarbeit von vornherein nicht mehr in Frage kommt, so wird man doch den Umkreis dieser Fälle möglichst eng zu ziehen haben. Die stark verwahrlosten Burschen bei denen eine erzieherische Einwirkung schwierig, aber nicht aussichtslos erscheint, gehören gerade vor den Jugendrichter. Wollte man sie auf Grund des § 17 ihm entziehen, so würde er einer seiner wichtigsten Aufgaben entfremdet; überdies würde auch eine sachgemäße Anwendung des § 63 Abs. 2 RJWG. erschwert, der die Altersgrenze für die Anordnung der Fürsorgeerziehung auf 20 Jahre festsetzt."

### b) Örtlich.

Nach der Reichsstrafprozeßordnung (RStPO.) §§ 7 und 8 ist zuständig das Gericht des Ortes der begangenen Tat oder des Wohnsitzes: Gerichtsstand der begangenen Tat und Gerichtsstand des Wohnsitzes. § 25 JGG. fügt zwei neue Zuständigkeiten in örtlicher Hinsicht hinzu: den Gerichtsstand der Vormundschaftssache und den Gerichtsstand des gewöhnlichen Aufenthaltsortes.

„Für Jugendsachen ist auch das Jugendgericht örtlich zuständig, in dessen Bezirk die vormundschaftsgerichtliche Zuständigkeit für den Beschuldigten begründet ist oder sich der Angeschuldigte zur Zeit der Erhebung der Anklage aufhält." Vgl. auch § 25 Abs. 8.

### 3. Das Verfahren vor dem Jugendgericht.

Die allgemein bedeutsame Vorschrift des § 23 ist bereits oben (S. 183) gewürdigt worden. Sie besagt, daß die „Verhandlung vor dem erkennenden Gericht einschließlich der Verkündung der Entscheidung" nicht öffentlich ist; nur „dem gesetzlichen Vertreter des Angeklagten, dem Verletzten und seinem gesetzlichen Vertreter sowie dem Jugendamt ist der Zutritt zu gestatten". Ebenso sind die Beamten der Justizverwaltung, welche die Dienstaufsicht führen, zur Anwesenheit berechtigt. Erwachsenen Angehörigen des Angeklagten und, falls der Jugendliche unter Schutzaufsicht steht, der bestellten Aufsichtsperson, ferner den Vertretern von Vereinigungen, die sich mit der Jugendfürsorge beschäftigen, soll in der Regel, anderen Personen kann der Zutritt gestattet werden."

Es ist also eigentlich die Öffentlichkeit (und damit die Möglichkeit der Kritik) nicht ausgeschlossen, sondern nur stark beschränkt.

Das Jugendstrafverfahren kann nur verstanden werden, wenn man den ordentlichen Strafprozeß deutlich vor Augen hat[1]).

Vorverfahren (letzter Teil, nach Anklageschrift: Zwischen- oder Eröffnungsverfahren).

Einleitung des Verfahrens durch Staatsanwaltschaft oder Polizei.

---

[1]) Kohlrausch hat den Text der Strafprozeßordnung und des Gerichtsverfassungsgesetzes herausgegeben und in pädagogisch meisterhafter Weise eingeleitet und erläutert. Auf die 21. Auflage dieses Werkes (Guttentagsche Sammlung Nr. 12, 1927) sei hiermit verwiesen. S. ferner von neuen Lehrbüchern: Beling, Deutsches Reichsstrafprozeßrecht, 1928; Gerland, Der deutsche Strafprozeß, 1927; Graf Dohna, Das Strafprozeßrecht, 2. Aufl. 1925.

Hauptverfahren: Beschluß auf Eröffnung des Hauptverfahrens (StPO. § 203).

Rechtsmittelverfahren: Urteil (durch Rechtsmittel anfechtbare Entscheidung der 1. Instanz).

Rechtskraft (durch ordentliche Rechtsmittel – Berufung, Revision – nicht mehr anfechtbares Urteil).

Nach der obenstehenden Skizze mit den Hauptstationen eines ordentlichen Strafverfahrens, zerfällt dieses Verfahren (bis zum Urteil der ersten Instanz) in zwei Hauptteile: 1. Das Vorverfahren, dessen Mitwirkende außer dem Angeklagten Staatsanwalt, Polizei und (in schwierigeren und ernsteren Fällen) Untersuchungsrichter sind, und 2. das Hauptverfahren, das der Richter leitet. Das Hauptverfahren, das (gegen Erwachsene) öffentlich und mündlich ist, stellt sich als der eigentliche moderne Strafprozeß dar, erbaut auf dem Gedanken im tieferen Sinne dramatischen Gegenspiels und Zusammenwirkens. Das Vorverfahren mit seiner auch heute noch herrschenden Geheimheit trägt demgegenüber vielfach die Züge des alten, inquisitorischen Strafprozesses, den die Zeit der Aufklärung so leidenschaftlich und, in der Hauptsache, siegreich bekämpft hat.

Man muß sich klar darüber sein, daß, kriminalpolitisch gesehen, das Jugendgerichtsgesetz ein Zurückgehen auf den alten deutschen Strafprozeß, wie er vor der aufklärerischen und rechtsstaatlichen Zeit war, ist. Das Jugendgerichtsverfahren ist nicht öffentlich und es trägt, als Erziehungsverfahren, manchen patriarchalischen Zug; des Richters hier immer gütig sein sollende Macht kann sich ganz anders entfalten als im Erwachsenenprozeß. Wie der Jugendliche kein Recht auf die Öffentlichkeit des Verfahrens hat, so hat er nicht dasselbe Recht wie der erwachsene Angeklagte auf Anwesenheit bei allen Erörterungen (§ 33 Abs. 2), er kann hinausgeführt werden, wenn erzieherische Gründe seine Abwesenheit erfordern. Der Jugendrichter hat das ganze Verfahren, nicht bloß das Hauptverfahren, mehr in der Hand als der gewöhnliche Prozeßrichter: nach § 19 Abs. 1 ist er Ermittelungsrichter[1]), d. h. er wirkt nach Maßgabe der §§ 158,

[1]) Beling a. a. O. S. 438.

162, 165 StPO. bei der Vorbereitung der öffentlichen Klage mit[1]), ja er hat auf das Erheben oder Nichterheben der Anklage überhaupt einen entscheidenden Einfluß (§§ 32 Abs. 1 und 2).

### a) Das Vorverfahren gegen Jugendliche.

zeigt, daß im JGG. kein Rückschritt zu den Fehlern des Inquisitionsprozesses erfolgen sollte, sondern daß alles sich findende Lockern rechtsstaatlicher Starrheit zum Guten des Jugendlichen ausschlagen soll.

Das Vorverfahren ruht hauptsächlich in den Händen der Staatsanwaltschaft (die nach § 21 tunlichst eine besondere Jugendstaatsanwaltschaft sein soll). Bei den Ermittlungen, durch die „möglichst frühzeitig die Lebensverhältnisse des Beschuldigten sowie alle Umstände zu erforschen" sind, „welche zur Beurteilung seiner körperlichen und geistigen Eigenart dienen können", bedient sich der Jugendstaatsanwalt nicht der Polizei als Hilfsorgan[2]), sondern nach Möglichkeit des Jugendamtes: § 31 Abs. 1 und 3.

Francke (Anm. I) nennt den § 31 einen „der Grundpfeiler des Gesetzes" von dessen „voller Durchführung zu einem guten Teil der Erfolg des Gesetzes abhängen wird." Die Jugendgerichtshilfe ist von den Landesjustizverwaltungen schon seit 1908 zu den Ermittlungen im Strafverfahren gegen Jugendliche herangezogen worden. Auf diese Heranziehung hat heute das Jugendamt (das seinerseits die freie Jugendhilfe heranzuziehen hat) ein Recht. — In geeigneten Fällen soll eine ärztliche Untersuchung des Beschuldigten stattfinden (§ 31 Abs. 1 Satz 2). „Bei Fürsorgezöglingen ist der Fürsorgeerziehungsbehörde Gelegenheit zur Äußerung zu geben" (§ 31 Abs. 4).

Nicht nur der Staatsanwalt, sondern auch der Richter soll in Gemeinschaft mit den Organen der Jugendgerichtshilfe eine ermittelnde Tätigkeit entfalten.

Die Praxis hält Vorbesprechungen zwischen Jugendrichter und Vertretern der Jugendgerichtshilfe für möglich (Allmenröder

---

[1]) Francke § 19 II bemerkt mit Recht: „Zur gesetzlichen Zuständigkeit des Jugendrichters gehören nicht die Verrichtungen des Amtsrichters im Rechtshilfeverfahren, also z. B. die Vernehmung des Beschuldigten gemäß § 233 StPO.; denn diese Verrichtungen sind dem Amtsrichter nicht durch die StPO. sondern durch das GVG. § 157 übertragen. Es steht aber nichts im Wege durch den Geschäftsplan dem Jugendrichter auch die Rechtshilfesachen gegenüber Jugendlichen zu übertragen. Dies ist für Preußen durch die All. Verf. vom 20. Juni 1923 JMBl. S. 450 vorgesehen, jedoch mit der Maßgabe, daß das Ersuchen ausdrücklich an das Jugendgericht gerichtet werden muß.

[2]) Natürlich kann die Polizei nicht immer beim Aufhellen des strafbaren Tatbestandes entbehrt werden. Die Vernehmung Jugendlicher sollte ihr aber möglichst nie allein überlassen werden.

in Freudenthal, Das Jugendgericht in Frankfurt a. M. 1912, S. 9; s. a. Francke, Kommentar 2. Aufl. S. 94). Wir dürfen aber nicht zuviel von den Garantien preisgeben, die der ordentliche Strafprozeß für die Unbefangenheit und Unvoreingenommenheit des Richters gewährt hat. Darum gilt:

Für das Urteil stehen auch die Ermittlungsergebnisse der Jugendgerichtshilfe unter den strengen Regeln des Beweisrechts. Wir haben, auch im Jugendstrafverfahren, keinen Aktenprozeß, sondern ein unmittelbares und mündliches Verfahren (§ 261 StPO.). Nur was zum Gegenstand der mündlichen Verhandlung gemacht, was vor dem Jugendlichen oder (wenn dieser nach § 33 Abs. 2 von der Verhandlung ausgeschlossen war) den andern Beteiligten, zu denen auch seine Eltern gehören, ausgebreitet worden ist, darf der Urteilsfinder verwerten.

Das vorbereitende Verfahren ergibt entweder die Klarheit, daß das Verfahren eingestellt werden muß oder die andere Klarheit, daß Anklage zu erheben ist. Die Anklage kann nicht immer in der Weise erhoben werden, daß die Staatsanwaltschaft gleich eine Anklageschrift ausarbeitet und dem Gericht einreicht, das dann über die Eröffnung der Hauptverhandlung beschließt. Wo Zweifel in Fülle bleiben, besonders bei schweren Verbrechen, ist vor dem Hauptverfahren, im Anschluß an das vorbereitende Verfahren der Staatsanwaltschaft eine Voruntersuchung erforderlich, die der Untersuchungsrichter führt. Damit auch in diesem Stadium des Verfahrens die Organe der Jugendhilfe Gelegenheit zur Mitarbeit erhalten bestimmt § 27:

„Die Staatsanwaltschaft hat dem Vormundschaftsgerichte und dem Jugendamte Mitteilung zu machen, wenn gegen einen Jugendlichen die Voruntersuchung beantragt oder Anklage wegen eines Verbrechens, eines Vergehens oder einer Übertretung gegen § 361 Nr. 3 bis 8 des Strafgesetzbuches erhoben wird, oder wenn die Staatsanwaltschaft es sonst für geboten erachtet. Über den weiteren Gang des Verfahrens sind Vormundschaftsgericht und Jugendamt zu unterrichten. Die oberste Landesbehörde kann weitergehende Vorschriften erlassen.

Das Vormundschaftsgericht und das Jugendamt haben der Staatsanwaltschaft Nachricht zu geben, wenn ihnen bekannt ist oder bekannt wird, daß gegen den Beschuldigten noch ein anderes Strafverfahren anhängig ist“. (Die Personalunion von Jugendrichter und Vormundschaftsrichter machen solche Mitteilung natürlich zum Teil überflüssig.)

Eine zweifelhafte und auch für Erwachsene in vielen Fällen recht bedenkliche Maßnahme ist die Untersuchungshaft. Ihre Anwendbarkeit wird für Jugendliche durch den sehr wichtigen § 28 wesentlich eingeschränkt. Sie soll nur vollzogen werden, wenn ihr Zweck nicht durch eine Anordnung nach § 8 über vorläufige Erziehung und Unterbringung erreicht werden kann. „Dem Jugendamt und, falls der Verhaftete unter Schutzaufsicht steht, der bestellten Aufsichtsperson, ist der Verkehr mit dem Verhafteten in dem gleichen Umfange gestattet, wie einem Verteidiger (§ 148 der Strafprozeßordnung)[1]".

Eines der Hauptziele des Jugendgerichtsgesetzes sieht Bumke darin: „dem Jugendlichen soweit irgend möglich nicht nur eine Bestrafung, sondern auch schon die Berührung mit dem Strafgerichte zu ersparen." Zu diesem Zwecke gibt § 32 eine weitgehende Einschränkung des Legalitätsprinzips, d. h. des Grundsatzes, daß bei Vorliegen von Tatverdacht die Staatsanwaltschaft nicht anklagen kann, sondern muß. Er ist eigentlich für das Jugendstrafverfahren wesentlich ausgeschaltet. Die Staatsanwaltschaft kann das Verfahren einstellen, wenn dem Jugendlichen die Verstandes- und Willensreife des § 3 fehlt. Sie kann ferner davon absehen, Klage zu erheben, „wenn bereits eine Erziehungsmaßregel angeordnet worden ist und weitere Maßnahmen nicht erforderlich sind, oder wenn anzunehmen ist, daß das Gericht nach § 9 Abs. 4 von Strafe absehen wird". Hier nimmt der Staatsanwalt im Vorverfahren bereits eine sehr weitgehende Beweiswürdigung vor, die grundsätzlich nur dem Gericht zukommt. Daher ist vorgeschrieben, daß die Einstellung des Verfahrens der Zustimmung des Richters bedarf (§ 32). Auch nachdem die Klage erhoben ist, kann, wenn Gericht und Staatsanwaltschaft dahin übereinstimmen, das Verfahren noch eingestellt werden.

### b) Das Hauptverfahren.

Vorverfahren und Hauptverfahren sind im Jugendstrafprozeß nicht so scharf geschieden wie im ordentlichen Verfahren. Deshalb wird es hier verzeihlicher sein, wenn wir den Vorschriften über die

---

[1]) § 148 StPO. lautet: „Dem verhafteten Beschuldigten ist schriftlicher und mündlicher Verkehr mit dem Verteidiger gestattet. — Solange das Hauptverfahren nicht eröffnet ist, kann der Richter schriftliche Mitteilungen zurückweisen, falls deren Einsicht ihm nicht gestattet wird. — Bis zu demselben Zeitpunkt kann der Richter, sofern die Verhaftung nicht lediglich wegen Verdachts der Flucht gerechtfertigt ist, daß Unterredungen mit dem Verteidiger in seiner Gegenwart oder in Gegenwart eines beauftragten oder ersuchten Richters stattfinden."

Hauptverhandlung nicht den breiten Raum geben, den, grundsätzlich zu Recht, Alsberg ihnen wünscht[1]).

Die Hauptverhandlung soll zunächst eine reine Jugendverhandlung sein. Daher bestimmt § 33 Abs. 1:

„Hauptverhandlungen in Jugendsachen sollen von anderen Hauptverhandlungen derart gesondert werden, daß eine Berührung des Angeklagten mit erwachsenen Angeklagten vermieden wird."

Trotzdem besteht die Möglichkeit, daß ein Jugendlicher überhaupt nicht vor das Jugendgericht, sondern vor das Erwachsenengericht kommt: wenn er zusammen mit Erwachsenen seine Tat begangen hat und seine Strafsache mit derjenigen der beteiligten Erwachsenen verbunden worden ist. Eine solche Verbindung soll, gemäß § 26 Abs. 2, nach Möglichkeit vermieden werden.

Daß für die Hauptverhandlung dauernde Anwesenheit des Angeklagten nicht erforderlich ist (§ 33 Abs. 2), wurde bereits erwähnt. Um so mehr muß aber bei der relativen Geheimheit des ganzen Verfahrens darauf geachtet werden, daß immerfort eine dem Angeklagten nahestehende oder ihn verteidigende Person anwesend ist.

§ 29 bringt Regeln über die notwendige Verteidigung: vor dem großen Jugendgericht erhält der Angeklagte stets einen Verteidiger, sonst wenn, insbesondere wegen verwickelter Rechtslage, ein Bedürfnis dazu besteht. Aber im Jugendstrafverfahren kennt das JGG. auf Seiten des Angeklagten nicht bloß den Verteidiger; es ist auch die Möglichkeit eines „Beistandes" vorgesehen. Er kann in allen Fällen und in jeder Lage des Verfahrens bestellt werden (§ 29 Abs. 3), auch neben einem Verteidiger. „Das Jugendamt ist auf sein Verlangen zum Beistand zu bestellen; der gesetzliche Vertreter soll nur ausnahmsweise zum Beistand bestellt werden. Der Beistand hat die Rechte eines Verteidigers" (§ 29 Abs. 3).

Das Strafverfahren gegen Jugendliche ist stets öffentliches Anklageverfahren; Privatklage gegen einen Jugendlichen (z. B. wegen Beleidigung ist nicht möglich). Es wird aber in Privatklagesachen „die öffentliche Klage auch dann erhoben, wenn ein berechtigtes Interesse des Verletzten[2]) dies rechtfertigt" (§ 38).

---

[1]) ZStW. 48 Bd. (1928) S. 700: „Wir bedürfen einer Darstellung des Strafprozesses, die die Hauptverhandlung in den Mittelpunkt der Darstellung rückt und in diesem Zusammenhang die gesamten Probleme erörtert."

[2]) Nicht bloß öffentliches Interesse, wie sonst.

### 4. Rechtsmittelverfahren.

Unanfechtbar, rechtskräftig wird ein Urteil, wenn die Rechtsmittelfrist verstrichen ist, ohne daß Berufung oder Revision eingelegt worden ist, oder wenn die Rechtsmittel erschöpft worden sind und die letzte Instanz gesprochen hat.

Ein ausgesprochenes Jugendgericht ist nur das Gericht der ersten Instanz. Wohl gilt auch noch mancher Grundsatz des Jugendstrafverfahrens (Ausschluß der Öffentlichkeit) in der Prüfungsinstanz, aber ein Jugendstrafprozeß im vollen Sinne ist das nicht mehr.

Die Berufung gegen ein Urteil des Jugendgerichtes hat zur Folge, daß die ganze Sache, in tatsächlicher wie in rechtlicher Hinsicht, noch einmal aufgerollt wird vor der großen Strafkammer, der die Bearbeitung der Jugendsachen überwiesen ist (§ 19 Abs. 3).

Die Revision hat zur Folge eine Nachprüfung lediglich der Rechtsfragen, regelmäßig vor dem Oberlandesgericht; vor dem Reichsgericht dann, wenn in der ersten Instanz zwei Richter mitgewirkt haben. (Beschränkungen der Rechtsmittel s. in § 35)[1]).

Außer Berufung und Revision spielt im Jugendstrafverfahren eine besondere Rolle die sofortige Beschwerde des § 35 Abs. 2 gegen Entscheidungen, die eine Strafaussetzung betreffen.

## III. Der Jugendstrafvollzug.

Die Strafvollstreckung steht nicht (wie im Erwachsenenprozeß — grundsätzlich: § 451 StPO. — der Staatsanwaltschaft, sondern dem Jugendrichter zu (§ 36). Er hat auch die vom Gericht angeordneten Erziehungsmaßregeln auszuführen; ausgenommen davon sind allerdings Fürsorgeerziehung[2]) und Schutzaufsicht (§ 36).

Für den Jugendstrafvollzug sind selbstverständlichste Forderungen erst spät verwirklicht worden. Man wird heute als allgemeine Praxis feststellen dürfen, daß es für alle Jugendliche besondere Anstalten oder wenigstens Abteilungen gibt. Baulich allerdings sind diese Anstalten noch wenig zufriedenstellend. Teilweise ist nicht einmal der elementaren Notwendigkeit besonderer Einzelschlafräume[3]) Rechnung getragen. Durchweg handelt es sich um Anstalten, die Gefängnisse im alten und schlechten Sinne des völlig vergitterten Hauses

---

[1]) S. hierzu die Ausführungen von Francke zu § 35.

[2]) Hoffmann, Die Reifezeit, 2. Aufl. 1926, S. 272: „Leider hat der deutsche Jugendrichter keinen Einfluß auf die Durchführung des Fürsorgeerziehungsverfahrens."

[3]) Diese können m. E. nur entbehrt werden, wo ein Erzieher mit den Jugendlichen schläft.

sind. Wirklich kühn erzieherisch eingestellt sind nur die Arbeiten einiger weniger Pioniere des Jugendstrafvollzuges.

Reichsrechtliche Regeln, die eine deutliche Wendung zum Besseren bedeuten, bringen die Reichsratsgrundsätze für den Vollzug von Freiheitsstrafen vom 7. Juni 1923, zu denen die einzelnen Landesjustizverwaltungen Ausführungsbestimmungen (Dienst- und Vollzugsordnungen) erlassen haben. Im Schrifttum haben die pädagogischen Probleme des Jugendstrafvollzuges reichlich und z. T. tiefschürfende Bearbeiter gefunden. Vgl. Bondy, Pädagogische Probleme im Jugendstrafvollzug, Hamburg 1925; ders. in Frede-Grünhut, Reform des Strafvollzuges, 1927. Ellger, Zentralblatt 19 (1923/24), Plischke, Jugendstrafvollzug ZStW. Bd. 49 (1928) S. 84—98. Einen feinen und vielbeachteten Einblick in die Praxis des Jugendstrafvollzuges hat Walter Herrmann gegeben: Das Hamburgische Jugendgefängnis Hahnöfersand, 2. Aufl. 1926. In manchen Teilen grell, aber aus leidenschaftlicher und guter Arbeit und Erfahrung stammend: Fritz Kleist, Im Jugendgefängnis, 1927, Jugend am Gesetz, 1928. Allgemeines s. auch in meinen Vorträgen „Rechtsstaat und Erziehungsstrafe", im 11. Jahrb. d. Schles. Gefängnisgesellschaft, Breslau 1927 und „Das Verhältnis des modernen Strafrechts zur heutigen Sozialpädagogik", auf der Tagung der Berliner Gefangenenfürsorge am 19. Oktober 1928. — Liepmann, Amerikanische Gefängnisse und Erziehungsanstalten, 1927. Jetzt, sehr wichtig: Deutsches Gefängniswesen, herausgegeben von Bumke, 1928.

Die maßgebende Vorschrift des Jugendgerichtsgesetzes selber, die gut ist und das selbstverständlich zu Verlangende klar genug ausdrückt, ist noch lange nicht wirklich ausgeführt. Diese Vorschrift, der § 16, lautet:

§ 16.

(1) Der Strafvollzug gegen einen Jugendlichen ist so zu bewirken, daß seine Erziehung gefördert wird.

(2) Beim Vollzuge der Freiheitsstrafen werden Jugendliche von erwachsenen Gefangenen vollständig getrennt gehalten.

(3) Freiheitsstrafen von einem Monat oder mehr sollen in besonderen, ausschließlich für Jugendliche bestimmten Anstalten oder Abteilungen von Anstalten vollstreckt werden.

(4) Verbüßt ein Jugendlicher in einer besonderen Anstalt oder in einer besonderen Abteilung einer Anstalt eine Freiheitsstrafe, so kann er mit Genehmigung der Aufsichtsbehörde bis zur Vollendung des 21. Lebensjahres in der Anstalt oder in der Abteilung verbleiben.

(5) Das Weitere über den Strafvollzug bestimmt die Reichsregierung mit Zustimmung des Reichsrats; dabei ist auf eine Mitwirkung des Jugendamts bei dem Strafvollzuge Bedacht zu nehmen.

Der Jugendstrafvollzug könnte verbessert werden, wenn auch hier das Jugendamt mehr Einfluß gewönne.

## Beschluß.

Als Immanuel Kant, auf einer seltenen Höhe deutscher Geistesgeschichte, sein sittliches Sein der äußeren Naturerkenntnis gegenüberstellte, kam da im nordöstlichen Teile unseres Vaterlandes ein Weltbild zustande, dessen karge und harte Linien einen scheinbar unüberbrückbaren Zwiespalt offenbarten: „Der bestirnte Himmel über mir — und das moralische Gesetz in mir."

Der bestirnte Himmel über dem einsamen Denker am Ostseestrande hatte nichts Tröstendes für den Menschen. Er vernichtete vielmehr seine Wichtigkeit, als eines tierischen Geschöpfs, das auf einem Punkte in diesem System von Welten und Überwelten, eine Zeit lang, man weiß nicht wie, mit Lebenskraft versehen, herumkreucht, um bald schon die Materie, daraus es ward, der Erde zurückzugeben. Nur lebt in dem Menschentume etwas, das nicht aus Materie ward: die ewige Welt des moralischen Gesetzes.

Aber von der Welt im Menschen zu der äußeren Welt, in der die Menschen verschwindende Punkte sind, gibt es keinen Weg für den kargen Königsberger.

Fichtes Sehnsucht, Hegels mystischer Tiefblick haben diesen Weg gesehen und gewiesen: eine neue Wirklichkeit tut sich uns auf, lebendig und von überirdisch-irdischer Gewalt wie der geheimnisvoll energische Funke zwischen den gespannten Polen. Das ist der Staat.

Wer weder im fühllos strengen Gesetz der Natur noch in erdlosem Sehnen der Seele die Welt versäumen will, wird sich der Geschichte zuwenden, um in ihr Natur und Geist in seltsam ringendem Gemisch zu finden.

Der Staat aber, auf den er da als auf ein sittliches Gebot stößt, ist nicht die fürsorgende Obrigkeit oder die mit ein paar Hebelgriffen das Ganze bewegende Maschine. Er ist das durch und durch Lebendige.

Der Gedanke der Selbstverwaltung muß in dem wahren Staate in freudiger Freiwilligkeit verwirklicht sein. Der viele Gemeinsinn, der sich heute in Vereinsmeierei und Beweglertum (einschließlich der Jugendbewegung) verzettelt, wird dieser Staats-

und Volksgemeinschaft zuströmen. So wird selbstverwaltender Gemeindrang alle Ämter, auch das Jugendamt, aus Behörden zu Quellen der Volkskraft machen.

Für diesen Staat gilt: daß er ein Recht hat, die Jugend in seinen breiten, gewaltigen Strom zu zwingen und zu bannen. Nur er vermag, das neue Jugendrecht zu bauen.

Als der Verfasser vor vier Jahren seine Arbeit über „Kriminelles Unrecht, Staatsunrecht und Völkerrecht" als Buch herausgab, glaubte er, die vom Rechtsgedanken bestimmte Grenze des Staates betonen zu müssen. Er tat das als ein dankbarer Schüler des letzten großen Rechtsphilosophen, der scharf und entschieden das hohe Gut des Rechtsstaates verteidigt hat: Rudolf Stammlers (dessen schlichtliniges Denken bei einem komplizierteren, darum aber nicht fruchtbareren Juristengeschlechte nicht mehr immer die rechte Würdigung findet). Das logizistische Zuspitzen des rechtsstaatlichen Gedankens, das vor allem von Hans Kelsen betrieben wurde, verfolgte er mit staunendem Interesse und wachsendem Zweifel. Diese Resignation der Wiener Schule, ihr Leugnen des lebendigen und wahren Staates muß auch den, der glaubt, manches Wichtige von ihr gelernt zu haben, unbefriedigt lassen und zum Widerspruche zwingen, sobald er versucht, hohe sittliche Gemeinschaftswerte für sein Volk erkämpfen zu helfen. Es wird Zusammengeschlosseneres erfordert als der liberale Staat und Menschlicheres als die „demokratische" Maschine Max Webers. Rudolf Smend hat in seinem den Zeitgeist nah fein erfassendem Buche „Verfassung und Verfassungsrecht" bemerkt: „Hier (bei Weber und Meinecke) wird wenigstens eine wirkliche, positive Staatstheorie entwickelt — vom Staat als Betrieb, dessen immanente Teleologie den einzelnen heteronomon in sich hinein, unter die Dämonie seiner Mittel, in die unentrinnbare sittliche Verschuldung zwingt — vom Staat als Naturkraft und Schicksal, von der Lebensidee seiner Staatsraison, die in die unlösliche Antinomie von Kratos und Ethos hineinführt — beide Male in sich geschlossene, eigengesetzliche Schicksalsmächte, denen der einzelne mehr oder weniger als Objekt und Opfer gegenübersteht. Hier wird die Skepsis der Theorie von echt deutscher, letzter Staatsfremdheit der praktischen Gesinnung getragen — diese Denkweisen sind liberal im Sinne letzter innerer Unbeteiligung am Staat. — — — Auf dieser Grundlage theoretischer und praktischer Staatsfremdheit erwachsen gleichmäßig und in derselben Seele die beiden Hauptmängel der Deutschen: unpolitische

Staatsenthaltung und ebenso unpolitische Machtanbetung. Sie sind zwei Seiten derselben Sache; es ist die innere Unsicherheit dem Staat gegenüber, die so zwischen Unter- und Überschätzung des Staates schwankt."

Mit der Leugnung des sittlichen Staatsgedankens sind wir nicht gut gefahren. Und es scheint mir ebenso dreist wie ungerecht, daß einige, die sich Realpolitiker nennen, es immer noch wagen, ihre sittlich ungetrübten Mittelchen uns als etwas anzupreisen, das dem „deutschen Idealismus" wenigstens in den Dingen dieser Welt überlegen wäre. Dieser deutsche Idealismus, der nach einem guten Worte Bornhausens der deutsche Charakter ist, hat die großen Mahner zum Staate, Fichte und Hegel hervorgebracht. Und während das ausgeklügelte, mechanistische System des Fürsten Clemens Metternich fruchtlos blieb und all das scheinbar so realpolitische Bemühen dieses Mannes, der die „Teutschtümelei" der Freiheitskämpfer bewitzelt hatte, schließlich im Gelächter Europas unterging, hat der Idealismus die deutschen Menschen zu jenem Opfersinn erzogen, der Blut und Eisen des preußisch-deutschen Aufstiegs erst ermöglichte. Das war die Frucht der Nationalerziehung, die Fichte in seinen berühmten „Reden" verkündet hatte. Sie war noch nicht ganz und völlig, als man sich schon dem gedankenlosen Genusse hingab. So wurde in dem ersten und erst halben Deutschen Reiche das geistige Ringen mit den neuen Aufgaben und schlummernden Nöten versäumt. Das große Wort von der Freiheit wurde von den das Denken überholenden Tatsachen des Wirtschaftslebens untergraben. Hohler wurde von Jahr zu Jahr die Botschaft der Verkünder des Christentums in den Arbeitervierteln der großen Städte. Den gedankenlos grausamen Gegensatz von Berlin Ost und Berlin West hatte der deutsche Idealismus, hatte ein Fichte, der sein Buch vom geschlossenen Handelsstaat einem preußischen Minister überreichte, nicht gewollt. Wir, die samt und sonders materialistischen Erben, haben mit den überkommenen Worten vom Deutschen Reiche und vom Christentum nichts rechtes anzufangen gewußt und sie zum Spott der Straße werden lassen. Nach dem Zusammenbruche kann es, allem modernen und aufgeklärten Getue zum Trotz, für die Erziehung zur Gemeinschaft des deutschen Volkes nur die eine einfache Parole geben: Den christlichen Staatsgedanken.

Damit wollen wir in keinen Ketzerwahn und keine Glaubensüberheblichkeit verleiten; wenngleich wir es auch nicht so farblos und unbestimmt meinen, wie ein freundlicher Berichterstatter über von Zastrows Vortrag „Strafrechtspflege und vaterländische Kultur" im „Grenzland" es dem Verfasser vor kurzem (Dezember 1928) unterstellte. Unser Staatswille darf nicht lahm werden vor lauter Rücksichtnahmen, Resignationen und Toleranzen, die gewiß in dem tiefen Sinne der Achtung vor dem Menschentume, den wir bewahren wollen, nötig sind. Die ganze Wucht des deutschen Bauernglaubens, von dem jeder in unserem Volke etwas geerbt hat, ersteht von neuem vor unserem Geiste und geschichtlichen Erinnern. Sie hat oftmals an dem Weltgebäude gerüttelt. Und ihr Ungestüm muß ganz sicherlich von starker Staatsgewalt an das Recht gebunden werden. Aber nur in ein tieferes Recht als das dem klügelnden Verstande spürbare wird sich diese Urkraft binden lassen. Es muß ein Recht sein, über dem das Wort steht, unter welches (wenn wir nicht irren) einer unserer vornehmsten Rechtsgelehrten, Otto von Gierke, seine Lebensarbeit gestellt hat:

Recht ist Wahrheit.

## Sachregister.

(Die Zahlen bedeuten die Seiten.)

# Abkürzungen.

AG. = Ausführungsgesetz.

Christian Wolff = Grundsätze des Natur- und Völkerrechtes, deutsch 1754.

FGG. = Gesetz über die Angelegenheiten der freiwilligen Gerichtsbarkeit vom 20. Mai 1898.

Grotius = Hugo Grotius, **De iure belli ac pacis libri tres**, 1625.

HdR. = Handwörterbuch der Rechtswissenschaft (herausgegeben von Elster und Stier-Somlo.

JFG. = Jahrbuch für Entscheidungen in Angelegenheiten der freiwilligen Gerichtsbarkeit.

JGG. = Jugendgerichtsgesetz vom 16. Februar 1923.

JKV. = Internationale kriminalistische Vereinigung.

JW. = Juristische Wochenschrift.

KG. = Jahrbuch für Entscheidungen des Kammergerichts (für die letzten Jahre s. JFG.).

OLG.(E.) = Rechtsprechung der Oberlandesgerichte (herausgegeben von Mugdan und Falkmann).

RGSt. = Entscheidungen des Reichsgerichts in Strafsachen.

RGZ. = Entscheidungen des Reichsgerichts in Zivilsachen.

RJA. = Entscheidungen in Angelegenheiten der freiwilligen Gerichtsbarkeit, zusammengestellt im Reichsjustizamt.

RJWG. = Reichsgesetz für Jugendwohlfahrt vom 9. Juli 1922.

VO. = Verordnung.

Zentralblatt = Zentralblatt für Jugendrecht und Jugendwohlfahrt.

ZStW. = Zeitschrift für die gesamte Strafrechtswissenschaft.

Die wichtigsten Gesetze sind in den gebräuchlichen Abkürzungen zitiert, also: BGB. = Bürgerliches Gesetzbuch; (R)StGB. = (Reichs-)Strafgesetzbuch; StPO. = (Reichs-)Strafprozeßordnung; ZPO. = Zivilprozeßordnung; GVG. = Gerichtsverfassungsgesetz,

# Nachweis wichtiger Gesetzesausgaben

mit und ohne Erläuterungen, größerer und kleinerer Kommentare, Lehrbücher, Sammelwerke, Entscheidungssammlungen, Zeitschriften

Verlag Walter de Gruyter & Co., Berlin W 10 und Leipzig

Januar 1933

## Inhaltsverzeichnis

## I. Allgemeines, Sammelwerke.

**Handwörterbuch der Rechtswissenschaft** (HdR). Unter Mitberatung von Reichsgerichtspräsident Dr. Dr. E. Bumke, Reichsgerichtsrat Dr. L. Busch, Oberreichsanwalt Prof. Dr. Dr. L. Ebermayer, Geh.-Rat Professor Dr. Dr. Fr. Endemann, Geh. Justizrat Professor Dr. Dr. E. Heymann, Senatspräsident am Reichsgericht Dr. O. Strecker, Präsident des Bayerischen Obersten Landesgerichts Staatsrat Dr. K. v. Unzner †, herausgegeben von Dr. jur. **Fritz Stier-Somlo**, o. Professor an der Universität Köln, und Dr. jur. **Alexander Elster**, Berlin. 6 Bände. 1926/29. 1 Ergänzungsband 1931. Lexikon-Oktav. . . . . . . . . . . . In Halbleder geb. RM. 312.—

*„Es zeigt sich doch jetzt immer mehr, daß Ihr Handwörterbuch ein ganz großer Wurf war. Wie ich höre, wird es auch in der Praxis in steigendem Maße benutzt.“*
*Professor Dr. Nipperdey, Köln.*

**Die Reichsgerichtspraxis im deutschen Rechtsleben.** Festgabe der juristischen Fakultäten zum 50jährigen Bestehen des Reichsgerichts (1. Oktober 1929), unter Mitwirkung der Professoren Gerhard Anschütz, Heidelberg, Ernst Heymann, Berlin, Theodor Kipp, Berlin, Wilhelm Kisch, München, Alfred Schultze, Leipzig, Heinrich Siber, Leipzig, herausgegeben von Otto Schreiber, weiland Professor in Königsberg i. Pr. Groß-Oktav. 1929.
RM. 110.—, in Halbfranz geb. RM. 134.—

I. Band: Öffentliches Recht. II. Band: Zivil- und Handelsrecht. III. Band: Zivil- und Handelsrecht (Fortsetzung). IV. Band: Handels- und Wirtschaftsrecht. V. Band: Strafrecht und Strafprozeß. VI. Band: Zivilprozeßrecht.
Die Bände werden einzeln abgegeben.

*Mit dieser umfangreichen Festgabe wird eine große, systematisch geordnete Reihe hervorragender Monographien veröffentlicht, die durchweg besonders wichtige und schwierige Fragen aus allen Teilen des Rechts behandeln.*

**Fünfzig Jahre Reichsgericht** am 1. Oktober 1929. Von Dr. **Adolf Lobe**, Senatspräsident am Reichsgericht i. R., M. d. R. unter Mitarbeit von Mitgliedern und Beamten des Reichsgerichts, der Reichsanwaltschaft und der Rechtsanwaltschaft am Reichsgericht. Mit 14 Porträts und 15 Abbildungen. Lexikon-Oktav. VI, 436 Seiten. 1929.
RM. 20.—, in Halbfranz RM. 24.—

*Von den beiden Festschriften „Lobe, Fünfzig Jahre Reichsgericht“ und der Festgabe der juristischen Fakultäten gibt die vorliegende ein Bild der organisatorischen Gestaltung des Reichsgerichts und seiner Einrichtungen, in deren Schutz sich seine Aufgaben und seine Arbeit gestalten. Ausführlicher Prospekt mit Inhaltsverzeichnis kostenlos.*

**Festschrift** Herrn Rechtsanwalt und Notar Justizrat Dr. jur. h. c. **Albert Pinner** zu seinem 75. Geburtstag gewidmet von dem Deutschen Anwaltverein, dem Berliner Anwaltverein und dem Verlag Walter de Gruyter & Co.; herausgegeben von Felix Bondi, Rudolf Dix, Richard Graßhoff, Paul Marcuse, Ernst Wolff. Groß-Oktav. 680 Seiten. 1932.
RM. 15.—, geb. RM. 17.—

*Die von den Exponenten der großen Anwaltsorganisationen herausgegebene Festschrift zerfällt in drei Teile, die sich den Interessengebieten Pinners anschließen. Der erste Teil enthält Beiträge zum anwaltlichen Standesrecht sowie Allgemeines, der zweite Teil behandelt Handels- und Wirtschaftsrecht, der dritte Teil das*

*Aktienrecht. Die Beiträge stehen durchweg auf derjenigen wissenschaftlichen Höhe, die schon durch den Namen der Verfasser gewährleistet ist.*

*Neben dieser Gesamtausgabe sind die drei Teile auch einzeln erschienen. Preis je Teil RM. 6.—.*

**Bürgerliches Rechtslexikon.** (Nach dem Bürgerlichen Gesetzbuch, dem Handelsgesetzbuch und sonstigen Reichs- und Landesgesetzen.) Von **E. Christiani,** weil. Amtsgerichtsrat. **Vierte, durchgearbeitete und verbesserte Auflage** von Dr. **Alexander Elster,** Rechtsanwalt Dr. **Hugo Hoormann,** Amtsgerichtsrat **Georg Krause,** Lexikon-Oktav. IV, 474 Seiten. 1930 . . Geb. RM. 15.—

*„Das ist ein Werk, nebenbei bemerkt in schlichter, vornehmer Aufmachung, wie ihm heute wohl kaum ein zweites in seiner gediegenen Fülle zur Seite steht.“*
*Der Rechtsanwalts- und Notariatsbeamte v. 1. IV. 1930.*

**Crisolli,** Karl-August, **Verordnung des Reichspräsidenten über Maßnahmen auf dem Gebiete der Rechtspflege und Verwaltung vom 14. Juni 1932.** Textausgabe mit Einleitung, Vorbemerkungen und Sachregister. Taschenformat. 84 Seiten. 1932. (Guttentagsche Sammlung Deutscher Reichsgesetze Bd. 181.) RM. 2.15

*Die Ausgabe enthält einen zuverlässigen Textabdruck, ferner eine Einleitung und eingehende Vorbemerkungen zu den einzelnen Abschnitten der neuen Verordnung. In Anbetracht der einschneidenden Bedeutung besonders der Bestimmungen über die Rechtspflege und bei der Verschiedenartigkeit der durch die neuen Vorschriften geregelten Gebiete wird die schnelle Ausgabe des neuen Guttentagbandes der Rechts- und Verwaltungspraxis willkommen sein.*

**Die Vierte Notverordnung.** (Vierte Notverordnung des Reichspräsidenten zur Sicherung von Wirtschaft und Finanzen und zum Schutze des inneren Friedens. Vom 8. XII. 1931.) Erläuterte Textausgabe mit Durchführungsverordnungen, bearbeitet von Rechtsanwalt Dr. A. Bloch, Gerichtsassessor Dr. K.-A. Crisolli, Gerichtsassessor Dr. W. Gallas, Rechtsanwalt Th. Heilborn, Rechtsanwalt Dr. A. Hollaender, Direktor im Reichsversicherungsamt Dr. K. Lippmann, Rechtsanwalt Dr. R. Pulvermacher, Amtsgerichtsrat Dr. Th. Rohlfing, herausgegeben von Dr. A. Elster. Taschenformat. XVI, 364 Seiten. 1932. Mit Nachträgen enthaltend die Änderungen bis April 1932. (Guttentagsche Sammlung Deutscher Reichsgesetze, Bd. 180.) . . . . . . . . . . . . Geb. RM. 5.40

*„Das Buch kann berufen sein, zu dem Kommentar der NotVO. zu werden, wenn Verfasser und Herausgeber baldmöglichst die neuesten gesetzlichen Bestimmungen einarbeiten und zu den täglich neu auftauchenden Streitfragen, die gerade in den juristischen Zeitschriften bereits eingehend erörtert werden, noch mehr als bisher Stellung nehmen.“* *Juristische Wochenschrift Nr. 5, 1932.*

*Die erwähnten Ergänzungen sind in den Nachträgen enthalten.*

**Hedemann, J. W., Einführung in die Rechtswissenschaft.** Zweite, erweiterte und umgestaltete Auflage. Oktav XXII, 566 Seiten. 1927. (Lehrbücher und Grundrisse der Rechtswissenschaft Bd. IX.)
RM. 12.60, geb. RM. 14.40

*„. . . Die glänzende Darstellungsweise macht das Studium des Werkes zu einem Vergnügen. Beneidenswert der Student, der an der Hand dieses erlesenen Führers in das weite Gebiet unserer Wissenschaft eingeführt wird. Aber auch der Praktiker wird dieses Buch, das ihm einen Ausblick von hoher Warte bietet, nicht ohne Nutzen lesen.“* *Juristische Blätter Nr. 13, v. 2. VII. 1927.*

**Wegner,** Arthur, **Einführung in die Rechtswissenschaft.**

I. Band: Aufbau des Rechtes, geschichtlich und systematisch. Rechtswissenschaftliche Arbeitsweise. Bürgerliches Recht. Handelsrecht. Arbeitsrecht. 144 Seiten. 1931. (Sammlung Göschen Bd. 1047.) . . Geb. RM. 1.62

II. Band: Drei Bücher Öffentliches Recht: Staat, Völkergemeinschaft, Kirche. 140 Seiten. 1931. (Sammlung Göschen Bd. 1048.) Geb. RM. 1.62

**Schröder,** Richard, und **Künßberg,** F., **Lehrbuch der deutschen Rechtsgeschichte.** Siebente Auflage. Groß-Oktav. Um einen Literatur-Nachtrag vermehrter Abdruck der 6. Aufl. Mit einer Abbildung im Text und einem Bildnis. IV, 1083 Seiten. 1932 . . . . . . . . . . Geb. RM. 33.30

*Dieses bekannte Lehrbuch hat sich seit langen Jahren bestens bewährt.*

**Fehr,** Hans, **Deutsche Rechtsgeschichte.** Zweite, verbesserte und ergänzte Auflage. Oktav. 416 Seiten. 1925. (Lehrbücher und Grundrisse der Rechtswissenschaft Bd. X.) . . . . . . . . RM. 11.70, geb. RM. 13.—

*Das Buch gibt eine plastische Darstellung der deutschen Rechtsgeschichte, die eine Anhäufung von Stoff ausdrücklich vermeidet, vielmehr das Schwergewicht auf eine mehr ideengeschichtliche Behandlung des Gegenstandes legt.*

**Schröder,** Richard, und **Glitsch,** Heinrich, **Deutsche Rechtsgeschichte.** Zweite Auflage. Neudruck.

I. Bis zum Ende des Mittelalters. 160 Seiten. 1929. (Sammlung Göschen Bd. 621.) . . . . . . . . . . . . . . . . . . . Geb. RM 1.62

II. Die Neuzeit. 90 Seiten. 1929. (Sammlung Göschen Bd. 664.) Geb. RM. 1.62

*Eine gemeinverständliche kurze Darstellung der deutschen Rechtsgeschichte.*

**Giese,** Friedrich, **Preußische Rechtsgeschichte.** Übersicht über die Rechtsentwicklung der preußischen Monarchie und ihrer Landesteile. Ein Lehrbuch für Studierende. Groß-Oktav. 256 Seiten. 1920. RM. 5.—, geb. RM. 6.50

**von Mayr,** Robert, **Römische Rechtsgeschichte.** I. Buch. Die Zeit des Volksrechtes. 1. Hälfte: Das öffentliche Recht. 150 Seiten. 1912. (Sammlung Göschen Bd. 577.) . . . . . . . . . . . . . . . . . Geb. RM. 1.62

2. Hälfte: Das Privatrecht. 117 Seiten. 1912. (Sammlung Göschen Bd. 578.) . . . . . . . . . . . . . . . . . . . Geb. RM. 1.62

II. Buch: Die Zeit des Amts- und Verkehrsrechtes. 1. Hälfte: Das öffentliche Recht. 158 Seiten. 1912. (Sammlung Göschen Bd. 645.) Geb. RM. 1.62

2. Hälfte: Das Privatrecht I. 122 Seiten. 1913. (Sammlung Göschen Bd. 646.) . . . . . . . . . . . . . . . . . . . Geb. RM. 1.62

Das Privatrecht II. 150 Seiten. 1913. (Sammlung Göschen Bd. 647.) Geb. RM. 1.62

III. Buch. Die Zeit des Reichs- und Volksrechtes. 111 Seiten. 1913. (Sammlung Göschen Bd. 648.) . . . . . . . . . Geb. RM. 1.62

IV. Buch. Die Zeit der Orientalisierung des römischen Rechtes. 155 Seiten 1913. (Sammlung Göschen Bd. 697.) . . . . . . . . . . Geb. RM. 1.62

**Schott,** Richard, **Hilfsbüchlein für die Vorlesungen über Institutionen, Geschichte und Zivilprozeß des römischen Rechts.** Oktav. 42 Seiten. 1931. RM. 1.60

*„Ein Büchlein, das sehr brauchbares Material bietet. Kein Lehrbuch, kein Grundriß, sondern eine gut aufgebaute und juristisch klar durchgearbeitete Sammlung von Belegstellen und Quellen zur Erleichterung des Studiums des römischen Rechts...“*

*Der Referendar Nr. 8, v. 15. IX. 1931.*

**Endemann,** Friedrich, **Grundriß des römischen Privatrechts.** Oktav. X, 256 und 30 Seiten. 1925. (Lehrbücher und Grundrisse der Rechtswissenschaft Bd. XII.) . . . . . . . . . . . . . RM. 8.10, geb. RM. 9.50

*„... Die Sprache ist einfach, klar, leicht und verständlich. Anmerkungen, die so oft in anderen Werken stören, sind ganz vermieden... So hat Endemann ein nach jeder Richtung hochstehendes Werk geschaffen.“*

*Der junge Rechtsgelehrte Nr. 16, v. 1. VIII. 1925.*

**Stammler, Rudolf, Aufgaben aus dem römischen Recht.** Der „Institutionenübungen für Anfänger" vierte Auflage. Oktav. IV, 92 Seiten. Mit Figuren im Text. 1919 . . . . . . . . . . . . . Geb. RM. 5.—
*Zum selbständigen Einarbeiten in das System des römischen Privatrechts.*

**Stammler, Rudolf, Lehrbuch der Rechtsphilosophie.** Dritte, vermehrte Auflage. Groß-Oktav. XVI, 396 Seiten. 1928. RM. 13.—, geb. RM. 15.—
*„... kann das Buch wegen der Meisterschaft der Darstellung, wegen der Klarheit und Genauigkeit seiner Formulierungen und wegen des außerordentlich reichen literarischen Apparates auf das Wärmste empfohlen werden. Ein ausführliches Register erleichtert den Gebrauch."*
*Leipziger Ztsch. f. deutsches Recht Nr. 22, v. 15. XI. 1929.*

**Stammler, Rudolf, Rechts- und Staatstheorien der Neuzeit.** Leitsätze zu Vorlesungen. Zweite, vermehrte und verbesserte Auflage. Oktav. IV, 116 Seiten. 1925 . . . . . . . . . . . RM. 3.50, geb. RM. 4.50
*Ein unentbehrlicher Führer durch die Rechts- und Staatstheorien der Neuzeit.*

**Stammler, Rudolf, Wirtschaft und Recht** nach der materialistischen Geschichtsauffassung. Eine sozialphilosophische Untersuchung. Fünfte, durch einen Nachtrag ergänzte Auflage. Oktav. VIII, 704 Seiten. 1924.
RM. 14.—, geb. RM. 16.—

**Friedrichs, Karl, Der Allgemeine Teil des Rechts.** Eine Darstellung der gemeinsamen Lehren des öffentlichen und des privaten Rechts. Groß-Oktav. X, 306 Seiten. 1927 . . . . . . . . . RM. 12.—, geb. RM. 13.50
*„Eine solche Arbeit fehlte bisher in der juristischen Literatur, Friedrichs ist wie kein anderer berufen, eine grundlegende Arbeit über dieses Gebiet zu schreiben."* *Mitteilungen des Preuß. Richtervereins Nr. 4, v. 15. IV. 1927.*

**Maas, Georg, und Magnus, Julius, Abkürzungsverzeichnis der Rechtssprache.** Abkürzungen der Bezeichnungen von Rechtsquellen, Behörden, Entscheidungen usw. des deutschen und österreichischen Rechts. Oktav. IV, 140 Seiten. 1929 . . . . . . . . . . . . . RM. 4.—, geb. RM. 5.—
*„Bis jetzt fehlte eine Zusammenstellung, die in zuverlässiger Weise die gebräuchlichsten Abkürzungen wiedergab. Diese Lücke füllt das neue Buch in glücklicher Weise aus."* *Der junge Rechtsgelehrte Nr. 5, v. 1. III. 1929.*

## II. Bürgerliches Recht

### 1. Bürgerliches Gesetzbuch

**Lehmann, Heinrich, Allgemeiner Teil des Bürgerlichen Gesetzbuches.** Dritte, vermehrte und verbesserte Auflage (9. bis 12. Tausend). Oktav. XIV, 439 Seiten. 1928. (Lehrbücher und Grundrisse der Rechtswissenschaft Bd. I.)
RM. 10.80, geb. RM. 12.10
*„... Das Studium dieses gediegenen Buches kann dem vorgeschrittenen Anfänger, namentlich dem Referendar, nicht warm genug empfohlen werden. Aber auch dem Praktiker bietet es reichen Nutzen."*
*Leipziger Ztsch. f. deutsches Recht Nr. 1, v. 1. I. 1929.*

**Leonhard, R., Der Allgemeine Teil des Bürgerlichen Gesetzbuches** in seinem Einflusse auf die Fortentwicklung der Rechtswissenschaft. Groß-Oktav. XVI, 537 Seiten. 1900. (Recht des Bürgerlichen Gesetzbuches in Einzeldarstellungen Nr. X.) . . . . . . . . . . . . . . . . RM. 10.—
*Die Sammlung „Recht des Bürgerlichen Gesetzbuches" umfaßt systematische Darstellungen des BGB. aus der Feder erster Juristen der Wissenschaft und Praxis.*

**Oertmann, Paul, Allgemeiner Teil des Bürgerlichen Gesetzbuches.**
I. Einleitung. Lehre von den Personen und von den Sachen. Dritte, verbesserte Auflage. 136 Seiten. 1926. (Sammlung Göschen Bd. 477.)
Geb. RM. 1.62

II. Erwerb und Verlust, Geltenmachung und Schutz der Rechte. Dritte, verbesserte Auflage. 147 Seiten. 1928. (Sammlung Göschen Bd. 448.) Geb. RM. 1.62

*Nach der die Vorgeschichte des BGB. und einzelne für seine Bedeutung und Anwendung wichtige Hauptfragen behandelnden Einleitung bespricht der Verfasser die Lehre von den Personen und von den Sachen. Er verarbeitet den Inhalt der einzelnen Gesetzesparagraphen wissenschaftlich und erörtert dabei auch mehrfach Fragen, die im BGB. selbst nicht geregelt, höchstens gestreift werden.*

**Plancks Kommentar zum Bürgerlichen Gesetzbuch nebst Einführungsgesetz.** Bisher herausgegeben von E. Strohal. Bearbeitet von E. Brodmann, L. Busch, J. Ebbecke, F. Flad, M. Greiff, K. Gunkel, P. Knoke, M. Landois, A. Lobe, Fr. Oegg, H. Siber, O. Strecker, K. von Unzner. Vierte, völlig neubearbeitete Auflage. Lexikon-Oktav. Bisher sind erschienen:

I. Band: Allgemeiner Teil. 606 Seiten. 1913. RM. 15.—, geb. RM. 17.—

II. Band, 1. Hälfte: Recht der Schuldverhältnisse. (Allgemeiner Teil.) 640 Seiten. 1914 . . . . . . . . . . . RM. 15.—, geb. RM. 17.—

II. Band, 2. Hälfte: Recht der Schuldverhältnisse. (Besonderer Teil.) 1926 Seiten. 1928 . . . . . . . . . . . . RM. 49.—, geb. RM. 52.—

III. Band: Sachenrecht. 5. Auflage. 1. Lieferung: Einleitung und §§ 854 bis 902. 321 Seiten. 1931 . . . . . . . . . . . . . RM. 14.—

IV. Band: Familienrecht. 1. Hälfte §§ 1297—1588. 701 Seiten. 1928. RM. 26.—, geb. RM. 28.—

V. Band: Erbrecht. Vierte, völlig neubearbeitete Auflage. Groß-Oktav. XII, 1136 Seiten. 1930 . . . . . . . . . RM. 51.—, geb. RM. 54.—

*Sonderprospekt kostenlos.*

**Das Bürgerliche Gesetzbuch** mit besonderer Berücksichtigung der Rechtsprechung des Reichsgerichts. Erläutert von Dr. Busch, Erler, Dr. Lobe, Michaelis, Oegg, Sayn, Schliewen und Seyffarth, Reichsgerichtsräten und Senatspräsidenten am Reichsgericht. Siebente, unveränderte Auflage. 5 Bände §§ 1—2385. Lexikon-Oktav. 3182 Seiten. 1928.
In Halbleder geb. RM. 135.—

I. Band: Allgemeiner Teil. Recht der Schuldverhältnisse I. (Allgemeiner Teil.) — II. Band: Recht der Schuldverhältnisse II. (Einzelne Schuldverhältnisse.) — III. Band: Sachenrecht. — IV. Band: Familienrecht. — V. Band: Erbrecht. Alphabetisches Sachverzeichnis.

(Das Werk wird nur komplett abgegeben.)

*„Die neue Auflage, die eine ganz wesentliche Erweiterung und Vertiefung des RGR.-Kommentars darstellt, ist damit abgeschlossen, und die Praxis um eines der wertvollsten juristischen Werke bereichert."*
*Blätter f. Rechtspflege im Bezirk des Kammergerichts Nr. 6, 1928.*

**Achilles-Greiff, Bürgerliches Gesetzbuch** nebst Einführungsgesetz. Mit Einleitung, Anmerkungen und Sachregister. Nach dem Tode des ersten Herausgebers Dr. A. Achilles in Verbindung mit J. Altstötter, Oberamtsrichter in Sonthofen, O. Meyer, Oberlandsgerichtspräsident in Celle, Dr. J. Kieckebusch, Land- und Amtsgerichtsrat in Kassel, Dr. O. Strecker, Senatspräsident am Reichsgericht i. R. in Leipzig, herausgegeben von Dr. M. Greiff, Wirkl. Geh. Oberjustizrat, Oberlandesgerichtspräsident i. R. in Berlin. Dreizehnte, vermehrte und verbesserte Auflage. Mit Erläuterungen der Verordnung über das Erbbaurecht, des Gesetzes über die religiöse Kindererziehung und des Gesetzes für Jugendwohlfahrt.

Groß-Oktav. XXIII, 1304 Seiten. 1930. (Guttentagsche Sammlung Deutscher Reichsgesetze Bd. 38/39.) . . . . . . . . . . Geb. RM. 21.60

*„Das angesehene Werk bedarf keines Wortes der Empfehlung. Es gehört zu denjenigen Handkommentaren, die sich in der juristischen Praxis unangefochtenes Bürgrecht erworben haben ..." Berliner Tageblatt v. 22. VII. 1930.*

**Bürgerliches Gesetzbuch nebst Einführungsgesetz.** Vom 18. August 1896 mit Berücksichtigung der bis zum 1. Januar 1928 ergangenen Abänderungen. Textausgabe mit ausführlichem Sachregister. Sechzehnte Auflage (61. bis 66. Tausend). Taschenformat. 758 Seiten. 1928. (Guttentagsche Sammlung von Textausgaben ohne Anmerkungen mit Sachregister.) Geb. RM. 2.50

*Die vorliegende Ausgabe zeichnet sich durch Vollständigkeit und besondere Ausführlichkeit des Sachregisters aus.*

**Schulz, F. H., Bürgerliches Gesetzbuch und Einführungsgesetz.** Taschenformat. Zweite, unveränderte Auflage. XI, 664 Seiten. 1931. Geb. RM. 5.— (Lehrausgaben Deutscher Gesetze Bd. I.)

*Dieser Band bringt auch die Bezeichnung der entsprechenden römisch-rechtlichen bzw. gemeinrechtlichen Institute und verwirklicht damit einen Gedanken, der eigentlich wohl schon vor dreißig Jahren hätte ausgeführt werden sollen.*

**Lindemann, Otto, Ausführungsgesetz zum Bürgerlichen Gesetzbuche** vom 20. September 1899 nebst einem Anhang: Verordnung zur Ausführung des Bürgerlichen Gesetzbuchs vom 16. November 1899. Nach dem Tode des früheren Herausgebers Kammergerichtsrat Dr. P. Siméon, erläutert von Geh. Oberjustizrat Otto Lindemann, Ministerialdirektor im Pr. Justizministerium. Vierte Auflage. Taschenformat. 208 Seiten 1930. (Guttentagsche Sammlung Preußischer Gesetze Bd. 23.) . . . . Geb. RM. 4.50

*„... Der Praxis ist aber mit einer solchen Ausgabe besonders gedient ... die sich Aufklärung über die Tragweite und die Bedeutung einer Vorschrift des Preuß. AGBGB. verschaffen wollen, finden in Lindemanns Ausführungen einen nie versagenden Führer." Der junge Rechtsgelehrte Nr. 10, v. 15. V. 1930.*

**Juristischer Anschauungsstoff.** Herausgegeben von Helmut Rühl, o. Prof. d. Rechte a. d. Universität Göttingen.

Heft 1:

**Rühl, H., Bürgerliches Recht und Arbeitsrecht.** Groß-Oktav. VIII, 148 Seiten. 1931. . . . . . . . . . . . . . . . RM. 4.—

*„... Die Sammlung bildet eine wertvolle und unerläßliche Ergänzung zum materiellen Rechtswissen und seiner Verwendung, indem sie das formale Werk- und Rüstzeug dazu bereitstellt."*

*Breslauer Hochschul-Rundschau Nr. 7, Okt./Nov. 1931.*

**Schück, Richard, Zivilrechtspraktikum.** Zum Selbststudium und zum Lehrgebrauch. Vierte, vermehrte Auflage. Herausgegeben von Gustav Schreiber. Groß-Oktav. 160 Seiten. 1930 . . . . . Geb. RM. 6.—

*„Das Werk ist eine Übungsschule des juristischen Denkens, gleich wertvoll dem Studenten wie dem Referendar. Nützlich besonders auch in der Hand des Repetitors, kann es dessen Lehre doch in vielem ersetzen. Seit drei Jahrzehnten ist das Zivilrechtspraktikum von Schück in großen Auflagen im Gebrauch und seine Wertschätzung ist mit jeder neuen Auflage gewachsen."*

*Breslauer Hochschul-Rundschau Nr. 8, November 1930.*

**von der Mosel, Heinrich, Lösungen** zu dem von Kammergerichtsrat Dr. Richard Schück herausgegebenen **Zivilrechtspraktikum.** Nach dem Bürgerlichen Gesetzbuch bearbeitet für Studierende und Referendare. Fünfte Auflage. Groß-Oktav. 227 Seiten. 1931 . . RM. 6.—, kart. RM. 6.50

*Die Lösungen behandeln fast alle in dem Praktikum enthaltenen Fälle.*

**v. Schwerin, Cl., Frhr., Grundzüge des deutschen Privatrechts.** Zweite Auflage. Oktav. XII, 342 Seiten. 1928. (Lehrbücher und Grundrisse der Rechtswissenschaft Bd. XIII.) . . . RM. 8.50, geb. RM. 9.90

*„. . . bei seiner gedrängten, aber klaren Darstellung bringt das Buch trotz meisterhafter Beschränkung auf das Wesentliche eine erstaunliche Fülle des Inhaltes. Es kann jedem Rechtsbeflissenen, der es mit seiner wissenschaftlichen Ausbildung ernst meint, bestens empfohlen werden."*
*Deutsche Richterzeitung v. 15. VI. 1928.*

**Melchior, Georg, Die Grundlagen des deutschen internationalen Privatrechts.** Oktav. XXXII, 558 Seiten. 1932 . . . . . . . . . . . RM. 24.—

*Die bisher eingehendste Darstellung des allgemeinen Teils des deutschen internationalen Privatrechts auf positivrechtlicher Grundlage.*

**Wegner, Arthur, Jugendrecht.** Ein Lehrbuch zur Einführung. Oktav. IV, 219 Seiten. 1929 . . . . . . . . . . . RM. 5.40, geb. RM. 6.75

*„. . . Es will nur eine „Einführung" sein, bietet aber trotz der oft verhältnismäßig kurz behandelten Einzelgebiete, eine reiche Fülle des Stoffes, die durch eine umfangreiche Literatur ergänzt wird, bei der namentlich die Entwicklung des englischen Jugendrechts weitgehendste Berücksichtigung findet. Auch die Rechtsprechung der höchsten Gerichte ist häufig herangezogen. . ."*
*Juristische Wochenschrift v. 29. VI. 1929.*

## Schuldverhältnisse insbesondere

**Hedemann, Justus Wilh., Schuldrecht des Bürgerlichen Gesetzbuches.** Zweite, vermehrte u. verbesserte Auflage. Oktav. XXIV, 503 Seiten. 1931. (Lehrbücher und Grundrisse der Rechtswissenschaft Bd. II.) RM. 13.—, geb. RM. 14.40

*„Es ist sehr zu begrüßen, daß das ausgezeichnete und inhaltsreiche Werk des hervorragenden Rechtslehrers in der zweiten Auflage eine Umarbeitung erfahren hat. Alles in allem gesehen, ein außerordentlich wertvolles Werk, auf das insbesondere die Studierenden nicht genug hingewiesen werden können."*
*Der Referendar Nr. 4, v. 15. IV. 1932.*

**Oertmann, Paul, Schuldrecht.** (BGB. II.)
I. Allgemeine Lehren. Dritte, verbesserte Auflage. 142 Seiten. 1927. (Sammlung Göschen Bd. 323.) . . . . . . . . . . . Geb. RM. 1.62
II. Die einzelnen Schuldverhältnisse. Dritte, verbesserte Auflage. 159 Seiten. 1929. (Sammlung Göschen Bd. 324.) . . . . . . Geb. RM. 1.62

*„Aus vielbewährter Feder eine sehr knappe, aber lebhaft und anschaulich geschriebene, gut lesbare Darstellung der einzelnen Schuldverhältnisse. Der bekannten Sammlung Göschen zugehörig." Juristische Rundschau Nr. 1, 1930.*

**Meyer, Georg, Das Recht der Beschlagnahme von Lohn, Gehalt und Diensteinkommen.** Auf Grund des Reichsgesetzes vom 21. Juni 1869, der Verordnung über Lohnpfändung vom 25. Juni 1919 nebst Abänderungen und der Zivilprozeßordnung dargestellt. Siebente, vermehrte Auflage. Taschenformat. 174 Seiten. 1930. (Guttentagsche Sammlung Deutscher Reichsgesetze Bd. 55.) . . . . . . . . . . . . . . Geb. RM. 4.—

*„Überall steht das Buch, das als einziges über die Lohnbeschlagnahme immer wieder neue Auflagen erlebt, auf der Höhe wissenschaftlicher Durchdringung des behandelten Stoffes, und wir stehen nicht an, es geradezu als das führende Werk zu bezeichnen. Ztsch. d. Bundes Dtsch. Justizamtmänner Nr. 1, v. 15. I. 1931.*

**Seligsohn, Franz, Kommentar zum Haftpflichtgesetz.** Zweite Auflage. Groß-Oktav. 360 Seiten. 1930 . . . . . . . . RM. 12.—, geb. RM. 13.50

*„Ein Kommentar von erfreulicher Gründlichkeit und Gediegenheit, wertvoll durch klare rechtliche Durchdringung des Stoffes wie durch Sorgsamkeit in der Sammlung, namentlich auch der auf diesem Gebiet besonders ergiebigen und wichtigen Rechtsprechung. Den Erläuterungen der einzelnen Vorschriften sind vortreffliche Übersichten vorangestellt, die den Inhalt der gesetzlichen Regelung scharf und eindringlich disponieren. Das Werk ist für die praktische Rechtsanwendung bestens zu empfehlen." Juristische Rundschau Nr. 22, v. 15. XI. 1931.*

**Krieg**, O., **Mietrecht und Wohnungsmangelgesetzgebung** im Reiche, in Preußen und in Berlin, einschließlich Hauszinssteuer, Kostenwesen und Rechtsentscheidungen des Kammergerichts und des Obersten Landesgerichts. Zusammengestellt und mit ausführlichem Schlagwortregister versehen. Vierte Auflage. Taschenformat. XII, 594 Seiten. 1928. (Guttentagsche Sammlung Deutscher Reichsgesetze Bd. 156.) . . . . . . . . Geb. RM. 9.—

*„Das Werk ist ein zuverlässiger Führer nicht nur durch das zur Zeit geltende Mietnotrecht, sondern auch durch die häufig noch in Rechtsstreitigkeiten zur Anwendung kommenden älteren Bestimmungen. Es ist jedem Mietrechtler völlig unentbehrlich."* *Juristische Rundschau v. 1. IV. 1930.*

**Bloch**, Arthur, **Pulvermacher**, Ralph, **Wohnungswirtschaft**. (Siehe „Die vierte Notverordnung" Seite 13.)

**Stölzle**, Hans, **Viehkauf** nach Bürgerlichem Gesetzbuch und ausländischem Recht. Verordnung, betreffend die Hauptmängel und Gewährfristen beim Viehhandel. Von Eugen Fröhner. Sechste, vermehrte und wesentlich verbesserte Auflage. Taschenformat. 699 Seiten. 1926. (Guttentagsche Sammlung Deutscher Reichsgesetze Bd. 50.) . . . . . . . . Geb. RM. 13.50

**Crisolli**, Karl-August, Das Reichsgesetz, betreffend die **Abzahlungsgeschäfte** vom 16. Mai 1894. Mit Einleitung, Anmerkungen und Sachregister, unter Mitwirkung von Julius Crisolli. Vierte, völlig umgearbeitete Auflage des Werkes von Hoffmann-Wilke. Taschenformat. 413 Seiten. 1931. (Guttentagsche Sammlung Deutscher Reichsgesetze Bd. 34.) . Geb. RM. 7.20

*„. . . Man kann wohl sagen, daß alle Streit- und Zweifelsfragen erschöpfend erörtert sind, so daß jeder, der sich mit diesem zu ungeahnter Bedeutung gekommenen Gesetz zu befassen hat, einen kaum versagenden Führer in diesem ausgezeichneten Kommentar finden wird."* *Badische Rechtspraxis Nr. 12, v. 15. XII. 1931.*

**Göppert**, H., **Gesetz, betreffend die gemeinsamen Rechte der Besitzer von Schuldverschreibungen.** Zweite Auflage, bearbeitet von E. Trendelenburg. Taschenformat. 156 Seiten. 1915. (Guttentagsche Sammlung Deutscher Reichsgesetze Bd. 52.) . . . . . . . . . . . . Geb. RM. 1.35

**Kruse**, Fr. Vinding, **Das Eigentumsrecht**. Aus dem Dänischen übersetzt von Knud Larsen. Groß-Oktav. XXIII, 881 Seiten. 1931 . Geb. RM. 25.—

*„Das gewaltige Werk will eine allgemeine Rechtslehre und überhaupt Gesellschaftslehre unter Ausnützung des geltenden Rechts und der Rechtsgeschichte geben... Die glückliche Verbindung juristischer und ökonomischer Betrachtung, die Fülle des Tatsachenmaterials und Rechtsstoffes lassen das Buch als wertvolle Bereicherung der Literatur gelten. . ."*
*Prager juristische Zeitschrift Nr. 2, Jan. 1932.*

**Beiträge zum ausländischen und internationalen Privatrecht, herausgegeben vom Institut für ausländisches und internationales Privatrecht.**

Heft 1:
**Nußbaum**, Arthur, **Vertraglicher Schutz gegen Schwankungen des Geldwertes.** Goldklauseln und andere Abreden zur Minderung des Valutarisikos. Groß-Oktav. 95 Seiten. 1928 . . . . . . . . . . . RM. 5.—

Heft 2:
**Wolff**, John, **Die Haftung des Verkäufers einer fremden beweglichen Sache** in den Vereinigten Staaten von Amerika in Vergleichung mit dem deutschen bürgerlichen Recht. Groß-Oktav. 84 Seiten. 1930. . . . . RM. 4.—

Heft 3:
**Friedmann**, Wolfgang, **Die Bereicherungshaftung** im anglo-amerikanischen Rechtskreis in Vergleichung mit dem deutschen bürgerlichen Recht. Groß-Oktav. 148 Seiten. 1930 . . . . . . . . . . . . RM. 7.—

Heft 4:
**Raiser, Ludwig, Die Wirkungen der Wechselerklärungen im internationalen Privatrecht.** Groß-Oktav. 124 Seiten. 1931 . . . . . . . RM. 9.—

Heft 5:
**Rheinstein, Max, Die Struktur des vertraglichen Schuldverhältnisses im anglo-amerikanischen Recht.** Groß-Oktav. 256 Seiten. 1932 . RM. 15.30

Heft 6:
**Keßler, Friedrich, Die Fahrlässigkeit im nordamerikanischen Deliktsrecht** unter vergleichender Berücksichtigung des englischen und des deutschen Rechts. Groß-Oktav. 187 Seiten. 1932 . . . . . . . . . RM. 9.—

Heft 7:
**Arndt, Karl, Zessionsrecht.** I. Teil: Rechtsvergleichung. Groß-Oktav. 175 Seiten. 1932 . . . . . . . . . . . . . . . . . RM. 6.—

## Sachenrecht insbesondere

**Hedemann, Justus Wilh., Sachenrecht des Bürgerlichen Gesetzbuches.** Oktav. XXXII, 507 Seiten. 1924. (Lehrbücher und Grundrisse der Rechtswissenschaft Bd. III.) . . . . . . . . . . . RM. 10.80, geb. RM. 12.10

*„Ein trotz seiner Kürze ausgezeichnetes und inhaltreiches Lehrbuch, nicht nur für den Studierenden, sondern auch für ältere Juristen. Die Arbeit ist wissenschaftlich tiefgründig und doch gemeinverständlich geschrieben.“*
*Zeitschrift des Deutschen Notarvereins Nr. 6, 1924.*

**Kretzschmar, F., Sachenrecht.**
I. Allgemeine Lehren. Besitz und Eigentum. Zweite, verbesserte Auflage. 142 Seiten. 1922. (Sammlung Göschen Bd. 480.) Geb. RM. 1.62
II. Begrenzte Rechte. 144 Seiten. 1923. (Sammlung Göschen Bd. 481.) Geb. RM. 1.62

*Diese Bändchen bieten die Grundzüge des Sachenrechts in gedrängter und klarer Form.*

**Lenzen, Georg, Das Deutsche Pfandleihrecht.** Kommentar zum preußischen Pfandleihgesetz unter Berücksichtigung der außerpreußischen Gesetze. Oktav. XXVI, 266 Seiten. 1929 . . . . . . . . . . . Geb. RM. 20.—

*„Diese zusammenfassende Darstellung ist die erste ihrer Art und sehr verdienstlich. Das Buch regt zu allerhand Fragen an.“*
*Juristische Wochenschrift Nr. 11, 1929.*

**Günther, Hermann, Erbbaurecht.** Taschenformat. 167 Seiten. 1919. (Guttentagsche Sammlung Deutscher Reichsgesetze Bd. 135.) . . Geb. RM. 1.80

*„Günther ist ausführlich, ohne weitschweifig zu sein; ausgezeichnete Vorbemerkungen geben eine vorzügliche Übersicht und wahren den Zusammenhang. Überall ist der bisherige Rechtszustand, der ja für absehbare Zeit seine Bedeutung behält, mit in das Bereich der Betrachtungen gezogen. Der Praxis wird das Werk von hervorragendem Nutzen sein.“*
*Beiträge zur Erläuterung des deutschen Rechts.*

**Arnheim, Hugo, Grundbuchordnung.** Kommentar zur Grundbuchordnung für das Deutsche Reich nebst den für Preußen erlassenen Ausführungsbestimmungen. Zweite, völlig neubearbeitete Auflage. Lexikon-Oktav. 959 Seiten. 1913 . . . . . . . . . . . . . . . RM. 15.—

*„Der Band weist außerordentliche Gründlichkeit, Klarheit und Übersichtlichkeit auf. Man kann wohl sagen, daß kaum eine Frage auftauchen wird, die nicht wenigstens berührt wäre; die bisher zutage getretenen Fragen aber sind sämtlich in der eingehendsten Weise erörtert.“*
*Zentralblatt für freiwillige Gerichtsbarkeit.*

**Fischer**, Otto, und **Fischer**, Norbert, **Grundbuchordnung für das Deutsche Reich** nebst den preußischen Ausführungsbestimmungen. Neunte, durchgearbeitete und ergänzte Auflage. Taschenformat. 322 Seiten. 1927. (Guttentagsche Sammlung Deutscher Reichsgesetze Bd. 42.) . . . . . Geb. RM. 4.50

*„Eine der vortrefflichen alteingeführten Handausgaben der Guttentagschen Sammlung, bei der schon die Auflagenziffer für die Brauchbarkeit in der Praxis spricht. Nach wie vor ist das Buch ein vortrefflicher Wegweiser und Berater."*
*Juristische Wochenschrift Nr. 44, v. 29. XI. 1927.*

**Ricks**, Gerhard, **Die Grundbuchpraxis.** Ein Handbuch für den täglichen Gebrauch in Grundbuchsachen. Achte Auflage. Groß-Oktav. XII, 412 Seiten. 1929 . . . . . . . . . . . . . . . . RM. 12.—, geb. RM. 14.—

*„Das Buch hat einen Anspruch darauf, in der Praxis geradezu verschlungen zu werden. Es ist aus der täglichen Praxis heraus für die Praxis lebensfrisch und unterhaltend geschrieben."*
*Mitteilg. a. d. Württemb. Notariats-Praxis Nr. 2, 1929.*

**Friedlaender**, Martin, **Hypothekenbeschaffung für Wohn- und Geschäftshäuser.** Handbuch für die Praxis der Grundstückswirtschaft. Groß-Oktav. VIII, 151 Seiten. 1929 . . . . . . . . . . . . RM. 6.—, geb. RM. 7.50

*„Das Buch gibt einen außerordentlich praktischen Überblick über alle Fragen der Hypothekenbeschaffung. Die anschauliche Art der Zergliederung und die gründliche Darlegung des Statuts sichern dem Buch eine weite Verbreitung."*
*Deutsche Sparkassen-Zeitung v. 5. I. 1929.*

## Familienrecht, Erbrecht

**Lehmann**, Heinrich, **Familienrecht** des Bürgerlichen Gesetzbuches einschließlich Jugendfürsorgerecht. Oktav. XII, 352 Seiten. 1926. (Lehrbücher und Grundrisse der Rechtswissenschaft Bd. IV.) . . RM. 9.90, geb. RM. 11.25

*„Die Schilderung Lehmanns ist überall anregend und fesselnd. Das Werk kann allen Rechtsstudenten und Referendaren zur Anschaffung dringend empfohlen werden."* *Der junge Rechtsgelehrte v. 1. X. 1927.*

**Titze**, Heinrich, **Familienrecht.** (BGB. IV.) 169 Seiten. Neudruck. 1924. (Sammlung Göschen Bd. 305.) . . . . . . . . . . Geb. RM. 1.62

**Tunica**, Gustav, **Goldschmidt**, Ernst, **Ehescheidungsrecht.** Die Ehescheidungsgründe des Bürgerlichen Gesetzbuches durch die Rechtsprechung erläutert. Eine Sammlung grundlegender Entscheidungen des Reichsgerichts, der Oberlandesgerichte usw. 2., umgearbeitete und ergänzte Auflage. Oktav. XXIII, 217 Seiten. 1926 . . . . . . . RM. 7.50, geb. RM. 9.—

**Endemann**, Fr., **Erbrecht.** Oktav. XII, 166 Seiten. 1923. (Lehrbücher und Grundrisse der Rechtswissenschaft Bd. V.) . . RM. 2.70, geb. RM. 4.—

*„Dieser Leitfaden behandelt den spröden Stoff des schwierigen Erbrechts in meisterhafter, fesselnder Darstellung."*
*Zeitschrift des Bundes Deutscher Justizamtmänner v. 15. III. 1924.*

**v. Blume**, Wilh., **Erbrecht.** (BGB. V.)
I. Einleitung. Die Grundlagen des Erbrechts. 75 Seiten. 1913. (Sammlung Göschen Bd. 659.) . . . . . . . . . . . Geb. RM. 1.62
II. Die Nachlaßbeteiligten. Mit 23 Figuren. 131 Seiten. 1913. (Sammlung Göschen Bd. 660.) . . . . . . . . . . . Geb. RM. 1.62

**Plancks Kommentar zum Bürgerlichen Gesetzbuch nebst Einführungsgesetz.** V. Band: Erbrecht. Vierte, völlig neubearbeitete Auflage. Groß-Oktav. XII, 1136 Seiten. 1930 . . . . . . . RM. 51.—, geb. RM. 54.—
(Siehe auch Seite 5.)

„... *Das Erbrecht war wohl stets der Teil des Planckschen Kommentars, in dem er, jedenfalls in der wissenschaftlichen Grundlegung der vertretenen Ansichten und in der systematischen Durchführung, wohl von keiner anderen Bearbeitung erreicht wurde; dieses gilt auch von der neuen Auflage.*"
*Ztsch. f. Rechtspflege in Bayern Nr. 4, v. 15. II. 1930.*

**Riesenfeld**, S., **Die Erbenhaftung nach dem Bürgerlichen Gesetzbuch.** Groß-Oktav. 2 Bände. 1916 . . . . . . . RM. 15.—, geb. RM. 18.—

I. Band: Die Grundsätze der Haftung. XII, 461 Seiten.

II. Band: Das Inventar und die Mittel der Haftungsbeschränkung. VIII, 455 Seiten.

*„Ein hervorragendes Werk, das in allen Teilen die vollständige Beherrschung des schwierigen Stoffes erkennen läßt und sich dabei durch klare und gemeinverständliche Darstellung auszeichnet." Sächsisches Archiv für Rechtspflege.*

## Aufwertung

**Michaelis**, Richard, **Das Aufwertungsrecht** nach den Aufwertungsgesetzen und nach allgemeinem bürgerlichen Rechte. Kommentar zu den Gesetzen vom 16. Juli 1925 über die Aufwertung von Hypotheken und anderen Ansprüchen und über die Ablösung öffentlicher Anleihen sowie systematische Darstellung des Aufwertungsrechts außerhalb dieser Gesetze. Zweite, gänzlich umgearbeitete Auflage des Kommentars zur Dritten Steuernotverordnung vom 14. Februar 1924 (Aufwertung). Mit einer Fristentabelle von H. Hoormann. Groß-Oktav. X, 516 Seiten. 1926. Mit Nachtrag 1927. (de Gruyter'sche Sammlung Deutscher Gesetze. Handkommentare.) Geb. RM. 14.40

*„Michaelis gibt im Anschluß an seinen ausgezeichneten Kommentar zum Aufwertungsgesetz eine „übersichtlich und verständlich erläuterte", auch billige Handausgabe im Rahmen und Stil der bekannten verbreiteten und mit Recht so beliebten Guttentagschen Sammlung, die allen Anforderungen des täglichen Rechtslebens Genüge tut. Eine zusammengedrängte, klare und anschauliche Einleitung unterrichtet in vorzüglicher Weise über die Entwicklung der Aufwertungsgesetzgebung seit dem Aufwertungsgesetz." Juristische Wochenschrift Nr. 9 v. 28. II. 1931.*

**Michaelis**, Richard, Die beiden **Aufwertungsnovellen** vom 18. Juli 1930. (Hypotheken-Fälligkeits- und Verzinsungsgesetz; Grundbuchbereinigungsgesetz.) Taschenformat. VI, 202 Seiten. 1930. (Guttentagsche Sammlung Deutscher Reichsgesetze Bd. 178.) . . . . . . . . . . . . Geb. RM. 3.60

„... *Ein Buch, welches das vorgesetzte Programm in restloser Vollendung erfüllt. Es ist unendlich viel, was damit versprochen wird; das Buch hat aber dieses Versprechen redlich eingelöst. Die beiden Aufwertungsgesetze werden eingehend und erschöpfend erläutert, auch das Schrifttum und die Rechtsprechung, soweit sie beim Abschluß der Bearbeitung (Ende November 1925) bereits verfügbar waren, verständig gewürdigt. Die Anhänge bieten eine besonders reichhaltige Zusammenstellung von Verordnungen und Urteilen.*"
*Juristische Wochenschrift v. 1. IV. 1926.*

**Berliner**, Ludwig, und **Pfaffenberger**, Ernst, **Aufwertung von Versicherungsansprüchen** mit Durchführungsbestimmungen.

I. Teil. Oktav. 235 Seiten. 1925. (Guttentagsche Sammlung Deutscher Reichsgesetze Bd. 164.) . . . . . . . . . . . . . Geb. RM. 5.85

II. Teil: Sach- und Transportversicherung; Unfall- und Haftpflichtversicherung. Oktav. 112 Seiten. 1926. Mit Nachtrag. (Guttentagsche Sammlung Deutscher Reichsgesetze Bd. 164a.) . . . . . . . . . Geb. RM. 3.15

*Eine ganz ausgezeichnete, wohldurchdachte Darstellung und Erläuterung des gesamten Versicherungswesens, eine unentbehrliche Ergänzung zu jedem Gesamtkommentar über das Aufwertungsgesetz.*

## 2. Handelsrecht

**v. Gierke, Jul., Handelsrecht und Schiffahrtsrecht.** Vierte Auflage. Erscheint im Februar 1933.

**Lehmann, K., und Hoeniger, H., Lehrbuch des Handelsrechts.** Dritte Auflage. Erster Halbband, enthaltend die Lehre vom Handelsstand und von den Handelsgesellschaften. Groß-Oktav. 432 Seiten. 1921. . . . RM. 10.—

*Ein großangelegtes Lehrbuch des Handels- und Schiffahrtsrechts.*

**Lehmann, K., und Hoeniger, H., Deutsches Handelsrecht.**

I. Einleitung. Der Kaufmann und seine Hilfspersonen. Offene Handelsgesellschaft, Kommandit- und stille Gesellschaft. 117 Seiten. 1921. (Sammlung Göschen Bd. 457.) . . . . . . . . . . . . . . . Geb. RM. 1.62

II. Aktiengesellschaften, Gesellschaften mit beschränkter Haftung, eingetragene Genossenschaften. Handelsgeschäft, 126 Seiten. 1924. (Sammlung Göschen Bd. 458.) . . . . . . . . . . . . . . . . . . . Geb. RM. 1.62

*Eine gemeinverständliche Darstellung in gedrängter Form.*

**Die Vierte Notverordnung.** (Vierte Notverordnung des Reichspräsidenten zur Sicherung von Wirtschaft und Finanzen und zum Schutze des inneren Friedens. Vom 8. XII. 1931.) Erläuterte Textausgabe mit Durchführungsverordnungen, bearbeitet von Rechtsanwalt Dr. A. Bloch, Gerichtsassessor Dr. K.-A. Crisolli, Gerichtsassessor Dr. W. Gallas, Rechtsanwalt Th. Heilborn, Rechtsanwalt Dr. A. Hollaender, Direktor im Reichsversicherungsamt Dr. K. Lippmann, Rechtsanwalt Dr. R. Pulvermacher, Amtsgerichtsrat Dr. Th. Rohlfing, herausgegeben von Dr. A. Elster. Taschenformat. XVI, 364 Seiten. 1932. **Mit Nachträgen enthaltend die Änderungen bis April 1932.** (Guttentagsche Sammlung Deutscher Reichsgesetze Nr. 180.) Geb. RM. 5.40

*„Das Buch kann berufen sein, zu dem Kommentar der NotVO. zu werden, wenn Verfasser und Herausgeber baldmöglichst die neuesten gesetzlichen Bestimmungen einarbeiten und zu den täglich neu auftauchenden Streitfragen, die gerade in den juristischen Zeitschriften bereits eingehend erörtert werden, noch mehr als bisher Stellung nehmen." Juristische Wochenschrift Nr. 5, 1932.*

*Die erwähnten Ergänzungen sind in den Nachträgen enthalten.*

**Hein, Joh., Die Zusammenhänge zwischen Steuerrecht und Handelsrecht und ihre Entwicklung,** untersucht an dem Gewinn und an der Bewertung. Eine bilanzrechtliche und bilanzkritische Darstellung mit praktischen Beispielen. Groß-Oktav. X, 280 Seiten. 1928 . . . . RM. 10.—, geb. RM. 12.—

*„Das Buch führt in klarer Gestaltung in die Probleme des Bilanzrechts ein. Eine übersichtliche Gliederung ermöglicht eine schnelle und doch gründliche Einführung. Darüber hinaus stellt das Buch eine wesentliche Förderung für die dringend notwendige wissenschaftliche Behandlung des Steuerbilanzrechts und seiner Zusammenhänge mit den verwandten Rechtsmaterien dar." Zeitschrift für Handelsrecht 1928 Bd. 93 Nr. 1/2.*

**Staubs Kommentar zum Handelsgesetzbuch.** Vierzehnte Auflage. Bearbeitet von Albert Pinner, Felix Bondi, Wilhelm Gadow, Eduard Heinichen. Vier Bände. Erster Band. §§ 1—177, bearbeitet von Felix Bondi und Albert Pinner. Lexikon-Oktav. XX, 972 Seiten. 1932 . . . . . . . . . . RM. 30.—, in Halbleder geb. RM. 34.—
Dritter Band. §§ 343—375, bearbeitet von Wilhelm Gadow und Eduard Heinichen. Lexikon-Oktav. XVI, 963 Seiten. 1933. RM. 30.—, in Halbleder geb. RM. 34.—
Band II u. IV erscheinen in Kürze. Der Bezug des ersten Bandes verpflichtet zur Abnahme des Gesamtwerkes.

*Die vollständig neubearbeitete 14. Auflage berücksichtigt alle eingetretenen Änderungen und Ergänzungen bis in die letzte Zeit. Die Umarbeitung erfolgte unter Berücksichtigung der durch die wirtschaftliche Neuordnung geänderten Lage. Um das Auffinden jeder Einzelfrage wesentlich zu erleichtern, wurden jetzt den Einzelbänden ausführliche Sachregister beigegeben.*

**v. Gierke, Jul., Handelsgesetzbuch** nebst Wechselordnung und Scheckgesetz. Mit systematischen Paragraphenüberschriften und ausführlichem Sachregister. Oktav. VIII, 295 Seiten. 1931. (Lehrausgaben Deutscher Gesetze Bd. IV.) Geb. RM. 5.—

*„Nicht nur dem Lernenden, auch dem Kaufmann, der ohne ermüdende Durcharbeitung des ganzen Gesetzwerkes seine wesentlichen Bestimmungen schnell und sicher kennenlernen und von Fall zu Fall nachlesen will, wird die Lehrausgabe willkommen sein." Mecklbg. Ztsch. f. Rechtspflege Nr. 12, September 1931.*

**Mosse, Albert, und Heymann, Ernst, Handelsgesetzbuch** (ohne Seerecht). Mit den ergänzenden Vorschriften des Bürgerlichen Gesetzbuchs und einem Anhang, enthaltend das Einführungsgesetz, das Depotgesetz, die Bestimmungen über Börsentermin- und Differenzgeschäfte u. a. Nebst Erläuterungen. Im Anschluß an die Textausgabe von F. Litthauer. Siebzehnte Auflage. Unter Mitwirkung von Karl-August Crisolli. Oktav. VIII, 693 Seiten. 1926. (Guttentagsche Sammlung Deutscher Reichsgesetze Bd. 4.) Geb. RM. 12.60

Diese Ausgabe wurde durch Nachträge ergänzt.

*„Der suchende Geschäftsmann und Jurist findet hier alles, was er in Handelsrechtsachen braucht. Diese Kommentierung ist in Wirklichkeit eine Fundgrube — das Gebotene ist vollkommen und vermöge der Autorität der Bearbeitung ganz zuverlässig." Ztsch. f. Aktiengesellschaften Nr. 3—4, 1927.*

**Handelsgesetzbuch** nebst Einführungsgesetz vom 10. Mai 1897, unter Berücksichtigung der bis 15. Juni 1930 ergangenen Novellen. Textausgabe mit Sachregister. Zwölfte Auflage. 370 Seiten. 1930. (Guttentagsche Sammlung von Textausgaben ohne Anmerkungen mit Sachregister.) Geb. RM. 3.15

*Diese Ausgabe wurde durch einen Nachtrag ergänzt.*

**Baum, G., Das vertragliche Wettbewerbsverbot** (Konkurrenzklausel). Nebst Kommentar zum Gesetze vom 10. Juni 1914. Taschenformat. XII, 231 Seiten. 1914. (Guttentagsche Sammlung Deutscher Reichsgesetze Bd. 115.) Geb. RM. 2.70

## Gesellschaften

**Brodmann, Erich, Aktienrecht.** Kommentar. Groß-Oktav. XII, 580 Seiten. 1928. (Gewerbe- und Industrie-Kommentar Bd. IV.) RM. 28.—, geb. RM. 30.—

*„Mit unvergleichlichem Geschick hat der Verfasser Großartiges geleistet — Brodmann ist Trumpf!" Zeitschrift für Aktiengesellschaften Nr. 9/10, 1928.*

**Brodmann, Erich, Die Sanierung unseres Aktienwesens.** Groß-Oktav. 46 Seiten. 1931 . . . . . . . . . . . . . . . . . . . . RM. 3.—

**Entwurf eines Gesetzes über Aktiengesellschaften und Kommanditgesellschaften** auf Aktien sowie Entwurf eines Einführungsgesetzes nebst erläuternden Bemerkungen. Veröffentlicht durch das **Reichsjustizministerium.** Lexikon-Oktav. 132 Seiten. 1930 . . . . . . . . . . RM. 3.—

**Pinner, Albert, Aktiennovelle und Bankenaufsicht.** Verordnung vom 19. 9. 1931. Textausgabe mit Einführung in die Aktiennovelle. Taschenformat. 101 Seiten. 1931. (Guttentagsche Sammlung Deutscher Reichsgesetze Bd. 179.) . . . . . . . . . . . . . . . . Geb. RM. 1.60

*Das eindringliche und zuverlässige Orientierungsbuch über die Neuregelung des Aktienwesens führt schnell in die wichtigen Hauptfragen ein. Der Herausgeber ist als hervorragender Kenner des Aktienrechts und Mitarbeiter an Staubs berühmtem HGB.-Kommentar der Fachwelt bekannt.*

**Hachenburg,** Max, **Kommentar zum Gesetz, betr. die Gesellschaften mit beschränkter Haftung.** (Früher **Staub-Hachenburg.**) Fünfte Auflage unter Mitarbeit von Fritz Bing und Walter Schmidt. 2 Bände. RM. 43.—, geb. RM. 47.—

I. Band: §§ 1—34. Groß-Oktav. VI, 527 Seiten. 1926.

II. Band: §§ 35—84. Groß-Oktav. II, 452 Seiten. 1927.

*„Das Buch ist als Nachschlagewerk unübertrefflich. Es wird wenig Fälle geben, in denen es den Lesern nicht die gewünschte Belehrung geben wird; es wird aber auch die Grundlage bieten zur rechtlichen Beurteilung neuer Gestaltungen des stets sich ändernden Wirtschaftslebens.“* *Deutsche Richterzeitung v. 15. II. 1927.*

**Brodmann,** Erich, **Gesetz, betr. die Gesellschaften mit beschränkter Haftung.** Kommentar. 2. Auflage. Groß-Oktav. VIII, 304 Seiten. 1930. (Gewerbe- und Industrie-Kommentar Bd. I.) . . . . RM. 16.—, geb. RM. 18.—

*„Die Ausführungen sind, wie man es bei diesem Autor gewohnt ist, tief durchdacht und lassen bei Bekämpfung gegenteiliger Ansichten erkennen, daß das Für und Wider an der Hand voll ausgeschöpfter Rechtsprechung und Literatur überall zu seinem Recht kommt.“* *Leipziger Ztsch. f. dtsch. Recht v. 1. VI. 1931.*

**Parisius,** Ludolf, und **Crüger,** Hans, **Das Reichsgesetz, betr. die Gesellschaften mit beschränkter Haftung.** Textausgabe mit Anmerkungen und Sachregister. Achtzehnte Auflage, bearbeitet von Adolf Crecelius und Fritz Citron. Taschenformat. 244 Seiten. 1929. (Guttentagsche Sammlung Deutscher Reichsgesetze Bd. 32.) . . . . . . . . Geb. RM. 3.15

*„Wer kennt nicht die altbewährte Ausgabe des GmbH.-Gesetzes von Parisius-Crüger, die in immer verbesserter und erweiterter Auflage der Juristen- und Geschäftswelt nützt? Nicht wenige ziehen diese Ausgabe einer größeren Kommentierung dieses Gesetzes vor, wenn der tägliche Gebrauch in Frage steht. Und das mit Recht.“* *Ztsch. f. Aktiengesellschaft Nr. 3, März 1929.*

**Starke,** Arthur, **Offene Handelsgesellschaften, Kommanditgesellschaften und stille Gesellschaften** von der Errichtung bis zur Auflösung. Nebst Vertrags- und Anmeldeformularen und mit Berücksichtigung des Steuerrechts. Oktav. XIV, 167 Seiten. 1928 . . . . . . . . . . . . . . RM. 5.—

*Eine systematische Darstellung für Studium and Praxis.*

## Wechselordnung und Scheckrecht

**Staubs Kommentar zur Wechselordnung.** Fortgesetzt von J. Stranz und M. Stranz. Zwölfte Auflage, bearbeitet von M. Stranz und Martin Stranz. Groß-Oktav. 432 Seiten. 1929. RM. 16.—, geb. RM. 18.—

*„. . . Ein Urteil über die Güte des Werkes erübrigt sich, denn der Staubsche Kommentar ist und bleibt der Wechselkommentar.“ Bankwissenschaft v. 5. VII. 1929.*

**Stranz,** J., und **Stranz,** M., **Wechselordnung** in der Fassung der Bekanntmachung vom 3. Juni 1908. Kommentar. Dreizehnte, der Neubearbeitung sechste Auflage. Taschenformat. 419 Seiten. 1930. (Guttentagsche Sammlung Deutscher Reichsgesetze Bd. 5.) . . . Geb. RM. 6.30

*Diese Ausgabe enthält nicht etwa nur Hinweise und kurze Erläuterungen, sondern ist ihrer ganzen Anlage nach ein verkürzter Kommentar; außer der Wechselordnung bringt sie auch die bekannten Nebengesetze: sie umfaßt also das gesamte Wechselrecht.*

**Wechselordnung** in der Fassung der Bekanntmachung vom 3. Juni 1908 (RGBl. S. 326ff.). Mit einem Anhang, enthaltend den Wechselprozeß und Nebengesetze. Textausgabe mit Einleitung und Sachregister. Taschenformat. 102 Seiten. 1928. (Guttentagsche Sammlung von Textausgaben ohne Anmerkungen.) . . . . . . . . . . . . . . Geb. RM. 1.35

**Michaelis, Wechselrecht.** Kommentar auf der Grundlage der Deutschen Wechselordnung unter vergleichsweiser Heranziehung der hauptsächlichsten ausländischen Wechselgesetze und des künftigen einheitlichen Wechselrechts. Groß-Oktav. VIII, 553 und 29* Seiten. 1932. (Gewerbe- und Industrie-Kommentar Bd. VI.) . . . . . . . . . . RM. 36.—, geb. RM. 37.80

*„. . . Die Herausgabe dieses Kommentars entspricht einem praktischen Bedürfnis. . . Es dürfte nicht zuviel gesagt sein, wenn man den Michaelisschen Kommentar als den Kommentar für die gesamte Materie des Wechselrechts bezeichnet.“*
*Mitteilungen d. Industrie- und Handelskammer, Berlin. Nr. 14, v. 25. VII. 1932.*

**Michaelis,** Richard, **Scheckgesetz** mit allen einschlägigen Nebengesetzen, den ausländischen Gesetzen und dem Deutschen Postscheckgesetz mit Postscheckordnung. Kommentar. Groß-Oktav. VII, 339 Seiten. 1927. (Gewerbe- und Industrie-Kommentar Bd. II.) . . . . RM. 16.—, geb. RM. 18.—

*„Wenn irgendein Buch, so entspricht dieses einem Bedürfnis.“*
*Berliner Tageblatt v. 21. III. 1927.*

**Der Eigentumsvorbehalt in Wirtschaft und Recht.** Herausgegeben von der Industrie- und Handelskammer zu Berlin. Oktav. 280 Seiten. 1931. RM. 4.—, geb. RM. 5.—

*„. . . Kurzum in jeder Beziehung eine umfassende Darstellung, das Handbuch des Eigentumsvorbehalts, gleich wertvoll für Wirtschaft, Rechtsprechung und Rechtslehre.“*
*Juristische Rundschau Nr. 21, v. 1. XI. 1931.*

## Schiffahrtsrecht

**Schaps,** Georg, **Das deutsche Seerecht.** Kommentar zum vierten Buche des Handelsgesetzbuches (als Ergänzung zu Staub's Kommentar) nebst Erläuterungen zu den seerechtlichen Nebengesetzen. Zweite, vollständig umgearbeitete Auflage herausgegeben von Max Mittelstein † und Julius Sebba.

I. Band. (Handelsgesetzbuch: Viertes Buch.) Groß-Oktav. VIII, 1041 Seiten. 1921 . . . . . . . . . . . . . . . RM. 25.—, geb. RM. 28.—

II. Band. (Seerechtliche Nebengesetze mit Nachtrag zur Ergänzung des I. Bandes nach dem Stand von 1929.) Bearbeitet von J. Sebba. XVI, 1108 Seiten. 1929 . . . . . . . . . . RM. 52.—, geb. RM. 55.—

*„Mit dem vorliegenden Band ist somit „Schaps' Seerecht“ auf den neuesten Stand der Gesetzgebung und Rechtsprechung gebracht. Sebba hat es meisterhaft verstanden, den umfangreichen Stoff übersichtlich zu formen und ihn in allen seinen Einzelheiten zu zergliedern. Jeder Interessent, der nach den einschlägigen Gesetzen, Verordnungen, Bekanntmachungen usw. Umschau halten muß, wird seine Freude darüber haben, einen solchen Schatz seerechtlichen Wissens zu besitzen.“*
*Verkehrsrechtliche Rundschau Nr. 11, 1929.*

**Brandis,** Otto, **Das deutsche Seerecht** (mit Ausschluß des Seeversicherungsrechts.) I. Allgem. Lehren: Personen und Sachen des Seerechts. 130 Seiten. 1908. II. Die einzelnen seerechtlichen Schuldverhältnisse: Verträge des Seerechts und außervertragliche Haftung. 156 Seiten. 1908. (Sammlung Göschen Bd. 386/87.) . . . . . . . . . . . Geb. je RM. 1.62

**Sebba,** J., **Das öffentliche Seerecht.** Taschenformat. XVII, 597 Seiten. 1932. (Guttentagsche Sammlung Deutscher Reichsgesetze Bd. 19.) Geb. RM. 11.70

*„Für die seerechtliche Praxis ist in dieser Neuerscheinung allen Interessenten des Rechts, der Verwaltung und der Wirtschaft auf diesem Gebiete ein zuverlässiger Führer in guter, handlicher Ausstattung geboten, der eine sehr schätzenswerte Bereicherung des seerechtlichen Schrifttums bildet.“*
*Hanseatische Rechts- und Gerichts-Zeitschrift Nr. 8/9, 1932.*

**Sieveking,** Gustav, **Das deutsche Seeversicherungsrecht.** Kommentar zum zehnten Abschnitt des vierten Buches des Handelsgesetzbuches. Lexikon-Oktav. 218 Seiten. 1912 . . . . . . . . . . . RM. 5.—, geb. RM. 6.80

**Allgemeine Deutsche Seeversicherungs-Bedingungen.** Im Jahre 1919 herausgegeben von den deutschen Seeversicherern nach Beratung mit deutschen Handelskammern und Fachverbänden unter Vorsitz der Handelskammer Hamburg. 21.—23. Tausend. 56 Seiten. 1931 . . . . . . RM. 2.—

**General Rules of Marine. Insurance** 1919 adopted by the German Underwriters. Authorised Translation by Dr. Alfred Sieveking, larger in Hamburg. 64 Seiten. 1920 . . . . . . . . . . . . . . RM. 3.—

**Materialien zu den Allgemeinen Deutschen Seeversicherungs-Bedingungen.** Im Auftrag der vereinigten Handelskammern herausgegeben von Prof. Dr. E. Bruck. Groß-Oktav. 2 Bände. 678 Seiten. 1920 . . RM. 10.—

**v. Liebig,** Eugen, **Die Transportversicherung.** Teil I: Die Seeversicherung. Systematische Darstellung des Seeversicherungswesens. Groß-Oktav. VIII, 226 Seiten. 1914 . . . . . . . . . . . . . . . . . . RM. 5.—

**Bene,** F., **Der Begriff des Versicherungsfalles in der Seeversicherung.** (Hamburger Rechtsstudien, herausgegeben von Mitgliedern der Rechts- und Staatswissenschaftlichen Fakultät der Hamburgischen Universität, Heft 1.) Groß-Oktav. 75 Seiten. 1928 . . . . . . . . . . . . RM. 4.50

**Ellau,** H. H., **Die Bedeutung des Interesses für die Veräußerung der versicherten Sache.** (Hamburger Rechtsstudien, herausgegeben von Mitgliedern der Rechts- und Staatswissenschaftlichen Fakultät der Hamburgischen Universität, Heft 2.) Oktav. 58 Seiten. 1928 . . . . . . . . RM. 4.—

**Makower,** H., **Gesetze, betreffend die privatrechtlichen Verhältnisse der Binnenschiffahrt und der Flößerei.** Nach den Materialien erläutert. Sechste, vermehrte Auflage, bearbeitet von E. Loewe. Taschenformat. 458 Seiten. 1923. (Guttentagsche Sammlung Deutscher Reichsgesetze Bd. 36.)
Geb. RM. 3.60

**Sebba,** Jul., **Seewasserstraßenordnung.** (Polizeiverordnung zur Regelung des Verkehrs auf den deutschen Seewasserstraßen vom 31. März 1927.) Mit Nachtrag, enthaltend die Änderungen vom 31. März 1928 und vom 20. März 1930. Taschenformat. 493 Seiten. 1928. (Guttentagsche Sammlung Deutscher Reichsgesetze Bd. 171.) . . . . . Geb. RM. 7.65

*Die vorliegende Ausgabe ist für die an dem Gesetz interessierten beiden Fachgruppen, die der Nautiker und der Juristen, von gleich großer Bedeutung. Diese Verbindung zweier Kenntnisgebiete gibt dem vorliegenden Kommentar seine besondere Note und seinen großen Wert.*

## Genossenschaften

**Parisius,** Ludolf, **Crüger,** Hans, **Crecelius,** Adolf, und **Citron,** Fritz, **Reichsgesetz, betreffend die Erwerbs- und Wirtschaftsgenossenschaften.** Kommentar zum praktischen Gebrauch für Juristen und Genossenschaften und ihre Mitglieder. Zwölfte, neubearbeitete Auflage. 1932. Groß-Oktav.
RM. 25.20, geb. RM. 27.—

*Der große Parisius-Crüger ist nach wie vor das unentbehrliche Nachschlagewerk für jeden auf dem Gebiete des Genossenschaftsrechtes tätigen Juristen und praktischen Genossenschaftsleiters.*

**Parisius,** Ludolf, und **Crüger,** Hans, **Das Reichsgesetz, betreffend die Erwerbs- und Wirtschaftsgenossenschaften.** Textausgabe mit Anmerkungen und Sachregister. Zwanzigste, neubearbeitete und erweiterte Auflage von Hans Crüger, Adolf Crecelius und Fritz Citron. Taschenformat. 297 Seiten 1930. (Guttentagsche Sammlung Deutscher Reichsgesetze Bd. 29.) . . . . . . . . . . . . . . . . . Geb. RM. 3.60

*Die Handausgabe für den täglichen Gebrauch. Auch für die kleinste Genossenschaft unentbehrlich.*

## Verschiedenes

**Schreiber,** Otto, **Handelsrechtliche Nebengesetze.** Taschenformat. VIII, 1002 Seiten. 1926. (Guttentagsche Sammlung Deutscher Reichsgesetze Bd. 162.) Geb. RM. 12.60

*„Die Sammlung ist ein unentbehrliches Hilfsmittel für den Praktiker. Die Zusammenstellung ist sehr zuverlässig; auch das Sachregister von Kleffel verdient volle Anerkennung." Zentralblatt für Handelsrecht Nr. 5, Mai 1926.*

**Staffel,** W., **Verordnung gegen Mißbrauch wirtschaftlicher Machtstellungen** vom 2. November 1923. Kommentar. Oktav. 108 Seiten. 1927. (Guttentagsche Sammlung Deutscher Reichsgesetze Bd. 167.) . . . Geb. RM. 3.15

*„Die für das Wirtschaftsrecht so wichtige Kartellverordnung findet hier eine eingehende Kommentierung. Die Erläuterungen werden daher um so unentbehrlicher für die wirtschaftliche Praxis auf diesem Gebiete sein."*
*Industrie- und Handelszeitung Nr. 5, v. 8. I. 1927.*

**Lusensky,** F., **Gesetz über die Handelskammern.** Taschenformat. (Guttentagsche Sammlung Preußischer Gesetze Bd. 21.) Neue Auflage in Vorbereitung.

*„Das Buch ist ein vortrefflicher Berater aller derer, die in der Handelskammerorganisation sind, oder zu ihr in Beziehung stehen. Es kann warm empfohlen werden." Zeitschrift für Polizei- und Verwaltungsbeamte.*

**Göppert-Seydel, Hypothekenbankgesetz vom 13. Juli 1899** (mit den Änderungen durch die Gesetze vom 14. Juli 1923, vom 26. Januar 1926 und 21. Dezember 1927). Textausgabe mit Einleitung, Anmerkungen und Sachregister. Dritte Auflage, bearbeitet von Dr. **Martin Friedlaender.** Taschenformat. VIII, 202 Seiten. 1929. (Guttentagsche Sammlung Deutscher Reichsgesetze Bd. 51.) . . . . . . . . . . . . . Geb. RM. 4.50

*„. . . In seiner neuen Gestalt ist der Kommentar eine vollständige, bis ins einzelne gehende, auf den neuesten Stand geführte Bearbeitung und Erläuterung des Gesetzes, die über alle einschlägigen Fragen erschöpfende Auskunft gibt."*
*Berliner Tageblatt v. 8. XII. 1929.*

**Behlert,** Heinz, **Der Konnossement-Teilschein.** Groß-Oktav. 79 Seiten. 1930. (Hamburger Rechtsstudien Heft 5.) . . . . . . . . . . . RM. 5.—

*Die Schrift löst die Frage, ob ein Konnossement-Teilschein dem Konnossement gleichzusetzen ist, unter Zugrundelegung der Hamburger Verhältnisse und unter Berücksichtigung der Rechtsprechung, der Lehre und des ausländischen Rechtes.*

**Lion,** Robert, **Reine Konnossemente gegen Revers.** Groß-Oktav. 78 Seiten. 1930. (Hamburger Rechtsstudien Heft 7.) . . . . . . . . RM. 5.—

*Die Abhandlung beginnt mit einer ausführlichen Darstellung der Entwicklung, Anwendung und Funktion des Konnossementsreverses. Es folgt eine Untersuchung der rechtlichen Probleme, die sich bemüht, die wirtschaftlichen Interessen aller Beteiligten gegeneinander abzuwägen; eine eingehende Übersicht über die Rechtsprechung ist mit ihr verbunden. Den Abschluß bildet eine Darstellung und Würdigung der zahlreichen Reformvorschläge. Wirtschaft und Recht des Auslandes sind in weitestgehendem Umfange berücksichtigt.*

## Bank und Börse

**Koch,** R., und **Schacht,** Hjalmar, **Die Reichsgesetzgebung über das Münz- und Notenbankwesen.** Textausgabe mit Anmerkungen und Sachregister. Siebente, völlig neubearbeitete Auflage. Taschenformat. XVIII, 617 Seiten. 1925. (Guttentagsche Sammlung Deutscher Reichsgesetze Bd. 26.) Geb. RM. 12.60

Hierzu erschien im August 1932 ein Ergänzungsband. Umfang 144 Seiten. RM. 3.—. (Guttentagsche Sammlung Deutscher Reichsgesetze Bd. 26a.)

*Aus dem Inhalt: I. Die Gesetze zur Änderung des Bankgesetzes. Erläutert von Reichsbankdirektor Dr. Deumer, Vortragender Direktor beim Reichsbankdirektorium. II. Änderungen zu dem Gesetz über die Liquidierung des Umlaufs an Rentenbankscheinen. Erläutert von Fritz Dreyse, Vizepräsident des Reichsbankdirektoriums. III. Übersicht über die Münzgesetzgebung seit dem 1. Januar 1926. IV. Sachregister.*

**Nußbaum,** Arthur, **Bank- und Börsenrecht.** Eine Sammlung von Gesetzen und Geschäftsbedingungen. Taschenformat. XII, 622 Seiten. 1927. (Guttentagsche Sammlung Deutscher Reichsgesetze Bd. 169.) . . Geb. RM. 9.90

*Die vorliegende Sammlung der verstreuten bank- und börsenrechtlichen Vorschriften fehlte bisher in der kaufmännischen und juristischen Bankpraxis ebenso wie im handelsrechtlichen und betriebswirtschaftlichen Unterricht. Ihr Erscheinen wurde daher vielseitig begrüßt. Die Sammlung berücksichtigt auch die dem freien Verkehr entstammenden Rechtsbildungen.*

**Kommentar zum Börsengesetz.** Im Auftrage des Centralverbandes des Deutschen Bank- und Bankiergewerbes (E. V.) bearbeitet von H. Rehm, H. Trumpler, Heinrich Dove, Ernst Neukamp, R. Schmidt-Ernsthausen, James Breit. Mit einem Vorwort von J. Rießer. Lexikon-Oktav. VIII, 464 Seiten. 1909. . . . . . RM. 12,—, geb. RM. 13.50

**Hemptenmacher,** Th., **Börsengesetz.** Dritte Auflage von O. Meyer. Taschenformat. XXIII, 373 Seiten. 1915. (Guttentagsche Sammlung Deutscher Reichsgesetze Bd. 41.) . . . . . . . . . . . Geb. RM. 3.15

*Das Bändchen bringt neben einem kurzen Überblick und einem vorteilhaft erweiterten Anhang das Börsengesetz nebst Ausführungsbestimmungen.*

**Lusensky,** F., **Gesetz, betreffend die Pflichten der Kaufleute bei Aufbewahrung fremder Wertpapiere (Depotgesetz).** (Guttentagsche Sammlung Deutscher Reichsgesetze Bd. 40.) . . . . . . . . . Neue Auflage in Bearbeitung.

**Frohner,** G. **Aktiensonderdepot und Legitimationsübertragung.** (Hamburger Rechtsstudien, herausgegeben von Mitgliedern der Rechts- und Staatswissenschaftlichen Fakultät der Hamburgischen Universität, Heft 3.) Groß-Oktav. VII. 114 Seiten. 1929 . . . . . . . . . . . . RM. 7.—

**Schwerin,** Frh. Cl von, **Recht der Wertpapiere** (einschließlich Wechsel- und Scheckverkehr). Oktav. X, 234 Seiten. 1924. (Lehrbücher und Grundrisse der Rechtswissenschaft Bd. 7.) . . . . . . . . RM. 6.30, geb. RM. 7.65

*„Das Buch löst seine Aufgabe, den Studierenden eine Einführung in die Materie des Wertpapierrechts zu geben, ausgezeichnet, vor allem deshalb, weil es eine gute theoretische Fundierung mit einer dem Lehrzweck entsprechenden Darstellung des praktischen Rechts und der Rechtstatsachen verbindet."*
*Deutsche Juristenzeitung Nr. 4, 1925.*

**Hollaender,** Adolf, **Preis- und Zinssenkung.** (Siehe „Die vierte Notverordnung" Seite 13.)

**Zeitgemäße Bankrechtsfragen,** Festgabe der Rechtsabteilung der Disconto-Gesellschaft zum 70. Geburtstage des Herrn Dr. jur. Arthur Salomonsohn. Quart. 126 Seiten. 1929 . . . . . RM. 8.—, geb. RM. 10.—

*„Der Band enthält 8 vorzügliche Aufsätze. Die Verfasser befassen sich mit Problemen, die in der Rechtsabteilung einer Großbank oft zur Debatte stehen und deren endgültige Klärung ein praktisches Bedürfnis ist."*
*Wirtschaftl. Nachrichten v. 16. V. 1929.*

**Verhandlungen des VII. allgemeinen deutschen Bankiertages.** Köln, 9.—11. September 1928, auf Grund stenographischer Berichte. Groß-Oktav. 436 Seiten. 1928 . . . . . . . . . . . . . . . . . RM. 10.—

**Schultze,** Fritz, **Devisennotrecht.** Textausgabe mit Einleitung, Verweisungen und Sachregister sowie Literaturverzeichnis und systematischer Übersicht über die einschlägige Rechtsprechung. Taschenformat. XXX, 181 Seiten. 1932 (Guttentagsche Sammlung Deutscher Reichsgesetze Bd. 182.) Geb. RM. 5.40

*Der Band gibt durch Zusammenfassung des gesamten Devisenrechts in der seit 23. Juni 1932 geltenden Fassung und durch Abdruck auch der alten Devisenbewirtschaftungsverordnung nebst Abänderungsverordnungen und den dazu erlassenen zwölf Durchführungsverordnungen eine erschöpfende Übersicht über die heutige Rechtslage. Durch Verweisung auf die bisherigen Fassungen wird der Zusammenhang zwischen altem und neuem Recht gezeigt und die Anwendung der Neufassung erleichtert.*

**Bank-Archiv.** Zeitschrift für Bank- und Börsenwesen. Begründet von Riesser. Unter Mitwirkung von hervorragenden Fachmännern herausgegeben von Dr. Georg Solmssen. Schriftleitung: Rechtsanwalt Otto Bernstein, geschäftsführendes Vorstandsmitglied des Zentralverbandes des Deutschen Bank- und Bankiergewerbes. Quart. Jährlich 24 Nummern. XXXII. Jahrgang. 1932/33 . . . . . . . . . . . . Pro Halbjahr RM. 12.—

## III. Grenzgebiete des Bürgerlichen Rechts

### 1. Privat- und Sozialversicherung

**Koenige,** Heinrich, und **Petersen, A., Gesetz über die privaten Versicherungsunternehmungen** vom 12. Mai 1901. Textausgabe mit Anmerkungen und Sachregister. Dritte, umgearbeitete Auflage. Taschenformat. 856 Seiten. 1927. (Guttentagsche Sammlung Deutscher Reichsgesetze Bd. 62.) Geb. RM. 18.—

*Ein für Theorie und Praxis der Privatversicherung unentbehrliches Hilfsmittel.*

Ergänzt durch:

**Koenige,** Heinrich, **Petersen,** A. und **Wirth, K., Gesetz über die Beaufsichtigung der privaten Versicherungsunternehmungen und Bausparkassen** vom 6. Juni 1931. Textausgabe, enthaltend den vollständigen, geltenden Gesetzestext sowie Erläuterungen zu den neuen, auf dem Gesetz vom 30. März 1931 beruhenden Vorschriften. Nachtrag zu Koenige-Petersen, Private Versicherungsunternehmungen, dritte Auflage (Bd. 62 der Sammlung). Taschenformat. 238 Seiten. 1931. (Guttentagsche Sammlung Deutscher Reichsgesetze Bd. 62a.) . . . . . . . . . . Geb. RM. 5.40

*„. . . Die kommentierte Textausgabe erfüllt die wichtige Aufgabe, über die sehr komplizierten Bestimmungen des Versicherungs-Aufsichtsgesetzes Klarheit zu verschaffen. Namentlich sind die Erläuterungen zu den Gesetzes-Bestimmungen, die Bausparkassen betreffend, die dem Versicherungs-Aufsichtsgesetz nach dessen Abänderung angegliedert worden sind, für alle Bausparkassen und alle die, die sich mit den juristischen Fragen des Bausparwesens befassen, ein unentbehrliches Hilfsmittel . . .“ Deutsche Bausparkassen-Zeitung v. 20. Nov. 1931.*

**Das Recht des Bausparvertrags.** Von Rechtsanwalt Dr. Rudolf Magnus. Groß-Oktav. 96 Seiten. 1932. . . . . . . . . . . . RM. 4.—

**Bruck, E., Reichsgesetz über den Versicherungsvertrag** nebst dem zugehörigen Einführungsgesetz vom 30. Mai 1908. Siebente, neubearbeitete Auflage. Taschenformat VIII, 563 Seiten. 1932. (Guttentagsche Sammlung Deutlung Deutscher Reichsgesetze Bd. 83.) . . . . . . . . . Geb. RM. 12.60

*„Der vormals Hager-Brucksche Kommentar ist seit langem der führende Kommentar und wird sich in der Neufassung weiter steigender Beliebtheit erfreuen.“ Deutsche Richterzeitung Nr. 11, v. 15. XI. 1930.*

**Moldenhauer, Paul, Das Versicherungswesen.**
I. Allgemeine Versicherungslehre. Vierte Auflage. 152 Seiten. 1925. (Sammlung Göschen Bd. 262.) . . . . . . . . . Geb. RM. 1.62
II. Die einzelnen Versicherungszweige. Zweite Auflage. 130 Seiten. 1923. (Sammlung Göschen Bd. 636.) . . . . . . . Geb. RM. 1.62

**Die Entwicklung des privaten Versicherungswesens** in dem Jahrfünft 1902 bis 1906. Groß-Oktav. 53 Seiten. Mit 3 Tafeln. 1909 . . RM. 2.—
— in dem Jahrfünft 1907—1911. Groß-Oktav. 61 Seiten. 1912. RM. 2.50

**Veröffentlichungen des Reichs-Aufsichtsamts für Privatversicherung.** Groß-Oktav. 30. Jahrgang. 1931. 1932 . . . . . . . . . . RM. 21.—
31. Jahrgang. 1932. Nr. 1 bis 3, 1932 . . . . . . . . RM. 20.75

**Gesamtregister zu den Veröffentlichungen des Reichs-Aufsichtsamts für Privatversicherung.** 1912—1926. 184 Seiten. 1928 . . . . . . . RM. 14.—

**Versicherungsstatistik** für 1902 über die unter Reichsaufsicht stehenden Unternehmungen. Herausgegeben vom Reichsaufsichtsamt für Privatversicherung. Lexikon-Oktav. LXXVII, 384 Seiten. 1905 . . . . . . RM. 10.—
— für 1902 bis 1917 . . . . . . . . . . . . Je Jahrgang RM. 10.—
— für 1928 bis 1929. 1930 . . . . . . . . . . . . RM. 24.—
— für 1930. 1931 . . . . . . . . . . . . . . . . RM. 13.—

**v. Liebig, Eugen, Das deutsche Feuerversicherungswesen.** Groß-Oktav. 211 Seiten. 1911 . . . . . . . . . . . . . . . . . . . . RM. 5.—

**Weygand, J., Die Grundzüge der Kundenversicherung.** (Generalversicherung der Speditions- und Lagergüter.) Mit einer Einleitung über das Interesse als Element der Sachversicherung. Groß-Oktav 162 Seiten. 1914. RM. 4.—

*Das interessante Werk bietet namentlich für Juristen wertvolle Hinweise zur Rechtsbehandlung der Kundenversicherungsfrage.*

**Berliner, Ludwig, und Pfaffenberger, Ernst, Aufwertung von Versicherungsansprüchen** mit Durchführungsbestimmungen.

I. Teil. Oktav. 235 Seiten. 1926. Mit Nachtrag. (Guttentagsche Sammlung Deutscher Reichsgesetze Bd. 164.) . . . . . . . . Geb. RM. 5.85

II. Teil: Sach- und Transportversicherung; Unfall- und Haftpflichtversicherung. Oktav. 112 Seiten. 1926. (Guttentagsche Sammlung Deutscher Reichsgesetze Bd. 164a.) . . . . . . . . . . . . Geb. RM. 3.15

*Ein bedeutsamer Kommentar, durch den die gesetzlichen Bestimmungen von der juristischen und versicherungstechnischen Seite aus eingehend erläutert werden. In seinem straffen, systematischen Aufbau, der Geschlossenheit der Darstellung ist das Buch ein unentbehrlicher Ratgeber für alle interessierten Kreise.*

**Haymann, Franz, Leistung und Gegenleistung im Versicherungsvertrag.** Eine Grundfrage des Privatversicherungsrechts. Oktav. 104 Seiten. 1932. RM. 6.—

*Aus dem Inhalt: Leistung und Gegenleistung. Die Leistung des Versicherers. Die Anwendung der Regeln über den gegenseitigen Vertrag auf das Versicherungsgeschäft. Der Einfluß des Rücktritts und der Anfechtung auf die Prämienleistung. Leistung und Gegenleistung der Parteien im Konkurs- und Vergleichsverfahren zur Abwendung des Konkurses.*

**Tsirintanis, Alexander, Die Order-Polize.** Groß-Oktav. 95 Seiten. 1930 (Hamburger Rechtsstudien Heft 6.) . . . . . . . . . . RM. 6.—

*Der Verfasser behandelt die Frage, inwieweit das Versicherungsrecht, um den heutigen Verkehrsbedürfnissen zu entsprechen, die Orderklausel und das Indossament verwerten kann. Nach einer Darstellung und kritischen Würdigung der Ergebnisse aus der Anorderstellung des Versicherungsscheins in anderen Ländern, insbesondere in Frankreich, versucht der Verfasser die rechtlichen und wirtschaftlichen Folgen aus der Ausstellung von Order-Polizen darzulegen. In einem besonderen Teil wird die Order-Polize mit anderen, auf denselben wirtschaftlichen Erfolg gerichteten Rechtsinstituten, namentlich der Versicherung für Rechnung wen es angeht, verglichen und die vorhandenen Unterschiede gestreift.*

**Embden**, Helmuth, **Versicherung für Rechnung wen es angeht.** Groß-Oktav. VIII, 39 Seiten. 1930. (Hamburger Rechtsstudien Heft 8.) RM. 3.—

*Im ersten Teil wird der versicherungsrechtliche Interessenbegriff im streng individualistischen Sinne präzisiert. Im Hauptteil versucht dann der Verfasser, die universelle Vertragsform der Versicherung für Rechnung wen es angeht in Einklang mit einer so engen Auffassung des Interessenbegriffs zu bringen.*

**Lippmann**, Karl, **Die Reichsversicherungsordnung** nebst dem Einführungsgesetze, den wichtigsten Ausführungsvorschriften, den ergänzenden Gesetzen und Verordnungen sowie den Verordnungen über das Verfahren. **Nach dem Stande vom 8. Dezember 1931.** Textausgabe mit Anmerkungen, Einleitung (Übersicht über den Inhalt der Reichsversicherungsordnung) und Sachregister. Taschenformat. XVI, 767 Seiten. 1932. (Guttentagsche Sammlung Deutscher Reichsgesetze Bd. 161.) . . . . . . . . Geb. RM. 16.20

Die Ausgabe wird durch Nachträge auf dem laufenden gehalten.

**Lippmann**, Karl, **Sozialversicherung und Fürsorge.** (Siehe „Die vierte Notverordnung" Seite 13.)

**Reuß**, Max, und **Hense**, Fritz. **Das Reichsknappschaftsgesetz** vom 1. Juli 1926 nebst Einführungsgesetz. 2. Aufl. Taschenformat. XVI. 640 Seiten. 1926. (Guttentagsche Sammlung Deutscher Reichsgesetze Bd. 155.) Mit Nachtrag 1931. Geb. RM. 10.80

**Angestelltenversicherungsgesetz** vom 28. Mai 1924. Zweite Auflage. Taschenformat. 143 Seiten. 1927. Mit Nachtrag. (Guttentagsche Sammlung Deutscher Reichsgesetze. Textausgaben ohne Anmerkungen.) . . Geb. RM. 2.25

**Manes**, Alfred, **Sozialversicherung.** 7., ergänzte Aufl. Kl.-Oktav. 139 Seiten. 1928. (Sammlung Göschen Bd. 267.) . . . . . . . . Geb. RM. 1.62

**Schmeißer**, Herbert, **Das Gesetz über Arbeitsvermittlung und Arbeitslosenversicherung** in der Fassung der Notverordnung vom 1. Dezember 1930. 2 Bände. Taschenformat.
Band I. XVI, 639 Seiten. 1931 . . . . . . . . . . . Geb. RM. 13.50
Band II. 792 Seiten. 1932 . . . . . . . . . . . Geb. RM. 20.—
(Guttentagsche Sammlung Deutscher Reichsgesetze Bd. 165/165a.)

*Der Kommentar enthält das gesamte einschlägige Gesetzes- und Rechtsmaterial bis in die neueste Zeit. Er wird für die Rechtsanwendung auf diesem Gebiete unentbehrlich sein und ist durch die neue Einführung der Lose-Blatt-Form vor dem Veralten geschützt, da die künftigen Änderungen in Blättern nachgeliefert werden und leicht in das Exemplar einzufügen sind.*

## 2. Arbeitsrecht

**Depène**, Hans, **Rohlfing**, Theodor und **Heinitz**, Ernst, **Arbeitsgerichtsgesetz.** Kommentar. 2., völlig neubearbeitete Auflage. 884 Seiten. 1932. (Guttentagsche Sammlung Deutscher Reichsgesetze Bd. 168.) . . Geb. RM. 15.—

*„. . . Doch nicht nur ein praktisches Buch. Unter reichster Benutzung der Rspr. und des Schrifttums wird ein Überblick über den gegenwärtigen Stand der Wissenschaft gegeben. Mit erfreulicher Eindringlichkeit gehen die Verfasser den Problemen nach; in strenger, wissenschaftlicher Sachlichkeit setzen sie sich mit ihnen auseinander; anregend und belehrend. Das Buch verdient die Aufmerksamkeit aller am Arbeitsrecht Beteiligten." Juristische Wochenschrift Nr. 47, 1932.*

**Arbeitsrechtliche Spruchsammlung.** Beiträge zum Deutschen Handwerksblatt. **Pro Quartal RM. 0.90**

*Die Sammlung berichtet fortlaufend über die obergerichtliche Rechtsprechung auf dem Gebiete des Arbeitsrechts. Sie bildet eine wertvolle Ergänzung der amtlichen Sammlung.*

**Entscheidungen des Reichsarbeitsgerichts.** Herausgegeben von den Mitgliedern des Reichsarbeitsgerichts. Oktav.
Band I—X . . . . . . . . . . . . . . . Je RM. 6.50, geb. RM. 8.—

**Günther,** Adolf, und **Schneider,** Richard, **Arbeiterschutz und Arbeitsrecht.** Zweite Auflage. Taschenformat.
I. Teil: **Arbeitszeitschutz.** Das Arbeitszeitnotgesetz und die übrige arbeitszeitrechtliche Gesetzgebung des Reichs seit dem 9. November 1918. 386 Seiten. 1927 . . . . . . . . . . . . . . . . . Geb. RM. 6.75

*„. . . Das Buch ist ein zuverlässiger Führer durch das weite und unübersichtliche Gebiet der arbeitszeitrechtlichen Gesetzgebung."*
*Württemberg. Ztschr. f. Rechtspflege, April 1928.*

II. Teil: Gesetz über die **Beschäftigung Schwerbeschädigter** nebst den einschlägigen gesetzlichen Bestimmungen. 404 Seiten. 1928. (Guttentagsche Sammlung Deutscher Reichsgesetze Bd. 138a/138c.) . . Geb. RM. 7.20

*„Das Buch stellt nicht nur beim Studium des Gesetzes ein wertvolles Hilfsmittel dar, sondern ist auch für den Handgebrauch des Arbeitsrechtspraktikers unentbehrlich."* *Berliner Wohlfahrtsblatt v. 9. XII. 1928.*

IV. Teil: **Betriebsstillegungsverordnung.** 240 Seiten. 1929. (Guttentagsche Sammlung Deutscher Reichsgesetze Bd. 138d.) . . . . Geb. RM. 5.85

*„Die Guttentagsche Sammlung ist durch das Buch um ein neues zuverlässiges Hilfsmittel für die Gesetzanwendung bereichert."* *Reichsarbeitsblatt Nr. 30, 1929.*

**Rohlfing,** Theodor, **Arbeitsrechtliche Vorschriften.** (Siehe „Die vierte Notverordnung" Seite 13.)

**Warneyer,** Otto, **Betriebsrätegesetz** vom 4. Februar 1920 nebst der Wahlordnung zum Betriebsrätegesetz, dem Aufsichtsratsgesetz samt Wahlordnung und den Ausführungsverordnungen des Reichs und der Länder. Auf der Grundlage der Güntherschen Textausgabe mit Anmerkungen erläutert unter besonderer Berücksichtigung der Rechtsprechung des Reichsgerichts und des Reichsarbeitsgerichts. Zweite Auflage. Taschenformat. 235 Seiten. 1931. (Guttentagsche Sammlung Deutscher Reichsgesetze Bd. 138b.) . . . . . . . . . . . . . . . Geb. RM. 4.50

*„. . . Als Ganzes ist diese Handausgabe allen den vielen Kreisen willkommen, die aus praktischen Gründen nach einer kurzen, trotzdem aber erschöpfenden, zuverlässigen und jede Zweifelsfrage erfassenden Kommentierung suchen."*
*Der Fachjurist Nr. 5, 1931.*

**v. Ungern-Sternberg, Die Auflösung und Fusion von Berufsvereinen** und ihre arbeitsrechtliche Bedeutung. Oktav. IV, 52 Seiten. 1931. RM. 3.50

*Für laufende Tarifverträge ebenso wie für Schlichtungsverfahren haben Auflösung und Fusion von Gewerkschaften bzw. Arbeitgeberverbänden erhebliche Bedeutung. Deshalb lohnt eine zusammenfassende Durchforschung und Darstellung der Materie wohl. An Hand von Literatur und Rechtsprechung werden alle Zweifelsfragen hier geklärt. Die Schrift bringt den Beteiligten wertvolle Unterlagen für die Praxis.*

**Tilly,** Dr. Helmuth Tczerclas von, **Internationales Arbeitsrecht.** Unter besonderer Berücksichtigung der Internationalen Arbeitsorganisation. 120 Seiten. 1924. (Sammlung Göschen Bd. 882.) . . . . . . . . Geb. RM. 1.62

*Es ist das erste Werk, das in klarer, kurzer und allen leicht verständlicher Weise das gesamte grundlegende Tatsachenmaterial — und zwar nur dieses — auf dem umfassenden Gebiete des internationalen Arbeiterschutzes von dessen ersten Anfängen bis in die neueste Zeit bietet.*

### 3. Gewerberecht

**Hiller,** Fr., und **Luppe,** H., **Gewerbeordnung für das Deutsche Reich nebst Kinderschutzgesetz und Hausarbeitsgesetz** sowie den für das Reich und Preußen erlassenen **Ausführungsbestimmungen.** Einundzwanzigste, veränderte Auflage. (143. bis 148. Tausend.) Taschenformat. 931 Seiten. 1928. Mit Nachtrag vom 11. 2. 1929. (Guttentagsche Sammlung Deutscher Reichsgesetze Bd. 6.) . . . . . . . . . . . . . . Geb. RM. 9.90

*„Man kann von dem Werke nur sagen, daß es in mustergültiger Weise wie bisher seinen Zweck erfüllt, ein kurzes knappes Buch „für die Praxis von unschätzbarem Werte zu sein..." Juristische Rundschau Nr. 20, v. 5. X. 1928.*

**Gewerbeordnung für das Deutsche Reich nebst Gaststättengesetz, Kinderschutzgesetz und Hausarbeitsgesetz.** Textausgabe mit Einleitung und Sachregister. Taschenformat. IV, 200 Seiten. 1932. (Guttentagsche Sammlung von Textausgaben ohne Anmerkungen mit Sachregister.) . . . . Geb. RM. 3.—

*Wie alle in der Guttentagschen Sammlung von Textausgaben erschienenen Texte, ist auch die Gewerbeordnung nebst Gaststättengesetz, Kinderschutzgesetz und Hausarbeitsgesetz absolut zuverlässig und nach neuestem Stande wiedergegeben. Ein ausführliches Sachregister erschließt den Zugang zu den einzelnen Bestimmungen. Die Ausgabe soll der Praxis dienen, vor allem aber auch dem Studierenden ein Begleiter für die einschlägigen Vorlesungen sein und die Einarbeitung in das wichtige Gesetz erleichtern.*

**Brassert, H., Allgemeines Berggesetz** für die preußischen Staaten mit Kommentar. Zweite Auflage, bearbeitet von Hans Gottschalk. Groß-Oktav. XXIX, 1291 Seiten. 1914. . . . . RM. 27.—, geb. RM. 30.—

**Sonnenfeld,** Hugo, **Die reichsrechtlichen Bestimmungen, betreffend den Handel mit Drogen und Giften.** Dritte, veränderte Auflage. Taschenformat. 435 Seiten. 1926. (Guttentagsche Sammlung Deutscher Reichsgesetze Bd. 64.) . . . . . . . . . . . . . . . . . Geb. RM. 10.80

**Friedrichs, Karl, Gaststättengesetz** vom 28. April 1930 mit den Durchführungs- und Ausführungsverordnungen des Reichs und Preußens. Taschenformat. VIII, 144 Seiten. 1930. (Guttentagsche Sammlung Deutscher Reichsgesetze Bd. 176.) . . . . . . . . . . . . . . . . Geb. RM. 3.15

*Das Gaststättengesetz in seiner neuen Fassung mit ausführlichen Erläuterungen. Der Verfasser hat zur vollständigen und zuverlässigen Erläuterung alles herangezogen, was aus der bisherigen Rechtsprechung und den einschlägigen Reichstagsdrucksachen verwertbar ist; die Durch- und Ausführungsverordnungen für das Reich und Preußen sind wörtlich abgedruckt und, soweit notwendig, erläutert.*

**Lebbin,** Georg, **Nahrungsmittelgesetze** mit Erläuterungen. Zweite, stark vermehrte Auflage in zwei Bänden.

I. Band: Das Lebensmittelgesetz vom 5. Juli 1927 mit Nebengesetzen (Margarine, Fleisch, Milch, Süßstoff, Essigsäure usw.). Erläutert von G. Lebbin und R. Gießner. Taschenformat. XVI, 419 Seiten. 1928. Geb. RM. 7.65

II. Band: Getränkegesetze und Getränkesteuergesetze (Wein, Bier, Branntwein, Mineralwasser). Unter Mitarbeit von Rechtsanwalt Dr. Kniebe. Taschenformat. XII, 400 Seiten. 1926. (Guttentagsche Sammlung Deutscher Reichsgesetze Bd. 54a u. b.) . . . . . . . . Geb. RM. 9.—

*Das Werk ist für die ganze Fachwelt der Getränkeindustrie unentbehrlich, muß doch jedermann mit den einschlägigen Gesetzesbestimmungen sich soweit wie irgend möglich vertraut machen, wenn er nicht in Nachteile geraten will.*

**Voß,** Werner, **Die reichs- und landesrechtlichen Bestimmungen auf dem Gebiete des Gesundheitswesens.** Taschenformat 608 Seiten. 1929. (Guttentagsche Sammlung Deutscher Reichsgesetze Bd. 172.) . . . Geb. RM. 9.90

*„Das Buch wird seiner Aufgabe, fast den gesamten Gesetzesstoff in einem einzigen kleinen Bande in die Hand zu geben, gewiß gerecht und wird sich schnell als unentbehrliches Hilfsmittel für jeden erweisen, der öfter mit dem Gesundheitswesen zu tun hat." Reichsverwaltungsblatt Nr. 23, v. 8. VI. 1929.*

## 4. Geistig-gewerblicher Rechtsschutz

**Elster, Alexander, Urheber- und Erfinder-, Warenzeichen- und Wettbewerbsrecht.** (Gewerblicher Rechtsschutz.) Zweite, stark erweiterte und völlig umgearbeitete Auflage. Mit Abdruck der Gesetzestexte. Oktav. XII, 611 Seiten 1928. Mit Nachtrag 1931. (Lehrbücher und Grundrisse der Rechtswissenschaft Bd. VIII.) . . . . . . . . . . . RM. 16.20 geb. RM. 17.50

*„Seit Kohler und Osterrieth endlich wieder das langentbehrte Lehrbuch. Hier unternimmt ein wahrhaft selbständiger und ideenreicher Kopf den Versuch, eine wirkliche Synthese zu schaffen." Juristische Rundschau Nr. 1, v. 1. I. 1929.*

**Neuberg, J., Der internationale gewerbliche Rechtsschutz.** 2. Auflage. 128 Seiten. 1923. (Sammlung Göschen Bd. 271.) . . . . . Geb. RM. 1.62

**Daude, Paul, Die Reichsgesetze über das Urheberrecht an Werken der Literatur und der Tonkunst und das Verlagsrecht** vom 19. Juni 1901 in der Fassung des Gesetzes vom 22. Mai 1910 zur Ausführung der revidierten Berner Übereinkunft. Oktav. VIII, 293 Seiten. 1910. . . RM. 6.—

**Lindemann, O., Gesetz, betr. das Urheberrecht** an Werken der Literatur und der Tonkunst. Vierte Auflage. Taschenformat. 171 Seiten. 1921. (Guttentagsche Sammlung Deutscher Reichsgesetze Bd. 60.) . Geb. RM. 1.60

**Fuld, Ludwig, Gesetz, betr. das Urheberrecht an Werken der bildenden Künste und der Photographie.** Zweite Auflage. Taschenformat. 192 Seiten. 1925. (Guttentagsche Sammlung Deutscher Reichsgesetze Bd. 81.) Geb. RM. 5.40

**Reininger, G., Der Schutz des Urheberrechts im deutschen Rundfunk.** Oktav. 88 Seiten. 1929 . . . . . . . . . . . . . . . . RM. 4.—

*„Eine interessante, zeitgemäße, namentlich auch für geistige Neuschöpfer wichtige Studie." Badische Rechtspraxis Nr. 3, 1929.*

**Andritzky, Christoph, Die Rechtsstellung des Drehbuchautors.** Oktav. XI, 80 Seiten. 1931 . . . . . . . . . . . . . . . . RM. 3.50

*Andritzky äußert sich zu den Streitfragen um die Urheberschaft am Film. Er trennt scharf zwischen künstlerischer Leistung und künstlerisch-urheberischer Schöpfung und kommt zu der These: Der Filmurheber ist der Urheber des kurbelfertigen Drehbuches. — Die Verhältnisse beim Tonfilm sind, soweit dies möglich erschien, berücksichtigt.*

**Giesecke, Hans, Die juristischen Probleme des Bildfunks.** Oktav. 90 Seiten. 1932 . . . . . . . . . . . . . . . . . RM. 3.60

*Die interessanten urheberrechtlichen Fragen, die mit der neuen technischen Errungenschaft eines „Bildfunks" zusammenhängen und teilweise schon jetzt, insbesondere aber für die Zukunft sehr aktuell sind, werden in dieser Arbeit nach allen Seiten hin sorgfältig untersucht. Geschichte und Technik des Bildfunks sind einleitend berücksichtigt. Die urheberrechtlichen Darlegungen beruhen auf Kenntnis der Tatsachen und des Schrifttums.*

**Heinitz, Ernst, und Marwitz, Bruno, Das Reichsgesetz über das Verlagsrecht.** Textausgabe mit Einleitung, Anmerkungen und Sachregister. Dritte Auflage. Taschenformat. 136 Seiten. 1922. (Guttentagsche Sammlung Deutscher Reichsgesetze Bd. 61.) . . . . . . . . . . . Geb. RM. 1.45

**Elster, A., Das deutsche Urheber- und Verlagsrecht.** 128 Seiten. 1923. (Sammlung Göschen Bd. 863.) . . . . . . . . . . Geb. RM. 1.62

*„Erstaunlich ist, wie Elster diese beiden so viel umstrittenen Gesetze auf so engem Raum in vortrefflicher Weise zur Darstellung gebracht hat." Deutscher Journalistenspiegel Nr. 17, v. 5. VI. 1927.*

**Heymann, E., Die zeitliche Begrenzung des Urheberrechts.** Oktav. 74 Seiten. 1927. (Sitzungsberichte der Preußischen Akademie der Wissenschaften zu Berlin.) . . . . . . . . . . . . . . . . RM. 5.—

**Pietzcker,** Eduard, **Patentgesetz und Gebrauchsmusterschutzgesetz.** Kommentar unter Berücksichtigung der vorgeschlagenen und weiter beantragten Abänderungen des Patentgesetzes. Erster Halbband: §§ 1—12 PatG. Groß-Oktav. 427 Seiten. 1929. (Gewerbe- und Industrie-Kommentar Bd. V, 1.) RM. 26.—, geb. RM. 28.—

Der zweite, das Werk abschließende Band, wird 1933 erscheinen.

*„Die überall zutage tretende geistige Leistung macht Pietzckers Kommentar für jeden, der sich mit diesem Rechtsgebiet zu beschäftigen hat, zum unentbehrlichen Rüstzeug."* *Markenschutz und Wettbewerb Nr. 4, April 1929.*

**Seligsohn,** Arnold, **Patentgesetz und Gesetz, betr. den Schutz von Gebrauchsmustern.** Siebente Auflage. Groß-Oktav. VIII, 622 Seiten. 1932. RM. 22.50, geb. RM. 24.30

*„Ein fachwissenschaftliches Werk, welches sieben Auflagen erreicht, bedarf in der Regel keiner besonderen Empfehlung. Dies gilt in erhöhtem Maße von dem berühmten Erläuterungswerk zum Patent- und Gebrauchsmustergesetz, welches der Nestor des Patentrechts in neuem Gewande der Öffentlichkeit übergibt ... Die Seligsohnsche Schrift hat sich von jeher durch strenge Sachlichkeit und vornehme Zurückhaltung ausgezeichnet; sie hat nicht nur das übrige Schrifttum, sondern auch in hervorragendem Maße die Rechtsprechung beeinflußt ... Lange haben die vielen Verehrer des Seligsohnschen Kommentars auf diese Auflage sehnsüchtig gewartet ..."* *Markenschutz u. Wettbewerb Nr. 9, Sept. 1932.*

**Lutter,** R., **Patentgesetz.** Nebst Ausführungsbestimmungen, völkerrechtlichen Verträgen und Patentanwaltsgesetz, unter eingehender Berücksichtigung der Rechtsprechung des Reichsgerichts und der Praxis des Reichspatentamts. Neunte Auflage. Taschenformat. XV, 467 Seiten. 1928. (Guttentagsche Sammlung Deutscher Reichsgesetze Bd. 22.) . . . . Geb. RM. 9.—

*„Jedem, der eines kurzgefaßten zuverlässigen Kommentars für den Augenblicksgebrauche bedarf, sei diese vorzügliche Taschenausgabe des Patentgesetzes von Lutter dringend empfohlen. Jede neue Ausgabe verbessert das Buch. Es ist nicht leicht, kurz zu kommentieren. Möge dieses Buch, das bei aller Knappheit stets in Fühlung mit der Entwicklung des Rechtsgebiets bleibt, sich seine Kürze erhalten."* *Markenschutz und Wettbewerb Nr. 14, November 1928.*

**Elster,** A., **Das deutsche Erfinderrecht.** (Patent- und Musterschutzrecht.) 118 Seiten. 1924. (Sammlung Göschen Bd. 891.) . . . . . . Geb. RM. 1.62

**Seligsohn,** Jul., **Geheimnis und Erfindungsbesitz.** Groß-Oktav. 147 Seiten. 1921 . . . . . . . . . . . . . . . . . . RM. 3.—

**Elster,** Alexander, **Gesetz gegen den unlauteren Wettbewerb** vom 7. Juni 1909. In der Fassung vom 9. März 1932. Kurzer Kommentar für Praxis und Studium. Neunte, durchgearbeitete und wesentlich ergänzte Auflage der erläuterten Textausgabe von Justizrat Dr. Albert Pinner und Dr. Alexander Elster. Taschenformat. 392 Seiten. 1932. (Guttentagsche Sammlung Deutscher Reichsgesetze Bd. 37.) . . . . . Geb. RM. 6.75

*„Der Umfang der erläuterten Textausgabe ist wieder sehr gestiegen, so daß sie nun mit Recht die Bezeichnung kurzer Kommentar führt. Obwohl für die Praxis bestimmt und im wesentlichen auf den Ergebnissen der Rechtsprechung fußend, zeigt das Werk — besonders in der Einleitung, aber auch in den einzelnen Ausführungen — die grundsätzliche Einstellung des Verfassers zu der Rechtsnatur des Wettbewerbsrechts. Für das Studium sowie als erstes Nachschlagewerk für die Praxis ist das Werk hervorragend geeignet."* *Juristische Wochenschrift Nr. 18, v. 26. VI. 1932.*

**Elster,** Alexander, **Zugaben-Verordnung.** (Erster Teil der Verordnung des Reichspräsidenten zum Schutze der Wirtschaft vom 9. März 1932.) Taschenformat. 80 Seiten. 1932. (Guttentagsche Sammlung Deutscher Reichsgesetze Nr. 37a.) . . . . . . . . . . RM. 1.80

*„In verblüffend kurzer Zeit nach Erlaß der VO. vom 9. März 1932 ist dieser ausführliche, auf engem Raum zusammengefaßte Kommentar erschienen. Nur ein Schriftsteller, der in Theorie und Praxis die einschlägigen Probleme erkannt hat, vermochte ein so vortreffliches Werk zu verfassen. Daß seine Anschaffung nachdrücklichst zu empfehlen ist, bedarf kaum der Betonung."*
*Zentralblatt für Handelsrecht Nr. 4, 1932.*

**Wassermann,** Martin, **Der unlautere Wettbewerb** nach deutschem Recht. I. Generalklausel, Reklameauswüchse, Ausverkaufswesen, Angestelltenbestechung. 160 Seiten. 1911. II. Kreditschädigung, Firmen- und Namenmißbrauch, Verrat von Geheimnissen, Ausländerschutz. 151 Seiten. 1911. (Sammlung Göschen Bd. 339 u. 535.) . . . . . . . . Geb. je RM. 1.62

**Wolff, F.,** und **Crisolli, K.-A., Das Recht der Reklame.** Lexikon-Oktav. 424 Seiten. 1929 . . . . . . . . . . . . . . RM. 9.—, geb. RM. 10.—

*„. . . Mit großer Umsicht ist ein umfänglicher Stoff gesammelt und in gründlicher Arbeit juristisch durchdrungen und dargestellt. Das Buch ist wohl in erster Reihe für Juristen bestimmt, aber auch für wirtschaftliche Kreise und Reklamefachleute wertvoll und jedenfalls für die Beschäftigung mit diesem Sondergebiet ein zuverlässiges Hilfsmittel."*
*Flad i. d. „Juristischen Rundschau" Nr. 7, v. 1. IV. 1930.*

**Hagens,** Alfred, **Warenzeichenrecht.** Kommentar. Groß-Oktav. VIII, 408 Seiten. 1927. (Gewerbe- und Industrie-Kommentar Bd. III.)
RM. 22.—, geb. RM. 24.—

*„. . . . Eine ausführliche Darstellung, die zeigt, daß der Verfasser das gesamte Fachschrifttum und die reichhaltige Rechtsprechung restlos beherrscht. Ich habe gefunden, daß nicht ein einziger Fall von Bedeutung fehlt."*
*Markenschutz und Wettbewerb Nr. 12, 1927.*

**Seligsohn,** Arnold, **Gesetz zum Schutz der Warenbezeichnungen.** Dritte Auflage, bearbeitet in Gemeinschaft mit Martin Seligsohn in Berlin. Groß-Oktav. IV, 416 Seiten. 1925. . . . . . . RM. 15.—, geb. RM. 16.50

**Freund, G. S., Magnus,** Julius, und **Jüngel,** Friedrich, **Das deutsche Warenzeichenrecht.** Sechste, neubearbeitete Auflage. Teil I: Die internationalen Verträge. VI, 247 Seiten. Mit 4 Tafeln. 1924. (Guttentagsche Sammlung Deutscher Reichsgesetze Bd. 87a.) . . . . . . . . Geb. RM. 8.10
Teil II. Deutsches Recht. . . . . . . . . . . . . . . Im Druck

**Born, A., Reichspreßgesetz** vom 7. Mai 1874 in der jetzt geltenden Fassung nebst den einschlägigen Bestimmungen der Reichsverfassung, des Reichsstrafgesetzbuchs, der Gewerbeordnung usw. Mit Kommentar und Sachregister. Vierte, veränderte Auflage. Taschenformat. 234 Seiten. 1931. (Guttentagsche Sammlung Deutscher Reichsgesetze Bd. 53.) . . Geb. RM. 5.40

*Dieser Band bringt eine sehr reichhaltige Kommentierung des Stoffes, die um so wertvoller ist, als den Entscheidungen der Wortlaut der Urteilsbegründungen beigefügt ist. Die einschlägigen Bestimmungen sind aufgeführt, eingehend besprochen und in Beziehung zueinander gebracht worden. Als Nachschlagewerk in Zweifelsfällen wird die nach dem neuesten Stande (Notverordnungen!) bearbeitete 4. Auflage von großem Nutzen sein.*

## IV. Zivilprozeß

**Fischer,** Otto, **Lehrbuch des deutschen Zivilprozeß- und Konkursrechts.** Groß-Oktav. XII, 488 Seiten. 1918 . . . . . . . RM. 8.—, geb. RM. 10.—

**Kisch, Wilh., Deutsches Zivilprozeßrecht.**
I. Band. Vierte, verbesserte Auflage. 115 Seiten. 1929. (Sammlung Göschen Bd. 428.) . . . . . . . . . . . . . . . . . Geb. RM. 1.62

II. Band. Vierte, verbesserte Auflage. 168 Seiten. 1929. (Sammlung Göschen Bd. 429.) . . . . . . . . . . . . . . . . . . Geb. RM. 1.62

III. Band. Vierte, verbesserte Auflage. 148 Seiten. 1929 (Sammlung Göschen Bd. 430.) . . . . . . . . . . . . . . . . . . Geb. RM. 1.62

*Diese Auflage wird jedem, der sich auf gemeinverständliche Weise über unser geltendes Zivilgerichtswesen unterrichten will, gute Dienste leisten, und kann namentlich den Studierenden des Rechts als Einführung bestens empfohlen werden.*

**Sydow, R., Busch, L., und Krantz, W., Zivilprozeßordnung und Gerichtsverfassungsgesetz** nebst Anhang, enthaltend Entlastungsgesetze und die Notverordnung vom 1. Dezember 1930. Handkommentar unter besonderer Berücksichtigung der Entscheidungen oberster Gerichte. Begonnen von Dr. R. Sydow. Fortgeführt von Dr. L. Busch, Reichsgerichtsrat i. R., demnächst mit Dr. W. Krantz, Landgerichtsdirektor. Neubearbeitete, zwanzigste Auflage. Zwei Bände. Groß-Oktav. VIII, VIII und 1540 Seiten. 1930. Mit Nachtrag 1932. (de Gruytersche Sammlung Deutscher Gesetze, Handkommentare.) . . . . . . . . . Geb. RM. 32.—

Einzeln, Nachtrag, enthaltend die durch den VI. Abschnitt der Dritten Verordnung des Reichspräsidenten vom 6. Oktober 1931 eingetretenen Änderungen und die Fortsetzung der Erläuterungen der ZPO. und des GVG. Groß-Oktav. 94 Seiten. 1932 . . . . . . . . . . . . RM. 2.25

*„Auch innerlich ist der ausgezeichnete Handkommentar von Sydow-Busch-Krantz verändert. Es sind viele veraltete Entscheidungen ausgemerzt und dafür die Erläuterungen durch eingehendere Darlegungen zweckmäßig erweitert worden. An der Grundlage des Buches wurde nichts geändert, die Druckanordnung ist noch übersichtlicher als bisher. So wird das Buch seine alten Freunde behalten und ohne Zweifel viele neue hinzuerwerben."*
*Leipziger Zeitschrift für deutsches Recht Nr. 20, v. 15. X. 1930.*

**Rosenberg, L., Zivilprozeßgesetzgebung.** Taschenformat. 580 Seiten. 1930. (Lehrausgaben Deutscher Gesetze Bd. II.) Geb. RM. 8.—

*„Diese neuartige Ausgabe der ZPO. der ‚Lehrausgaben Deutscher Gesetze' ist ein Beispiel für die besondere Nützlichkeit einer solchen Ausgabe. Die Besonderheiten dieser handlichen und erschöpfenden Ausgabe der Zivilprozeßgesetzgebung bestehen in der sachlichen Ordnung des umfassenden Stoffes, in der Hervorhebung von besonders Wesentlichem durch Sperrdruck und vor allem aber darin, daß den einzelnen Paragraphen in systematischer Weise Überschriften vorausgeschickt sind, die die hier besonders wichtige Aufgabe erfüllen, den Aufbau des Gesetzes und den Zusammenhang der einzelnen Vorschriften klar erkennen zu lassen." Juristische Wochenschrift Nr. 47, v. 22. XI. 1930.*

**Zivilprozeßordnung mit Gerichtsverfassungsgesetz und Einführungsgesetzen** in der Fassung der Bekanntmachung vom 13. Mai 1924 mit den bis 1. April 1929 ergangenen Abänderungen. Textausgabe mit Sachregister. Taschenformat. 440 Seiten. 1929. (Guttentagsche Sammlung von Textausgaben ohne Anmerkungen.) . . . . . . . . . . . . . Geb. RM. 3.15

*Die handliche Ausgabe enthält den genannten Gesetzestext mit einem das Zurechtfinden sehr erleichternden Sachregister.*

**Der neue Entwurf einer Zivilprozeßordnung.** Veröffentlicht durch das Reichsjustizministerium. Lexikon-Oktav. 561 Seiten mit 2 Paragraphen-Verzeichnissen. 1931 . . . . . . . . . . . RM. 10.—, geb. RM. 12.—

**Sydow, R., Busch, L., und Krantz, W., Gerichtsverfassungsgesetz** mit Einführungsgesetz. Unter besonderer Berücksichtigung der Entscheidungen des Reichsgerichts. Zehnte Auflage. Taschenformat. 347 Seiten. 1925. (Guttentagsche Sammlung Deutscher Reichsgesetze Bd. 14.) Geb. RM. 5.40

*„Das Buch bedarf keiner Empfehlung, es empfiehlt sich selbst durch die Fülle dessen, was es bietet. Gesetzgebung und Rechtsprechung sind bis in die neueste Zeit berücksichtigt.“ Leipziger Zeitschrift für Deutsches Recht Nr. 14, v. 15. VII. 1926.*

**Rausnitz**, Julius, **Gebührenordnung für Notare** vom 28. Oktober 1922 (GS. 404) nebst den einschlägigen Vorschriften des Preußischen Gerichtskostengesetzes vom 28. Oktober 1922 (GS. 363), beide in der Fassung der Gesetze vom 12. April 1923 (GS. 107), 18. Dezember 1923 (GS. 556) und der Verordnung vom 28. Juni 1924 (GS. 573). Sechste, umgearbeitete Auflage. Oktav. 158 Seiten. 1925. (Guttentagsche Sammlung Preußischer Gesetze Bd. 4.) . . . . . . . . . . . . . . . . . . Geb. RM. 6.30

**Sydow**, R., **Busch**, L., und **Krieg**, O., **Die Deutsche Gebührenordnung für Rechtsanwälte**, das Gesetz, betreffend die Erstattung von Rechtsanwaltsgebühren in Armensachen, und die Preußische Landesgebührenordnung mit Erläuterungen. Auf der Grundlage der Sydow-Busch'schen Textausgabe mit Anmerkungen in dreizehnter Auflage unter Mitaufnahme des Gesetzes über die Erstattung in Armensachen neubearbeitet. Taschenformat 496 Seiten. 1929. (Guttentagsche Sammlung Deutscher Reichsgesetze Bd. 17.) Geb. RM. 8.10

*„. . . Die Guttentagschen Handkommentare haben sich auf allen Gebieten einen so guten Namen erworben, daß eine Empfehlung nicht notwendig ist . . .“ Juristische Wochenschrift Nr. 45/46, 1929.*

**Isaac**, Martin, **Leitfaden für Handelsrichter.** Oktav. 132 Seiten. 1932. RM. 3.60

*Der Handelsrichter hat Rechte und Pflichten eines gelehrten Richters, ohne, wie es das Gesetz vorschreibt, geringste juristische Ausbildung. Die sich bei der Tätigkeit ergebenden Schwierigkeiten soll dieses Bändchen klären. Alles, was aus dem Prozeßrecht, vornehmlich aber der Prozeßtechnik von Interesse ist, wird in klarer Briefform dargestellt.*

**Sydow**, R., **Busch**, L., und **Krieg**, O., **Deutsches Gerichtskostengesetz nebst Gebührenordnung** für Gerichtsvollzieher und für Zeugen und Sachverständige in den neuesten Fassungen. Auf der Grundlage der Sydow-Busch'schen Textausgabe mit Anmerkungen neubearbeitet in elfter Auflage. Taschenformat. XI, 433 Seiten. 1928. (Guttentagsche Sammlung Deutscher Reichsgesetze Bd. 15.) . . . . . . . . . . . . . . . . . . Geb. RM. 6.75

*„Die neue Auflage bietet unter gründlicher Berücksichtigung der gesamten einschlägigen Rechtsprechung eine zeitgemäße, übersichtliche und erschöpfende Erläuterung des Gesetzes. Für den täglichen Gebrauch in der Praxis erscheint diese Textausgabe mit Anmerkungen als unentbehrlich.“ Dr. Natter in der „Württembergischen Zeitschrift für Rechtspflege“ Nr. 10, Oktober 1928.*

**Lindemann**, Otto, **Preußisches Gerichtskostengesetz** (neueste Fassung). Nach dem Tode des früheren Herausgebers P. Siméon erläutert. Achte, völlig umgearbeitete Auflage. Taschenformat. 439 Seiten. 1928. (Guttentagsche Sammlung Preußischer Gesetze Bd. 17.) . . . . . . . . Geb. RM. 7.20

*„Die achte Auflage dieser bekannten Ausgabe des Preußischen Gerichtskostengesetzes ist entsprechend den bedeutsamen Änderungen der letzten Jahre völlig umgearbeitet. Die gesamte Rechtsprechung wurde eingehend berücksichtigt, so daß hier eine Erläuterung vorliegt, die Zuverlässigkeit und Vollständigkeit in sich verbindet.“ Mitteilungen des Preußischen Richtervereins v. 15. VI. 1928.*

## Freiwillige Gerichtsbarkeit

**Jastrow**, Hermann, und **Günther**, Hermann, **Die Gesetze des Reiches und Preußens über die freiwillige Gerichtsbarkeit.** Textausgabe mit Einleitung, Anmerkungen und Sachregister. Siebente, vermehrte Auflage. Taschenformat. 548 Seiten. 1928. (Guttentagsche Sammlung Deutscher Reichsgesetze Bd. 46.) . . . . . . . . . . . . . . . . . . Geb. RM. 8.10

*„Die Anmerkungen sind übersichtlich und bringen in treffender Kürze alles für die Praxis Wesentliche. Der Preis ist für das Gebotene mäßig."*
*Ztschr. f. freiwillige Gerichtsbarkeit Nr. 2, 1929.*

**Die Gesetze des Reiches und Preußens über die freiwillige Gerichtsbarkeit.** Textausgabe mit Sachregister. Taschenformat. 168 Seiten. 1930. (Guttentagsche Sammlung von Textausgaben ohne Anmerkungen mit Sachregister.) RM. 2.70

*Das Buch enthält in der bekannten Art der Guttentagschen Gesetzesausgaben außer dem „Gesetz über die Angelegenheiten der freiwilligen Gerichtsbarkeit" alle in dieses Gebiet fallenden sonstigen Gesetze, Ausführungsbestimmungen, Abkommen, Verordnungen usw. in absolut zuverlässigem Abdruck und ein das Zurechtfinden sehr erleichterndes Sachregister.*

**Szolny**, Felix, und **Rober**, Leopold, **Das Notariatrecht**, unter besonderer Berücksichtigung des materiellen Rechts und des Steuer- und Stempelrechts erläutert. Oktav. 236 Seiten. 1926. (Guttentagsche Sammlung Deutscher Reichsgesetze Bd. 163.) . . . . . . . . . . . . . . . Geb. RM. 7.65

*„Die Darlegung des materiellen Rechts, soweit es in der täglichen Anwendung den Notar hauptsächlich beschäftigt. Es wird die Beurkundung einzelner Rechtsgeschäfte und anderer Rechtsvorgänge behandelt. Die Ausführungen verwerten die neueste Lehre und Rechtsprechung eingehend, die Darstellung ist leicht faßlich und klar, einzelne Muster vervollkommnen das anschauliche Bild."*
*Zeitschrift des Deutschen Notarvereins Nr. 2, 1926.*

**Szolny**, Felix, **Die Belehrungspflicht des Notars.** Oktav. 52 Seiten. 1927. RM. 2.—

*„Ein trotz seines geringen Umfanges sehr nützliches Buch, für das wir dem Verfasser Dank wissen müssen." Zeitschrift des Deutschen Notarvereins, 1927.*

## Konkursordnung und Zwangsvollstreckung

**Jaeger**, Ernst, **Kommentar zur Konkursordnung** und den Einführungsgesetzen. Mit einem Anhang, enthaltend das Anfechtungsgesetz, die Vergleichsordnung, Auszüge aus den Kostengesetzen, Ausführungsgesetze und Geschäftsordnungen. Sechste und siebente, neubearbeitete Auflage. Groß-Oktav. Der Umfang des Gesamtwerkes umfaßt etwa 100 Bogen. Die Ausgabe erfolgt in Lieferungen.

Erster Band: §§ 1—46. XXVIII, 828 Seiten. 1928—1931. RM. 49.—, geb. RM. 54.—

Zweiter Band: Wird Ende 1933 abgeschlossen vorliegen. (Der Kauf des ersten Bandes verpflichtet zum Bezug des zweiten Bandes.)

*„. . . Kurz gesagt: das Buch ist das unübertreffliche Standardwerk, der Kommentar zur Konkursordnung." Deutsche Richterzeitung Nr. 1, v. 15. I. 1929.*

**Jaeger**, Ernst, **Lehrbuch des Konkursrechts.** Achte, erweiterte Auflage des Grundrisses zur Vorlesung über Konkursrecht. Groß-Oktav. 253 Seiten. 1932. Geb. RM. 13.50

*„Das Buch ist eine wahre Bereicherung der Konkursliteratur; eine willkommene Abschlagszahlung auf die noch ausstehenden Teile des großen Kommentars des Verfassers.*
*In meisterhafter, systematischer Gliederung und in wahrhaft prägnanter Kürze wird das gesamte Konkursrecht und Konkursverfahren dargestellt; überall unter Berücksichtigung der neuesten Rechtsentwicklung des In- und Auslandes . . ."*
*Juristische Rundschau Nr. 23 v. 1. XII. 32.*

**Sydow**, R., **Busch**, L., und **Krieg**, O., **Konkursordnung**, Vergleichsordnung und Anfechtungsgesetz mit Erläuterungen. Auf der Grundlage der Sydow-Busch'schen Textausgabe mit Anmerkungen in sechzehnter Auflage. Taschenformat. V, 870 Seiten. 1932. (Guttentagsche Sammlung Deutscher Reichsgesetze Bd. 13.) . . . . . . . . . . . . Geb. RM. 10.80

*„Die neue Auflage, die eine Berücksichtigung der Rspr. und des Schrifttums bis in die neueste Zeit enthält, erfüllt alle Erwartungen, die an ein Werk der beliebten und verbreiteten Sammlung man zu stellen gewöhnt ist."*
*Juristische Wochenschrift Nr. 45/46, 1929.*

**Fischer, K., und Schäfer, L., Die Gesetzgebung, betr. die Zwangsvollstreckung in das unbewegliche Vermögen** im Reiche und in Preußen. Bearbeitet von J. Krech und O. Fischer. Zweite Auflage. Lexikon-Oktav. XVI, 728 Seiten. 1910 . . . . . . . . . . RM. 15.—, geb. RM. 18.—

**Krech, J., und Fischer, O., Die Gesetzgebung, betr. die Zwangsvollstreckung in das unbewegliche Vermögen** im Reiche und in Preußen. Textausgabe mit Einleitung, Anmerkungen und Sachregister. Zehnte Auflage, bearbeitet von O. Fischer. Taschenformat. 266 Seiten. 1929. (Guttentagsche Sammlung Deutscher Reichsgesetze Bd. 43.) . . . . . . . . . Geb. RM. 4.50

*„Die Ausgabe ist zu schneller Unterrichtung, vor allem zum Gebrauch im Termin ein vortreffliches Hilfsmittel. Ihre Anschaffung kann auch außerhalb Preußens nur empfohlen werden." Archiv für Rechtspflege in Sachsen Nr. 4, 1929.*

**Blomeyer, Karl, Zwangsvollstreckung.** Oktav. XII, 187 Seiten. 1932. (Lehrbücher u. Grundrisse der Rechtswissenschaft Bd. XIV.) . . Geb. RM. 4.50

*Der Band behandelt das Zwangsvollstreckungsrecht gesondert und enthält die letzten einschneidenden Neuerungen des Zwangsvollstreckungsnotrechts, die noch in keiner systematischen Darstellung berücksichtigt sind. Mit der Herausgabe wird einem in Dozentenkreisen oft geäußerten dringenden Bedürfnis entsprochen. Die Bearbeitung ist so angelegt, daß sie nicht nur dem Studierenden das einschlägige Recht aufschließt, sondern auch dem Referendar ein brauchbares Mittel zur Unterrichtung in die Hand gibt.*

**Kretzschmar, F., Die Zwangsversteigerung und die Zwangsverwaltung.** 110 Seiten. 1911. (Sammlung Göschen Bd. 523.) . . . . . Geb. RM. 1.62

**Crisolli, Karl-August, Maßnahmen auf dem Gebiete der Zwangsvollstreckung.** (Siehe „Die vierte Notverordnung" Seite 13.)

**Huyke, W., Offenbarungseid und Haft im Zivilprozeß.** Taschenformat. 1930. (Guttentagsche Sammlung Deutscher Reichsgesetze Bd. 177.) . . RM. 3.60

*Dieser Band bietet eine ganz auf die Praxis zugeschnittene Erläuterung der das Offenbarungseidsverfahren betreffenden Paragraphen der ZPO. und gibt in einem allgemeinen Teil zuverlässig Auskunft über die sich auf diesem Gebiete ergebenden Streit- und Zweifelsfragen. Die Rechtsprechung der höheren Gerichte und die Literatur ist berücksichtigt worden.*

## V. Strafrecht und Strafprozeß

### Strafgesetzbuch

**Ebermayer, Ludwig, Lobe, Adolf und Rosenberg, Werner, Das Reichsstrafgesetzbuch,** Leipziger Kommentar mit besonderer Berücksichtigung der Rechtsprechung des Reichsgerichts. Vierte, vermehrte und verbesserte Auflage. Lexikon-Oktav. X, 1282 Seiten. 1929.
RM. 56.—, in Halbleder geb. RM. 63.—

*„. . . Auch die Strafgesetzentwürfe sind sorgfältig herangezogen. Das aus der Feder hervorragender Praktiker stammende bedeutende Werk wird in der neuen Auflage seine führende Stellung in der Praxis behaupten. . ."*
*Württemberg. Ztsch. f. Rechtspflege Nr. 8, 1929.*

**Kohlrausch,** Eduard, **Strafgesetzbuch für das Deutsche Reich mit Nebengesetzen, Anmerkungen und Sachregister.** Früher von Dr. Fr. v. Liszt † u. Dr. E. Delaquis. Dreißigste Auflage. Taschenformat. XII, 520, 48 Seiten. 1932. (Guttentagsche Sammlung Deutscher Reichsgesetze Bd. 2.) Geb. RM. 7.20

„. . . *Diese mannigfaltigen Vorteile werden den „Kohlrausch“ immer unentbehrlicher und beliebter machen, obwohl er für den Studierenden heute schon der Kommentar ist, der, was wissenschaftliche Gründlichkeit, Handlichkeit und Preiswürdigkeit anlangt, unerreicht dasteht.“ Der Referendar Nr. 5, v. 15. V. 32.*

**Entwurf eines Allgemeinen Deutschen Strafgesetzbuchs** nach den Beschlüssen des Deutschen Reichstagsausschusses und den Deutschen und Österreichischen Strafrechtskonferenzen. Ergänzung zu Kohlrausch, Strafgesetzbuch. 29. Auflage. Zweite Ausgabe. Taschenformat. 162 Seiten. 1930. RM. 1.60

**Liszt,** Fr. v., **Lehrbuch des Deutschen Strafrechts.** Sechsundzwanzigste, vollkommen neubearbeitete Auflage (49.—51. Tausend) von Dr. E. Schmidt, Professor der Rechte in Hamburg. Erster Band: Einleitung und Allgemeiner Teil. Oktav. 496 Seiten. 1932 . RM. 11.70, geb. RM. 13.50 Zweiter Band. In Bearbeitung.

„. . . *Ein Lehr- und Lernbuch, wie es sich der wissenschaftlich Interessierte nicht besser wünschen kann. Die Gestaltungskraft Schmidts nötige zur Bewunderung vor allem auch dadurch, daß es ihm gelang, die wissenschaftliche Diskussion der Probleme bis in die letzte Zeit vollständig zu verarbeiten, ohne die klare Übersicht über die gewonnenen und als feststehend anzusehenden Ergebnisse zu gefährden . . .“ Kriminalistische Monatshefte Nr. 8, August 1932.*

**Gerland,** H. B., **Deutsches Reichsstrafrecht.** Ein Lehrbuch. Zweite, völlig umgearbeitete Auflage. Oktav. XX, 732 Seiten. 1932. (Lehrbücher und Grundrisse der Rechtswissenschaft Bd. XVI.) RM. 15.—, geb. RM. 16.50

*„Durch knappe, geradezu klassische Kürze zeigende Darstellung gelang es Gerland, auf engem Raume eine ungeheure Fülle des Stoffes zu bieten und auf jede Frage Antwort zu geben.“ Juristische Wochenschrift v. 11. X. 1925.*

**Gerland,** H. B., **Der Entwurf 1925.** Allgemeiner Teil. Kritische Bemerkungen. Oktav. 96 Seiten. 1925 . . . . . . . . . . . . RM. 5.—

*„Eine außerordentlich interessante Abhandlung. Die Schrift stellt ein fast unentbehrliches Hilfsmittel für jeden dar, der sich mit den einschlägigen Fragen zu beschäftigen hat.“ Mitteilungen des Preußischen Richtervereins v. 11. X. 1925.*

**Aschrott,** P. F., u. **Kohlrausch,** Ed., **Reform des Strafrechts.** Kritische Besprechung des Amtlichen Entwurfs eines Allgemeinen Deutschen Strafgesetzbuchs. Auf Veranlassung der Deutschen Landesgruppe der Internationalen Kriminalistischen Vereinigung unter Mitwirkung erster Fachgenossen herausgegeben. Gr.-Oktav. V, 415 S. 1926. . . . . . . . . . RM. 18.—

*„Die gestellte Aufgabe ist glänzend gelöst. Kaum ein Punkt ist übersehen worden, der die Kritik herausfordert. — Niemand, der an der endgültigen Gestaltung unseres Strafrechts Anteil nimmt, darf an dieser Sammelkritik achtlos vorübergehen.“ Geh. Hofrat Prof. Dr. v. Lilienthal in der „Deutschen Juristen-Zeitung“ Nr. 1, 1927.*

**Sammlung außerdeutscher Strafgesetzbücher** in deutscher Übersetzung. Herausgegeben von den Schriftleitungen der Zeitschrift für die ges. Strafrechtswissenschaft u. d. Mitteilungen der Internationalen Kriminalistischen Vereinigung. Nr. 1—43. 1881—1914 . . . . . . . . Preise auf Anfrage.

**Nr. 44:**

**Japanische Strafgesetze.** I. Schwurgerichtsordnung vom 18. April 1923 und strafrechtliche Nebengesetze. **Übersetzt von Hyoichiro Kusano,** Reichsgerichtsrat in **Tokio, Tadao Sugiura,** Oberlandesgerichtsrat in **Sapporo,** und Dr. jur. **Fritz Bartelt** in **Berlin.**

II. Strafvollzugsgesetz vom 28. März 1908 nebst Ausführungsverordnung vom 16. Juni 1908. Übersetzt von Dr. jur. Toshita Tokiwa, Gerichtsassessor in Tokio, und Dr. jur. Werner Gentz, Justizrat beim Strafvollzugsamt in Kiel. Groß-Oktav. 55 Seiten. 1927 . . . . . RM. 3.—

Nr. 45:

**Die Auslieferungsgesetze Norwegens, Schwedens und Finnlands.** Mit einer systematischen Darstellung der Grundzüge des nordischen Auslieferungsrechts im Hinblick auf den Erlaß eines deutschen Auslieferungsgesetzes. Von Dr. jur. Ernst Wolgast, Privatdozent in Königsberg i. Pr. Groß-Oktav. VIII, 487 Seiten. 1928 . . . . . . . . . . . . . RM. 20.—

Nr. 46:

**Das Türkische Strafgesetzbuch** vom 1. März 1926. Gesetz Nr. 765. (Türkisches Gesetzblatt Nr. 320 vom 13. März 1926.) Das Ausführungsgesetz zum Türkischen Strafgesetzbuch vom 26. April 1926. Deutsche Übersetzung von Dr. K. Ziemke. Groß-Oktav. 138 S. 1927 . . . . . . RM. 5.—

Nr. 47:

**Entwurf eines griechischen Strafgesetzbuches.** Übersetzt und eingeleitet von Demetrius G. Venturas, Rechtsanwalt in Korfu, Griechenland. Groß-Oktav. 123 Seiten. 1928 . . . . . . . . . . . . RM. 7.—

Nr. 48:

**Italienischer Vorentwurf zu einem neuen Strafgesetzbuch.** (Progetto di un nuove codice penale.) In deutscher Übersetzung von Dr. K. Bunge, Landgerichtsrat in Berlin. Groß-Oktav. XXXII, 244 Seiten. 1928. RM. 10.—

Nr. 49:

**Strafgesetzbuch** (Ugolownyj Kodex) **der Russischen Sozialistischen Föderativen Sowjet-Republik** (R.S.F.S.R.) vom 22. November 1926, übersetzt von Dr. Wilhelm Gallas, Gerichtsassessor in Berlin. Groß-Oktav. 68 Seiten. 1930 . . . . . . . . . . . . . . . RM. 4.—

## Nebengesetze:

**Lindemann,** Otto, **Sammlung der wichtigsten preußischen Strafgesetze.** Zweite Auflage. Taschenformat. 372 Seiten. 1912. (Guttentagsche Sammlung Preußischer Gesetze Bd. 34.) . . . . . . . . . . Geb. RM. 3.15

**Fraustädter,** Werner, **Deutsches Auslieferungsgesetz** vom 23. Dezember 1929 und andere neuere Vorschriften der Rechtshilfe in Strafsachen einschließlich der Auslieferung. Textausgabe mit Einleitung, Erläuterungen und Sachregister. Taschenformat. 143 Seiten. 1930. (Guttentagsche Sammlung Deutscher Reichsgesetze Bd. 86.) . . . . . . . . Geb. RM. 3.60

*Das Auslieferungsgesetz hat durch die Neufassung vom 23. 12. 1929 eine starke Umgestaltung erfahren, die zur Herausgabe der vorliegenden Neubearbeitung geführt hat. Diese enthält eine ausführliche Erläuterung der neuen Bestimmungen sowie einen Abdruck der wichtigsten Verträge und Vorschriften und ermöglicht einen vollständigen Überblick über den gegenwärtigen Stand des deutschen Auslieferungsrechtes.*

**Lindemann,** Otto, **Polizeiverordnungen in Preußen.** Zweite Auflage. Taschenformat. 189 Seiten. 1912. (Guttentagsche Sammlung Preußischer Gesetze Bd. 36.) . . . . . . . . . . . . . . Geb. RM. 2.25

**Handwörterbuch der Kriminologie** und der anderen strafrechtlichen Hilfswissenschaften. Unter Mitberatung von Justizrat Dr. Drucker, Leipzig, Professor Dr. Graf Gleispach, Wien, Generalstaatsanwalt Dr. Hafner, Karlsruhe, Oberverwaltungsgerichtsrat Dr. Hagemann, Berlin, Reichsgerichtsrat Dr. Hartung, Leipzig, Professor Dr. Kohlrausch, Berlin, Professor Dr. Müller-Heß, Berlin, herausgegeben von Dr. jur. Alexander **Elster** in Berlin und Oberstaatsanwalt Heinrich **Lingemann** in Essen. Lexikon-Oktav. Das „Handwörterbuch der Kriminologie" wird zwei Bände umfassen und erscheint in etwa 12—15 Lieferungen von je 7 Druckbogen zum Preise von je RM. 6.—. Es soll Ende 1933 abgeschlossen vorliegen. Bisher sind fünf Lieferungen erschienen. Der Bezug der ersten Lieferung verpflichtet zur Abnahme des ganzen Werkes.

*„Zu diesem Handwörterbuch der Kriminologie muß ich nach eingehender Durchsicht bekennen, daß mit der vorliegenden 1. Lieferung zweifellos der Anfang zu einem wohl beispiellosen Handbuch geschaffen ist. Durch die Einzelartikel namhafter Gelehrter, praktischer Kriminalisten und Juristen usw., wird dieses Buch dem Leser die einzelnen Probleme der Kriminalpraxis in ihrem ganzen Umfange vor Augen führen. In klarer Form unter reichster Literaturangabe verspricht die erste Lieferung ein vortreffliches Nachschlagewerk zu werden. Die Beschaffung dieses Buches kann wärmstens empfohlen werden."*

*Deutsches Polizei-Archiv Nr. 12, v. 25. VI. 1932.*

**Abhandlungen des Kriminalistischen Instituts an der Universität Berlin.** Herausgegeben von Dr. **Franz von Liszt,** o. Professor der Rechte. Sonderverzeichnis kostenlos. Vierte Folge, I. Band.

Heft 1:

**Dannenberg,** Herbert, **Liberalismus und Strafrecht im 19. Jahrhundert** unter Zugrundelegung der Lehren Karl Georg von Waechters. Oktav. IV, 66 Seiten. 1925 . . . . . . . . . . . . . . . . RM. 3.—

Heft 2:

**Tarnowski,** Hans, **Die systematische Bedeutung der adäquaten Kausalitätstheorie für den Aufbau des Verbrechensbegriffs.** Oktav. X, 340 Seiten. 1927 . . . . . . . . . . . . . . . . . . . RM. 18.—

Heft 3:

**Ehrlich,** Lore, **Der Verrat von Betriebsgeheimnissen nach englischem und nordamerikanischem Recht.** Oktav. VIII, 75 Seiten. 1930 . . RM. 4.—

Heft 4:

**Kuttner,** Stephan, **Die juristische Natur der falschen Beweisaussage.** Ein Beitrag zur Geschichte und Systematik der Eidesdelikte, zugleich zur Frage einer Beschränkung der Strafbarkeit auf erhebliche falsche Aussagen. Oktav. VI, 76 Seiten. 1931 . . . . . . . . . . . . . RM. 6.—

Vierte Folge, II. Band.

Heft 1:

**Gallas,** Wilhelm, **Kriminalpolitik und Strafrechtssystematik** unter besonderer Berücksichtigung des sowjetrussischen Rechts. Oktav. VIII, 88 Seiten. 1931 . . . . . . . . . . . . . . . . . RM. 5.—

Heft 2:

**Goldschmidt,** Werner, **Das Bewußtsein der Rechtswidrigkeit** entwickelt an der Lehre vom Hausfriedensbruch. Oktav XI, 51 Seiten. 1931.

RM. 4.—

Heft 3:
**Hoefer, Friedrich, Bewährungsfrist vor dem Urteil.** Oktav. 90 Seiten. 1931. RM. 4.—

**Heindl, Robert, System und Praxis der Daktyloskopie** und der sonstigen technischen Methoden der Kriminalpolizei. Dritte, neubearbeitete und vermehrte Auflage. 900 Abbildungen im Text und 21 Bildertafeln. 780 Seiten. Groß-Oktav. 1927 . . . . . . . . RM. 36.—, geb. RM. 40.—

*„. . . behandelt das ganze Gebiet in erschöpfender Ausführlichkeit, ist glänzend ausgestattet und mit einer überwältigenden Fülle von Abbildungsmaterial versehen. Heindls Darstellung der Daktyloskopie hat sich schon früher den Ruf des klassischen Lehrbuchs des Faches erworben und bedarf einer Empfehlung wohl nicht mehr. . .“ Juristische Wochenschrift Nr. 36, 1928.*

**Kleine kriminalistische Bücherei.**

Band 1:
**Schneickert, Hans, Die strafrechtlichen Aufgaben der Polizei.** Für den Polizeiunterricht und Polizeipraxis. Taschenformat. 182 Seiten. 1921. RM. 2.—

Band 2:
**Philipp, Lothar, Beobachtungs- und Ermittlungspraxis im Polizei- und Detektivdienst.** Taschenformat. 180 Seiten. 1923 . . . . . RM. 2.—

Band 3:
**Manteuffel, H. v., Falschspieler,** Formen und Technik des Spielbetruges, nebst einem Anhange: Der Spielprofessor und sein angeblich sicheres System beim Spiele gegen eine öffentliche Roulettebank. Taschenformat. 90 Seiten. 1923 . . . . . . . . . . . . . . . . . . . . RM. 2.—

Band 4:
**Schneickert, Hans, Kriminalistische Spurensicherung.** Sammlung dienstlicher Anweisungen und sachverständiger Ratschläge für den Dienstgebrauch und für Polizeischulen. Zweite, vermehrte und verbesserte Auflage. Taschenformat. 96 Seiten. Mit 2 Abbildungen. 1925 . . . . Geb. RM. 3.—

*„Alle Einzelheiten werden hervorgehoben und als möglicherweise wichtige Beweismomente in einem vielarmigen System zusammengefaßt. In der Durchführung seiner Aufgabe hat der Verfasser tatsächlich alles berücksichtigt, was für das Beweisverfahren von Bedeutung ist und sein könnte.“ Archiv für Kriminologie Nr. 4, 1926.*

Band 5:
**Rehfeld, P., Gerichtsärztliche Tatbestandsfeststellungen** im Dienste der Polizei. Ein Leitfaden für Polizei- und Kriminalbeamte. Taschenformat. 133 Seiten. 1927 . . . . . . . . . . . . . . . Geb. RM. 3.50

*„Die Bearbeitung gibt eine geschlossene, einheitliche Behandlung des Stoffgebietes durch einen Arzt, wie sie anderweitig in der kriminalistischen Literatur nicht vorhanden ist.“ Deutsches Polizeiarchiv Nr. 8, 1927.*

**Gallas, Wilhelm, Schutz des inneren Friedens.** (Siehe „Die vierte Notverordnung“ Seite 13.)

## Strafprozeßordnung

**Kohlrausch, Eduard, Strafprozeßordnung** und Gerichtsverfassungsgesetz. Textausgabe mit Einleitung, Anmerkungen und Nebengesetzen. In Verbindung mit Dr. Hermann Mannheim, Landgerichtsrat und Professor in Berlin. Zweiundzwanzigste Auflage (101. bis 104. Tausend). Taschenformat. XI, 510 Seiten. 1930. (Guttentagsche Sammlung Deutscher Reichsgesetze Bd. 12.) . . . . . . . . . . . . . . . . RM. 6.75

*„Diese allgemein bekannte und verbreitete Textausgabe mit Anmerkungen hat nunmehr eine Auflageziffer von 100 000 Exemplaren überschritten, sicherlich doch wohl der beste Beweis für die Beliebtheit, Wertschätzung und Anerkennung, deren sie sich in weitesten Kreisen erfreut. Die schon oft anerkannten Vorzüge dieser Erläuterungsausgabe lassen sie für jeden Juristen, mag er in der Praxis stehen oder sich erst noch im Studium oder in der Ausbildung befinden, von gleich großem Wert erscheinen." Mitteilungen d. Preuß. Richtervereins Nr. 6, v. 20. VI. 1930.*

**Feisenberger, Albert, Strafprozeßordnung und Gerichtsverfassungsgesetz.** Handkommentar. Groß-Oktav. IX, 517 Seiten. 1926. Mit Nachtrag. 1927. (de Gruytersche Sammlung Deutscher Gesetze. Handkommentare.)

Geb. RM. 15.30

*„Eine glänzende Arbeit, die bald in der Hand jedes Strafrichters und Rechtsanwalts sein wird. Geradezu vorbildlich ist der Handkommentar für den Umfang der Heranziehung der Rechtsprechung. Alles Wesentliche ist berücksichtigt." Danziger Juristische Monatsschrift Nr. 6, v. 25. VI. 1926.*

**Beling, E., Deutsches Reichsstrafprozeßrecht** mit Einschluß des Strafgerichtsverfassungsrechts. Oktav. XIV, 568 Seiten. 1928. (Lehrbücher und Grundrisse der Rechtswissenschaft Bd. XVII.) . RM. 13.50, geb. RM. 14.80

*„. . . Der Doppelzweck, den B. verfolgte, ist in hervorragender Weise erfüllt. Es liegt vor uns ein nicht nur für den jungen Juristen wertvolles Lernbuch, sondern auch für den Praktiker ein gehaltvolles Lehrbuch, das mit seinen scharfsinnigen Erörterungen das Verständnis des Prozeßrechts vertieft und neue Anregungen in Fülle gibt." Leipziger Zeitschrift für deutsches Recht Nr. 24, v. 15. XII. 1928.*

**Rosenfeld, E. H., Deutsches Strafprozeßrecht.** 2 Bände. 128 und 148 Seiten. 1926. (Sammlung Göschen Bd. 938/939.) . . . . . Geb. je RM. 1.62

*„Eine wissenschaftlich hochstehende, auf einem knappen Raum zusammengedrängte, klar und originell geschriebene Einführung in den deutschen Strafprozeß." Schweizer. Zeitschrift für Strafrecht Nr. 3/4, 1926.*

**Löwe, F., und Rosenberg, Werner, Die Strafprozeßordnung für das Deutsche Reich vom 22. März 1924 nebst dem Gerichtsverfassungsgesetz. Kommentar.** Neunzehnte, neubearbeitete Auflage. Lexikon-Oktav.

Erscheint im Februar 1933.

*„Der Löwe-Rosenberg ist der einzige große Kommentar zur StrPO. und die letzte Zuflucht des Strafjuristen, wenn andere Hilfsmittel ihn im Stich lassen." Deutsche Juristen-Zeitung Nr. 21, 1929.*

**Feisenberger, Albert, Strafprozeßordnung und Gerichtsverfassungsgesetz,** in alter und neuer Fassung synoptisch gegenübergestellt. Mit ausführlichem Sachregister. Taschenformat. 265 Seiten. 1924. Mit Nachtrag. 1927. (Guttentagsche Sammlung Deutscher Reichsgesetze Bd. 158.)

Geb. RM. 4.05

**Aschrott, P. F., Die Reform des Strafprozesses.** Kritische Besprechungen der von der Kommission für die Reform des Strafprozesses gemachten Vorschläge. Auf Veranlassung der Internationalen Kriminalistischen Vereinigung, Gruppe Deutsches Reich. Groß-Oktav. XII, 120 und 784 Seiten. 1906 . . . . . . . . . . . . . . . . RM. 12.—

**Beiträge zur Reform des Strafprozesses.** Herausgegeben von Dr. Franz **Abides**, Dr. P. F. **Aschrott**, Dr. K. **von Lilienthal**, Dr. Fr. **von Liszt**. 2 Bände. Groß-Oktav.

I. Band, Heft 1—6. 1908 . . . . . . . . . . . . RM. 9.70

II. Band, Heft 1—5. 1909 . . . . . . . . . . . . RM. 15.10

**Boehringer, Margrit, Die Eidesreform im Strafprozeß und Strafrecht.** Oktav. 203 Seiten. 1931 . . . . . . . . . . . . . . . . RM. 10.—

*In der vorliegenden Arbeit wird versucht, einen möglichst vollständigen Oberblick über die Grundfragen und die komplizierten Einzelfragen der Reform des Strafprozesses im Beeidigungsverfahren und dem damit unmittelbar zusammenhängenden Teil der Eidesreform im Strafrecht zu geben.*
*Hierbei wurde ein wesentlicher Bestandteil der Aufgabe in der Systematisierung dieser meist so unübersichtlich und durcheinanderlaufend behandelten Probleme gesehen und weiter versucht, durch möglichst vollständige Literaturangabe und Behandlung ein sachliches Urteil zu ermöglichen.*

**Frede, L., u. Grünhut, M., Reform des Strafvollzuges.** Kritische Beiträge zu dem Amtlichen Entwurf eines Strafvollzugsgesetzes. Oktav. VII, 264 Seiten. 1927 . . . . . . . . . . . . . . . . . . . . RM. 10.—
*Die in dem vorliegenden Buch zusammengefaßten Beiträge üben nicht nur eine Einzelkritik an den Bestimmungen des Entwurfs, sondern dienen zugleich unter dem Gesichtspunkt der gegenwärtigen gesetzgeberischen Aufgabe der wissenschaftlichen Grundlegung des ganzen Strafvollzugsproblems.*

# VI. Öffentliches Recht

## 1. Staats- und Völkerrecht

**Fischbach, O. G., Allgemeine Staatslehre.** Zweite Auflage. 136 Seiten. 1928. (Sammlung Göschen Bd. 358.) . . . . . . . . Geb. RM. 1.62
*„Das Buch darf einer breiten Öffentlichkeit als ausgezeichnete Einführung, den Fachgenossen aber, jung und alt, als Musterbeispiel wissenschaftlichen Bemühens um die denkbar beste Leistung anempfohlen werden, wie man ihm heute nicht allzuhäufig mehr begegnet.“ Reichsverwaltungsblatt v. 9. II. 1929.*

**Fischbach, O. G., Allgemeines Staatsrecht.**
I. Teil. 139 Seiten. 1923. (Sammlung Göschen Bd. 415.) Geb. RM. 1.62
II. Teil. 151 Seiten. 1923. (Sammlung Göschen Bd. 416.) Geb. RM. 1.62
*Diese Bearbeitung bringt nicht bloß einen leicht faßlichen gemeinverständlichen Überblick über alle Zweige des Staatsrechtes, sondern auch in den einzelnen Partien viele gründliche wissenschaftliche Erörterungen der einschlagenden Probleme und kritischen Beleuchtung der verschiedenen Rechtsansichten.*

**Stier-Somlo, Fritz, Deutsches Reichs- und Landesstaatsrecht** I. Oktav. XVI, 726 Seiten. 1924. (Lehrbücher und Grundrisse der Rechtswissenschaft Bd. XVIII.) . . . . . . . . . . . . RM. 14.80, geb. RM. 16.20
*„. . . Von den zurzeit vorhandenen größeren Lehrbüchern des Reichsstaatsrechts das geeignetste.“ Juristische Wochenschrift Nr. 19, v. 2. X. 1926.*

**Stier-Somlo, Fritz, Reichsstaatsrecht.** I. Grundbegriffe des Staatsrechts. Verfassungsgeschichte vom Ende des 18. Jahrhunderts bis zur Reichsverfassung vom 11. August 1919. 108 Seiten. 1927. (Sammlung Göschen Bd. 967.) Geb. RM. 1.62
II. Das geltende Reichsstaatsrecht. 114 Seiten. 1927. (Sammlung Göschen Bd. 968.) . . . . . . . . . . . . . . . . . . Geb. RM. 1.62

**Stier-Somlo, Fritz, Preußisches Staatsrecht.** Zweite Auflage. 136 Seiten. 1927. (Sammlung Göschen Bd. 298.) . . . . . . . . . Geb. RM. 1.62

**Die Verfassung des Deutschen Reichs** vom 11. August 1919 **mit den wichtigsten Nebengesetzen.** Textausgabe mit Einleitung und Sachregister. Dritte Auflage. Taschenformat. 104 Seiten. 1931. (Guttentagsche Sammlung von Textausgaben ohne Anmerkungen mit Sachregister.) . . RM. 0.90
*Die handliche Ausgabe enthält den genauen Gesetzestext mit einem das Zurechtfinden sehr erleichternden Sachregister. Soweit der Text nach der Veröffentlichung vom 14. August 1919 Änderungen oder Ergänzungen erfahren hat, ist dies berücksichtigt worden. Die Ausgabe entspricht dem letzten Stand. Anschließend an den Text der Reichsverfassung sind einige besonders wichtige Nebengesetze abgedruckt.*

**Bühler**, Ottmar, **Staatsrechtliche Gesetze** des Reiches und Preußens nebst **Gewerbeordnung und Gaststättengesetz.** Textausgabe mit einführenden Bemerkungen, Paragraphenüberschriften und Sachregister. Taschenformat. XI, 748 Seiten. 1931. (Lehrausgaben Deutscher Gesetze, Bd. 3a.)

Geb. RM. 7.—

*„... Die sehr reichhaltige Sammlung wird beim akademischen Unterricht ausgezeichnete Dienste leisten."*

*Leipziger Ztsch. f. Deutsches Recht Nr. 11, v. 1. VI. 1932.*

**Bühler**, Ottmar, **Staatsrechtliche Gesetze** des Reiches und Preußens nebst **Gewerbeordnung und Gaststättengesetz.** Textausgabe mit einführenden Bemerkungen, Paragraphenüberschriften und Sachregister. Taschenformat. XII, 1430 Seiten. 1931. (Lehrausgaben Deutscher Gesetze. Bd. III u. IIIa.)

Geb. RM. 14.—

*„... Die sehr reichhaltige Sammlung wird beim akademischen Unterricht ausgezeichnete Dienste leisten." Leipziger Ztsch. f. Deutsches Recht Nr. 11, v. 1. VI. 1932.*

**Arndt**, Adolf, **Die Verfassung des Deutschen Reiches.** Dritte Auflage. Taschenformat. 1927. (Guttentagsche Sammlung Deutscher Reichsgesetze Bd. 137.) . . . . . . . . . . . . . . . . . . . . . . RM. 7.20

*Für alle, die sich auf dem schwierigen Gebiet der Reichsverfassung orientieren wollen, liegt hier ein vorzügliches Nachschlagewerk von gediegener Wissenschaftlichkeit vor.*

**Stier-Somlo**, Fritz, **Kommentar zur Verfassung des Freistaates Preußen.** Groß-Oktav. 319 Seiten. 1921 . . . . . . . . . . Geb. RM. 3.—

**Arndt**, Adolf, **Die Verfassung des Freistaats Preußen** vom 30. November 1920. Mit Einleitung, vollständigem Kommentar, Landeswahlgesetz und Sachregister. Taschenformat. 158 Seiten. 1921. (Guttentagsche Sammlung Preußischer Gesetze Bd. 1.) . . . . . . . . . . . Geb. RM. 1.80

*Die Einleitung ist eine vortreffliche staatsrechtliche Abhandlung, die unter Berücksichtigung und Verwertung der einschlägigen Literatur in die Entstehungsgeschichte und in die Bedeutung der Verfassungsurkunde einführt. Der Kommentar wird denjenigen, die sich mit den einzelnen Bestimmungen der Verfassung vertraut machen wollen, ein willkommener Ratgeber sein.*

**Veröffentlichungen der Vereinigung deutscher Staatsrechtslehrer.**

Heft 1: Der deutsche Föderalismus. Oktav. 1924 . . . . . RM. 5.—

Heft 2: Der Schutz des öffentlichen Rechts. Oktav. 1925 . . RM. 12.—

Heft 3: Die Gleichheit vor dem Gesetz. Der Einfluß des Steuerrechts auf die Begriffsbildung des öffentlichen Rechts. Oktav. 1927 . . RM. 7.—

Heft 4: Das Recht der freien Meinungsäußerung. — Der Begriff des Gesetzes in der Reichsverfassung. Oktav. 1928 . . . . . . RM. 10.—

Heft 5: Wesen und Entwicklung der Staatsgerichtsbarkeit. — Überprüfung von Verwaltungsakten durch die ordentlichen Gerichte. Oktav. 1929. RM. 12.—

Heft 6: Bundesstaatliche und gliedstaatliche Rechtsordnung. Verwaltungsrecht der öffentlichen Anstalt. Berichte von Fritz Fleiner, Josef Lukas, Lutz Richter und Arnold Köttgen. Verhandlungen der Tagung der deutschen Staatsrechtslehrer zu Frankfurt a. M. am 25. und 26. April 1929. Mit einem Auszug aus der Aussprache. Oktav. IV, 166 Seiten. 1929. RM. 9.—

Heft 7: Entwicklung und Reform des Beamtenrechts. — Die Reform des Wahlrechts. Berichte von Hans Gerber, Adolf Merkl, Heinrich Pohl und Gerhard Leibholz. Verhandlungen der Tagung der Deutschen Staatsrechtslehrer zu Halle am 28. und 29. Oktober 1931. Mit einem Auszug aus der Aussprache. Oktav. IV, 212 Seiten. 1932 . . . . . . . . . . RM. 10.80

**Sehling, Emil, Kirchenrecht.** Zweite Auflage.

I. Teil. Einleitung. Quellen, Verfassung und Verwaltung der katholischen Kirche. Anhang: Die griechisch-orthodoxe Kirche. 119 Seiten. 1922. (Sammlung Göschen Bd. 377.) . . . . . . . . . . Geb. RM. 1.62

II. Teil: Das evangelische Kirchenrecht. Die Stellung des Staates zur Kirche und das Verhältnis der Religionsgesellschaften zueinander. 87 Seiten. 1927. (Sammlung Göschen Bd. 954.) . . . . . . . . . Geb. RM. 1.62

**Edler v. Hoffmann, H., Deutsches Kolonialrecht.** 150 Seiten. 1907. (Sammlung Göschen Bd. 318.) . . . . . . . . . . . . . . . . Geb. RM. 1.62

**Wörterbuch des Völkerrechts und der Diplomatie.** Begonnen von Professor Dr. Julius **Hatschek** †. Fortgesetzt und herausgegeben von Dr. Karl **Strupp**, Professor an der Universität Frankfurt a. M., Associé de l'institut de droit international, membre de l'Académie Diplomatique Internationale. Lexikon-Oktav.

Band I: Aachen—Lynchfall. VI, 860 Seiten. 1924.
RM. 35.—, in Halbleder geb. RM. 40.—

Band II: Maas—Utschiali. 779 Seiten. 1925.
RM. 35.—, in Halbleder geb. RM. 40.—

Band III (Schluß): Vasallenstaaten—Zwangsverschickung. Ferner Anhang: Abessinien—Weltgerichtshof; Sachverzeichnis und Mitarbeiterregister. II, 1316 Seiten. 1929 . . . RM. 62.—, in Halbleder geb. RM. 67.—

*„Mit Stolz kann die deutsche Völkerrechtswissenschaft auf dieses Nachschlagewerk schauen. Die neuesten Probleme des Völkerrechts — und deren sind nicht wenige — die bedeutsamsten Rechtsvorgänge und Präjudizien, die Herausbildung ganz neuer Rechtsinstitute und die völkerrechtliche wie diplomatisch-politische Geschichte haben mit bis in die jüngste Zeit reichenden ausführlichen Literaturangaben im Struppschen Wörterbuch ihren Niederschlag gefunden."*
*Niemeyers Ztsch. f. internat. Recht Band 33, Heft 5—6, 1925.*

**Anzilotti, D., Lehrbuch des Völkerrechts.** Übersetzt und herausgegeben vom Institut für ausländisches öffentliches Recht und Völkerrecht, Berlin. I. Band. Groß-Oktav. 444 Seiten. 1929 . . RM. 17.—, geb. RM. 18.—

*Mit der Herausgabe der Übersetzung dieses Lehrbuches des berühmten Völkerrechtlers ist das Institut für ausländisches öffentliches Recht und Völkerrecht einem in Deutschland außerordentlich fühlbaren Bedürfnis entgegengekommen. Das Buch ist nicht schlechthin eine Übersetzung der italienischen Originalausausgabe, sondern berücksichtigt auch die gesamte Rechtsprechung und Literatur der letzten Zeit und stellt somit das zurzeit modernste Lehrbuch des Völkerrechts überhaupt dar.*

**Niemeyer, Theodor, Völkerrecht.** 168 Seiten. 1925. (Sammlung Göschen Bd. 865.) . . . . . . . . . . . . . . . . . . Geb. RM. 1.62

*Dieses Bändchen gibt in gedrängter Form eine vollständige Übersicht über das Völkerrecht.*

**Edmunds, Sterling, E., Das Völkerrecht — ein Pseudorecht.** Autorisierte Übersetzung des amerikanischen Werkes The Lawless Law of Nations (1925) von Cornelia Bruns. Oktav. VI, 465 Seiten. 1932 . . Geb. RM. 6.—

**Beiträge zum ausländischen öffentlichen Recht und Völkerrecht.** Herausgegeben im Auftrage des Instituts für ausländisches öffentliches Recht und Völkerrecht in Berlin in Gemeinschaft mit Friedrich Glum, Ludwig Kaas, Rudolf Smend, Heinrich Triepel von Viktor **Bruns**. Groß-Oktav.

*Eine Sammlung einschlägiger wissenschaftlicher Abhandlungen, Materialsammlungen, Übersetzungen besonders wertvoller ausländischer Werke u. a.*

Heft 1:

**Triepel, H., Staatsrecht und Politik.** Rede beim Antritt des Rektorats der Friedrich-Wilhelms-Universität zu Berlin am 15. Oktober 1926. 40 Seiten. 1927 . . . . . . . . . . . . . . . . . . . RM. 2.—

Heft 2:

**Schmitt, Carl, Volksentscheid und Volksbegehren.** Ein Beitrag zur Auslegung der Weimarer Verfassung und zur Lehre von der unmittelbaren Demokratie. 54 Seiten. 1927 . . . . . . . . . . . . . RM. 2.60

Heft 3:

**Heck, K., Der Aufbau des britischen Reiches.** (Der Verhandlungsbericht der Reichskonferenz von 1926.) 152 Seiten. 1927 . . . . . . . RM. 6.—

Heft 4:

**Heller, H., Die Souveränität.** Ein Beitrag zur Theorie des Staats- und Völkerrechts. 177 Seiten. 1927 . . . . . . . . . . . RM. 8.50

Heft 5:

**Grentrup, Theodor, Die Missionsfreiheit** nach den Bestimmungen des geltenden Völkerrechts. 112 Seiten. 1928 . . . . . . . . . . RM. 5.50

Heft 6:

**Robinson, Jakob, Das Minoritätenproblem** und seine Literatur. Kritische Einführung in die Quellen und die Literatur der europäischen Nationalitätenfrage der Nachkriegszeit, unter besonderer Berücksichtigung des völkerrechtlichen Minderheitenschutzes.

Allgemeiner Teil. 265 Seiten. 1928 . . . . . . . . . . RM. 9.—

Heft 7:

**Bilfinger, Karl, Der Reichssparkommissar.** 68 Seiten. 1928 . RM. 3.60

Heft 8:

**Bumiller, J. M., Die völkerrechtliche Stellung der fremden Truppen im Saargebiet.** 156 Seiten. 1928 . . . . . . . . . . . . . RM. 9.—

Heft 9:

**Das Recht des Ausnahmezustands im Auslande** (Frankreich, Belgien, Niederlande, Italien, England, Irland). 296 Seiten. 1928 . RM. 14.—

Heft 10:

**Gerland, B., Die Beziehungen zwischen dem Parlament und den Gerichten in England.** Eine rechtsvergleichende Studie. 137 Seiten. 1928.

RM. 8.—

Heft 11:

**Leibholz, Gerhard, Zu den Problemen des fascistischen Verfassungsrechts.** Akademische Antrittsvorlesung. 112 Seiten. 1928 . . . . RM. 5.—

Heft 12:

**Glum, Friedrich, Der deutsche und der französische Reichswirtschaftsrat.** Ein Beitrag zu dem Problem der Repräsentation der Wirtschaft im Staat. 188 Seiten. 1929 . . . . . . . . . . . . . RM. 9.—

Heft 13:

**Leibholz, Gerhard, Das Wesen der Repräsentation** unter besonderer Berücksichtigung des Repräsentativsystems. Ein Beitrag zur allgemeinen Staats- und Verfassungslehre. Groß-Oktav. 214 Seiten. 1929 . . . RM. 14.—

Heft 14:
**Schenk, Graf v. Stauffenberg, B., Die Rechtsstellung der russischen Handelsvertretungen.** Oktav. 95 Seiten. 1930 . . . . . . . . . RM. 6.—

Heft 15:
**Hsü Dau-Lin, Die Verfassungswandlung.** Oktav. 182 Seiten. 1932. RM. 5.40

Heft 16:
**Menzel, Kurt, Das deutsche Vorkriegsvermögen in Rußland und der deutsche Entschädigungsvorbehalt.** Eine Übersicht, zugleich über die Entschädigungsbemühungen der anderen Staaten. Oktav. IV, 236 Seiten. 1931. RM. 9.—

Heft 17:
**Kaufmann, Erich, Zur Problematik des Volkswillens.** Oktav. 19 Seiten. 1931 . . . . . . . . . . . . . . . . . . . . . . RM. 1.50

Heft 18:
**Braunias, Karl, Das parlamentarische Wahlrecht.** Ein Handbuch über die Bildung der gesetzgebenden Körperschaften in Europa. I. Band: Das Wahlrecht in den einzelnen Staaten. XVIII, 640 Seiten. 1932. RM. 22.50, geb. RM. 24.30
II. Band: Allgemeiner Teil. XII, 332 Seiten. 1932. RM. 15.—, geb. RM. 17.—

**Kraus, H., Internationale Schiedssprechung.** Eine Sammlung der für das Deutsche Reich verbindlichen Verträge und Vertragsbestimmungen, die sich auf internationale Gerichtsbarkeit, Schiedsgerichtsbarkeit, sowie Vergleichsverfahren beziehen, nebst den dazugehörigen deutschen Regierungsdenkschriften. Taschenformat. XXXVI, 348 Seiten. 1929. (Guttentagsche Sammlung Deutscher Reichsgesetze Bd. 174.) . . . Geb. RM. 9.—

*„Die vorliegende Dokumentensammlung füllt eine Lücke aus, da es bisher schwer war, alle schiedsrichterlichen Verpflichtungen des Deutschen Reiches auf einmal einzusehen.“* *Friedenswarte, 1929.*

**Strupp, Karl, Das Werk von Locarno.** Eine völkerrechtlich-politische Studie. Oktav. 180 Seiten. 1926 . . . . . . . . . . . . . . RM. 10.—

**Sering, Max, Deutschland unter dem Dawes-Plan.** Entstehung, Rechtsgrundlagen, wirtschaftliche Wirkungen der Reparationslasten. Oktav. VIII, 237 Seiten. 1928 . . . . . . . . . . . . . . . . RM. 10.—

*„Nicht nur dem Juristen und Volkswirtschaftler, sondern auch dem Laien verständlich, gibt das Werk einem jeden wertvollen Einblick in Deutschlands wirtschaftspolitische Abhängigkeit, die sich bis in die kleinsten Betriebe hineinzieht, die jedes einzelne Glied des deutschen Volkes betrifft.“* *Praktische Rundschau v. 25. III. 1929.*

## 2. Verwaltungsrecht

### a) Reichsrecht

**Bühler, O., Verwaltungsgesetze des Reiches und Preußens.** Textausgabe mit einführenden Bemerkungen, Paragraphenüberschriften und Sachregister. Taschenformat. XI, 682 Seiten. 1930. Mit Nachtrag 1931. Geb. RM. 7.—

(Lehrausgaben Deutscher Gesetze Bd. III.)

*Außer den preußischen Verwaltungsgesetzen bringt der vorliegende Band als erster auch die immer wichtiger werdenden Verwaltungsgesetze des Reichs. Durch Weglassung aller für den Unterricht überflüssigen Gesetze, Weglassung auch unwichtigerer Bestimmungen in den oft sehr weitschweifigen Verwaltungsgesetzen (wobei aber der Inhalt weggelassener Bestimmungen jeweils kurz angedeutet ist) ist es ermöglicht worden, auch hier einen Band erstehen zu lassen, der nicht schon durch seinen Umfang abschreckt.*

**Bühler**, Ottmar, **Staatsrechtliche Gesetze** des Reiches und Preußens nebst **Gewerbeordnung und Gaststättengesetz.** Textausgabe mit einführenden Bemerkungen, Paragraphenüberschriften und Sachregister. Taschenformat. XII, 1430 Seiten. 1931. (Lehrausgaben Deutscher Gesetze. Bd. III u. IIIa.) Geb. RM. 14.—

*„... Die sehr reichhaltige Sammlung wird beim akademischen Unterricht ausgezeichnete Dienste leisten." Leipziger Ztsch. f. Deutsches Recht Nr. 11, v. 1. VI. 1932.*

**Fischbach**, O. G., **Das Reichsbeamtengesetz vom 31. März 1873 in der Fassung der Bekanntmachung vom 18. Mai 1907 mit allen Abänderungen und Ergänzungen.** Taschenformat. 311 Seiten. 1930. (Guttentagsche Sammlung Deutscher Reichsgesetze Bd. 82.) . . . . . . Geb. RM. 5.40

*Die vorliegende Erläuterung des Beamtengesetzes durch den bekannten Staatsrechtlehrer kommt einem besonderen Bedürfnis der Praxis entgegen, die z. Zt. eine den neuesten Fortschritten der Wissenschaft und Rechtsprechung entsprechende Handausgabe sehr entbehrt. Bemerkenswert ist, daß auch verwandte Gesetze und Verordnungen der einheitlichen Erläuterung unterzogen wurden, so daß dieses Buch für die Praxis ein der Sache wie der Erläuterungsart wichtiges Hilfsmittel darstellt.*

**Delius**, H., **Die Beamtenhaftpflichtgesetze des Reiches und der Länder.** Vierte, vermehrte und vollkommen neubearbeitete Auflage. Taschenformat. 384 Seiten. 1929. (Guttentagsche Sammlung Deutscher Reichsgesetze Bd. 94.) Geb. RM. 9.—

*„Mit der Neubearbeitung der Deliusschen Beamtenhaftpflichtgesetze, welche den neuesten Stand der Rechtsprechung und Gesetzgebung lückenlos wiedergibt, wird einem dringenden Bedürfnis abgeholfen. Das Buch wird überall mit Freuden begrüßt werden und jedem Ratsuchenden ein zuverlässiger Führer sein."*
*Juristische Wochenschrift Nr. 24/25, v. 15./22. VI. 1929.*

**Blume**, E., und **Weirauch**, W., **Die Eisenbahn-Verkehrsordnung** vom 16. Mai 1928 mit Allgemeinen Ausführungsbestimmungen sowie dem Internationalen Übereinkommen über den Eisenbahnfrachtverkehr vom 30. Mai 1925 und dem Internationalen Übereinkommen über den Eisenbahn-Personen- und Gepäckverkehr vom 12. Juni 1925. Textausgabe mit Anmerkungen. Vierte Auflage. Taschenformat. X, 482 Seiten. 1928. (Guttentagsche Sammlung Deutscher Reichsgesetze Bd. 91.) . . . . . . . . Geb. RM. 8.10

*„Das Werk von „Blume-Weirauch" ist zu bekannt und zu weit verbreitet, als daß noch etwas zu seiner Empfehlung gesagt zu werden brauchte. Schon in seinem Taschenformat bringt es den Zweck zum Ausdruck, auf den es abgestellt ist: dem praktischen Verkehr einen schnellen Überblick über die Zweifel zu ermöglichen, die im einzelnen Falle entstehen können, und durch Anmerkungen von deutlicher Kürze den Anhalt für die Lösung zu geben. Ohne also im wissenschaftlichen Werte irgendwie zurückzustehen, erscheint dies Werk doch seiner ganzen Art nach besonders für den Praktiker, Eisenbahner, Kaufmann usw. bestimmt und geeignet, und diesem wird es auch als Handhabe kaum entbehrlich sein."*
*Zentralblatt f. Handelsrecht Nr. 3, 1929.*

**Fischer**, D., und **Staedler**, E., **Die deutsche Post- und Telegraphengesetzgebung.** Teil I: **Postrecht** (mit Ausschluß des internationalen Rechts). **Siebente Auflage. 47*, 586 Seiten.** 1929. (Guttentagsche Sammlung Deutscher Reichsgesetze Bd. 7.) . . . . . . . . . Geb. RM. 13.50

*„Die Texte sind mit großer Sorgfalt und mit dem Streben nach einschlägiger Vollständigkeit zusammengestellt. Eine Verbesserung gegenüber den früheren Auflagen bedeutet der der Sammlung neu vorangestellte systematische Abriß des geltenden Postrechts.“ Württembergische Industrie Nr. 33 v. 17. VIII. 1929.*

Teil II: **Telegraphen- und Fernsprechrecht** (mit Ausschluß des internationalen Rechts). Taschenformat. 495 Seiten. 1930. (Guttentagsche Sammlung Deutscher Reichsgesetze Bd. 7a.) . . . . . . . . . . RM. 11.70

*Wie im ersten Teil, so werden auch hier die Erläuterungen unter die folgenden Gesichtspunkte gestellt: 1. Die wechselseitige juristische und tatsächliche Berührung zwischen den sehr zersplitterten Rechtsquellen. 2. Die rechtsgeschichtlichen Zusammenhänge, die zur kritischen Beurteilung des Gegenstandes unerläßlich sind. 3. Die öffentlich-rechtliche Eigenschaft des gesamten Rechtsstoffes. Rechtsprechung und Literatur sind bis in die letzte Zeit berücksichtigt.*

**Sebba**, Julius, **Seewasserstraßenordnung.** (Polizeiverordnung zur Regelung des Verkehrs auf den deutschen Seewasserstraßen vom 31. März 1927.) Taschenformat. 493 Seiten. 1928. (Guttentagsche Sammlung Deutscher Reichsgesetze Bd. 171.) . . . . . . . . . . . . . . Geb. RM. 7.65

*Die vorliegende Ausgabe ist für die an dem Gesetz interessierten beiden Fachgruppen, die der Nautiker und der Juristen, von gleich großer Bedeutung. Diese Verbindung zweier Kenntnisgebiete gibt dem vorliegenden Kommentar seine besondere Note und seinen großen Wert.*

**Busse**, Rudolf, **Luftrecht einschließlich Luftverkehrsgesetz und Pariser Luftverkehrsabkommen.** Taschenformat. XVIII, 448 Seiten. 1928. (Guttentagsche Sammlung Deutscher Reichsgesetze Bd. 170.) . . Geb. RM. 9.—

*Das vorliegende Buch sucht in einem nationalen und internationalen Teil einen klaren Überblick über das gesamte Luftrecht zu geben; der neueste Stand der Rechtsprechung ist hierbei berücksichtigt. Den erläuterten Gesetzesabkommenstexten ist eine systematische Einführung in das gesamte Luftrecht mit seinen vielseitigen Rechtsdisziplinen vorausgeschickt.*

**Vollmann**, Kurt, **Die Straßenverkehrsordnungen** nebst den einschlägigen Nebenbestimmungen. Taschenformat. 312 Seiten. 1929. (Guttentagsche Sammlung Deutscher Reichsgesetze Bd. 175.) . . . . . Geb. RM. 6.30

*„Das übersichtliche Werkchen, das uns eine schnelle Information über auftauchende Rechtsfragen auf diesem besonderen Verkehrsgebiete verschafft, kann Polizeibeamten, Gerichten, Anwälten, Fuhrwerksbesitzern, Kraftfahrern und Radfahren zur Anschaffung empfohlen werden.“ Verkehrsrechtl. Rundschau Nr. 5, 1929.*

**Holzapfel**, W., **Die Siedlungsgesetzgebung** im Reich und in Preußen. 347 Seiten. 1920. (Guttentagsche Sammlung Deutscher Reichsgesetze Bd. 140.) Geb. RM. 2.70

**Behrend**, Ernst, und **Stranz-Hurwitz**, Helene, **Sammlung von Wohlfahrtsgesetzen** des Deutschen Reichs und Preußens nebst den allgemeinen Wohlfahrtsgesetzen von Sachsen, Thüringen, Hamburg, Mecklenburg-Schwerin und -Strelitz, Oldenburg, Lippe und Lübeck.

Teil I: Taschenformat. 560 Seiten. 1923 . . . . . . Geb. RM. 4.50

Teil II: Nebst Ausführungsgesetzen sämtlicher Länder zum Reichsjugendwohlfahrtsgesetz. Taschenformat. XVI, 551 Seiten. 1925. (Guttentagsche Sammlung Deutscher Reichsgesetze Bd. 152 und 152a.) Geb. RM. 8.10

Teil I und II zus. RM. 10.80

*„Die kurzen, alles Wesentliche zusammenfassenden Einleitungen zu den einzelnen Gesetzen sind mit außerordentlicher Sachkunde und Klarheit geschrieben; sie genügen zusammen mit den Literaturangaben völlig für den Praktiker, um die Gesetzestexte richtig handhaben zu können. Das Werk ist für alle in der Wohlfahrtspflege Arbeitenden unentbehrlich und sehr praktisch.“*
*Nachrichtendienst des Deutschen Vereins für öffentliche Fürsorge, Juli 1925.*

**Wegner**, Arthur, **Jugendrecht.** Ein Lehrbuch zur Einführung. Oktav. IX, 219 Seiten. 1929 . . . . . . . . . . . . RM. 5.40, geb. RM. 6.75

**Drewes**, Paul, und **Sandré**, Emil, **Das Reichsgesetz für Jugendwohlfahrt** vom 9. Juli 1922 und **Jugendgerichtsgesetz** vom 16. Februar 1923 nebst Nebengesetzen. Zweite Auflage. Taschenformat. XVI, 496 Seiten. 1928. (Guttentagsche Sammlung Deutscher Reichsgesetze Bd. 154.)

Geb. RM. 9.90

*„Eine für die Praxis vorzüglich geeignete handliche Ausgabe mit reichem Inhalte, die einen Kommentar in der Regel ersetzen kann. Die reichlichen geschichtlichen Darlegungen vermögen ein gründliches Verständnis der vorgelegten Bestimmungen zu vermitteln."*

*Blätter für öffentliche Fürsorge Nr. 2, v. 15. I. 1929.*

**Sandré**, Emil, **Verordnung über die Fürsorgepflicht.** Vom 14. Februar 1924. Mit Einschluß der für die Durchführung dieser Verordnung in Frage kommenden reichs- und landesgesetzlichen Bestimmungen. Taschenformat. 342 Seiten. 1925. (Guttentagsche Sammlung Deutscher Reichsgesetze Bd. 160.)

Geb. RM. 5.40

**Szczesny**, Viktor, **Das Lichtspielgesetz** vom 12. Mai 1920 mit der Ausführungsverordnung. Einleitung, Gebührenordnung und Sachregister. Taschenformat. 106 Seiten. 1920. (Guttentagsche Sammlung Deutscher Reichsgesetze. Bd. 147.) . . . . . . . . . . . . . Geb. RM. 1.35

**Wündisch**, Ernst, **Das Gesetz über Schußwaffen und Munition** vom 12. April 1928 (RGBl. I S. 143) nebst der Ausführungsverordnung der Reichsregierung vom 13. Juli 1928 (RGBl. I S. 198) und dem Preußischen Erlaß zur Durchführung des Gesetzes vom 7. September 1928 (MBliV. S. 925). Taschenformat. 139 Seiten. 1928. (Guttentagsche Sammlung Deutscher Reichsgesetze Bd. 173.) . . . . . . . . . . Geb. RM. 4.50

*Durch das Gesetz über Schußwaffen und Munition vom 12. April 1928 sind auf diesem für die Öffentlichkeit so wichtigen Gebiet neue Rechtsverhältnisse geschaffen worden, für die die Praxis exakte Erläuterungen wünscht. Eine solche Erläuterung stellt das vorliegende Buch dar, das, von einem auf diesem Gebiet besonders erfahrenen Sachkenner bearbeitet, eine absolut zuverlässige Darstellung der neuen Bestimmungen enthält. Außer dem Gesetzestext sind die für die Praxis wichtigen Ausführungsbestimmungen des Reiches und Preußens abgedruckt. Auf Übersichtlichkeit, Leichtverständlichkeit und Vollständigkeit der Erläuterungen, die die Hauptvorzüge der Guttentagschen Sammlung sind, wurde auch bei diesem Gesetze Wert gelegt.*

**Fraustädter**, W., und **Kreutzberger**, M., **Das deutsche Ausländerrecht.** Die Bestimmungen des Reichsrechts und preußischen Landesrechts. Textausgabe mit Erläuterungen und Sachregister. Taschenformat. 396 Seiten. 1927. (Guttentagsche Sammlung Deutscher Reichsgesetze Bd. 166.) Geb. RM. 8.10

*„Eine höchst begrüßenswerte Veranstaltung, aus dem Bedürfnis der Praxis hervorgegangen und mit vollendetem Sachverständnis unternommen. Sowohl die Vollständigkeit der mannigfach verstreuten gesetzlichen Bestimmungen als deren Anordnung, Registrierung und Erläuterung durch Ausführungsbestimmungen, Gerichtsentscheidungen, Verwaltungspraxis ist vortrefflich."*

*Niemeyers Zeitschrift für internationales Recht, Bd. 37, 1927.*

**Voß**, Werner, **Die reichs- und landesrechtlichen Bestimmungen auf dem Gebiete des Gesundheitswesens.** Zusammengestellt und mit Anmerkungen versehen. Taschenformat. 608 Seiten. 1929. (Guttentagsche Sammlung Deutscher Reichsgesetze Bd. 172.) . . . . . . . . . . . Geb. RM. 9.90

*„Das Buch wird seiner Aufgabe, fast den gesamten Gesetzesstoff in einem einzigen kleinen Bande in die Hand zu geben, gewiß gerecht, und wird sich schnell als unentbehrliches Hilfsmittel für jeden erweisen, der öfter mit dem Gesundheitswesen zu tun hat."*

*Reichsverwaltungsblatt Nr. 23, v. 8. VI. 1929.*

**Hippel, W. von, Reichsviehseuchengesetz** vom 25. Juni 1909 nebst Ausführungsvorschriften und dem preußischen Ausführungsgesetz. Zweite Auflage. Taschenformat. 486 Seiten. 1913. (Guttentagsche Sammlung Deutscher Reichsgesetze Bd. 103.) . . . . . . . . . . Geb. RM. 3.60

**Vorberger, L. von, Vogelschutzgesetz** vom 30. Mai 1908 nebst den das Flugwild betreffenden Bestimmungen der Preußischen Jagdordnung. Taschenformat. 57 Seiten. 1909. (Guttentagsche Sammlung Deutscher Reichsgesetze Bd. 89.) . . . . . . . . . . . . . . . . . . Geb. RM. 0.90

## b) Landesrecht

**Bitter, von, Handwörterbuch der Preußischen Verwaltung.** Dritte, vollständig umgearbeitete Auflage. Unter Mitwirkung zahlreicher hoher Reichs- und preußischer Staatsbeamten herausgegeben von Dr. Bill Drews, Staatsminister a. D., Präsident des Pr. Oberverwaltungsgerichts, und Dr. Franz Hoffmann, Wirklicher Geheimer Oberregierungsrat, Berlin. Lexikon-Oktav. 1928 . . . . . . . . RM. 30.—, in Halbleder geb. RM. 36.—

Erster Band, 1. Halbband: Abbaugerechtigkeiten—Fleisch- und Viehagenten. 552 Seiten.

2. Halbband: Fleischvergiftung—Kyffhäuserbund. Seite 553 bis 1134 und IX Seiten.

Zweiter Band: Lackfabriken—Zwischenkredit. VII, 1220 Seiten. (Im Verlage der Firmen: Walter de Gruyter & Co., Berlin; Carl Heymanns Verlag, Berlin; Roßberg'sche Verlagsbuchhandlung, Leipzig.)

*Das zentrale Werk der Praxis des Verwaltungsrechts.*

**Reichelt, H., Verwaltungsgesetzbuch für Preußen.** Systematische Zusammenstellung der wichtigsten Verwaltungsgesetze und Verordnungen für Praxis und Unterrichtszwecke. Lexikon-Oktav. VII, 1302 Seiten. 1914. Geb. RM. 7.60

*Das Buch ist sehr wertvoll, dem Praktiker unentbehrlich und leistet demjenigen, der sich auf eine Prüfung vorbereitet, vorzügliche Dienste. Allen Verwaltungsbehörden wird das Buch warm empfohlen.*

**Friedrichs, K., Die Gesetzgebung über die allgemeine Landesverwaltung** und Zuständigkeit der Verwaltungs- und Verwaltungsgerichtsbehörden. Dritte, durchgesehene Auflage. Taschenformat. XXIII, 295 Seiten. 1927. (Guttentagsche Sammlung Preußischer Gesetze Bd. 42.) . . . Geb. RM. 4.50

*„Soweit sich dies übersehen und beurteilen läßt, ist ihm die Lösung dieser sehr schwierigen, objektiven und kritischen Blick sowie peinlichste Aufmerksamkeit und Sorgfalt erfordernden Aufgabe in hervorragender Weise gelungen und damit ein Werk geschaffen worden, dessen Wert von allen, die dieses Recht täglich anwenden müssen, den Behörden, Beamten, Rechtsanwälten und auch den Parlamentariern, mit Dank anerkannt werden wird."*

*Ztsch. f. Verwaltungsrecht, Bd. 62, Heft 1/3, 1928.*

**Pfafferoth, Carl, Preußische Beamtengesetzgebung.** Fünfte Auflage. XIV, 280 Seiten. 1916. (Guttentagsche Sammlung Preußischer Gesetze Bd. 2.) Geb. RM. 2.15

**Hagemann, Rudolf, Hinterlegungsordnung** vom 21. April 1913. Taschenformat. 175 Seiten. 1914. (Guttentagsche Sammlung Preußischer Gesetze Bd. 53.) . . . . . . . . . . . . . . . . . Geb. RM. 2.—

*Das in der vorteilhaft bekannten Guttentagschen Sammlung erschienene Buch darf als ein Hilfsmittel zu dem nicht immer ganz einfachen Verständnis der neuen Hinterlegungsvorschriften bestens empfohlen werden; es ist klar, übersichtlich und ausführlich.*

**Aschrott, P. F., Gesetz über die Fürsorgeerziehung Minderjähriger.** Vom 2. Juli 1900. Nebst Ausführungsanweisungen. Dritte Auflage. Taschenformat. 374 Seiten. 1917. (Guttentagsche Sammlung Preußischer Gesetze Bd. 28.) . . . . . . . . . . . . . . . . . Geb. RM. 2.50

*Das Buch gewährt nicht nur einen klaren Einblick in die Gestaltung der Fürsorgeerziehung in Preußen, sondern es gibt auch über die Zweifelsfragen, welche bei der Auslegung des technisch ziemlich unvollkommenen Fürsorgeerziehungsgesetzes in besonders reicher Fülle auftauchen, durchweg eine erschöpfende und zutreffende Auskunft.*

**Marcks, A., Gesetz, betr. die Unterhaltung der öffentlichen Volksschulen.** Taschenformat. 194 Seiten. 1906. (Guttentagsche Sammlung Preußischer Gesetze Bd. 39.) . . . . . . . . . . . . . . . . . Geb. RM. 1.60

*Das handliche Büchlein wird, von sachkundiger Seite herrührend und praktisch angelegt, Verwaltungsbeamten, Schulvorständen, Lehrern beim Gebrauch gute Dienste leisten.*

**Ledermann, W.,** und **Brühl, L., Die Städteordnung für die sechs östlichen Provinzen Preußens.** Zweite Auflage. Taschenformat. 593 Seiten. 1913. (Guttentagsche Sammlung Preußischer Gesetze Bd. 32.) . . Geb. RM. 5.40

*Der Kommentar, eine hervorragende Arbeit, ist von der Kritik und der Praxis so einmütig günstig aufgenommen worden, daß er auch in seiner zweiten durch Gesetzgebung, Literatur und Rechtsprechung der letzten zehn Jahre bereicherten Ausgabe keiner weiteren Empfehlung bedarf.*

**Wölbling, P., Bildung der neuen Stadtgemeinde Berlin.** Zweite Auflage. Taschenformat. 114 Seiten. 1920. (Guttentagsche Sammlung Preußischer Gesetze Bd. 59.) . . . . . . . . . . . . . . . . . Geb. RM. 1.15

*Die Ebenmäßigkeit mit den Kommentaren anderer Gesetze der Guttentagschen Sammlung erringt der Verfasser durch seine strenge Sachlichkeit. Damit muß seinem Werk die Beachtung bei der Durchführung des Gesetzes und bleibender Wert gesichert erscheinen.*

**Caro, H., Gesetz, betr. Austritt aus der Landeskirche,** vom 14. Mai 1873. Taschenformat. 190 Seiten. 1911. (Guttentagsche Sammlung Preußischer Gesetze Bd. 46.) . . . . . . . . . . . . . . . . . Geb. RM. 2.15

*Ein sehr praktisches Buch, das in den Anmerkungen zum Wortlaut des Gesetzes eine reiche Fülle von Material bietet für alle möglichen Fragen, die mit Aus- und Obertritt zusammenhängen. Das genau gearbeitete Inhaltsverzeichnis ermöglicht bei gelegentlicher Benutzung ein leichtes Auffinden des Nötigen.*

**Meyer, O., Gesetz betr. die Anlegung und Veränderung von Straßen und Plätzen in Städten und ländlichen Ortschaften.** Taschenformat. 211 Seiten. 1913. (Guttentagsche Sammlung Preußischer Gesetze Bd. 50.) . RM. 2.70

**Strauß-Torney,** Hugo von, und **Saß,** Carl, früher **Friedrichs, R., Gesetz, betr. Anlegung und Veränderung von Straßen und Plätzen** in Städten und ländlichen Ortschaften. (Straßen- und Baufluchtengesetz.) **Kommentar. Sechste** Auflage. Groß-Oktav. 211 Seiten. 1920. Mit Nachtrag, 1932.

RM. 8.—, geb. RM. 9.50

*Das Werk zeigt eine Reichhaltigkeit und Vollständigkeit, die sonst wenigen Kommentaren eigen ist, und übertrifft hierin noch weit die früheren Auflagen. Besonders erwähnenswert ist die geschickte Anordnung der Erläuterungen und das praktische Inhaltsverzeichnis.*

**Saß, Enteignung auf dem Gebiete des Städtebaues** nach der dritten Notverordnung Kapitel III (zweite Verordnung des Reichspräsidenten zur Sicherung von Wirtschaft und Finanzen) vom 5. Juni 1931. Nachtrag zum Straßen- und Baufluchtengesetz von v. Strauß und Torney und Saß, 6. Aufl. RM. —.90

**Meyer, O., Gesetz, betr. Enteignung von Grundeigentum.** Dritte Auflage. Taschenformat. 249 Seiten. 1927. (Guttentagsche Sammlung Preußischer Gesetze Bd. 37.) . . . . . . . . . . . . . . . . . Geb. RM. 4.95

**Heine, H., Die preußischen Baupolizeigesetze** nebst den sonstigen einschlägigen Reichs- und Landesgesetzen. Taschenformat. 404 Seiten. 1928. (Guttentagsche Sammlung Preußischer Gesetze Bd. 64.) . . . . Geb. RM. 7.20

*Diesem Band ist die Aufgabe gestellt, die in erster Linie in Betracht kommenden Gesetze und sonstigen Vorschriften und die im Zusammenhang hiermit entstehenden Rechtsfragen in übersichtlicher Weise zusammenzufassen und zu erörtern. Die Rechtsprechung des Oberverwaltungsgerichts und anderer Gerichte ist hierbei berücksichtigt worden.*

**Goldschmidt, O., Gesetze gegen die Verunstaltung landschaftlich hervorragender Gegenden** mit Ausführungsanweisungen. Taschenformat. 152 Seiten. 1912. (Guttentagsche Sammlung Preußischer Gesetze Bd. 49.) Geb. RM. 2.15

*Der Kommentar bietet eine sachgemäße, sorgfältige und erschöpfende Erläuterung der einzelnen gesetzlichen Bestimmungen. Er wird als ein durch Vollständigkeit und Zuverlässigkeit ausgezeichnetes Hilfsmittel jedem Freunde des Heimatschutzes ein willkommener Ratgeber sein.*

**Stier-Somlo, Fritz, Polizeiverwaltungsgesetz** vom 1. Juni 1931 und **Gesetz zur Aufhebung veralteter Polizei- und Strafgesetze** vom 23. Mai 1931. Mit den **Ausführungsbestimmungen** vom 1. Oktober 1931 und einschlägigen Gesetzen. Taschenformat. 447 Seiten. 1932. (Guttentagsche Sammlung Preußischer Gesetze Bd. 65.) . . . . . . . . . . . . . . Geb. RM. 7.65

*„. . . . Diese Ausgabe ist bei weitem die beste und umfassendste von allen Kommentierungen des Gesetzes, und wir können sie dringend empfehlen.“*
*Vierteljahrsschrift f. angew. Kriminalistik, Juni 1932.*

**Wulff, G., und Herold, F., Wassergesetz** vom 7. April 1913. Mit Einleitung, Erläuterungen und Sachregister. Zweite, umgearbeitete Auflage von G. Wulff. Taschenformat. XVI, 665 Seiten. 1928. (Guttentagsche Sammlung Preußischer Gesetze Bd. 52.) . . . . . . . . . . Geb. RM. 10.80

*„Gründlichkeit und treffsichere Kürze bilden einen besonderen Vorzug des Werkes.“* *Ministerialblatt f. d. preuß. innere Verwaltung v. 22. V. 1929.*

**Holtgreven, A., und Wolff, Th., Das Wildschadengesetz** vom 11. Juli 1891. Kommentar. Vierte, vermehrte und verbesserte Auflage. Oktav. VIII, 216 Seiten. 1902 . . . . . . . . . . . . . . . . . . RM. 4.—

*Dieses Werkchen will einerseits die juristisch zweifelhaften Punkte des Wildschadengesetzes wissenschaftlich erörtern und klarstellen und andererseits allen denjenigen, welche bei der Handhabung dieses Gesetzes in irgendeiner Weise, sei es als Private, Beamte, Grundbesitzer oder als Jagdberechtigte, beteiligt sind, ein praktischer Berater sein.*

**Born, A., Das preußische Fischereigesetz** vom 11. Mai 1916 in der geltenden Fassung. Taschenformat. 428 Seiten. 1928. (Guttentagsche Sammlung Preußischer Gesetze Bd. 62.) . . . . . . . . . . . . Geb. RM. 6.75

*Die Ausgabe bietet eine bis jetzt fehlende neue Darstellung des Fischereigesetzes, in der vor allem die neue Rechtsprechung eingehend verwertet ist. Außer dem Fischereigesetz, das eine ausführliche Erläuterung gefunden hat, sind die wichtigen Ausführungsverordnungen und im Anhang die einschlägigen Bestimmungen anderer für die Anwendung des Fischereigesetzes in Frage kommenden Gesetze berücksichtigt.*

**Born, A., Die preußischen Jagdgesetze** in ihrer geltenden Fassung. Mit Erläuterungen versehen. Taschenformat. 433 Seiten. 1928. (Guttentagsche Sammlung Preußischer Gesetze Bd. 63.) . . . . . . . . Geb. RM. 7.20

*„Das Buch kann zur Belehrung und Handgebrauch den Gerichten, Landratsämtern, Gemeinden und Forstbehörden sowie allen jagdlich interessierten Personen warm empfohlen werden."*

*Leipziger Ztsch. f. dtsch. Recht v. 15. V. 1929.*

**Holzapfel, W., Umlegungsordnung.** Taschenformat. 144 Seiten. 1921. (Guttentagsche Sammlung Preußischer Gesetze Bd. 60.) . . . . . RM. 1.60

*Holzapfel, der hervorragende Kenner der Auseinandersetzungsgesetze, erläutert die Vorschriften der Umlegungsordnung in seiner scharfsinnigen Art in durchaus erschöpfender Weise und gibt in diesen Erläuterungen ein außerordentlich anschauliches Bild von der Umlegung der Grundstücke. Das Buch ist auch für Laien leicht und gut verständlich und kann jedem, der für die Umlegung Interesse hat, zur Benutzung angelegentlich empfohlen werden.*

**Holzapfel, W., Gesetz über Landeskulturbehörden.** Taschenformat. 176 Seiten. 1919. (Guttentagsche Sammlung Preußischer Gesetze Bd. 57.) Geb. RM. 1.80

*Der Titel gibt den Inhalt des Werkchens vollständig an, hinzuzufügen ist aber, daß die Erläuterung, die umfangreich und eingehend ist und der praktischen Handhabung des Gesetzes Schritt für Schritt folgt, aus der Feder eines Mannes herrührt, der durch seine sachliche Qualifikation als gründlicher Kenner der Materie für eine zuverlässige Führung die größte Gewähr bietet.*

**Kollenscher, M., Rechtsverhältnisse der Juden in Preußen.** Taschenformat. VIII, 199 Seiten. 1910. (Guttentagsche Sammlung Preußischer Gesetze Bd. 45.) . . . . . . . . . . . . . . . . . . RM. 2.15

*Eine zusammenfassende, erschöpfende Darstellung der in den verschiedenen Quellen zerstreuten zahlreichen Judengesetze und Verordnungen. Jede Synagogengemeinde und jeder, der sich mit jüdischen Angelegenheiten beschäftigt, müßte dieses Buch besitzen.*

## 3. Steuerrecht

**Nieberl, A., Die Reichsabgabenordnung.** Für die Praxis erläutert. Dritte, neubearbeitete Auflage. Taschenformat. 644 Seiten. 1932. (Guttentagsche Sammlung Deutscher Reichsgesetze Bd. 143.) . . Geb. RM. 12.—

*Das Buch enthält die Gesetzgebung vom Dezember 1930 und die seit dem noch mehrfach umgestaltete Abgabenordnung unter Verwertung alles grundsätzlichen Rechtsprechungsmaterials.*

**Heilborn, Theodor, Sicherung der Haushalte.** (Siehe „Vierte Notverordnung" Seite 13.)

**Hollaender, Adolf, Einkommensteuergesetz und Körperschaftsteuergesetz** nebst den zugehörigen Aus- und Durchführungsbestimmungen, Verordnungen und Erlassen. Taschenformat. XXXIX, 697 Seiten. 1926. Mit Nachtrag 1928. (Guttentagsche Sammlung Deutscher Reichsgesetze Bd. 151.) Geb. RM. 21.60

*Das auf die Bedürfnisse der Praxis abgestellte und ihnen gerecht werdende Buch wird jedem gute Dienste leisten, der sich handelnd oder leitend auf dem äußerst unsicheren, ohne Hilfsmittel überhaupt nicht begehbaren Boden der heutigen Einkommensteuer zurechtfinden muß.*

**Pick, Reichsbewertungsgesetz.** Textausgabe mit Anmerkungen. In Bearbeitung.

**Schachian, Herbert, Erbschaftsteuergesetz,** Fassung vom 25. Juni 1931, mit Anmerkungen. Fünfte Auflage. Oktav. 77 Seiten. 1931 . . RM. 2.50

*Eine vollständige Darstellung des Erbschaftssteuerrechts und der zugrunde liegenden bürgerlich-rechtlichen Vorschriften des Erbrechts.*

**Lindemann,** Otto, **Umsatzsteuergesetz** (neueste Fassung) mit Ausführungsbestimmungen. Vierte, vermehrte und verbesserte Auflage. Taschenformat. 518 Seiten. 1926. (Guttentagsche Sammlung Deutscher Reichsgesetze Bd. 132.) . . . . . . . . . . . . . . . . . . Geb. RM. 9.—

*„Es handelt sich um einen ausführlichen, gediegenen und klar abgefaßten Kommentar, der den weiteren Vorzug besitzt, auf dem laufenden zu sein. Das Werk kann allen Interessenten nur warm empfohlen werden."*
*Industrie- und Handelszeitung 1926.*

**Lindemann,** Otto, **Grunderwerbsteuergesetz** (neueste Fassung) mit den Ausführungsbestimmungen. Zweite, völlig umgearbeitete Auflage. Taschenformat. 186 Seiten. 1926. Mit Nachtrag 1927. (Guttentagsche Sammlung Deutscher Reichsgesetze Bd. 139.) . . . . . . . . Geb. RM. 3.60

*Das Buch wird manchem in den mannigfachen Streitfragen des in der Praxis sehr einschneidenden Gesetzes ein willkommener Ratgeber sein. Die Erläuterungen zeichnen sich durch Klarheit und Gemeinverständlichkeit im besten Sinne aus.*

**Hagelberg,** E., und **Krämer,** L., **Grunderwerbsteuergesetz** vom 12. September 1919 (RGBl. S. 1617) in der Fassung des Gesetzes vom 11. März 1927 (RGBl. I S. 72) nebst Einleitung, Sachregister und Ausführungsbestimmungen und der einschlägigen Vorschriften des Finanzausgleichs-Steuermilderungsgesetzes und Steuerstrafrechts. Für die Praxis erläutert. Zweite, völlig umgearbeitete und erweiterte Auflage. Groß-Oktav. 355 Seiten. 1928 . . . . . . . . . . . . . . . . . . Geb. RM. 15.—

*„Der maßgebende Kommentar des Grunderwerbsteuergesetzes mit den Ausführungsbestimmungen und den einschlägigen Vorschriften des Finanzausgleichs-Steuermilderungsgesetzes und Steuerstrafrechts..."*
*Der Referendar Nr. 4, v. 15. IV. 1931.*

**Hagelberg,** E., und **Krämer,** L., **Wertzuwachssteuerrecht.** **Kommentar.** Groß-Oktav. 256 Seiten. 1929 . . . . . . . RM. 12.—, geb. RM. 13.50

*Die Verfasser kommentieren die neue Wertzuwachssteuerordnung für Berlin und die preußische Mustersteuerordnung. Ihr Buch ist ein Leitfaden für die Steuerpflichtigen und ihre Rechtsberater und die mit der Wertzuwachssteuer befaßten Behörden. Es stellt die rechtliche und wirtschaftliche Bedeutung der Bestimmungen klar. Die Rechtsprechung des Preußischen Oberverwaltungsgerichts wurde erschöpfend berücksichtigt. Auch Spezialfragen wie die Aufwertung und das Schwarzkaufwesen wurden behandelt.*

**Mattern,** Gerhard, **Kommentar zur Beitreibungsordnung.** Oktav. Etwa 300 Seiten. 1933 . . . . . . . . . . . . . Geb. etwa RM. 6.—

*Der Verfasser hat auf wissenschaftlicher Grundlage und auf Grund jahrelanger praktischer Erfahrungen die Beitreibungsordnung eingehend unter Berücksichtigung der Änderungen in Gesetzgebung, Rechtsprechung und Literatur erläutert. Das Werk will gerade in der heutigen schweren Zeit ein Helfer und Wegweiser auf dem schwierigen Gebiete des Steuervollstreckungsrechts und der Beitreibungsordnung sein. Es berücksichtigt nicht nur das, was die Vollstreckungsdienststellen brauchen, sondern bringt auch das für die Veranlagungsstellen auf Gebieten, die mit der Vollstreckung zusammenhängen, notwendige Rüstzeug.*

**Hoepker,** Heinrich, **Die Industriebelastungsgesetze** vom 30. August 1924 nebst den Durchführungsbestimmungen zum Gesetz über die Industriebelastung. Taschenformat. XV, 200 Seiten. 1925. Mit Nachträgen. (Guttentagsche Sammlung Deutscher Reichsgesetze Bd. 159.) . . . . . Geb. RM. 3.60

*„Die Anmerkungen sind erschöpfend und führen den Leser mit Geschick in die schwierige und neue Materie ein. Rechtsanwälte sowie Kaufleute, für welche die Industriebelastung in Frage kommt, werden das mit einem guten Sachregister ausgestattete Werk mit gleichem Nutzen gebrauchen!"*
*Industrie- und Handels-Zeitung v. 24. I. 1925.*

**von Lympius**, W., und **von Elbe**, K., **Das Kommunalabgabengesetz und das Kreis- und Provinzialabgabengesetz.** Dargestellt in der Rechtsprechung des Oberverwaltungsgerichts. Groß-Oktav. X, 440 Seiten. 1930.
RM. 22.50, geb. RM. 24.—

*„Man muß es als einen besonders glücklichen Gedanken bezeichnen, wenn die Verfasser die gesamte Rechtsprechung des OVG., ja auch die nichtveröffentlichten Entscheidungen auszugsweise in einer Form wiedergegeben haben, die in hohem Grade die Arbeit der Praxis wie auch der Wissenschaft erleichtert. Wenn dieses Werk in hervorragendem Maße geglückt ist, so ist es wohl in erster Linie darauf zurückzuführen, daß beide Verfasser als Mitglieder des OVG. zu den Berufensten in der Abfassung einer solchen Arbeit gehören."*
*Reichsverwaltungsblatt v. 3. I. 1931.*

**Eiffler**, Kurt, **Staatliche Verwaltungsgebühren.** Gesetz über staatliche Verwaltungsgebühren vom 29. September 1923 nebst Gebührenordnungen und Ausführungsbestimmungen. Taschenformat. 192 Seiten. Mit Nachtrag. 1925. (Guttentagsche Sammlung Preußischer Gesetze Bd. 61.)
Geb. RM. 5.40

*„Das Buch ist für alle preußischen staatlichen und kommunalen Behörden unentbehrlich."* *Deutsches Beamtenarchiv Nr. 12, 1925.*

**Lebbin**, Georg, **Nahrungsmittelgesetze** mit Erläuterungen. Zweite, stark vermehrte Auflage in zwei Bänden.

Zweiter Band: **Getränkegesetze und Getränkesteuergesetze** (Wein, Bier, Branntwein, Mineralwasser). Unter Mitarbeit von Rechtsanwalt Dr. Kniebe. Taschenformat. XII, 400 Seiten. 1926. (Guttentagsche Sammlung Deutscher Reichsgesetze Bd. 54b.) . . . . . . . . Geb. RM. 9.—

**Wündisch**, Friedrich, **Das Tabaksteuergesetz** vom 12. September 1919 nebst den Ausführungsbestimmungen vom 26. Februar 1920. Taschenformat. 286 Seiten. 1920. Mit Nachtrag 1925. (Guttentagsche Sammlung Deutscher Reichsgesetze Bd. 146.) . . . . . . . . . . . . Geb. RM. 3.60

*Die Ausgabe kommt den Wünschen der Praxis nach einer erschöpfenden Darstellung des neuen Gesetzes in umfassender Weise entgegen. Das Buch bildet eine ausgezeichnete Informationsquelle für alle Fragen, die in der Praxis vorkommen.*

## VII. Entscheidungs-Sammlungen und Zeitschriften

**Entscheidungen des Reichsarbeitsgerichts.** Herausgegeben von den Mitgliedern des Reichsarbeitsgerichts. Oktav.

Band I—X. Je RM. 6.50, geb. RM. 8.—

**Entscheidungen des Reichsgerichts.** Herausgegeben von den Mitgliedern des Gerichtshofes u. d. Reichsanwaltschaft. Oktav. (2 Sammlungen.)

1. **Entscheidungen in Zivilsachen.** (Werden in Heften im Umfange von etwa 5 bis 6 Bogen sowie in vollständigen Bänden, geheftet und gebunden, ausgegeben. Jährlich 4 Bände.) 1.—137. Band.
Je RM. 6.50, geb. RM. 8.—

**Generalregister zum hundertelften bis hundertzwanzigsten Bande** der von den Mitgliedern des Gerichtshofes und der Reichsanwaltschaft herausgegebenen **Entscheidungen des Reichsgerichts in Zivilsachen.** Bearbeitet von **Hans Triebel.** Oktav. XXIII, 509 Seiten. 1929.
RM. 15.—, in Halbleder RM. 18.—

**Generalregister zum hunderteinundzwanzigsten bis hundertdreißigsten Band.** Oktav. XXIV, 755 Seiten. 1932. . . . . In Halbleder geb. RM. 22.—

**2. Entscheidungen in Strafsachen.** (Werden in Heften im Umfange von 5 bis 6 Bogen sowie in vollständigen Bänden, geheftet und gebunden, ausgegeben, jährlich 1 Band.) 1.—66. Band. Je RM. 6.50, geb. RM. 8.—

**Generalregister zum sechsundfünfzigsten bis fünfundsechzigsten Bande** der von den Mitgliedern des Reichsgerichts und der Reichsanwaltschaft herausgegebenen **Entscheidungen des Reichsgerichts in Strafsachen.** Bearbeitet von Hans **Gündel.** Oktav. 458 Seiten. 1932 . . . . In Halbleder geb. RM. 16.—

**Schiedsgericht für Oberschlesien.** Trybunal Rozjemczy dla Górnego Slaska. Amtliche Sammlung von Entscheidungen des Schiedsgerichts für Oberschlesien, veröffentlicht gemäß der Bestimmung des Art. 592 des Genfer Abkommens vom 15. Mai 1922. Zbiór urzedowy orzeczeń Trybunala Rozjemczego dla Górnego Slaska ogloszony wedle postanowienia art. 592 Konwencji Gnewskiej z dnia 15 maja 1922 r. Oktav. Band I. Tom. I. Nr. 1/4. 129 Seiten. 1929 . . . . . . . . . . Pro Band RM. 12.—

**Zeitschrift für die gesamte Strafrechtswissenschaft.** Gegründet von Fr. von **Liszt** und A. **Dochow.** Unter ständiger Mitarbeiterschaft hervorragender Fachmänner herausgegeben von Prof. Dr. **K. von Lilienthal,** Prof. Dr. Ed. **Kohlrausch** und Prof. Dr. **W. Gleispach.** Der Jahrgang besteht aus 8—9 Heften. Quart.

Bd. 1—43. 1881—1922. Je RM. 15.—. Bd. 44. 1922. RM. 25.—. Bd. 45. 1924. RM. 21.—. Bd. 46—49. 1925—1929. Je RM. 30.—. Bd. 50. 1929/30. Bd. 51. 1931. Je RM. 36.—. Bd. 52. 1932. RM. 32.—

**Juristische Rundschau.** Herausgegeben von Otto **Lindemann,** Ministerialdirektor, Geh. Oberjustizrat, Berlin, Dr. Friedrich **Flad,** Senatspräsident beim Reichsgericht, Leipzig, Fritz **Hartung,** Reichsgerichtsrat, Leipzig, und **Höchstrichterliche Rechtsprechung.** Herausgegeben von Eugen **Friedrichs,** Senatspräsident, Breslau, Dr. Albert **Feisenberger,** Reichsanwalt, Leipzig. — Erscheint am 1. und 15. jeden Monats.

Jahrgang 1933 . . . . . Vierteljährlich RM. 7.50, Einzelheft RM. 1.50
Beilage „Höchstrichterliche Rechtsprechung" einzeln vierteljährlich RM. 5.—

**Zeitschrift für ausländisches öffentliches Recht und Völkerrecht.** Im Auftrage des Instituts für ausländisches öffentliches Recht und Völkerrecht herausgegeben von Dr. Viktor **Bruns,** Professor an der Universität Berlin, Leiter des Instituts. Lexikon-Oktav.

**Band I, Teil 1: Abhandlungen. XXVIII, 657 Seiten. 1929. RM. 43.—**
**Band I, Teil 2: Urkunden. XVI, 858 Seiten. 1929 . . . RM. 54.—**
Band II, Teil 1/2: Abhandlungen: VIII, 304 Seiten. Urkunden: 368 Seiten. 1930 . . . . . . . . . . . . . . . RM. 45.—
Band II, Nr. 3/4: Abhandlungen: XXIII Seiten. Urkunden: XVIII Seiten u. S. 369—821. 1932 . . . . . . . . . . . RM. 60.—
Band III, Nr. 1: Abhandlungen: VI, 162 Seiten. Urkunden: 252 Seiten. 1932 . . . . . . . . . . . . . . . . RM. 30.—
Band III, Nr. 2: Abhandlungen: VII Seiten u. S. 163—296. Urkunden: S. 253—476. 1932 . . . . . . . . . . RM. 25.—
Band III, Nr. 3: Abhandlungen: S. 297—444. Urkunden: S. 477 bis 541. 1932 . . . . . . . . . . . . . . RM. 12.—

**Zeitschrift für ausländisches und internationales Privatrecht.** Herausgegeben in Gemeinschaft mit Ernst **Heymann**, Heinrich **Titze**, Martin **Wolff**, ordentliche Professoren an der Universität Berlin, wissenschaftliche Berater des Instituts, Max **Pagenstecher**, o. Professor an der Universität Hamburg, Franz **Schlegelberger**, Ministerialdirektor im Reichsjustizministerium, Honorarprofessor an der Universität Berlin, von Ernst **Rabel**, o. Professor an der Universität Berlin, Direktor des Instituts. Jährlich 6 Hefte im Umfang von etwa 65 Bogen. Preis des fünften Jahrganges RM. 54.— Sonderhefte: **Die deutsche Rechtsprechung auf dem Gebiete des internationalen Privatrechts in den Jahren 1926 und 1927.** 1928. RM. 8.—

do. **im Jahre 1928.** 1930 . . . . . . . . . . . . RM. 11.—

do. **im Jahre 1929.** 1931 . . . . . . . . . . . . RM. 12.50

do. **im Jahre 1930.** 1932 . . . . . . . . . . . . RM. 14.—

Sonderheft 1932.

**Deutsche Landesreferate zum Internationalen Kongreß für Rechtsvergleichung im Haag 1932.** Herausgegeben von Prof. Dr. Ernst Heymann, Berlin. 1932. . . . . . . . . . . . . . . . . . RM. 14.—

**Zeitschrift für Bergrecht.** Bis zu seinem Tode herausgegeben von dem Wirkl. Geh. Rat, Berghauptmann a. D. Dr. jur. H. Brassert. Redigiert und herausgegeben von den rechtskundigen Ministerialräten der Bergabteilung des Preußischen Ministeriums für Handel und Gewerbe. Jährlich ein Band von mehreren Heften. Die Hefte erscheinen in zwangloser Folge. Jahrgang 72. 1931/32 . . . . . . . . . . . . . . . RM. 21.—

**Zeitschrift für Bergrecht.** Register für Jahrgang 37—40 . . . **RM. 14.—**

**Zeitschrift für das gesamte Luftrecht (ZLR.).** Herausgegeben von weiland Dr. jur. Otto **Schreiber**. Erscheint in Bänden zu je vier Heften.

**Band** I. 1926/28 . . . . . . . . . **RM.** 50.—, geb. **RM.** 55.—
**Band** II, Heft 1 . . . . . . . . . . . . . . RM. 10.—

**Bank-Archiv.** Zeitschrift für Bank- und Börsenwesen. Begründet von **Riesser.** Unter Mitwirkung von hervorragenden Fachmännern herausgegeben von Dr. Georg **Solmssen.** Schriftleitung: Rechtsanwalt Otto **Bernstein**, geschäftsführendes Vorstandsmitglied des Zentralverbandes des Deutschen Bank- und Bankiergewerbes. Quart. Jährlich 24 Nummern. XXXII. Jahrgang. 1932/33 . . . . . . . . . . Pro Halbjahr RM. 12.—

**Veröffentlichungen des Reichs-Aufsichtsamts für Privatversicherung.** Groß-Oktav. XXX. Jahrgang. Heft 1—4 . . . . . . . . . . . RM. 25.50
Jahrgang 1—29 . . . . . . . . . . Preise auf Anfrage.

FSC
www.fsc.org
MIX
Papier | Fördert
gute Waldnutzung
FSC® C083411

Kolibri 360 GmbH
Ferdinand-Jühlke-Straße 7
99095 Erfurt, Deutschland
produktsicherheit@kolibri360.de